Denis Walter
Michael Psellos: Christliche Philosophie in Byzanz

Quellen und Studien zur Philosophie

Herausgegeben von
Jens Halfwassen, Dominik Perler
und Michael Quante

Band 132

Denis Walter

Michael Psellos: Christliche Philosophie in Byzanz

Mittelalterliche Philosophie im Verhältnis zu Antike und Spätantike

DE GRUYTER

ISBN 978-3-11-062708-4
e-ISBN (PDF) 978-3-11-052733-9
e-ISBN (EPUB) 978-3-11-052602-8
ISSN 0344-8142

Library of Congress Cataloging-in-Publication Data
A CIP catalog record for this book has been applied for at the Library of Congress.

Bibliografische Information der Deutschen Nationalbibliothek
Die Deutsche Nationalbibliothek verzeichnet diese Publikation in der Deutschen Nationalbibliografie; detaillierte bibliografische Daten sind im Internet über http://dnb.dnb.de abrufbar.

© 2018 Walter de Gruyter GmbH, Berlin/Boston
Dieser Band ist text- und seitenidentisch mit der 2017 erschienenen gebundenen Ausgabe.
Druck und Bindung: Hubert und Co. GmbH & Co. KG, Göttingen

♾ Gedruckt auf säurefreiem Papier
Printed in Germany

www.degruyter.com

Vorwort

Dies ist die leicht überarbeitete Fassung meiner Dissertation, die ich im September 2015 bei der Philosophischen Fakultät der Rheinischen Friedrich-Wilhelms-Universität Bonn eingereicht habe. Mein besonderer Dank gilt Prof. Dr. Christoph Horn für die engagierte Unterstützung meiner Arbeit, für die stete Bereitschaft zu konzentrierten philosophischen Diskussionen und die Schaffung einer inspirierenden und freundlichen Arbeitsatmosphäre am Lehrstuhl für Praktische Philosophie und Philosophie der Antike. Prof. Dr. Theo Kobusch danke ich ebenfalls für die sehr hilfreiche Beratung und für die zahlreichen Hinweise auf patristische Konzepte und Bezugspunkte sowie für die Übernahme des Zweitgutachtens. Ich danke außerdem Prof. Dr. Philippe Hoffmann für Anmerkungen zu meiner Arbeit während eines Forschungsaufenthaltes in Paris. Mein besonderer Dank gilt auch den Herausgebern der Reihe „Quellen und Studien zur Philosophie", die meine Arbeit angenommen haben: Prof. Dr. Jens Halfwassen, Prof. Dr. Dominik Perler, Prof. Dr. Michael Quante. Meinen aktuellen und ehemaligen Kollegen an der Universität Bonn möchte ich ebenfalls für hilfreiche Anmerkungen und kritische Fragen in den Kolloquien und Seminaren danken: Martin Brecher, Dr. Claudia Lo Casto, Dr. Eduardo Charpenel, Ercole Ercolei, Rafael Moreno González, Christian Kny, Dr. Bruno Langmeier, Abida Malik, Martina Richtberg, Dr. Lucia Santoprete Soares, Dr. Anna Schriefl, Dr. Wiebke-Marie Stock und Dr. Simon Weber. Für das Korrekturlesen bedanke ich mich bei Peter Drahn, Simon Lozo, Hendrik Seidel, Joachim und Anna Turré. Des Weiteren möchte ich der Hanns-Seidel-Stiftung für das Promotionsstipendium danken, ohne das die Arbeit nicht hätte zustande kommen können.

Nicht zuletzt möchte ich mich bei meinen Eltern bedanken, Dr. Michael Walter (†) und Dr. R. Johanna Walter. Sie haben mir durch ihr immerwährendes Vertrauen und das stete Interesse an meiner Forschung die beste Unterstützung gegeben, die man sich wünschen kann. Ihnen widme ich diese Monographie von Herzen.

Bonn, September 2016 Denis Walter

Inhalt

1 Einleitung — 1
1.1 Psellos' Leben und Werk — 1
1.1.1 Historischer Rahmen und das Leben des Michael Psellos — 1
1.1.2 Bildungseinrichtungen und Bildung zu Psellos' Zeit — 6
1.1.3 Werk des Psellos — 12
1.2 Ziel der Arbeit und Methode — 22

2 Theologie des Psellos — 24
2.1 Christliche Trinität und platonische Prinzipien in Psellos' Theologie — 25
2.1.1 Christliche Trinität und plotinische Hypostasen — 28
2.1.2 Christliche Trinität und die neuplatonische Seinsstufe des Geistes — 32
2.1.3 Christliche Trinität und die proklische Interpretation des Heiligen Geistes — 34
2.1.4 Christliche Trinität und neu-pythagoreische Drei-Einheit — 35
2.1.5 Christliche Trinität und Intellekt bei Alkinoos — 37
2.2 Kataphase und Apophase — 39
2.3 Weisheit und Wille Gottes — 41
2.4 *Logos*, Geist (*nous*) und Heiliger Geist (*hagion pneuma*) — 45
2.5 Zusammenfassung der Theologie des Psellos — 48
2.6 Theologie in den deskriptiven Schriften — 50

3 Ontologie der Schöpfung bei Psellos — 51
3.1 Ontologie der Schöpfung im Allgemeinen — 51
3.1.1 Philosophiegeschichtlicher Hintergrund — 51
3.1.2 Der Kosmos als *synamphoteron* — 54
3.1.3 Selbstkonstitutives (*authypostaton*), Wesen (*ousia*) und Form (*eidos*) — 58
3.1.4 *Dynamis* und *energeia* — 63
3.1.5 Positivität und Negativität der Materie — 64
3.1.6 Elemente, Körper und Ablehnung des Okkultismus — 67
3.2 Der Mensch — 70
3.2.1 Die menschliche Seele — 70
3.2.2 Entstehung der Seele — 74
3.2.3 Kräfte oder Tätigkeiten der Seele — 75

- 3.2.4 Vegetative Kräfte im Menschen im Vergleich zu denen der Pflanzen —— 77
- 3.2.5 Noetische Kräfte —— 78
- 3.2.6 Wille und Leidenschaften —— 81
- 3.2.7 Der menschliche Körper —— 86
- 3.3 Zusammenfassung —— 88
- 3.4 Ontologie in den deskriptiven Schriften —— 89

4 Ethik des Psellos —— 91
- 4.1 Kurzüberblick über ethische Positionen aus der christlichen Tradition vor Psellos —— 91
- 4.1.1 Gregor von Nyssa und die Kappadokier —— 91
- 4.1.2 Euagrios Pontikos und die asketische Tradition —— 92
- 4.1.3 Pseudo-Dionysios Areopagites —— 93
- 4.1.4 Maximus Confessor —— 94
- 4.1.5 Johannes Klimakos —— 95
- 4.1.6 Johannes Damaskenos —— 97
- 4.1.7 Symeon der Neue Theologe —— 99
- 4.1.8 Niketas Stethatos —— 101
- 4.2 Tugendarten und natürliches Gesetz bei Psellos —— 102
- 4.2.1 Tugendarten —— 103
- 4.2.2 Das natürliche Gesetz —— 109
- 4.3 Praktische Tugenden —— 112
- 4.3.1 Praktische Tugenden und gute Taten —— 112
- 4.3.2 Das Durchhaltevermögen als Surplus des tugendhaften Menschen —— 119
- 4.3.3 Projektcharakter der guten Taten. Drei Beispiele: Platon mit Dionysios und Dion, Aristoteles und Alexander, Psellos' Schwester und die Prostituierte —— 126
- 4.3.4 Die brüderliche Freundschaft als Ziel der philanthropischen Aktivität —— 129
- 4.3.5 Einbettung der Ethik in eine innerweltliche Eschatologie: Brüderlichkeit, Einheit und Frieden —— 132
- 4.3.6 Ein Stufenmodell zur Erlangung der praktischen Tugenden? Vom natürlichen Gesetz zur Tugend —— 138
- 4.3.7 Zusammenfassung der praktischen Vollkommenheit —— 140
- 4.4 Theoretische Tugenden —— 140
- 4.4.1 Was sind theoretische Tugenden? —— 141
- 4.4.2 Aufstieg von der Praxis zur Theorie oder Vereinigung beider Wege? —— 150

4.4.3	Zusammenfassung der theoretischen Vollkommenheit —— 155	
4.5	Was ist die Sünde? —— 156	
4.6	Welche Art Generalismus vertritt Psellos? —— 158	
4.7	Glaube —— 162	
4.7.1	Problematik —— 162	
4.7.2	Zusammenfassung des Enkomions auf die Mutter und von T1.77 —— 162	
4.7.3	Was ist der Glaube für Psellos? —— 167	
4.8	Glückseligkeit und das beste Leben —— 172	
4.9	Psellos' Auslegung antiker und spätantiker Ethikkonzepte in seinen deskriptiven Schriften —— 176	
4.10	Keine politische Philosophie? —— 177	

5 Systematische Einordnung von Psellos' Philosophie —— 180

6 Zusammenfassung der Ergebnisse —— 184

7 Literaturverzeichnis —— 190
1. Quellen —— 190
2. Sekundärliteratur —— 191

Autorenregister —— 201

Sachregister —— 203

1 Einleitung

Dies ist die erste Monographie, die sich der Gesamtdarstellung von Psellos' Philosophie annimmt. Der Großteil der Texte, die für diese Arbeit verwendet wurden, sind zum ersten Mal auf ihren philosophischen Gehalt untersucht und übersetzt worden. Um den im Folgenden gewählten Zugang zu Psellos' Werk plausibel zu machen, möchte ich deshalb meine Arbeitsmethode nicht zuvor isoliert vorstellen, sondern sie aus der Darstellung der Lehr- und Lerngewohnheiten im 11. Jh. entwickeln. Beginnen wir deshalb mit einem kurzen historischen Überblick.

1.1 Psellos' Leben und Werk

1.1.1 Historischer Rahmen und das Leben des Michael Psellos

Es sollen nun (1) kurz die historischen Rahmenbedingungen der Periode aufgezeigt werden, in der Michael Psellos (Μιχαήλ Ψελλός) gelebt hat. Dann (2) soll sein Lebens- und Bildungsweg dargelegt werden.

(1) Der Beginn des 11. Jh. war eine bedeutende Phase für das Byzantinische Reich. Es fand dadurch zu erneuter Stärke, dass einige Herausforderungen, die den Byzantinern durch das erstarkte Bulgarenreich aus dem Norden erwuchsen, 1018 n.Chr. durch den berühmtesten Kaiser der Epoche, Basileios II., gemeistert werden konnten, indem es ihm gelang, die damalige Hauptstadt der Bulgaren, Ochrid, einzunehmen. Das 11. Jh. war außerdem eine Zeit, in der sowohl die Westfront mit ihren byzantinischen Gebieten in Süditalien gefestigt werden konnte,[1] in der aber auch die Ostfront, die bereits seit Längerem von den Fatimiden bedrängt wurde, zu Frieden fand. Psellos' Leben begann also 1018 n.Chr. in einem geschichtsträchtigen Jahr[2] und vollzog sich in einer Zeit, in der das „Imperium, [...] von den Gebirgen Armeniens bis zur Adria und vom Euphrat bis zur Donau"[3] ausgedehnt war. Dieser Höhepunkt der mittelbyzantinischen Zeit läutete aber gleichzeitig auch einen Niedergang ein. Denn anders als die äußeren Errungenschaften schwelte ein innerer Konflikt zwischen Militär- und Beamtenadel, der von den nachfolgenden, schwachen Kaisern nicht befriedigend gelöst werden konnte: Das Steuer- und Militärwesen wurde in der Konsequenz instabil.[4] Diese wach-

---

[1] Ostrogorsky 1996, 264
[2] Ostrogorsky 1996, 262
[3] Ostrogorsky 1996, 265
[4] Ostrogorsky 1996, 266

sende innere Desorganisation führte 1204 n. Chr. mit der Eroberung der Stadt durch die Kreuzfahrer des vierten Kreuzzuges zum ersten Kollaps des Imperiums.

(2) Diese historischen Umstände mögen Gründe dafür gewesen sein, dass Michael Psellos trotz politischer Aktivität die Muße dafür finden konnte, sich auf derart intensive Weise intellektuell zu betätigen, dass er zu einem Symbol des byzantinischen Gelehrtentums geworden ist. Schauen wir nun auf sein Leben.

Michael Psellos wurde unter dem Namen Konstantinos im Jahr 1018 n. Chr. in Konstantinopel geboren.[5] Der Name Michael, unter dem er heute bekannt ist, war sein Mönchsname, den er zu einem späteren Zeitpunkt im Leben annahm. Er gibt selbst an, dass in der Vergangenheit Konsuln zu der Familie seines Vaters gehört haben sollen,[6] was das Bewusstsein von edler Abstammung bezeugt. Seine Mutter hingegen, deren Namen er mit Theodota angibt,[7] sei aus einer Familie, die sich nicht auf eine spezielle Weise ausgezeichnet habe.[8] Wir wissen nicht, ob Psellos in ärmeren oder reicheren Verhältnissen aufgewachsen ist.[9] Die Mutter war es aber, die durch ihr eigenes Wissen, das sie sich als Autodidaktin angeeignet hatte, den Grundstein für die Gelehrsamkeit ihres Sohnes gelegt hat.[10] Psellos wurde als drittes Kind geboren und hatte zwei ältere Schwestern.[11]

Da sein Lebensweg kaum von seinem Bildungsweg zu trennen ist, sollen nun beide gemeinsam dargelegt werden: Psellos scheint eine ausgeprägte Merkfähigkeit und eine schnelle Auffassungsgabe besessen zu haben. Nach nur einem Jahr im Unterricht eines Lehrers hat er offenbar die Orthographie beherrscht, die *Ilias* auswendig gelernt und sie „grammatisch-stilistisch durchgearbeitet."[12] Nachdem er zwischen dem fünften und dem siebten Lebensjahr „privaten Ele-

---

5 Kaldellis 2012, 653
6 Kaldellis 2012, 653
7 Enkomion, Einleitung, 5. Im Folgenden werde ich das Enkomion anhand der Kapiteleinteilung der Übersetzung von Walker zitieren.
8 Enkomion, Einleitung 5–6 zitiert dort aus einem Brief Psellos', in dem er Handwerker als Gleichrangige bezeichnet.
9 Ariantzi 2012, 86: Sie erklärt den Reichtum daraus, dass Psellos von einer Amme gestillt worden sei, was finanziellen Spielraum bedeutet habe. Für eine gute finanzielle Stellung spricht außerdem die Möglichkeit, dass er durch einen Lehrer erzogen worden ist. Tiftixoglu 1995: Hier erfahren wir hingegen, dass er wegen Geldnot habe arbeiten müssen. Möglicherweise gab es eine Veränderung in der finanziellen Lage der Familie.
10 Enkomion, Kap. 5
11 Enkomion, Kap. 4
12 Enkomion, Kap. 6.: Die Bedeutung dieser Leistung ist nicht völlig ersichtlich. Schließlich war Psellos zu diesem Zeitpunkt erst fünf Jahre alt. Vielleicht bedeutete es, dass er besondere Stilmittel herausgearbeitet hat, vielleicht aber auch dass er die Grammatik und Eigenarten gelernt hat, die das Byzantinische Griechisch vom Attischen Griechisch und vom Homerischen Griechisch unterscheidet. Jeder einzelne Punkt wäre nicht nur für ein Kind eine außerordentliche Leistung.

mentarunterricht"[13] bekommen hatte, ist er mit acht Jahren zur nächsten Bildungsstufe aufgestiegen.[14] Wir wissen, dass die Familie Bedenken hatte, ihn den unsicheren Lebensweg der Gelehrsamkeit gehen zu lassen und lieber eine sichere Ausbildung gesehen hätte. Allerdings setzte sich seine Mutter erneut stark für den intellektuellen Weg ihres Sohnes ein.[15] Er „studierte Rhetorik, Philos[ophie], die Fächer des Quadriviums sowie Jurisprudenz".[16] Mit 16 Jahren musste er diese Aktivität jedoch durch eine Tätigkeit ergänzen, die das Ziel verfolgte, Geld für die Mitgift seiner Schwester zu erwerben. Er arbeitete demnach ein Jahr lang, bis zu dem unglücklichen Ereignis des plötzlichen Todes seiner Schwester,[17] als Sekretär.[18] Seine Eltern traten danach offenbar beide in ein Kloster ein.[19]

Der intellektuelle Lebensweg, den seine Mutter vorbereitet hatte, führte bald dazu, dass Psellos einem kleinen Kreis von Lernenden und Lehrenden beitreten konnte. Dort entstanden die Freundschaften zwischen ihm, Johannes Mauropous, Konstantinos Leichoudes und Johannes Xiphilinos, die ihr gesamtes weiteres Leben Bestand haben sollten. Mauropous übernahm in diesem Kreis offenbar die Aufgabe des Lehrers. Alle vier Freunde haben in späteren Lebensphasen sehr hohe Positionen im Kaiserreich eingenommen und es maßgeblich geprägt: Mauropous wurde Metropolit von Euchaita, Leichoudes wurde Patriarch von Konstantinopel, ebenso wie Xiphilinos nach ihm. Psellos hatte also bereits in jungen Jahren Zugang zu einer vielversprechenden Schicht gebildeter Byzantiner.

Seine „politische" Karriere in der byzantinischen Verwaltung begann Psellos mit 20 Jahren als Schreiber verschiedener Themen unter Kaiser Michael IV. Paphlagon. Schon unter diesem bzw. unter Michael V. Kalaphates wurde er mit 23 Jahren[20] zum Notar befördert[21] und fungierte bald auch als Hoher Richter[22] im Verwaltungsdienst des Palastes. Außerdem unterrichtete er eine große Anzahl an Schülern. Zudem wurde Psellos im selben Jahr verheiratet und bald Vater einer

---

13 Tiftixoglu 1995
14 Enkomion, Kap. 5
15 Enkomion, Kap. 5
16 Tiftixoglu 1995
17 Enkomion, 15
18 Tiftixoglu 1995
19 Enkomion, Kap. 11: Vielleicht ist auch das ein Hinweis auf die Verarmung der Familie. Schließlich hatten sie noch zwei relativ junge Kinder, deren Fürsorge sie dadurch sicherlich nicht mehr auf dieselbe Weise gewährleisten konnten, wie durch einen gemeinsamen Haushalt. Zur fürsorglichen Aufgabe der Kirche: Weiss 1977a, 556
20 Lauritzen 2009, 136 mit Kontroverse darüber, ob er die Stelle möglicherweise nicht ein Jahr später angenommen hat.
21 Tiftixoglu 1995 spricht von Privatsekretär. Vgl. Lauritzen 2009, 140
22 Tiftixoglu 1995

Tochter namens Styliane, die aus dieser Ehe hervorging. Styliane verstarb jedoch bereits früh[23] und Psellos adoptierte eine weitere Tochter, Euphemia, die ihm in späteren Jahren einen Enkelsohn schenkte.[24]

Die Gründe für seinen schnellen Aufstieg am Kaiserhof waren sowohl seine Gelehrsamkeit als auch sein rhetorisches Talent. Mit 29 Jahren, also 1047,[25] wurde er zum „Konsul" der Philosophen (*hypatos tôn philosophôn*) ernannt, einer von Kaiser Konstantinos IX. Monomachos eigens für ihn geschaffenen Auszeichnung,[26] die möglicherweise aufgrund der Lehrtätigkeit in privater Runde verliehen wurde. Er unterrichtete aber auch Philosophie und Rhetorik in einer „staatlichen" Bildungseinrichtung (mehr dazu im folgenden Kapitel). Psellos gibt selbst an, Schüler aus aller Welt gelehrt zu haben, aus dem Westen wie aus dem Osten.[27] Unter ihnen befand sich auch Johannes Italos aus Kalabrien, der den Titel des *hypatos tôn philosophôn* nach Psellos erhielt. Sein Freund Johannes Xiphilinos hingegen wurde als *nomophylax* mit der Lehre und Bewahrung des Rechts beauftragt.[28] Das Bewusstsein, der römischen Rechtstradition anzugehören, scheint auch bei Psellos zu einem Gespür für lateinische Etymologien beigetragen zu haben, wie er an einigen Stellen zeigt.[29] In einer Zeit aber, in der er und seine Freunde plötzlich an Einfluss am Kaiserhof verloren, musste Psellos Konstantinopel verlassen und trat gemeinsam mit Xiphilinos in das Theotokos Kloster der schönen Quelle auf dem Berg Olymp in Bithynien ein. Offenbar wurde als Grund für diese Abschiebung der Verdacht konstruiert, er betreibe okkulte Wissenschaften.[30] Erst mit dem Tod des Kaisers Monomachos wurde er von der Kaiserin Theodora III. als Berater zurück an den Kaiserhof geholt. Zwar bestimmte die ihm gewogene Kaiserin schon bald ihren Ehemann, Michael VI. Stratiktikos, zum Kaiser, dieser war zu jenem Zeitpunkt aber wohl schon zu alt, um die Regierungsgeschäfte gut führen zu können. Da er außerdem ein schwieriges Verhältnis zum Militär hatte, sich dort sogar Feinde machte, flammte ein Konflikt zwischen verschiedenen Parteien auf, der in dem Anspruch eines weiteren Akteurs auf den Thron, Isaak I. Komnenos, kulminierte. An dieser Stelle konnte sich Psellos als Vermittler und Berater besonders auszeichnen, der das Reich vor einem Bürgerkrieg bewahrte, wie er selbst in der *Chronographie* angibt. So übernahm er die

---

23 Ariantzi 2012, 332
24 Papaioannou 2013, 11
25 Tiftixoglu 1995 nennt das Jahr 1045 für die Verleihung des Titels.
26 Tiftixoglu 1995; vgl. Gaul 2014, 254 ff.
27 Hunger 1978, 373
28 Ostrogorsky 1996, 274
29 Philosophica minora I Op. 7, 141: [...] τῇ Λατίνων γλώττῃ κούρσωρας ὀνομάζουσι.
30 Hunger 1978, 374–375

Aufgabe, eine Gesandtschaft anzuführen, durch die er einen Kompromiss zwischen Isaak und Michael erreichte. Dieser lief darauf hinaus, den alten Kaiser würdevoll zur Abdankung zu bewegen, um für den jüngeren Isaak den Weg ohne militärisches Vorgehen gegen die Hauptstadt frei zu machen. Psellos' Lohn lag im Titel des *protoproedros*, des Vorsitzes des Senats. Er bewog aber wohl auch Isaak im Jahr 1059 n.Chr. zum Rücktritt, um wiederum Konstantin X. Doukas auf den Thron zu heben, dessen engster Vertrauter er wurde. Psellos wurde sogar zum Hauslehrer des Prinzen Michael VII. Doukas.[31] Mit der Inthronisierung seines Schülers verlor Psellos jedoch seine herausragende Stellung am Hof und verließ die politische Bühne ein für alle Mal.[32] Schaut man auf sein politisches Leben zurück, wird man auch darin eine besondere Leistung erkennen, dass er viele Kaiser in höchsten Ämtern überstand und die Reichspolitik aktiv mitgestaltete.

Während er wohl ein feines politisches Gespür hatte, scheint die ihm vorgeworfene Illoyalität und der Opportunismus unplausibel, wenn man die lebenslange Freundschaft zu Xiphilinos, die Wichtigkeit der familiären Beziehungen, die wir in seinem *Enkomion auf die Mutter* nachlesen können und seinen Wunsch, Wissen weiterzugeben, betrachtet. Der Vorwurf gründet in erster Linie in der von ihm verfassten Anklageschrift gegen den Patriarchen Kerullarios, der bald eine Lobschrift folgt. Dies wurde von modernen Interpreten als opportunistisches Verhalten gedeutet. Es ist jedoch so, dass er im Dienst der kaiserlichen Verwaltung dazu verpflichtet war, die Anklageschrift zu übernehmen, während seine Lobschrift eher als eine Palinodie, als ein Widerruf der ersten, zu bezeichnen ist.[33]

Über das Todesjahr des Psellos wurde viel spekuliert. Anthony Kaldellis zeigt, dass eine Verwechselung stattgefunden hat, sodass wir es nicht wie bisher mit 1078 n.Chr. angeben sollten, sondern mit 1076 n.Chr.[34] Denn der andere Michael aus Nikomedia, für den das spätere Todesjahr richtig ist, ist nicht identisch mit Michael Psellos. Wenn das Todesjahr also stimmt – zumal es seitdem keine Schriftstücke mehr von ihm gibt – hatte Psellos gemessen am heutigen Standard mit 58 Jahren ein kurzes Leben, währenddessen er dennoch zum bekanntesten Gelehrten seiner Zeit und vielleicht auch der gesamten mittel-byzantinischen Epoche wurde.

---

31 Tiftixoglu 1995
32 Tiftixoglu 1995
33 Vgl. Chronografie, 8
34 Kaldellis 2012, 663

1.1.2 Bildungseinrichtungen und Bildung zu Psellos' Zeit

Ich möchte (1) auf die beiden Parteien eingehen, die in Byzanz völlig unterschiedliche Ansichten über den Wert von profanem Wissen hatten, das Mönchtum auf der einen Seite und die Bevölkerung der Städte auf der anderen Seite. Dann möchte ich (2) die Meinungen in der Sekundärliteratur zum Thema Bildungseinrichtungen und Bildungsformen in Byzanz wiedergeben und schließlich (3) auf die Bildungsinhalte eingehen.

(1) Die byzantinische Gesellschaft war in der Bildungsfrage gespalten. Gerhard Podskalsky hat sich mit diesem Problem ausführlich auseinandergesetzt und gezeigt, wie die Konfliktlinien verliefen: Grundsätzlich sei das Mönchtum „bildungs-indifferent bis bildungsfeindlich" gewesen, obwohl es auch dort einige hochgebildete Personen gegeben habe. Dieser Tenor komme aus der asketischen Tradition.[35] Genau aus dieser Gruppe sollen viele der Kritiken an der antiken Bildungstradition hervorgegangen sein, die derartige Aussagen tätigten wie die, dass Syllogismen Spinnweben seien, die Naturwissenschaften Undinge, die aber auch die klassische Kritik an der Rhetorik, die eine Pseudo-Kunst sei, wiederholen. Die generellen Anfeindungen gegen die platonischen Werke sollen von dort stammen.[36] Das Ziel der Mönche war die „erleuchtete Schau der göttlichen Wirklichkeit, das reine und geistige Gebet, die ‚wahre Theologie'; die Warnung vor aller störenden und ablenkenden Wissenschaft [...]."[37] Damit würden sie eine antiintellektuelle Lebensweise verfolgen, die sich auf eine einfache oder als „rein" bezeichnete Weise gänzlich Gott gewidmet habe. Deshalb kommt Podskalsky zu folgender Einschätzung über die Rolle des Mönchtums in Byzanz:

> Die Mönche spielen eine wichtige Rolle in der Theologie a) durch ihr praktisches, selten hinterfragtes Verhalten zu dieser Wissenschaft [...], b) durch die ungebrochene Tradition ihrer Geschichte und ihre kirchenpolitischen Interessen (Fälle eines ungeschützten Ausscherens aus der „Gruppe" aufgrund vertiefter spiritueller Einsicht sind selten [...] c) durch das Gewicht ihrer Zahl gegenüber dem Weltklerus und ihren ideologischen Einfluß auf die kirchliche Hierarchie, d) durch ihre von keiner Partei grundsätzlich bestrittene Vorrangstellung (aggelikos bios), auch als Garant der Orthodoxie, und ihre relative Unabhängigkeit vom Kaiserhof.[38]

---

35 Podskalsky 1977, 36: Zu den Hauptstreitpunkten bezüglich der Bildungsinhalte während der „Türkenherrschaft" siehe Podskalsky 1988, 316 FN 1314: Beispielsweise zu Werken über Logik und Mathematik des Balanos Vasilopoulos in der Nachfolge des Korydaleus; Iorga 1935; im weiteren Balkanbereich Caracostea 2000
36 Podskalsky 1977, 46–47
37 Podskalsky 1977, 48
38 Podskalsky 1977, 38

Auf der anderen Seite findet sich die an Bildung interessierte byzantinische Stadtbevölkerung, die viel Geld in die Ausbildung ihrer Jugend investierte und zu der auch Psellos gehörte, der sich selbst ausdrücklich als Städter bezeichnete.[39] Diese beiden Gruppen standen sich in der Bildungsfrage unvereinbar gegenüber.

(2) Wie wurde in Byzanz Wissen vermittelt? Es findet sich in der Literatur immer wieder der Begriff der Universität, der den hohen Bildungsstandard der Byzantiner unterstreichen soll. Doch gab es diese überhaupt als feste Institution, oder lernte und lehrte man lediglich in privaten Zirkeln unter Einbeziehung eines Lehrers?

Laut der gängigen Definition sind die ersten Universitäten im mittelalterlichen Westeuropa Korporationen von Lehrenden und Lernenden gewesen, die sich selbstverwalteten und verschiedene Fächer anboten: die *artes liberales*, Theologie, Medizin und Jura gehörten zu ihrem Ursprungskanon. Die Zuwendungen kamen dabei entweder von den Studierenden, der Kirche oder vom Staat. Es steht zwar außer Frage, dass auch in Byzanz unterrichtet wurde und es unzählige Privatlehrer gab,[40] aber es ist nicht gänzlich geklärt, ob auch eine offizielle Einrichtung existierte, die dem, was eine mittelalterliche Universität in Bologna, Paris oder Oxford ab dem 11. oder 12. Jh. war, auf irgendeine Weise ähnelte. Grundsätzlich werden zwei Einrichtungen in Konstantinopel jedoch in Verbindung mit dem Begriff der Universität gebracht, von denen die erste drei Neugründungen erlebte: Es handelt sich dabei zunächst um diejenige, die es bereits im 5. Jh. auf Initiative des Kaisers Theodosios II. gegeben hatte. Sie soll im 9. Jh. durch den Onkel und Regenten (*kaisar*) des Kaisers (*basileus*) Michael III., Bardas, im Magnaura-Palast[41] wiederbelebt worden sein, sowie noch einmal durch Konstantin VII. im 10. Jh. Dort soll Grammatik, Geometrie, Astronomie und Philosophie gelehrt worden sein. Unabhängig von dieser „Tradition" scheint eine Bildungseinrichtung im 11. Jh. gegründet worden zu sein, die eng mit dem Patriarchat verbunden gewesen sein soll.[42] Auf diese patriarchale Schule geht nun Ugo Criscuolo ein, wenn er das Bildungswesen im 12. Jh. diskutiert.

Criscuolo zeigt in seinem Aufsatz *Chiesa ed insegnamento a Bisanzio nel XII secolo: sul problema della cosiddetta „Academia patriarcale"*, dass die meisten Autoren nicht davon ausgehen, dass es eine Institution gegeben habe, die den Namen Universität im westlichen Sinne habe beanspruchen können.[43] Er weist

---

39 Metzler 2007, 298
40 Speck 1974, 2
41 Hunger 1978, 237; Der Name ist offensichtlich die griechisch ausgesprochene Version der lateinischen Bezeichnung „magna aula".
42 Podskalsky 1977, 53–54
43 vgl. Speck 1974; Lemerle 1971; Browning 1977; Darrouzès 1970

aber auch darauf hin, dass es aufgrund mangelnder offizieller Urkunden und Textzeugnisse gar nicht möglich sei, eine vielleicht doch existierende Struktur der patriarchalen Schule von Konstantinopel zu rekonstruieren.[44] Demnach versucht Criscuolo, die Beziehungen zwischen Lehrenden und Lernenden, wie sie beispielsweise aus Lehrtexten hervorgehen, genauer zu untersuchen, um eine Antwort auf diese Frage zu bekommen. Es ist ihm dadurch möglich, einige interessante Argumente darzulegen, die uns einen besseren Blick auf den Lehrbetrieb in dieser Schule liefern können.

Wollte man eine völlig deflationäre Leseweise verfolgen, so müsste man annehmen, dass jede Art von Unterricht in Byzanz privater Natur, in privatem Zirkel und auf private Initiative hin geschehen sei. Dies sei jedoch im 12. Jh. nicht der Fall gewesen, denn es hätten sich Angehörige der gebildeten Schicht um das Patriarchat in der Hagia Sophia gruppiert, um zu unterrichten und unterrichtet zu werden.[45] Dabei habe es drei Arten von Lehrern für drei Fächer gegeben: Den *didaskalos tou psaltêriou* für das alte Testament, den *didaskalos tôn epistolôn* für die Auslegung der paulinischen Briefe sowie den *didaskalos tou euangeliou* oder *oikonomikos didaskalos* oder einfach nur *didaskalos* für die Auslegung der Evangelien.[46] Nun könnte es sein, dass diese Bezeichnungen lediglich inoffizielle Namen für Priester waren, die eben auch eine besondere Kompetenz in dem jeweiligen Bereich entwickelt hatten, und diese unregelmäßig und nicht institutionalisiert an Interessierte weitergaben. Johannes Italos, der Schüler des Psellos, habe sich jedoch in einem Brief direkt beim Kaiser dafür bedankt, dass er zum *didaskalos tou euangeliou* ernannt wurde. Zurecht schreibt Criscuolo deshalb, dass der Kaiser offenbar in diese Wahl involviert gewesen sei und es sich demnach nicht um eine rein private und informelle Angelegenheit gehandelt haben könne. Der Bischof und Reisende Anselm von Havelberg (1099 – 1158 n. Chr.) berichtete zudem, dass er in Konstantinopel mit zwölf *didaskaloi* der Hagia Sophia zusammengekommen sei. Ein Argument für eine Art Institutionalisierung des Unterrichts sieht Criscuolo in dieser Aussage nicht nur aufgrund der Anzahl der Lehrer, sondern auch in der Tatsache, dass höhergestellte Lehrer – wie er darlegt – offenbar direkte Eingriffsmöglichkeiten in den Unterricht niedriger gestellter Lehrer gehabt haben sollen.[47] Diese spärlichen Informationen lassen es nicht zu, eine abschließende Antwort auf die Frage der staatlichen und patriarchalen Schule zu geben, zeigen aber auch, dass von offizieller Seite ein Interesse an ihr bestand.

---

44 Criscuolo 1975, 380, 380
45 Criscuolo 1975, 375 – 376, 385
46 Criscuolo 1975, 375 – 376
47 Criscuolo 1975, 383

Ein Punkt, den Criscuolo nicht bespricht, ist die Frage nach dem Titel „Konsul der Philosophen" (*hypatos tôn philosophôn*). Es ist nicht klar, welchen Zusammenhang es zwischen diesem, vom Kaiser verliehenen Titel und der offizielleren Lehrtätigkeit – also der nicht ausschließlich privaten – in der Hagia Sophia gab. Criscuolo nennt außerdem einen weiteren Titel namens *maistôr tôn philosophôn*, dessen Verbindung zum Ersten unklar bleibt. Eine mögliche gesellschaftliche Rolle der Auszeichnung formuliert Herbert Hunger, indem er sagt, der Sinn könnte darin gelegen haben, offizielle Zuwendungen für die Lehre zu rechtfertigen.[48] Zwar muss dies aufgrund der fehlenden Forschung zu diesem Thema im Unklaren bleiben, man kann jedoch davon ausgehen, dass die Autoritäten des Reiches auf irgendeine Weise in die höhere Bildung involviert waren.[49]

(3) Welche Art von Wissen wurde vermittelt und welche Inhalte interessierten Lehrer und Schüler? Ab etwa dem sechsten Lebensjahr und bis etwa zum Neunten[50] „[...] lernten die Kinder anhand kirchlicher Texte Lesen, Schreiben, Silben, Worte, und Sätze zu bilden und etwas Arithmetik."[51] Aus Psellos' Biographie haben wir gelernt, dass auch antike Texte für diesen basalen Unterricht zur Grundlage gemacht wurden.[52] Die zweite Phase sei die der *enkyklios paideia* gewesen. Sie beinhaltete den Fächerkanon von Trivium und Quadrivium, die als ein gemeinsames Bildungspaket angesehen wurden und deshalb unter dem gemeinsamen Namen „umfassende" Bildung, *enkyklios paideia*, firmierten.[53]

> Verbindendes Glied der verschiedenen Disziplinen war die Methodik der (neu)platonischen und aristotelischen Philosophie, die in diesem Teilbereich weiteren Kreisen [i.e. der Bevölkerung] vermittelt wurde.[54]

Erst danach kann man für die höhere Bildung bereit gewesen sein. Eine genaue Altersangabe für die Beschäftigung mit ihr kann aber leider nicht ausgemacht werden.

Was genau könnte diese höhere Bildung beinhaltet haben? Wenn wir von der Bezeichnung der in der patriarchalen Schule Lehrenden ausgehen, könnten wir den Eindruck gewinnen, als seien nur theologische Inhalte vermittelt worden. Wir

---

48 Hunger 1978, 373; vgl. Gaul 2014.
49 Criscuolo 1975, 385
50 Schreiner 2011, 113
51 Ariantzi 2012, 169
52 Schreiner 2011, 113: Deswegen sei die „Verbreitung der Schriftlichkeit im Byzantinischen Reich größer gewesen als in den Staaten des westlichen Mittelalters, wo sie (abgesehen von Italien) bis zum 12./13. Jh. fast ausschließlich von Klerikern getragen wurde."
53 Schreiner 2011, 113
54 Schreiner 2011, 113

müssen aber beachten, dass ein *didaskalos tou euangeliou* nicht nur über Fragen der Trinität oder über die beiden Naturen Christi räsonierte, sondern viele verschiedene Inhalte anhand der Evangelien besprechen konnte. Außerdem dürfen wir die heutige Trennung zwischen Philosophie und Theologie nicht auf das 11. Jh. anwenden. Zwei Beispiele sollen dies zeigen: Bei Psellos finden wir so gut wie keine ad litteram Interpretation der Bibel. Besonders deutlich wird dies an einer Stelle in der er Lk. 12, 49 ff. auslegt. Psellos' Strategie ist es zu interpretieren, die Mutter repräsentiere hier den Glauben und die Tochter die Tugend. Damit hat er eine direkte Verbindung zu einem philosophischen Problem hergestellt, das er dann im Folgenden weiter diskutieren kann: Wie ist die Relation zwischen Glaube und Tugend (siehe die ausführliche Behandlung der Passage in Kapitel 4)? Es geht hier also nicht um theologische Inhalte im Sinne richtiger Kontemplation Gottes. Auch wenn wir uns das zweite Beispiel, das Criscuolo uns überliefert hat, anschauen, das aus der Zeit nach Psellos stammt, sehen wir dasselbe Merkmal: Ein Lehrer der patriarchalen Schule in der Hagia Sophia berichtet von sich selbst, er habe Paulus zum Anlass genommen, um über Moral zu sprechen.[55] Wenn der Reisende Anselm von Havelberg also berichtet, er habe mit den dortigen Lehrern über theologische aber auch über profane Lehren gesprochen,[56] darf das nicht als Trennung von offizieller christlicher und inoffizieller antik-paganer Philosophie verstanden werden, die unterstellt, dass beide als Gegensätze angesehen wurden. Sondern es bedeutet, er habe nicht nur über Dinge geredet, die Gott betreffen, sondern eben auch über moralische Lehren. Diese waren dann ebenfalls Teile der christlichen Philosophie, die zu allen möglichen Problemen Stellung bezogen hat, sich aber natürlich der antiken Einsichten bediente. Unter besonderer Beachtung der Bibel und der Kirchenväter nimmt sich eben auch Psellos vieler wissenschaftlicher Themen wie Psychologie, aber auch Metaphysik und Ethik an und verfolgt dabei die antiken und spätantiken Diskussionen. Wenn dies offensichtlich eine Methode ist, beispielsweise über Ethik zu sprechen, wie können dann dabei die antiken Inhalte auf dieser höchsten Bildungsstufe zum Tragen kommen?

Dass die Inhalte antiker Philosophien und der christlichen Philosophie ähnlich sein konnten, sehen wir erneut anhand einer Untersuchung von Podskalsky. Den Umgang mit der antiken Weisheit stellt er in den Mittelpunkt seiner Monographie *Theologie und Philosophie in Byzanz*.[57] Er ist dort der Meinung, dass

---

[55] Criscuolo 1975, 383: Criscuolo übersetzt den griechischen Text aus dem 12. Jh. wie folgt: „il mio insegnamento, prendendo lo spunto dal testo paolino, volvega su temi de carattere morale."
[56] Criscuolo 1975, 380, dagegen Fuchs 1920.
[57] Podskalsky 1977

die griechische Philosophie als *propaideia* der endgültigen, christlichen Philosophie akzeptiert werden konnte, weil man ihre Wurzel in der Philosophie des Moses verortete. Von Clemens von Alexandrien soll die bekannte Frage stammen, was Platon denn sonst sei als ein athenischer Moses.[58] Aufgrund dieses Begründungsschemas konnte auch Kaiser Justinian darauf hinweisen, dass es eine Ähnlichkeit zwischen der platonischen Philosophie und dem Christentum gebe.[59]

> Ungeachtet des großen rhetorischen Aufwandes gegen die Philosophie [...] fehlte es nicht an wichtigen Bereichen, wie der Schöpfungslehre, in denen trotz kontroverser Grundüberzeugungen Platon und Aristoteles immer wieder als Autoritäten herangezogen wurden.[60]

So gibt es sogar eine direkte Empfehlung des Patriarchen Michael III., nur die peripatetische Philosophie zu verfolgen.[61] Durch diese Beispiele ist die eingehende Beschäftigung byzantinischer Gelehrter mit antiken Schriften zu verstehen. Ich möchte aber wieder im Licht der psellischen Schriften auch hervorheben, dass antike Inhalte auch akzeptiert werden konnten, ohne nur zur *propaideia* zu gehören. Ein Beispiel dafür ist die *mesotês*-Lehre, die zur Grundlage der praktischen Tugenden werden konnte, wie sie uns laut Psellos auch die Bibel darlegt. Und so gilt dasselbe Argumentationsmuster für Konzepte aus verschiedensten Teilbereichen der Philosophie.

Beachtenswert ist, dass die aristotelische Tradition nach Psellos in Byzanz besonders stark vertreten war. Dafür stehen u. a. die Kommentare von Johannes Italos zu Aristoteles' *De interpretatione*, Eustratios' von Nikaia zu den Büchern I und VI der *Nikomachischen Ethik*,[62] der anonyme Kommentar zu Buch VII,[63] derjenige von Michael von Ephesos zu Buch X[64] sowie zu den Büchern V – VIII der *Metaphysik*, der *Parva naturalia*, der *Sophistici elenchi*, der *De partibus* und der *De motu animalium*.[65] Aber auch vor Psellos scheint Aristoteles eine besondere Rolle für die byzantinische Gelehrsamkeit gespielt zu haben.[66]

---

58 Podskalsky 1977, 65–66: τί γάρ ἐστι Πλάτων ἢ Μωσῆς ἀττικίζων. Dieser Ausdruck geht ursprünglich auf Numenios' von Apamea „Über das Gute" zurück.
59 Podskalsky 1977, 70
60 Podskalsky 1977, 70–71
61 Podskalsky 1977, 77
62 Trizio 2012
63 Fisher 2009
64 Ierodiakonou 2009
65 Benakis 2009, 65
66 vgl. generell zur aristotelischen Biologie in Byzanz Hellmann 2012

Wir werden im Laufe dieser Arbeit sehen, dass die christliche Philosophie für Psellos eine systematisch ausgearbeitete Philosophie ist, die zu den meisten Wissenschaften etwas beizutragen hat, die sich jedoch immer anhand biblischer Aussagen oder solcher der Kirchenväter entwickelt.

1.1.3 Werk des Psellos

Es soll nun gezeigt werden, (1) welche Themen Psellos behandelt hat und dann (2) die Frage aufgeworfen werden, wo wir seine eigene Überzeugung finden können. Dann möchte ich mich (3) der Überlieferungstradition zuwenden sowie (4) seinen Schreibstil und seine Verwendung der Schriften anderer Philosophen darlegen. Zuletzt soll (5) Psellos als Bewahrer antiken Wissens diskutiert werden.

(1) Kommen wir also nun unter dem Eindruck des intellektuellen Klimas des 11. Jh. in Byzanz zum Werk des Psellos. Wie können wir uns den Zugang zu der Philosophie eines Autors erarbeiten, der zu einer Vielzahl von philosophischen Systemen etwas geschrieben hat? Paul Moore hat in einer detaillierten Auflistung aller Werke von Michael Psellos – auch nicht-edierter Manuskripte – eine Einteilung seiner Schriften vorgenommen.[67] Er bietet uns sieben Kategorien an, die nach folgenden Themen geordnet sind: theologische Texte, philosophische Texte, historische Texte, Reden, Briefe, Persiflage- oder Spotttexte sowie Texte, die ihm nicht zweifelsfrei zugeordnet werden können. Diese Struktur priorisiert vorab einige Inhalte, die für eine philosophische Untersuchung besonders interessant zu sein scheinen: die philosophischen Texte. Die Frage ist nun, ob diese die einzigen für uns interessanten sind und welche inhaltlichen Akzente unser Autor in ihnen gesetzt hat.

Die von Moore vorgeschlagene Klasse philosophischer Texte sind zum Großteil in den beiden Editionen der *Philosophica Minora I* und *II* ediert. Ein erster Blick auf die dortigen Inhalte zeigt uns eine große Anzahl an Themen, die besonders den Fragestellungen neuplatonischer Texte der Spätantike und des frühen Christentums ähneln: „Über die Seele", „Über den Geist", die Auslegung verschiedener platonischer Ansichten sowie die Auseinandersetzung mit dem Origenismus konturieren diese Vermutung. Hinzu kommen „naturwissenschaftliche Schriften", die meteorologische, astronomische oder physikalische Themen behandeln. Psellos selbst behauptet in einer autobiographischen Passage eines seiner geschichtlichen Werke, der *Chronographie*, er sei philosophisch erzogen

---

[67] Moore 2005

worden, und geht dort auf die großen Hellenen ein, deren Ansichten er in den obigen Texten häufig wiedergibt:

> So verwies mich der eine an den anderen, der schlechtere an den besseren und der wiederum an einen weiteren und dieser schließlich an Aristoteles und Platon, im Vergleich zu welchen sich auch die früheren Philosophen schon zufrieden gaben, wenn sie gleich hinter jenen den zweiten Rang einnahmen. Von hier ausgehend nun gelangte ich, gleichsam eine Kreisbewegung vollziehend, wiederum zu Denkern wie Plotin, Porphyrios und Jamblich. Nach diesen ging ich, indem ich methodisch vorging, bei dem bewundernswerten Proklos wie in einem riesigen Hafen vor Anker und sog von dort jede Art von Erkenntnis und Genauigkeit der Denkvorstellungen in mich ein.[68]

Besonders dieser Abschnitt überzeugte Anthony Kaldellis[69] und andere Autoren, Psellos sei nicht nur jemand gewesen, der die antike Philosophie gekannt habe, sondern jemand, der sogar eine christentumskritische Argumentationslinie zugunsten der antiken Tradition verfolgt habe und der die antike Philosophie aus den Fesseln des kirchlichen Diktates seiner Zeit habe befreien wollen. Im Angesicht des Stellenwerts, die die antike Philosophie in Byzanz eingenommen hat, ist es bereits im Ansatz fraglich, ob ein derartiges Unterfangen notwendig gewesen wäre.

Während die Akzente der philosophischen Schriften also in besonderem Maße auf metaphysische und physikalische Ansichten antiker Autoren eingehen, aber an einigen Stellen auch das ethische Konzept des Aufstiegs und der Vergöttlichung wiedergeben, offeriert uns *De omnifaria doctrina* ebenfalls eine Mischung antiker und christlicher Lehren – jedoch auf gedrängtem Raum. Die Exzerpte aus antiken Schriften überwiegen hier bei Weitem. Tatsächlich handelt es sich sogar um beinahe identische Fragestellungen mit denen der *Philosophica minora*, die sich eben allein in ihrem Umfang unterscheiden. Das Werk verfolgt das Ziel, in kurzen Abschnitten eine umfassende Sammlung von Lehren zu vereinen, die sich von der Theologie über die Ontologie zur Ethik und über physikalische Fragen zurück zur Ontologie und Theologie bewegt. Ziel dieses Werkes war es, als Lehrbuch für die Erziehung des Psellos' anvertrauten Kaisers Michael VII. Doukas zu dienen. Die Merkmale dieser Schrift, also Kürze sowie Anzahl und die Anordnung der Inhalte, verweisen auf eine Schriftkategorie, die der Kontemplation und Diskussion der beinhalteten Themen dienen sollte.[70] Diese sogenannten

---

68 Chronographie, VI, 37–38
69 Kaldellis 1999
70 Tollefsen 2008, 4–5: „Such sentences or chapters were combined in so-called 'centuries', each of which contains 100 small texts. A 'chapter' is in fact not a very long section. It contains from one

„gnosic sentences" sind als eine Art Einleitung in den jeweiligen Unterrichtsstoff anzusehen, die den Schüler gemeinsam mit dem Lehrer zu Diskussion und Kontemplation anregen sollte.

In diesen drei „Textsammlungen", also den *Philosophica minora I* und *II* sowie in *De omnifaria doctrina*, die auf Anhieb als die zentralen Schriften für die Auseinandersetzung mit der philosophischen Überzeugung des Psellos' ins Auge springen, präsentiert er uns Inhalte der antiken, spätantiken und der christlichen Philosophie. Letztere, die man bei einem Autor des 11. Jh. in dichterer Weise erwarten würde, ist in allen drei Schriften lediglich in Form von Zitaten einiger weniger christlicher Autoren wie Gregor von Nyssa, Synesios von Kyrene oder Maximus Confessor zu finden. Die starke Präsenz antiker Philosophie in diesen Werken unseres Autors könnte deshalb als plausibles Argument für eine Neigung zur Antike angesehen werden, vor allem was Ontologie und Theologie angeht, oder sogar für pagane Tendenzen wie sie 400 Jahre später bei Georgios Gemistos, genannt Plethon, auftauchen. Die Präsenz und Präsentation dieser Inhalte verleitet dazu, in Psellos eine Art entrückten, antiken Philosophen zu sehen, oder jemanden, der ganz bewusst eine Renaissance der alten Philosophie eingeleitet hat.

Schaut man sich jedoch nicht nur diese Texte an, sondern betrachtet das Gesamtwerk unseres Autors, dann sieht man, dass die christlich-affinen Themen überwiegen. Die von Paul Moore als theologische Texte gekennzeichneten Schriften finden sich zum großen Teil in den Editionen *Theologica I* und *II*. Grundsätzlich verfolgt Psellos dort das Ziel, Stellen aus der Bibel oder Passagen der Kappadokier für Schüler oder Fragende auszulegen. Sollte also die Quantität der Schriften ein Indiz für dessen Präferenzen sein, können wir nicht mehr behaupten, er habe sich hauptsächlich mit der antiken Philosophie auseinandergesetzt. Doch nicht nur dieser Gedanke, sondern auch folgende Aussage des Psellos' selbst kann uns einen besseren Blick auf seine Intention liefern. Er fügt nämlich direkt an die oben zitierte Passage, die die Wertschätzung antiker Autoren bekundet, folgende Aussage an, die selten Eingang in die Bewertung seiner Ansichten durch die modernen Interpreten findet:

> Da es aber noch eine andere Philosophie gibt, die über dieser steht, welche das Mysterium unseres christlichen Logos zum Inhalt hat [...], habe ich mich um diese mehr bemüht als um die andere, wobei ich teils, was die formulierten Lehren angeht, den großen Kirchenvätern

---

to just a few sentences [...]. They invite the reader to slow and concentrated study, to some kind of 'contemplative reading'."

gefolgt bin, teils aber auch meinerseits zusammen mit dieser göttlichen Schar etwas aus Eigenem beigetragen habe.[71]

Wenn wir uns nun genauer die theologischen Schriften anschauen, wird Folgendes auffallen: Anders als unser neuzeitlich-moderner, an die Trennung von Theologie und Philosophie gewöhnter Verstand durchdringen philosophische Argumentationsgänge theologische Themen in diesen Schriften durch und durch. Wenn der Unterschied zwischen theologischer und philosophischer Argumentation durch die Autorität von Aussagen aus der Bibel begründet werden würde, dann reduzierten sich diese bei Psellos auf ganz wenige Aussagen: Dazu gehörten die *sarkôsis* der zweiten göttlichen Person, also die Menschwerdung des Logos in den zwei Naturen Christi, sowie die Wiederauferstehung des Menschen. Ich möchte behaupten, dass Psellos alle anderen Themen und selbst die Trinität in den theologischen Schriften rational zu begründen sucht, ohne nur auf die Autorität zu bauen (siehe Kapitel 2). Alle anderen von ihm herangezogenen Passagen in den theologischen Schriften beinhalten eine Fülle an philosophischen Argumentationsgängen, die sich aus Beweisen und der Feststellung von Widersprüchen verschiedener Annahmen speisen. Es geht dort weder nur um die Abwägung von Bibelzitaten noch alleine um Gotteslehre.

(2) Wo finden wir nun Psellos' persönliche Überzeugung? Was können wir aus der Gegenüberstellung der philosophischen mit den theologischen Schriftgattungen gewinnen? Denn beide haben Philosophie zum Inhalt, beide stehen aber auch wie Parallelen nebeneinander, ohne sich zu kreuzen und aufeinander einzugehen. Ist Psellos vielleicht der pejorativ verstandene „Polyhistor", der Sammler und Bewahrer jeder Art Wissens, der für Byzantiner so typisch zu sein scheint, der alles verkörpert außer einen wahren Philosophen? Hat er also überhaupt eine eigene Meinung vertreten?

Besonders wichtig ist die Tatsache, dass wir in den theologischen Schriften häufig die konkreten Aussagen finden, „ich denke" oder „es scheint mir" etc., sich auf diese oder jene Weise zu verhalten. Der direkte Vergleich der philosophischen Schriften mit den sogenannten theologischen Schriften verblüfft. Denn ein genauerer Blick auf die philosophischen Werke zeigt uns den erstaunlich faden Charakter ihres Inhalts. Sie begnügen sich meistenteils mit der Darstellung antiker Aussagen, ohne die reine Deskriptionsebene zu verlassen. Wir suchen die argumentative Auseinandersetzung mit den antiken Inhalten dort meist vergeblich. Psellos bezieht so gut wie nie selbst Position. *De omnifaria doctrina* ist ein noch evidenteres Beispiel hierfür, da die Themen auf noch engerem Raum in wenigen

---

[71] Chronographie, VI, 42

Sätzen zusammengestellt wurden. Der Versuch, Psellos' Überzeugungen anhand dieser Schriften ausfindig zu machen, kann deshalb nicht gelingen. Folgendes Beispiel soll meine Behauptung stützen. Das für die neuplatonische Philosophie zentrale Thema „Geist" wird von ihm in den philosophischen Schriften beispielsweise auf diese Art behandelt:

> Demnach ist jeder Geist nach den hellenischen Meinungen entweder unteilhabbar oder teilhabbar. Denn der, an dem nicht teilgehabt werden kann, führt die ganze Menge der Geister an, weil er die Existenz als aller Erster hat. Von den Teilhabbaren aber erleuchten die einen die überkosmische und unteilhabbare Seele, die anderen aber die kosmische.

Fünfundzwanzig Zeilen später beendet er den rein deskriptiven Abschnitt mit der Bemerkung:

> Diese sind die Dinge, die vom Philosophen Proklos über den Geist in seinen Elementen der Theologie wissenschaftlich untersucht worden sind.[72]

Die Art der doppelten Distanzierung zu Beginn (*kata tas Hellēnikas doxas*) und zum Schluss der Texte ohne eigene Stellungnahme ist in den philosophischen Schriften omnipräsent. Michele Trizio weist deshalb zurecht darauf hin, dass die Ansicht, Psellos sei ein primär an antiker Philosophie interessierter Intellektueller, revidiert werden müsse.[73] Es wäre deshalb falsch, Psellos' eigene Philosophie aus den ‚philosophischen Texten' extrahieren zu wollen und die ‚theologischen Schriften' nicht zu beachten. Und noch ein weiterer Grund kommt hinzu: Die deskriptiven, philosophischen Schriften präsentieren uns die Aussagen verschiedener Philosophen und philosophischer Schulen, ohne sie auch untereinander in Verbindung zu setzen. Dass Psellos etwas zur aristotelischen Tugendlehre sagt und dass er an einer anderen Stelle etwas zur neuplatonischen des Porphyrios sagt, heißt nicht, er habe eine Synthese der Systeme versucht. Die Erarbeitung von Psellos' Philosophie muss also auf den ‚theologischen Texten' basieren, da wir nur dort Positionen und Argumente finden, die es uns erlauben, seine eigene Überzeugung mit Eindeutigkeit zu erkennen.

---

[72] Philosophica minora II, 21–22, 3–6: Πᾶς τοίνυν νοῦς κατὰ τὰς Ἑλληνικὰς δόξας ἢ ἀμέθεκτός ἐστιν ἢ μεθεκτός. παντὸς γὰρ τοῦ πλήθους τῶν νόων ὁ ἀμέθεκτος ἡγεῖται, πρωτίστην ἔχων ὕπαρξιν. τῶν δὲ μετεχομένων οἱ μὲν τὴν ὑπερκόσμιον καὶ ἀμέθεκτον ἐλλάμπουσι ψυχήν, οἱ δὲ τὴν ἐγκόσμιον. Und 31–32: Ταῦτά ἐστι τὰ τῷ φιλοσόφῳ Πρόκλῳ πεφιλοσοφημένα περὶ νοῦ ἐν τῇ θεολογικῇ αὐτοῦ στοιχειώσει.
[73] Trizio 2007, 5–6; vgl. auch O'Meara 1998 zur Philosophie in den philosophischen Schriften des Psellos sowie Kobusch 2011, 198–202 über den „Humanistenbrief" des Psellos an Xiphilinos.

Ich möchte an dieser Stelle dafür plädieren, nicht der Einteilung von Moore in philosophische und theologische Schriften zu folgen, sondern zwischen deskriptiven und argumentativen Schriften zu unterscheiden. Der Großteil an deskriptiven Schriften deckt sich mit den von Moore als philosophische bezeichneten und die meisten der argumentativen Schriften deckt sich mit den von Moore als theologische bezeichneten. Der Vorteil bei der neuen Bezeichnung liegt darin, dass die strikte Trennung zwischen Philosophie und Theologie aufgehoben wird, die aus der Perspektive des 11. Jh. unplausibel ist.

Gehen wir nun auf die argumentativen Schriften ein. Reduziert sich Psellos' Interesse damit nicht etwa auf rein theologische Probleme? Seine Intention in den argumentativen Schriften ist es, Passagen aus der Bibel oder Aussagen der Kirchenväter erklären zu wollen, indem er ausschließlich philosophisch argumentiert. Es gibt ontologische Erklärungen, das Aufzeigen logischer Widersprüche, oder wenn es das Thema verlangt, ethische Begründungen beispielsweise anhand der Tugendethik. Was wir bei ihm nie finden, ist, wie wir bereits zeigten, eine ad litteram Auslegung der Bibel oder eine Abwägung von Bibelzitaten. Deshalb sind die argumentativen Schriften die für unser Anliegen zentralen Werke und jede Untersuchung der Philosophie des Psellos' muss – besonders in Anbetracht der byzantinischen Tradition – bei ihnen beginnen.

Ein weiterer Fundus interessanter Schriften sind die uns überlieferten Reden von Psellos. Nicht nur, dass er sich selbst als genialen Rhetor verstand, sondern auch die Bewertung von außen maß ihm erhebliches Talent bei. Gregor von Korinth, ein Grammatiker des 12. Jh., lobte Psellos' *Enkomion auf seine Mutter* als eine der vier besten jemals gehaltenen Reden.[74] In der Forschung haben besonders dieses Enkomion und die Rede 8 einige Aufmerksamkeit hinsichtlich praktischer Lebensführung und der Bedeutung von Theorie und Praxis auf sich gezogen. Bei der Verwendung von Reden für philosophische Sachverhalte ist jedoch zu bedenken, welche Nachteile uns alleine aufgrund der mit ihrer Gattung einhergehenden Standards begegnen. Jede Rede verzichtet nämlich auf Syllogismen und erhält ihren Charakter durch Enthymeme, die durch das Fehlen einer Prämisse oder einer Konklusion definiert werden.[75] Eine klare Argumentation, wie wir sie für unser Vorhaben brauchen, ist deshalb dort nicht zu finden. Nichtsdestoweniger bieten uns die Reden, die wir haben, ein Gros an Aussagen, die durch das argumentative Gerüst der oben als wichtig begründeten Schriften ihren Gebrauch finden können. Ähnliches gilt für die Briefe, die Psellos hinterlassen hat. Es gibt zwar eine große Anzahl von ihnen, häufig sind die Adressaten aber nicht bekannt.

---

74 Walker 2004, 59
75 Rapp 1996, 199

Manche Briefe, wie diejenigen über den Mönch Elias, streifen gekonnt die Persiflage, sodass ein gesunder Rest Skepsis bezüglich ihrer Intention bestehen bleiben muss. Diese können nur dann verwendet werden, wenn sie zu einem Gerüst von Argumenten aus anderen Schriften passen.

Bedeutet dies nun, dass im Gegensatz zur Forschungstradition gerade die deskriptiven Schriften überhaupt keinen Gehalt für unser Vorhaben haben? Über den Grund, warum er sich mit der griechischen Tradition beschäftigt hat, können wir uns anhand zweier Textstellen einen Eindruck machen, die uns gleichzeitig erklären, wie wir die deskriptiven Schriften zu verstehen haben. In dem von ihm redigierten Brief an Sultan Malik-shah schreibt er:

> [...] et le plus étonnant est que quelques philosophes grecs ont connu à l'avance et prédit la venue du Verbe [...].[76]

Es zeigt sich hier, dass die Antike nicht als abgeschlossener intellektueller Raum wahrgenommen wurde, sondern von ihm im Hinblick auf die christliche Philosophie gelesen wurde.

> Die hellenistische Weisheit – wenn sie auch versäumt, Gott die Ehre zu geben, und in der Theologie nicht fehlerlos ist – kennt die Natur so, wie der Schöpfer selbst sie gemacht hat[.][77]

Die deskriptiven Schriften des Psellos müssen anhand seines zentralen Anliegens gelesen werden und können deshalb erst in einem zweiten Schritt für die Auffindung seiner Philosophie genutzt werden. Sie können nur dann eine Rolle spielen, wenn Psellos die Ansichten eines antiken Autors für eines der Probleme gebraucht, die in den argumentativen Schriften auftauchen, sie aber nicht zureichend beschreibt. Dann ist es sinnvoll, die Deskriptiven zu Rate zu ziehen, weil sie einen besseren Einblick in das ermöglichen, was er als wahre Meinung des einen oder des anderen antiken Denkers ansieht und nutzt.[78] Die historischen Schriften, also die *Chronographie* und die *Historia syntomos* sind nur insoweit interessant, als sie autobiographische Hinweise liefern, in denen sich Aussagen der andern Schriften spiegeln können.

(3) Michael Psellos' Schriften, von denen Moore 1176 zählte, sind auf ca. 1790 Manuskripte verteilt erhalten.[79] Anna Komnene erklärt ihn zum Vorläufer ihrer

---

[76] Gautier 1977, 78
[77] Gemeinhardt 2001, 512, zitiert dort aus Ora 86, 73–75
[78] Vgl. Gemeinhardt 2001, 518 über Psellos Nutzung einer proklischen Begründung im Rahmen einer orthodoxen (und gerade nicht neuplatonischen) Auslegung der göttlichen Personen.
[79] Papaioannou 2013, 2

eigenen Tätigkeit.[80] Besonders interessant ist, dass auch Marsilio Ficino ihn an verschiedenen Stellen zitiert und kommentiert.[81] Stratis Papaioannou zeigt außerdem, dass seine Person in verschiedenen Romanen aufzufinden ist, etwa bei Samuel Taylor Coleridge, Giorgos Seferis oder Wystan Hugh Auden.[82] Die Editionen, die für diese Arbeit zur Verfügung stehen, sind die *Theologica I* (1989) und *II* (2002), die wir im Folgenden mit T1 und T2 abkürzen werden sowie *De omnifaria doctrina* (1948). Des Weiteren sind es die *Oratoria minora* (1985), die *Philosophica minora I* (1992) und *II* (1989). Briefe und weitere Texte werden gesondert eingeführt, wenn wir sie verwenden werden.

(4) Michael Psellos nutzt einen adressaten- und anlassgerechten Schreibstil. Deshalb ist der Unterschied der Komplexität zwischen seinen Texten erheblich. Besonders einfach gehalten ist das an den vierzehnjährigen Michael VII. Doukas gerichtete Kompendium *De omnifaria doctrina*. Außerordentlich anspruchsvoll sind an den Kaiser gerichtete oder von Psellos im Namen des Kaisers verfasste, offizielle Schreiben. Seine Reden spickt er mit antik-mythologischen Anekdoten und Allusionen, die eine darstellende Funktion vorher ausgeführter Gedanken einnehmen.

Psellos zeigt außerdem, dass er ein selbständiger Denker ist, indem er auch an allgemein anerkannten Autoritäten Kritik übt und einen eigenen, nachvollziehbaren Standpunkt entwickelt. Gleichzeitig lobt er aber auch die in seinen Augen besonderen Leistungen einiger Denker. Dionysios Dakouras hat eine Zusammenstellung dieser Aussagen geleistet, von denen ich einige wiedergeben möchte, um Psellos' kritische und unabhängige Meinungsfindung zu konturieren: Zu Homers *Ilias* schreibt Psellos beispielsweise: „Wenn man das hohle Wortgeklingel und das verschiedenartige Vers- oder Silbenmass und den Rhythmus, wie sie Homer in seiner *Ilias* angewandt hat, betrachtet, findet man, dass es sich im Ganzen darum handelt, dass Alexander die Tochter geraubt hat und dass man deswegen einen Krieg unternommen hat."[83] Gegen den Pantheismus des Orpheus' schreibt er: „Zeus! Ruhmvollster, berühmtester, geehrtester und größter unter den Göttern, (Du bist) selbst hinter dem Auswurf von Schafen, Pferden und Mauseln verborgen."[84] „Mit Aristoteles verhält es sich wie mit der lernäischen Schlange, der die Köpfe nachwuchsen; seine Fähigkeit war sogar noch größer, sein Verhalten noch schlimmer. Denn, bei jener waren alle Köpfe gleich, er aber hat viele, verschiedene Meinungen über ein und dieselbe Sache. Weil er also ihr gleich, ja

---

80 Buckley 2014, 18
81 Toussaint 2011, 111
82 Papaioannou 2013 2
83 Dakouras 1977b, 44
84 Dakouras 1977b, 44

wegen seiner Meinungsverschiedenheit und der Fähigkeit, wirkliche oder gedachte Unterschiede zu finden, noch größer und noch schlimmer ist, glauben wir kaum, die Wahrheit zu verfehlen, wenn wir gegen ihn unsere widersprechende Stimme erheben."[85] „Die Seele ist nicht reine Entelechie, weil sie nicht immer in vollkommener Wirkung ist, sondern manchmal in der unvollständigen Entelechie."[86] „Platon behauptet, die wahre Wesenheit der Seele sei in sich selbst, denn ein Eidos, das in einem anderen Eidos existiert, nennt er nicht Wesenheit, sondern wesenhafte Qualität."[87] So könnte man denken, dass Psellos nur die antiken Philosophen kritisierte und den christlichen folgte. Dies ist aber nicht der Fall, wenn er schreibt: „Aber dieser (Basileios) verabscheut sie [i.e. Atomisten] doch ohne Widerlegung, weil er nicht beabsichtigte, diese Philosophen zu widerlegen. Aristoteles dagegen hat mit unwiderlegbaren Beweisen ihre Lehre zur Erschütterung gebracht."[88] Er kritisiert auch die Autorität Maximus Confessor beispielsweise in T1.79, indem er sagt, es sei einfach unklar, was er behaupte.[89] So kann als Grundlinie seiner Beschäftigung mit antiken Denkern folgender Satz gelten, der unserer Darstellung des Umgangs der gebildeten Byzantiner mit der Philosophie entspricht: Es seien „[e]inige der griechischen Lehren [...] dem christlichen Dogma dienlich."[90]

Dass Psellos nicht mit Anklagen der Staatskirche konfrontiert wurde, wie sein Nachfolger Johannes Italos, könnte seinem politischen Geschick geschuldet sein. Denn zumindest die Anwendung vom Syllogismen auf die Trinität bedeutete einen erheblichen Tabubruch im byzantinischen Denken. Bereits bei Patriarch Photios, der zweihundert Jahre vor Psellos lebte, finden wir eine schützende Begründung dafür, dass er seine Schüler eine syllogistische Widerlegung gegen die zwei Seelen habe schreiben lassen:[91] Erstens sei es eine einfache Übung, welche die Schüler herausfordere, sich mit den Inhalten und der Argumentationstechnik im Allgemeinen zu beschäftigen. Andererseits sei das Ziel aber ganz konkret, gegen Häresien gewappnet zu sein. Dieses Argument übernimmt Psellos, wenn er gemäß Karin Metzler Folgendes behauptet:

---

85 Dakouras 1977b, 49–50
86 Dakouras 1977b, 52
87 Dakouras 1977b, 51
88 Dakouras 1977b, 48
89 vgl. zu Psellos und Maximus auch Lourié 2008
90 Dakouras 1977b, 43
91 Kapriev 2005, 162

> Die großen Kirchenväter Basileios, Gregor von Nyssa, und Gregor von Nazianz konnten Häretiker nur deshalb widerlegen, weil sie die antiken Regeln des logischen Schlusses beherrschten.[92]

(5) Ist Psellos ein Bewahrer des antiken Wissens? Von einer ganz anderen Warte aus betrachtet ist Psellos ebenfalls ein überaus interessanter Autor. Diese hat zwar keinen Einfluss auf unser Projekt, soll aber trotzdem genannt werden. Publikationen der vergangenen Jahre zeichneten Psellos nämlich auch als eine Schlüsselfigur der Überlieferung aus, durch den uns heute wichtige Fragmente antiken und spätantiken Gedankenguts überliefert wurden, die sonst verloren gegangen wären. Aus diesen Fragmenten ist zum einen beispielsweise das Werk von Dominic O'Meara *Pythagoras Revived: Mathematics and Philosophy in Late Antiquity*[93] hervorgegangen, das die iamblicheische Zahlenlehre der verlorenen Bücher V – VII rekonstruiert und zum anderen beispielsweise die 42 Fragmente der Chaldäischen Orakel. Tatsächlich beschreibt Psellos sich selbst als an allen Wissensbereichen interessierten Forscher, der sich nicht alleine auf die traditionellen Inhalte beschränke, sondern so gut wie jedes Thema Wissen wolle. Da er an einer Stelle angibt, was er an ihnen unplausibel findet, scheint ihn reine Neugier getrieben zu haben. Die überaus lange Aufzählung ihn interessierender Sachverhalte im *Enkomion auf die Mutter* zeigt tatsächlich auch die Neigung, sich mit obskurem und okkultem Wissen zu beschäftigen, was einige Interpreten dazu veranlasst hat, ihn beispielsweise als Alchemisten anzusehen. Diesen Versuchen widerspricht er selbst jedoch vehement:

> But I do not limit my curiosity to that either. Rather, when I hear the astrologers speak as if doing violence to some of the stars and all but offering sacrifices to others, I wonder where this difference in treatment has arisen, or how one's birth is governed and determined according to the stars' configuration. I have rejected, then, these ideas as neither evident nor true, and I have profited enough from dabbling in this art to bring a case against it on the basis of my own knowledge. I have denied that anyone's life is molded and remolded by the stars, and I have discredited the character-types and the fixed signs, and the entrances and lodgings of the heavenly bodies [...] I have carefully studied the secret powers attributed to stones and herbs, and have utterly rejected their superstitious use. Amulets I detest, both diamond and coral, and I laugh at sacred stone objects dropped from heaven.[94]

Das Vergangene spielt nicht nur für seine wissenschaftliche Auseinandersetzung eine erhebliche Rolle. Psellos' *Chronographie*, sein vielleicht bekanntestes Werk,

---

[92] Metzler 2007, 294
[93] O'Meara 1989
[94] Enkomion, Kap. 28

das kürzlich in der sehr lesenswerten deutschen Übersetzung von Diether Reinsch erschienen ist sowie die *Historia Syntomos*[95], die der Präsentation vieler Kaiserviten dient, sind Quellen der byzantinischen Verhältnisse im 11. Jh. und vorher. Für unsere philosophische Untersuchung sind sie jedoch nicht ergiebig.

1.2 Ziel der Arbeit und Methode

Ich möchte nun auf dem Hintergrund der Lern- und Lehrverhältnisse im 11. Jh. zunächst (1) das Ziel dieser Arbeit darlegen und anschließend (2) meine Methode erklären. Denn einen reflektierten Zugriff auf seine Textgattungen gab es für Psellos bisher nicht. Zum anderen galt es vorab, mit Hilfe dieser Methode die relevanten Texte zu identifizieren.

(1) Das Ziel dieser Arbeit liegt in der Darstellung und Diskussion von Psellos' Theologie, Ontologie und Ethik. Meine These ist, dass er konsistente philosophische Positionen vertritt, sowohl im theologischen, im ontologischen als auch im ethischen Bereich. Den Charakter seines Denkens werde ich im Anschluss an die Untersuchung darstellen.

Wie komme ich zu der Vermutung, es ließe sich eine systematische Philosophie finden? Erstens basiert sie auf der Erkenntnis, dass die argumentativen Texte von Psellos sich nicht widersprechen, sondern konsistent sind. Systematik meint also, dass ein festes theoretisches Gerüst rekonstruierbar ist, das im Hintergrund seiner Schriften steht.

Philosophie, so meine zweite These – wir haben sie oben bereits angeschnitten – war für Psellos aber nicht nur als *propaideia* zu verstehen, die letztlich einzig und alleine der theologischen Gotteserkenntnis gedient hat. Philosophie wurde als begründbares, theoretisches System verstanden, das eben entlang der Heiligen Schrift entwickelt wurde, ohne dass es eine thematische Reduktion auf Gottesfragen gegeben hätte und ohne dass die biblische Autorität gegen vernünftiges Räsonieren ausgespielt wurde. Es heißt gleich in der ersten (T1.1) argumentativen Schrift beispielsweise, dass Petrus sowohl theoretisch als auch praktisch tugendhaft gewesen sei. Psellos hätte die Tugenden auch einzig anhand der *Nikomachischen Ethik* des Aristoteles darlegen können. Aber der Usus der Zeit verlangt eine argumentative Nähe zur Bibel und auch zu den Kirchenvätern.

(2) Mein Ziel ist es Psellos' theologische, ontologische und ethische Position darzustellen, zu diskutieren und in einen Zusammenhang zu setzen. Es sind derartige Fragen zu klären wie die, ob er eine Ideenwelt angenommen hat, die sich

---

[95] Historia syntomos 1990

vielleicht in Gott oder außerhalb von Gott befindet. Ob die Angleichung an Gott möglicherweise eine an die Trinität oder vielleicht eine an Christus ist. Ist der Mensch Zusammengesetztes oder in stärkerem Maße Seele? Gibt es das ontologische Übel oder ist alles von Gott intendierte Ordnung und deshalb gut?

Ich werde in Kapitel 2 zunächst Psellos' Theologie darlegen. Sodann werde ich in Kapitel 3 seine Ontologie erklären. Die Trennung zwischen Theologie und Ontologie ist keine zwischen Theologie und Philosophie (dazu mehr unten). Es handelt sich lediglich um die Behandlung der beiden Bereiche Gott und Schöpfung. Beide Kapitel laufen schließlich auf die Darlegung seiner Ethik hinaus, die dann in Kapitel 4 folgen soll. Zum Schluss werde ich in Kapitel 5 die Ergebnisse zusammenfassen. Da es die erste Arbeit dieser Art ist, werde ich zum Großteil aus den edierten Quellen zitieren, aber auch die sehr nützliche Sekundärliteratur, die sich bereits mit einigen Teilproblemen beschäftigt hat, in meine Untersuchung einbeziehen. Wenn nicht anders angegeben, stammen die Übersetzungen von mir.

2 Theologie des Psellos

Obwohl die byzantinische Philosophie stets in der Nähe theologischer Fragestellungen gesehen wird und dort auch ihre größten Leistungen angenommen werden, ist dies der Bereich, in dem es die eindeutigsten Positionen gibt, und der zwar von bedeutenden Streitigkeiten gekennzeichnet ist, der aber im Grunde einen sehr stabilen Block von Lehrinhalten bildet. Mit den Konzilien der Reichskirche wurden die theologischen Dogmen abschließend formuliert, sodass selbst der Hesychasten-Streit zwischen Georgios Palamas und Barlaam von Kalabrien im 14. Jh. nicht am grundsätzlichen trinitarischen Gottesverständnis der frühen Konzilien rührte. In der Theologie, so kann man beinahe ausnahmslos sagen, findet man eine kontinuierliche Geltung von Inhalten, die bis heute anhält. Psellos wurde zwar unterstellt, dass er aus dieser Tradition ausschwenken wollte und die Strategie verfolgte, christentumskritische Positionen zu verteidigen,[96] wir werden aber feststellen, dass er dort, wo er über Gott schrieb, gerade versuchte, entgegen derartiger Spekulationen Stellung zu beziehen. Exemplarisch ist dies an seiner Klarstellung missverständlicher Aussagen der Kirchenväter ersichtlich. Deshalb soll die folgende Untersuchung gerade nicht einfach eine Darlegung seiner Theologie sein, sondern Psellos soll in ein Gespräch mit den Ansichten gebracht werden, die er anführt und die möglicherweise seine Gottesvorstellung geprägt haben oder aber mit Meinungen aus der Sekundärliteratur, die ihm Sympathien zugunsten theologischer Gedanken der Antike und Spätantike unterstellen. Es ist zu fragen, wie er sich zu diesen positioniert.

Dafür werden folgende Themenfelder eine Rolle spielen: Zunächst werden wir Psellos' Gottesverständnis mit denjenigen neuplatonischen „Theologien" vergleichen, die er in seinen deskriptiven Schriften behandelt oder aber von modernen Interpreten bei ihm vermutet werden. Wir werden die relevanten Passagen aus den argumentativen Schriften herausarbeiten. Auf dieser Grundlage können wir als Nächstes klären, wie er seine Sprechweise über Gott im Lichte von Dionysios Areopagites begründet. Sodann werden wir schauen, ob sich seine Ablehnung des neuplatonischen höchsten Prinzips sowie der damit einhergehenden, derivativen Hypostasen-Lehre auch in seiner Verständnisweise der göttlichen Ideen niederschlägt. Dann werden wir auf einige Eigenheiten eingehen, die sich durch die Vermischung neuplatonischer und christlicher Sprechweisen ergeben. Zum Schluss soll ein Umriss der Theologie bzw. Prinzipienlehre in seinen deskriptiven Schriften gezeichnet werden, bevor wir uns der Ontologie zuwenden können.

---

96 Dakouras 1977a, 394

2.1 Christliche Trinität und platonische Prinzipien in Psellos' Theologie

Die neu-nizäanische Theologie des 4. Jh. stellt fest, dass Gott eines Wesens in drei Hypostasen ist. Diese Formel ist das Ergebnis einer langen Auseinandersetzung, die sich auch an antiken und neuplatonischen Begriffen und Argumenten schärfte.[97] Konkret ging sie jedoch aus den Anliegen zweier Parteien des Konzils von Nizäa hervor, die der Frage nachgingen, ob der Logos-Sohn mit Gott-Vater wesensgleich sei oder nicht. Die beiden Parteien, die Homoousianer und die Homoiousianer, unterschieden sich zwar anhand ihrer Auslegung der Wesensgleichheit. Denn während die Erste von einem göttlichen Wesen ausging, erklärte die Zweite die göttlichen Hypostasen nur für Wesen gleicher Art, die aber gleichrangig seien.[98] Die Vereinigung der beiden Positionen konnte aber durch die Vorarbeit der kappadokischen Kirchenväter, die die Begriffe Wesen[99] (*ousia*) und Hypostase (*hypostasis*) unterschieden, erreicht werden, da beide bis dato synonym verwendet wurden.[100] So ließen sich also beide Parteien in der Aussage vereinigen, Gott sei eines Wesens (Homoousianer) in drei Hypostasen (Homoiousianer). Diese gemeinsame Position grenzte sich anschließend von einer ganzen Reihe anderer Auslegungsversuche ab, denen grundsätzlich die substanzielle Vorrangigkeit des Vaters zu eigen war. Die bekannteste dieser Auslegungen mag der bereits länger existierende Arianismus gewesen sein, der den Logos als ein Geschöpf (*ktisma*) Gott-Vaters ansah und ihm deshalb ein anderes Wesen zuschrieb.[101]

Psellos versteht sich als Teil der neu-nizäanischen Tradition und nimmt keine neue oder revisionistische Position des Gottesverständnisses ein, wenn er die theologischen Fragen anhand von Auslegungen der kirchenväterlichen Schriften oder bestimmter Bibelstellen diskutiert.[102] Blickt man jedoch genauer auf das

---

[97] Psellos schätzt einige antike philosophische Diskussionen, vgl. Dakouras 1977b, 43
[98] Lange 2012, 27–28
[99] Wesen wird im Lateinischen mit *substantia* übersetzt, was die direkte Übertragung von *hypostasis* ist. Ich werde im Folgenden „Wesen" schreiben, um keine Konfusion in Psellos' Begrifflichkeit aufkommen zu lassen. *Hypostasis* wird im Lateinischen mit *persona* übersetzt. Ich werde im Folgenden aus stilistischen Gründen beide Begriffe als Übersetzungen verwenden. vgl. auch Beierwaltes 2001, 25–26
[100] Lange 2012, 27
[101] Lange 2012, 23
[102] Gemeinhardt 2001 legt einige fundamentale Aspekte der Theologie des Psellos dar unter besonderer Berücksichtigung seiner Auseinandersetzung mit eunomischen Positionen und den Antworten des Gregor von Nazianz, jedoch ohne ausführliche Beachtung von Psellos' Ansicht über den Neuplatonismus. Gemeinhardt zeigt, dass Psellos eine nicht „photinianische" Lehre formu-

kirchliche Dogma der Dreieinigkeit, fallen doch einige Felder auf, die nach Begründungen verlangen, zu denen Psellos wiederum unabhängig Stellung beziehen kann, ohne sich gegen eine herrschende Meinung stellen zu müssen. Denn die Unterschiede, die beide Konzilsparteien trotz Einigung hinterließen, waren tatsächlich schwieriger zu vereinen, als es dem ersten Anschein nach offensichtlich war. So beseitigten die Differenzen hinsichtlich der Bedeutung von Wesen und Hypostase nicht die konkreten Merkmale der göttlichen Personen: Gott-Vater ist als einzige der drei Personen ohne Beginn (*anarchos*). Diese Feststellung verleitet Psellos dazu, ihn „nicht größer nach der Natur, sondern nach dem Ursprung"[103] zu nennen.[104] Der Sohn ist hingegen eingeboren (*monogennês*).[105] Während der Vater unbegrenzt ist, ist der Sohn gewissermaßen Grenze (*peras estin ho hyios*).[106] Aber auch zwischen Vater und Heiligem Geist besteht ein Abhängigkeitsverhältnis, das Psellos von einem seiner Vorgänger übernimmt. Denn schon „Johannes Damaskenos [formulierte] die ostkirchliche Lehre vom Hervorgang des Heiligen Geistes aus dem Vater durch den Sohn."[107] Trotz der Eigenheiten der göttlichen Personen sei die Gottheit jedoch nie unvollendet gewesen, fügt Psellos hinzu. Interessanterweise bringt er zum Beweis der göttlichen Vollständigkeit ein Argument, das eigentlich den Unterschied der Personen hervorhebt. Denn er fragt rhetorisch, was der Vater ohne Weisheit sei. Wobei er Weisheit als Bezeichnung für den Sohn-Logos verwendet.[108] Offenbar steht Psellos damit in einer Linie mit Johannes Damaskenos, der die Weisheit bereits durch den im Vater subsistierenden Logos erklärte,[109] während beispielsweise Augustinus sie sowohl als Bezeichnung für

---

liert, 525: „Bezeichnend für die seinerzeit (noch) bestehende Variationsbreite der byzantinischen Theologie ist allerdings, daß Psellos der angeblichen Irrlehre [der Lateiner] eine andere Pneumatologie entgegenhält als die „photinianisch" inspirierte Polemik des Studitenmönches Niketas Stethatos."
103 T1.71, 23 – 26: εἰ γὰρ καὶ μείζονα λέγω τὸν πατέρα υἱοῦ καὶ πνεύματος, οὐχ ὅτι μείζων ἐστὶ τῇ φύσει φημί· οὐσία γὰρ οὐσίας οὐδέποτε εὑρέθη μείζων ἢ ἐλάττων. 'οὐ κατὰ τὴν φύσιν' οὖν μείζονα τὸν πατέρα λέγω, ἀλλὰ κατὰ 'τὴν αἰτίαν'·
104 Kapriev 2005, 59 stellt diese Aussage bei Maximus Confessor fest.
105 Kapriev 2005, 121
106 T1.97, 47–52: τί οὖν; πεπεράτωται τῷ υἱῷ ὁ πατήρ, εἴ γε ὅρος αὐτοῦ ἐστιν, ὡς συγκεκλεῖσθαι τὴν πατρικὴν φύσιν τῇ τοῦ υἱοῦ; ναί, εἴ γέ τις φιλοσόφως ὁμοῦ καὶ εὐγνωμόνως κατακούειν αἱροῖτο τοῦ βουλήματος τοῦ ῥητοῦ. τῆς μὲν γὰρ πατρικῆς οὐσίας οὐδέν τι πέρας ἐστίν, ὥσπερ δὴ καὶ τῶν ἑτέρων δύο ὑποστάσεων, τῆς δὲ τοῦ πατρὸς προσηγορίας πέρας ἐστὶν ὁ υἱός·
107 Kapriev 2005, 124
108 T1.20, 69–73: καὶ οὐδέποτε ἀτελὴς ἡ θεότης, οὐδ' ἐδέησε τῷ πατρὶ σοφίας, ἵν' ὑποσταίη ὁ υἱός, οὐδὲ ὑποστατικοῦ πνεύματος, ἵνα παραχθείη τὸ πνεῦμα. πότε γὰρ ἄλογος ἢ ἄσοφος ὁ πατήρ, ἵν' ὁ λόγος αὐτῷ γένοιτο; πότε δὲ τῷ λόγῳ τὸ πνεῦμα μὴ ἐξεπορεύετο, ἵνα μετὰ ταῦτα δημιουργηθῇ τῷ πατρί;
109 Kapriev 2005, 123

den Sohn alleine[110] als auch manchmal für den Vater, den Sohn und den Heiligen Geist gemeinsam nutzte.[111] Psellos, so scheint es in diesem Beispiel, legt einen deutlichen Akzent auf die Rolle der Personen und formuliert dadurch einen Wesenszug der östlichen Tradition aus, der besonders deutlich bei Damaskenos zutage tritt. Georgi Kapriev fasst dies folgendermaßen zusammen:

> Wenn man in der östlichen Tradition über ‚den einen Gott' spricht, nennt man auf diese Weise nicht die gemeinsame von den Hypostasen abstrahierte Wesenheit, sondern den Gott Vater. Es geht ‚um den einen Gott' des *Glaubensbekenntnisses*. Gott wird im Vater erkannt. Die göttliche Monarchie, an deren Spitze ein ursprungsloses (ἄναρχος) Prinzip steht, lässt auch die gottgebührende Ordnung (τάξις) den göttlichen Hypostasen zukommen.[112]

Zwar haben Begriffe wie Abstraktion keinen Platz bei der Beschreibung des persönlichen christlichen Gottes, aber durch die exponierte Beachtung Gott-Vaters müssen wir uns doch nach der Interdependenz der göttlichen Personen erkundigen und nach den Spuren einer Derivationslehre innerhalb Gottes fragen, die hier präsent sein könnte. Wird Gott-Vater von Psellos doch als eine Art Prinzip verstanden?

Im Folgenden möchte ich deshalb herausfinden, wie Psellos sich genau gegenüber der neuplatonischen Prinzipienlehre positioniert. Dafür werde ich seine Ansichten mit einigen ausgewählten Positionen des Neuplatonismus und einer des Mittelplatonismus kontrastieren, die in einigen seiner Schriften vorkommen oder die in der Sekundärliteratur zu dessen Quellen erklärt werden. Leider finden wir in Psellos' argumentativen Schriften keine komplette und einheitliche Abhandlung über den Geist, das Eine oder die neuplatonischen Hypostasen, die mehr als reine Deskription ist. Nützliche Aussagen darüber sind in seinem Werk nur verstreut zu finden. Um also zu sehen, welches argumentative Koordinatensystem er in der Theologie ansetzt, sollen diese Aussagen nun zusammengenommen werden und zur Beantwortung von fünf Fragen dienen: erstens um den Vergleich von christlicher Trinität und plotinischen Hypostasen, zweitens um den von christlicher Trinität und plotinischem Einen, drittens um den von christlicher Trinität und neuplatonischem Geist, viertens um eine proklische Interpretation des Heiligen Geistes, fünftens von christlicher Trinität und der von Iamblich dargelegten Trinität sowie schließlich um den von christlicher Trinität und Geist, wie ihn der Mittelplatoniker Alkinoos darlegt. Die nicht-chronologische Reihenfolge ergibt sich aus der Relevanz der Fragestellungen.

---

110 Horn 1995a, 68–69. Dies ist die Hauptverwendungsweise.
111 Augustinus' De trinitate VII, 3: Et ideo sapientia pater, sapientia filius, sapientia spiritus sanctus; et simul non tres sapientiae, sed una sapientia.
112 Kapriev 2005, 121, Hervorhebung durch Kapriev.

2.1.1 Christliche Trinität und plotinische Hypostasen

Da sich die Hypostasen der christlichen Gottheit sehr stark von den plotinischen differenzieren, macht es keinen Sinn, sie der Reihe nach miteinander zu vergleichen. Es gibt nämlich folgenden großen Unterschied: Anders als im Neuplatonismus gibt es im Christentum einen grundsätzlichen Unterschied zwischen dem „innergöttlichen" Bereich, der aus den Relationen der göttlichen Hypostasen miteinander besteht, und einem „außergöttlichen" Bereich, der die Relation des einen Gottes mit der Schöpfung betrachtet. „Eine tiefe ontologische Kluft trennt das Wesen der Kreaturen von der ungeschaffenen göttlichen Natur [...]."[113] Da bei Plotin die beiden unteren Hypostasen zum Bereich der Existenz gehören, die obere Hypostase aber über-seiend ist, es also einen wesentlichen Unterschied zwischen ihnen und dem Einen gibt, hat dessen Verständnis der Relation der Hypostasen untereinander offenkundig keine Ähnlichkeit mit der des christlichen Gottes. Plotins Position ließe sich – wenn überhaupt – in derjenigen der Anhomoier und Arianer am ehesten wiederfinden. Es ist auch deshalb nicht sinnvoll, die Hypostasen einzeln zu vergleichen, da sich Psellos' Argumente zugunsten der Trinität sowohl gegen das System der plotinisch-derivativen Hypostasen als Ganzes als auch gegen das Eine als oberstes Prinzip wendet.

Ich möchte deshalb die Strategie wählen, (1) das Eine als Prinzip sowie die drei plotinischen Hypostasen als System in einem Untersuchungsschritt gemeinsam zu behandeln, um die Argumente, die Psellos für die christliche Trinität liefert, nicht in zwei Diskussionen wiederholen zu müssen. Aus dieser Untersuchung heraus (2) möchte ich zeigen, wie Psellos eine Aussage des Gregor von Nazianz, die derivativ und subordinationistisch verstanden werden könnte, vor diesen Vermutungen bewahrt. Erst später soll dann der Geist betrachtet werden.

(1) Die von Porphyrios systematisierte Lehre Plotins unterscheidet drei Hypostasen, das Eine, den Geist und die Seele. Durch Derivation aus dem Einen entstehen die verschiedenen Seinsstufen und konstruieren eine hierarchische Seinsordnung, die von der Einheit zur Pluralität verläuft. Psellos selbst greift zur Darstellung dieser neuplatonischen Derivationslehre auf eine Aussage des Numenios zurück,[114] der sagt, der hellenische Gott erschaffe sich nicht nur Sohn, sondern auch einen Enkel.[115]

---

113 Geerlings 2002, 99
114 Köckert 2009, 99
115 T1.21, 58–63: ὑποπτεύει οὖν τὴν φωνὴν τῆς ὑπερχύσεως ὁ πατήρ, 'ἵνα μὴ ἀκούσιον τὴν γέννησιν' φησίν 'εἰσαγάγωμεν καὶ οἶον περίττωμά τι φυσικὸν καὶ δυσκάθεκτον', ὑψηλότερόν τι λέγων διὰ τὸ ὄνομα τῆς γεννήσεως. γεννᾷ γὰρ καὶ παρ' Ἕλλησιν ὁ ἐκείνων θεός, καὶ υἱοὺς ἑαυτῷ

2.1 Christliche Trinität und platonische Prinzipien in Psellos' Theologie — 29

Nun distanziert sich Psellos einige Male explizit von der neuplatonischen Theorie und stellt fest, dass „unsere Wissenschaft [i. e. die christliche] erstes und zweites Prinzip nicht kennt"[116]. Damit lehnt er die vermittelte Hervorbringung des Seins durch die göttlichen Personen ab, wie er auch innerhalb Gottes eine Existenzrangfolge der Hypostasen ablehnt. Zwar sagt er bezüglich der innertrinitarischen Seite, Gott-Vater sei alleinige und direkte Ursache für den Sohn und den Heiligen Geist.[117] Dieser derivativ anmutende Gedanke wird aber stets dadurch konterkariert, dass wir uns hier in der „innergöttlichen" Diskussion befinden und der Begriff Ursache nicht damit assoziiert werden darf, dass es einen wesentlichen Unterschied zur Wirkung gebe, die aus der Hypostase des Vaters hervorgeht. Ursache, also Gott-Vater, und Verursachtes, also Sohn-Logos und Heiliger Geist, seien nämlich in Gott untrennbar und wesensgleich.[118] Vater, Sohn und Heiliger Geist unterscheiden sich weder wie die neuplatonischen Hypostasen aufgrund ihrer Seinsintensität voneinander, noch sind sie wesenhaft voneinander getrennt. Die Relationen der göttlichen Hypostasen der christlichen Trinität haben also keine Ähnlichkeit zu den Hypostasen des plotinischen Derivations-Systems.

Aber wie steht es mit der Einheit? Gott habe nämlich eine Natur, ein Wesen.[119] In *Enneade* VI 8, 14 nennt Plotin das Eine metaphorisch und zum Zweck der Überzeugung seiner Gegner den Grund seiner selbst (*aition heautou*).[120] Es wolle sich selbst, bringe sich selbst hervor und erschaffe sich selbst.[121] Auch wenn wir diese Aussagen wörtlich nähmen, träfen sie laut Psellos nicht auf die christliche Trinität zu. Gott-Vater, schreibt er, sei nämlich nicht Ursprung seiner selbst, sondern eben ursprungslos (*anarchon*). Und der Logos wiederum bringe sich ebenfalls nicht selbst hervor, sondern werde durch den Vater hervorgebracht. Tatsächlich greift Psellos das Eine, wie Plotin es versteht, sogar an: Von einer nicht-

---

εἰσποιεῖται καὶ υἱωνούς, οἶον τὸ μὲν ἓν τὴν ἑνάδα, ἡ δὲ ἑνὰς τὸ ὄν, τὸ δὲ ὄν τὸν νοῦν, ἐκεῖνος δὲ τὴν ψυχήν·
116 T1.21, 95: 'πρῶτον' δὲ 'καὶ δεύτερον αἴτιον' ὁ ἡμέτερος λόγος οὐκ οἶδεν·
117 T1.22, 22–27: τὸ μὲν οὖν ἄναρχον, ὅπερ πάντων τῶν αἰώνων πρεσβύτερόν ἐστι, τῇ ὅλῃ ἐπευφημεῖται θεότητι, πρὸς δὲ καὶ τῇ μιᾷ ὑποστάσει, τῇ τοῦ πατρός. τὸ δ' ὅσον αἰῶνας μὲν ὑπερπέπτωκεν, οὐ μέντοι δ' ἐστὶ καὶ ἀναίτιον, ταῖς ἑτέραις ὑποστάσεσιν, υἱῷ καὶ πνεύματι, προσαρμόζεται· ἀπὸ γὰρ τοῦ πατρὸς ὁ μὲν γεννᾶται, τὸ δὲ ἐκπορεύεται.
118 T1.97, 42–43: διὰ τοῦτο λόγος τοῦ πατρὸς ὁ υἱός, οὐχ ὡς αἴτιος ἐκείνου, ἀλλ' ὡς συμφυὴς τῷ πατρί.; T1.75, 98–101: […] ἀλλὰ καὶ μεθ' ἡμῶν ἦν καὶ τοῦ πατρὸς οὐκ ἀπέστη, οὐ διαστάσης αὐτοῦ τῆς φύσεως οὐδὲ μῆκος εἰληφυίας καὶ πλάτος, ἀλλ' ἀμερίστως πανταχοῦ παρούσης καὶ πάντων περιδεδραγμένης καὶ ἐν οὐδενὶ χωρουμένης.
119 T1.107, 85–87 (in den Worten des Gregor von Nazianz): οὕτω δὴ καὶ θεοῦ μίαν οὐσίαν εἶναι καὶ φύσιν καὶ κλῆσιν, κἂν ἐπινοίαις τισὶ διαιρουμέναις συνδιαιρεῖται καὶ τὰ ὀνόματα·
120 Enn VI 8, [39] 14, 41
121 Horn 2007, 171

trinitarischen Einheit könnten die Neuplatoniker nämlich gar nicht sprechen. Denn das neuplatonische Eine müsse natürlich die Möglichkeit zur Vielheit beinhalten, die aus ihm wird.[122] Aus diesem Grund ist die reine Einheit für ihn kein plausibles Konzept.

(2) Dieser Linie bleibt Psellos in einem weiteren Textstück treu. In T1.20 erklärt er nämlich eine Aussage des Gregor von Nazianz, die sich paradigmatisch dafür anböte, bei ihm eine Derivationslehre der göttlichen Personen anzunehmen. Der fragliche Satz, den Psellos diskutiert, lautet folgendermaßen:

> Deshalb bewegte sich eine Einheit von Anbeginn in eine Zweiheit bis zu einer Dreiheit und stand.[123]

Offensichtlich könnte man aus dieser Aussage des Gregor eine Derivation des Sohnes und des Heiligen Geistes herauslesen, die bedeutet, dass beide nicht bereits gleichewig mit Gott waren. Aber selbst mit dem „Rückenwind" der Worte einer solchen Autorität ersten Ranges stellt sich Psellos gegen eine neuplatonische Interpretation der Trinität. Er schreibt im Anschluss folgende Erklärung:

> Denn die Ursache ist nicht eine losgelöste Bezeichnung, sondern gehört zu den Dingen, die sich irgendwie zu einem anderen verhalten, dieses ist aber das, was verursacht wurde. Die Relationen sind aber von Natur aus gemeinsam, sodass eine Ursache gemeinsam auch die verursachten Dinge ist, sodass daher jemand folgern könnte, dass die Produkte mit Gott gleichewige sind. Das „sie bewegte sich" und das „in eine Zweiheit", danach „in eine Dreiheit" und das „stand" scheint mir gänzlich der göttlichen Natur entgegenzustehen. Denn das Bewegt-Worden ist ganz offensichtlich auch bewegt, aber das Sich-Bewegend ist unvollendet. Denn jede Bewegung ist unvollendet, wie auch das, was gemäß ihr bewegt wird. Denn auch das, was erzeugt wird, ist unvollendet, weil es nicht erzeugt worden ist, auch das Vergehende, weil es nicht vergangen ist, und das, was sich verändert, weil es nicht verändert worden ist und auf dieselbe Weise bei anderen. Wenn Gott sich aber bewegte, sodass er bewegt wurde, um bewegt zu werden, wäre er vor dem Bewegt-Werden zugleich sich Bewegendes und Unvollendetes. Aber wie wurde er in die Zweiheit bewegt? Damit er bei ihr bleibt, oder wollte er übersteigen, um zur Dreiheit zu gelangen? Wenn nun, damit er steht, warum blieb er nicht stehen? Wenn aber, damit er übersteigt, aus welchem Grund bewegte er sich durch diese [Zweiheit?] zu dem, was er wollte? Und um alles der von mir besprochenen

---

122 T1.62, 40–46: ναί, φησίν, ἀλλὰ τὸ ὂν τὸν νοῦν ὑπερπέπτωκεν· [...] εἰ γὰρ τὸ ὂν ἐπὶ πολλὰ ἔχει τὴν δύναμιν, οὐ δήπου ἕν ἐστι καθαρῶς, ἀλλὰ καὶ ὑπὲρ τούτων ἕνωσις, ἡ δ' ἕνωσις ἢ ἑνάδων ἢ συνθέτων συναθροισμός, ὥστε καὶ αὕτη πολλά.
123 T1.20, 3–4: διὰ τοῦτο μονὰς ἀπ' ἀρχῆς εἰς δυάδα κινηθεῖσα μέχρι τριάδος ἔστη. Aus Gregors Or. 29

2.1 Christliche Trinität und platonische Prinzipien in Psellos' Theologie — 31

Probleme zusammenzufassen, wie viel schöner, sagte ich, ist es, so den Vater zu benennen, dass Gott immer Einheit und Dreiheit war, als so wie er [i. e. Gregor] es darlegte.[124]

Psellos zeigt also, dass der Hervorgang anderer Hypostasen aus einer ursprünglichen Einheit als Bewegung verstanden werden muss, sodass er Gregors Aussage mit einem aristotelischen Argument widerlegt. Denn Bewegung impliziert immer Mangel, da sie unvollendet ist.[125] Er wendet sich deshalb gegen eine Trinität, die aufgrund eines Derivations-Modells aus Gott-Vater hervorgeht, und bevorzugt die christliche Göttlichkeit, die nicht-derivierte Trinität ist. Tatsächlich nennt Gregor von Nazianz die Drei-Einheit aber in einer späteren Passage desselben Textes Monade.[126] Auch darauf geht Psellos ein.[127] Er distanziert sich explizit von einer Auslegung, die die Monade als nicht-trinitarische Einheit verstanden wissen will und erklärt die Bezeichnung Gottes als Monade folgendermaßen:

> Bevor wir aber den Gedanken klären, ist uns dieses auseinanderzulegen, dass der Vater [i. e. Gregor von Nazianz] dort nicht die väterliche Person oder die des Sohnes oder des Heiligen Geistes als eine Monade auffasste, wie einige meinten, damit es sei, dass der Vater wie irgendein fließender Punkt und indem er auf die Weise einer Zweiheit durch den Sohn geht,

---

124 T1.20, 11 – 26: ἡ γὰρ ἀρχὴ οὐκ ἀπόλυτον ὄνομα, ἀλλὰ τῶν πρὸς ἄλλο πως ἐχόντων ἐστί, τοῦτο δ' ἔστι τὸ ἀρχόμενον· τὰ δὲ πρός τι ἅμα τῇ φύσει, ὥσθ' ἅμα ἀρχή τε καὶ τὰ ἀρχόμενα, ὡς ἐντεῦθεν συλλογίσαιτ' ἄν τις συναΐδια τῷ θεῷ τὰ ποιήματα. τὸ δὲ 'κινηθεῖσα' καὶ τὸ 'εἰς δυάδα', εἶτα 'εἰς τριάδα' καὶ τὸ 'ἔστη' κατὰ πάντα μοι ἐφάνη τῇ θείᾳ φύσει ἐναντιούμενα. τὸ γὰρ κινηθὲν πάντως δήπου καὶ κεκίνηται, τὸ δὲ κινούμενον ἀτελές· πᾶσα γὰρ κίνησις ἀτελής, ὡς δὲ καὶ τὸ κατὰ ταύτην κινούμενον· τό τε γὰρ γεννώμενον ἀτελές, ὅτι μὴ καὶ γεγέννηται, καὶ τὸ φθειρόμενον, ὅτι μὴ ἔφθαρται, καὶ τὸ ἀλλοιούμενον, ὅτι μὴ καὶ ἠλλοίωται, καὶ ἐπὶ τῶν ἄλλων ὡσαύτως. εἰ δ' ἐκινεῖτο θεός, ἵνα κινηθῇ, πρὸ τοῦ κινηθῆναι κινούμενον ὁμοῦ καὶ ἀτελὲς ἦν. εἰς δὲ δυάδα πῶς ἐκινήθη; ἵνα ἐπ' αὐτῇ σταίη, ἢ ὑπερβήσεσθαι ἔμελλεν, ἵνα ἔλθοι πρὸς τὴν τριάδα; εἰ μὲν οὖν ἵνα σταίη, τί μὴ καὶ ἔστη; εἰ δ' ἵν' ὑπερβῇ, διὰ τί διὰ ταύτης ἐκινήθη πρὸς ὃ ἐβούλετο; καὶ ἵνα τὸ πᾶν τῶν ἀπορηθέντων ἐμοὶ συγκεφαλαιώσωμαι, πόσῳ κάλλιον, ἔφασκον, οὕτως εἰπεῖν τὸν πατέρα, ὅτι θεὸς ἀεὶ ἑνὰς ἦν καὶ τριάς, ἢ οὕτως ὡς αὐτὸς ἐξεφώνησεν.
125 Aristoteles' Physik 201a
126 T1.20, 98 – 103: ἡ μονάς, ἤτοι αὐτὴ ἡ θεότης καὶ ἡ τῶν τριῶν ὑποστάσεων φύσις, πρὸ παντὸς αἰῶνος καὶ σημείου τινὸς χρονικοῦ ἕστηκέ πως καὶ ἐφ' ἑαυτῇ ἥδρασται, οὐχ ἑνὶ προσωπικῷ χαρακτῆρι τὴν στάσιμον καὶ ἀμετακίνητον ἕδραν ἔχουσα, ἀλλὰ μορφῇ μὲν μιᾷ, τρισὶ δὲ ὑποστάσεσι, τῶν δὲ τριῶν πρῶτα τὰ δύο. ἐκινήθη γοῦν πρὸς τὰ δύο, ἀλλ' ἔστη ἐν τῇ τριάδι·
127 T1.20, 49 – 59: ὃ γοῦν ἐν ἄλλοις ἓν καὶ ἑνάδα φησί, μονάδα ἐνταῦθα ὠνόμασεν. ἑνώσεως δὲ καὶ μονάδος καὶ ἑνάδος καὶ ἑνὸς κρεῖττον τὸ ἕν· ἥ τε γὰρ ἑνὰς μετέχει τοῦ ἑνός, τὸ δὲ μετέχον χεῖρον οὗ μετέχει· ἥ τε ἕνωσις ἑνάδων ἐστὶ σύνοδος· τὸ δ' ἐξ ἑνάδων συγκείμενον οὐ καθαρῶς ἕν, ἀλλὰ καὶ πλῆθος· ἀρχικώτερον δὲ τοῦ πλήθους τὸ ἕν. ἡ δὲ μονάς, εἴ τις βούλοιτο κυριολογεῖν, οὐκ αὐτό ἐστι τὸ ἕν, ἀλλὰ πάθος τι ἢ ἕξις τοῦ ἑνός· τοῦτο γὰρ δηλοῖ, μονήν τινα τοῦ ἑνὸς καὶ ἀπαραλλαξίαν· μόνον γὰρ τὸ ἓν πολυπλασιαζόμενον ἓν πάλιν ἐστί. διὰ τοῦτο γὰρ μονὰς τὸ ἕν, ὅτι μένει ὅπερ ἐστί, μὴ ἐξαλλαττόμενον τοῖς πολλαπλασιασμοῖς, ἀλλὰ κἂν ἐπ' ἄλλων ἀριθμῶν γένηται, συντηρεῖ κἀκεῖνα καὶ μένειν ποιεῖ ἅπερ εἰσίν.

sich im Heiligen Geist vollendet, sondern unter der Einigung der Dreien verstand er die Monade, die hier an Stelle der Einheit genommen wurde.[128]

Man könne Gott jedoch auch als Eines (*hen*) bezeichnen,[129] denn er entziehe sich jeder mathematischen Operabilität[130], denn „nur das Eine ist wieder vervielfachtes Eines"[131]. Deshalb vervielfältige es sich gerade nicht dadurch, dass er in drei Personen sei. Damit passt diese Bezeichnung auf die christliche Trinität, ohne wegen ihr ein Derivations-Modell unterstellen zu müssen.

Psellos versucht durch seine Erklärung Gregors von Nazianz Formulierung also in der Weise zu deuten, dass letztlich kein Zweifel an dessen Intention aufkommen kann, Gott als Drei-Einheit darzustellen, trotz der falschen Formulierung in einem der Texte. Gerade weil er Gott, das Eine, als Monade bezeichne, argumentiere Gregor laut Psellos also nicht im Sinne einer Subordination, sondern meine die nicht-fließende, vor aller Ewigkeit bestehende perfekte und stillstehende Trinität. Damit ist es offensichtlich, dass Psellos keinen Versuch unternimmt, die Derivation aus dem Neuplatonismus in die christliche Gotteslehre zu integrieren, zu der er hier die Autorität des Kirchenvaters hätte nutzen können.

2.1.2 Christliche Trinität und die neuplatonische Seinsstufe des Geistes

Wenden wir uns nun dem Geist zu. Wie die christliche Tradition vor ihm bezeichnet auch Psellos Gott häufig als Geist, ohne dabei nur das *hagion pneuma* zu meinen, sondern auch die Trinität als Ganze. Handelt es sich also vielleicht um einen bewusst gewählten Ausdruck für die Drei-Einheit, da der Geist in einer neuplatonischen Wendung die Einheit-Vielheit bezeichnet? Dass die Konzepte sich ähneln, ist nicht plausibel: Denn der neuplatonische Geist steht in einem Abhängigkeitsverhältnis zu einer höheren Entität,[132] die als Ursache und Grund dient. Er konstituiert sich außerdem erst durch seine Rückwendung zum Einen, dem Prinzip allen Seins. Der Geist ist außerdem die interdependente „Ansammlung"

---

128 T1.20, 44–49: πρὶν ἢ δὲ διαλευκᾶναι τὸ νόημα, τοῦτο διασταλτέον ἡμῖν, ὅτι μονάδα ἐνταῦθα ὁ πατὴρ οὐ τὸ πατρικὸν πρόσωπον ἢ τὸ υἱικὸν ἢ τὸ τοῦ πνεύματος, ὥς τινες ᾠήθησαν, ἐξελάβετο, ἵν' ἢ ὅτι ὁ πατὴρ οἷα δή τις στιγμὴ ῥυεὶς καὶ διὰ τοῦ υἱοῦ ὁδεύσας οἷα δυάδος εἰς τὸ πνεῦμα ἀπετελεύτησεν, ἀλλ' ἐνταῦθα μονάδα τὴν τῶν τριῶν ὑπείληφεν ἕνωσιν, ἀντὶ τῆς ἑνάδος ἐνταῦθα παραληφθεῖσαν.
129 T1.62, 63: [...] ἓν κυρίως ὡμολόγηται ὁ θεός [...].
130 vgl. zum Problem der Zahlen Reale 2000, 211
131 T1.20, 56: μόνον γὰρ τὸ ἓν πολυπλασιαζόμενον ἓν πάλιν ἐστί.
132 vgl. Eyjólfur Kjalar Emilsson 2007

2.1 Christliche Trinität und platonische Prinzipien in Psellos' Theologie — 33

der Ideen.[133] Wollte man ihn also mit der gesamten Trinität vergleichen, wird man feststellen, dass dem die Verursachung Gott-Sohnes durch Gott-Vater innerhalb der Trinität entgegensteht.[134] Denn der plotinische Geist ist nicht selbst verursacht. Gegen irgendeine Parallelisierung mit dem Heiligen Geist spricht außerdem dessen persönlicher Charakter im Christentum, der nichts mit dem „Ort" der Ideenansammlung des neuplatonischen Geistes gemeinsam hat. Eine explizite Ablehnung des Geistes als Gott erfolgt aber in Psellos' T1.62. Er schreibt dort:

> Denn Gott ist im eigentlichen Sinn Eines, nicht im eigentlichen Sinn Geist. Denn der Geist ist die Hypostase der Formen, wobei er selbst die ungemischte Form ist, nicht aber auch der Privationen. Wenn Gott aber im eigentlichen Sinne Geist wäre, woher kämen die Privationen? Wenn wir den Demiurgen nicht auch irgendwo als seiend denken. Aber die Privationen sind viele, es ist also nötig, dass vor den anderen Dingen die Vereinigungen sind und die Einheiten. Deshalb ist das Eine vor allem.[135]

Diese Passage ist nur im Lichte von Psellos' Ontologie zu verstehen, auf die wir weiter unten eingehen werden. Es sei dennoch in aller Kürze darauf hingewiesen, was er sagen möchte und wieso er das Verständnis des Geistes als dasjenige, was die Ideen beinhaltet nicht mit Gott gleichsetzen möchte. Der Geist alleine bedeute nämlich nur die Existenz der Ideen. Unsere Welt sei aber die Vereinigung aus Form und Materie zu den zusammengesetzten und vergänglichen Dingen der Sinnenwelt. Ohne Gott, der als Schöpfer und auch als Gestalter die Formen mit der Materie zusammensetze, könnten wir die Privationen der Dinge nicht erklären. Denn während der Geist nur für die ungemischten und unvergänglichen Form steht, brauchen wir einen Akteur, der die Inhalte des Geistes nimmt und sie mit der

---

[133] Horn 1995b, 139

[134] Obwohl sie weder zeitlich noch logisch von einander abtrennbar sind: T1.58, 68–70: οἶμαι γὰρ τὸ μὴ προηγεῖσθαι κατὰ χρόνον τὰ αἴτια τῶν αἰτιατῶν ἐνταῦθα δηλοῦν, ἀλλὰ συνάμα εἶναι τὰ πρός τι. Außerdem T1.75, 86–92 und T1.97, 42–43. Die beste Erklärung für die Art der Interdependenz der göttlichen Hypostasen ist die Perichorese. Die Perichorese meint weder die mechanische Vermengung, bei der jedes ursprüngliche Element unverändert erhalten bleibt, noch die Verschmelzung der Ursprungselemente zu einem Neuen, sondern sie bezeichnet ihre Vermischung zu einer wirklichen Einheit unter Fortbestehen der Einzelelemente. Dieser ursprünglich auf Chrysipp zurückgehende Begriff expliziert bei Gregor von Nyssa und Maximus Confessor außerdem das Verhältnis der zwei Naturen Christi zueinander, findet dann aber vor allem durch Johannes Damaskenos Eingang in die Triadologie (Kapriev 2005, 125). T1.57, 97–98: οὔκουν ἀτελὴς ἡ γέννησις τοῦ υἱοῦ γεννωμένου· τοῦτο γὰρ αὐτὸ βούλεται ὁ πατήρ, γεννᾶν τὸν υἱόν, ἵνα συνημμένον ᾖ τὸ αἴτιον τῷ αἰτιατῷ.

[135] T1.62, 93–98: ὁ γὰρ θεὸς κυρίως μὲν ἕν, οὐ κυρίως δὲ νοῦς· ὁ γὰρ νοῦς εἰδῶν ἐστιν ὑποστάτης, εἶδος αὐτὸς τυγχάνει τὸ ἀμιγές, οὐ μὴν δὲ καὶ τῶν στερήσεων. εἰ δὲ νοῦς κυρίως ὁ θεός, αἱ στερήσεις πόθεν; εἰ μή που τὸν δημιουργὸν καὶ ὄντα νοήσομεν. ἀλλ' αἱ στερήσεις πολλαί, δεῖ οὖν πρὸ τῶν ἄλλων τὰς ἑνώσεις εἶναι καὶ τὰς ἑνάδας· διὸ δὴ πρὸ πάντων τὸ ἕν.

Materie verbindet. Nur so können wir erklären, wieso es Privationen gibt. Der Hintergrund dieser Annahme ist die Tatsache, dass es laut Psellos keine Derivation gebe, die erklären könne, warum die Kraft der Ideen abnimmt. Die Objekte der Sinnenwelt müssten durch die Verbindung mit einer präexistenten Materie vergehen. Man braucht aber etwas, das die Form aktiv mit der Materie zusammengesetzt hat. Das tut Gott, der Demiurg. Deshalb kann es laut Psellos keine Ähnlichkeit zwischen dem neuplatonischen Geist und dem christlichen Gott geben.

2.1.3 Christliche Trinität und die proklische Interpretation des Heiligen Geistes

Proklos scheint eine besondere Rolle für Psellos gespielt zu haben. Wie Dominic O'Meara zeigt, rekurriert er häufig auf den neuplatonischen Philosophen und nutzt seine Konzepte sowie sein Vokabular an verschiedenen Stellen seines Werks.[136] Neben den Passagen in seinen deskriptiven Schriften, nutzt er ihn an verschiedenen Stellen der argumentativen Schriften. Die Textstellen sind jedoch entweder explizite Zusammenfassungen antiker Positionen oder Hinweise auf gewisse Ähnlichkeiten zur christlichen Lehre.[137]

Einen Unterschied macht jedoch eine Beobachtung von David Jenkins. Er bringt folgendes Argument zugunsten einer neuplatonischen Verständnisweise des Geistes durch Psellos. Er ist der Überzeugung, dass der Byzantiner in T1.68[138], wo er über die Trinität spricht, ein proklisches Konzept dafür verwendet, den Heiligen Geist zu erklären.[139] Jenkins entnimmt dem Text, dass der Heilige Geist eine Mitte sei, die zwischen dem ungewordenen Vater und dem gewordenen Sohn stehe. Diese müsse im Licht der ersten Triade des Proklos verstanden werden. Diese Triade sei nämlich Grenze, Grenzlosigkeit und Mischung (obwohl Psellos an dieser Stelle von *meson* also Mittlerem spricht und nicht von *mixis* – Mischung) und sie gehe ursprünglich auf Platons *Philebos* zurück. Proklos habe sie verwendet, um generell eine Kontinuität in den Seienden begründen zu können, so Jenkins weiter. Der Heilige Geist sei nun deshalb eine Mischung, weil er bei Psellos die Grenze des Sohnes und die Grenzlosigkeit des Vaters miteinander verbinde.

---

136 Vgl. O'Meara 2014
137 T1.22, 38–39; T1.54, 132–136; T1.62, 27 ff; T2.18, 34; T2.33, 9–17.
138 T1.68, 117–121: τοῦτο δὲ πολλοὺς οἶμαι λανθάνειν τῶν μὴ τὰς ἐννοίας ἀκριβωσάντων. λέλυται δὲ αὐτῷ τὸ ἄπορον διὰ τῆς μεσότητος. οὐ γὰρ ἄμεσα ἀγεννησία τε καὶ γέννησις, ἵν' ἐν θατέρῳ τῶν ὀνομάτων τὸ πνεῦμα νομίζοιτο, ἀλλ' ἔστι μέσον αὐτῶν ἡ ἐκπόρευσις.
139 Barber und Jenkins 2006, 134–135

Psellos' Heiliger Geist sei also als eines der Elemente der ersten Triade des Proklos zu verstehen.

Zwar ist die Aussage des Psellos an dieser Stelle unorthodox, liest man den Text jedoch weiter, zeigt sich, dass es um die Frage der Eigenheiten der göttlichen Personen geht und warum der Heilige Geist nicht ebenfalls entstanden oder unentstanden (*agennêton/gennêton*) genannt werden könne.[140] Der Hintergrund dieser Überlegung ist der, dass Eigenheiten der göttlichen Personen nie mehr als einer von ihnen zukommen können.[141] Wenn der Heilige Geist eine Mischung sein sollte, würde es nämlich gerade heißen, dass er sowohl Teile der einen als auch der anderen göttlichen Person beinhalte. Genau dagegen spricht sich Psellos aber aus, wenn er die Eigenheiten einzeln benennt. Es wären im Falle einer Mischung eben gerade keine Eigenheiten mehr. Der nächste Einwand ist, dass die proklische Triade nach einem darüber liegenden Prinzip verlangt, wie wir bei der Diskussion der Hypostasen bereits sahen. Es handelt sich bei den göttlichen Hypostasen außerdem nicht um Elemente, die durch ein gemeinsames Prinzip verbunden werden müssen, da sie ja bereits eines Wesens sind, wie Psellos an anderer Stelle schreibt. Hätte Jenkins recht, müsste Psellos die Verbindung des Vaters mit dem Sohn durch den Heiligen Geist als deren Prinzip der Vereinigung erklären. Dies widerspricht aber seiner Bezeichnung des Vaters als Prinzip der anderen Hypostasen. Schließlich reflektiert Psellos aber auch die Unterschiede zwischen antikphilosophischem Ansatz und christlicher Lehre an verschiedenen Stellen, wie wir oben sahen. Es wäre inkonsequent, wenn er sie hier wiederum einbauen wollte. Zuletzt ist zu sagen, dass die überaus kurze Passage keinen Widerhall in anderen Texten des Psellos findet. Deshalb ist die proklische Interpretation des Heiligen Geistes unplausibel.

2.1.4 Christliche Trinität und neu-pythagoreische Drei-Einheit

Psellos wendet sich sowohl gegen die Versuche der Anwendung der Derivationslehre auf den christlichen Gott als auch kritisiert er das Konzept des Einen sowie des Geistes als alleingültiges Prinzip. Es gibt aber auch ein weiteres Konzept in der Philosophiegeschichte, dessen Psellos sich bedient haben könnte, um eine rationale Begründung für die christliche Trinität zu gewährleisten. Er selbst hat

---

[140] T1.68, 126–128: ἡ γὰρ ἰδιότης ἀκίνητος, ἐπεὶ καὶ τοὔνομα αὐτὸ τοῦτο ἐμφαίνει. εἰ δὲ ἡ ἀγεννησία καὶ ἡ γέννησις καὶ ἡ ἐκπόρευσις μεταπίπτουσιν ἀφ' ὧν λέγεται πρὸς ἕτερα, οὐδὲ ἰδιότητές εἰσι.
[141] Kapriev 2005, 117

uns wichtige Passagen der verlorenen Schrift des Iamblich *Über den Pythagoreismus* erhalten, wie wir von Dominic O'Meara erfahren.[142] Jens Halfwassen äußert die Ansicht, dass Iamblich den „Neuplatonismus zu einer mit dem Christentum konkurrierenden Philosophen-Religion umformte" und offenbar „eine Trinität im göttlichen Einen angesetzt hat."[143] War Psellos demnach möglicherweise Anhänger dieser „Philosophenreligion", wenn er derart großes Interesse an Iamblich hatte, dass er seine Texte überlieferte? Oder könnte es zumindest sein, dass der Überlieferer sich dieser paganen Argumente bedient hat, um sie der christlichen Lehre hinzuzufügen? Ein Hinweis auf seine Zustimmung zu Iamblich könnten wir in folgender Passage finden: In ihr geht Psellos nur auf die Dyade und die Triade Iamblichs ein. Die restlichen sieben göttlichen Zahlen nimmt er dort gar nicht in Augenschein, sodass wir zumindest prüfen müssen, ob er damit eine gewisse Nähe zur christlichen Trinität zu finden glaubt. O'Meara schreibt dazu:

> Of this however, Psellus preserves only a few lines concerning the dyad and triad. The 'divine' dyad is described as 'unlimited' power, never failing progression of life, receiving the measure of the first one [...].[144]

Die Zahlen haben bei allen Neuplatonikern eine besondere Bedeutung. Sie gehen den Ideen entweder voraus oder sind mit ihnen gleichgesetzt.[145] Der pythagoreische Zug in Iamblichs Schrift ist, dass er genau zehn göttliche Zahlen annimmt, die er Henaden nennt und die den *megista genê* als Prinzipien vorausgehen.[146] Sie gehen außerdem aus dem Einen Guten (*hen agathon*) hervor, das verschiedene weitere Benennungen hat: Grenze (*peras*) und Unbegrenztes (*apeiron*) oder Eines (*hen*) und Vieles (*polla*)[147] sowie – und hier setzt der Vergleich zur christlichen Trinität an – Drei-Einheit.[148] Die entgegengesetzten Prinzipien der Drei-Einheit sind nun dafür verantwortlich, dass aus ihnen die zehn Henaden entstehen. Zu beachten ist außerdem, dass sich über der Drei-Einheit des Iamblich das transzendente, unsagbare Eine (*hen arrêton*) befindet. Die Stelle, die Psellos zitiert, bezieht sich also gar nicht auf die Drei-Einheit, sondern auf die darunterliegende Seinsstufe der zehn Henaden, von denen er eben nur die Dyade und die Triade

---

142 O'Meara 1989
143 Halfwassen 1996, 54
144 O'Meara 1989, 83
145 Horn 2006, 18
146 Halfwassen 1996, 62
147 Halfwassen 1996, 81
148 Halfwassen 1996, 68

nennt. Alleine deshalb können wir aus dieser Stelle keine Unterstützung des Neuplatonismus iamblicheischer Art durch Psellos herauslesen.

Wenn wir nun über die Drei-Einheit des Iamblich bei Psellos reden wollen, befinden wir uns gar nicht im Bereich des unsagbaren Einen, sondern im Bereich des Einen Guten, das „nur dessen [i. e. des unsagbaren Einen] erste Manifestation"[149] ist. Die Ähnlichkeit zur christlichen Trinität, wie Psellos sie darlegt, ist deshalb bereits unvollständig, da es bei Iamblich ein dahinterliegendes, logisch abtrennbares und notwendiges Prinzip gibt, das die Drei-Einheit konstituiert.

Nun ist vor allem die Benennung Drei-Einheit bei Iamblich, ohne Rekurs auf die Zweiheit zu nehmen, erstaunlich. Halfwassen begründet es dadurch, dass die manifestierte Einheit die Grenze und das Unbegrenzte bereits enthalte:

> Das ἕν ἀγαθόν enthält also in sich selbst πέρας und ἄπειρον in positiver Bedeutung, ist also nicht absolut transzendent, sondern Einheit von Bestimmtheit (πέρας) und Unbestimmtheit (ἄπειρον) analog dem ‚absoluten Sein' bei Porphyrios.[150]

Aber ist das Eine Gute nicht eigentlich „nur" Grenze und Unbegrenztes, also eine Art unbestimmte Zweiheit? Woher kommt die Ansicht, es handele sich um eine Drei-Einheit? Warum wäre eine Drei-Einheit überhaupt notwendig, um eine philosophische Konkurrenz-Religion ins Leben zu rufen? Dass Psellos Anhänger der iamblicheischen „Philosophenreligion" sein könnte, ist also trotz seiner Wiedergabe von dessen Zahlenlehre nicht anzunehmen.

2.1.5 Christliche Trinität und Intellekt bei Alkinoos

Den mittelplatonischen Ansatz mit Psellos' Ansichten zu vergleichen, folgt aus den Aussagen einiger Wissenschaftler über den hohen Stellenwert des Mittelplatonikers Alkinoos in der byzantinischen Bildung. Salvatore Lilla beispielsweise versuchte darzustellen, wie das mittelplatonische Konzept der Gedanken Gottes in Byzanz weitergewirkt hat und zitiert dort Alkinoos als eine der wichtigen Autoritäten dieser Problematik.[151] Auch Frederick Lauritzen vermutet, dass die vielen Manuskripte des *Didaskalikos* des Alkinoos für dessen hohen Stellenwert in Byzanz Zeugnis ablegen.[152]

---

149 Halfwassen 1996, 62
150 Halfwassen 1996, 62
151 Lilla 2003
152 Lauritzen 2014, 717

Der Mittelplatoniker Alkinoos geht davon aus, dass der Intellekt der erste Gott und die Ursache des Kosmos sei.[153] Er denke sich ewig selbst wie der aristotelische Unbewegte Beweger.[154] Durch dieses Selbstdenken werde er – gleichwohl als Nebeneffekt – auch Urheber des Ideenkosmos[155] und werde deshalb auch Vater genannt.[156] Alkinoos verbindet durch das Konzept des Selbstdenkens mit dem der Herstellung des Ideenkosmos somit einen aristotelischen mit einem platonischen Gedanken.[157] Da dieser Intellekt ohne ein darüber liegendes Eines existieren soll, ist er eigenständige Einheit und Vielheit zugleich. Ist hier eine Nähe zu Psellos zu finden?

Psellos kritisiere Alkinoos direkt, vermutet Frederick Lauritzen.[158] Und dieser Einschätzung ist zuzustimmen, da der Byzantiner eben ein christliches Gottesverständnis verfolgt. Der christliche Gott ist aber im Gegensatz zu dem Unbewegten Beweger des Alkinoos erstens an der Schöpfung und am Menschen interessiert. Dies beweist er durch die Menschwerdung. Der Geist bei Alkinoos erschafft die Ideenwelt hingegen sozusagen nebenbei durch das Denken seiner Selbst. Zweitens ist der Intellekt bei Alkinoos nicht vollkommen autark, da er ein bereits vorhandenes Prinzip benötigt, um seine Ordnungstätigkeit durchführen zu können: die Materie. Keinen dieser Punkte finden wir hingegen bei Psellos, sodass er auch nicht von Alkinoos beeinflusst zu sein scheint.

In Anbetracht dieser Diskussion können wir feststellen, dass Psellos die christliche Gottesvorstellung mit den Eigenheiten der göttlichen Personen verteidigt. Gott sei Ursprung und wesentlich das Gute.[159] Er sei transzendent und immanent, gegenwärtig und nicht gegenwärtig.[160] Dass Psellos also in seiner Gotteslehre kein Anhänger des Platonismus war, wird anhand der Art der Behandlung einiger Themen in seinen philosophischen Texten sichtbar: Das Eine kommt bei ihm so gut wie nie vor. Als eigenes Untersuchungsobjekt ist es über-

---

153 Köckert 2009, 148
154 Köckert 2009, 152
155 Köckert 2009, 152
156 Köckert 2009, 152
157 Köckert 2009, 152
158 Lauritzen 2014, 717
159 T1.89, 44–47: οὐχ ἕξις οὖν ἡ ἀγαθότης τοῦ θεοῦ, ἵνα μὴ σύνθεσις ἐπὶ τοῦ ἁπλοῦ νομισθῇ καὶ χώραν σχῇ ὁ συλλογισμός, ἀλλ' αὐτὸ τοῦτο θεὸς καὶ ἕν· τί γὰρ ἄλλο θεὸς ἢ τἀγαθόν, τὸ πρῶτον αἴτιον καὶ δι' οὗ τὰ λοιπὰ ἀγαθύνονται;
160 T1.90, 27–31: ἡγώμεθα οὖν τὸν τοῦ παντὸς ποιητὴν ἐξῃρημένον ὑπάρχειν νοῦν καὶ πρῶτον, μᾶλλον δὲ θεὸν καὶ τἀγαθὸν καὶ ἕν, καὶ πάντα τὰ ὄντα καὶ μηδὲν τῶν ὄντων καὶ ὑπὲρ τὰ ὄντα καὶ ἐν τοῖς οὖσιν. ἐν τῷ ἑνὶ γοῦν τούτῳ τὰ πάντα ἐνῆν, τά τε νοερὰ καὶ τὰ αἰσθητά, οὔτε μεμερισμένως οὔτε συγκεχυμένως· οὐ γὰρ ὡς ἐκεῖνα, ἀλλ' ὡς ἐκεῖνο ἡ ἕνωσις.

haupt nicht anzutreffen. Grundsätzlich argumentiert Psellos zugunsten der Trinität als auch gegen das Eine als Prinzip.

2.2 Kataphase und Apophase

Psellos beteuert zwar die Unerkennbarkeit Gottes, behandelt die Trinität dennoch an manchen Stellen wie jeden anderen Untersuchungsgegenstand. Eine ähnliche Strategie sehen wir einige Jahrhunderte zuvor auch bei dem Patriarchen Photios. Er demonstrierte seine Vorliebe für „Widersprüche, für ihre Deutung und Lösung, wobei seine Grundmotivation der Schutz des Glaubens gegen Angriffe und ihre Erklärung durch ernsthafte Argumente"[161] gewesen sei. Einer der Nachfolger des Psellos in zweiter Generation, Eustratios von Nikaia, wurde gerade deshalb verurteilt, weil er „mit aristotelischer Syllogistik in Glaubensgeheimnisse einzudringen versucht[e]".[162] Wie redet Psellos also von Gott und in welcher Tradition steht er?

Bereits Plotin diskutierte das Problem des Redens über das höchste Prinzip. In *Enneade V 3 [49] 14* erklärte er, dass wir das Eine nicht benennen können, sondern nur über es sprechen könnten, ohne es zu fassen.[163] Pseudo-Dionysios Areopagites formulierte eine ausgefeilte Theorie des Sprechens über Gott für das Christentum, die auch für Psellos noch Geltung haben sollte. Die Grundelemente des Pseudo-Dionysios sind die positive, die negative und die hyperbolische Rede über Gott. Die Positive besteht aus drei Teilen, denen es gemeinsam ist, die „Leugnung Gottes auszuschließen"[164]. Die drei Elemente, die es erlauben, positiv über Gott zu sprechen, seien die Offenbarung, die Schöpfung sowie die Illumination des Denkens.[165] Diese Sprechweise sei jedoch gegenüber der negativen Sprechweise unzureichend, da Gott prinzipiell unerkennbar und unaussagbar sei.[166] Die negative Rede hingegen sei deshalb angemessener, da eben kein Begriff für Gott angemessen sei.[167] Aus ihr folge aber weder, dass Gott sei, noch dass er nicht sei.[168] Deshalb müsse die hyperbolische Rede verwendet werden, die ver-

---

161 Kapriev 2005, 163–164
162 Kapriev 2005, 214
163 Böhm 2004, 129
164 Suchla 2008, 114
165 Suchla 2008, 114
166 Suchla 2008, 114
167 Suchla 2008, 115
168 Suchla 2008, 115

sucht, „Gottes Übermaß zum Ausdruck zu bringen"[169]. Vor diesem Hintergrund sind Psellos' Aussagen zu deuten, die auf eine ähnliche Problematik eingehen:

> Gemeinsam nennen wir die Trinität sowohl Geist als auch Leben und Wesen und Sein, nicht weil sie Geist ist und nicht weil sie im eigentlichen Sinn seiend ist, sondern weil wir nichts Wertvolleres als dieses bei uns haben, um damit seine Natur zu benennen.[170]

Er teilt die Auffassung, dass unser Denken nicht ausreiche, um Gott begreifen zu können.[171] An zwei Stellen kritisiert er die negative Theologie jedoch durch einen Vergleich. Man sage nämlich nicht Rind, Pferd und Elefant, wenn man einen Menschen definiere. Warum sollte man dann also sagen, was Gott nicht ist, wenn man über ihn sprechen möchte?[172] Offensichtlich hinkt der Vergleich, den Psellos hier anführt. Denn Gott ist etwas diesen Entitäten Unvergleichbares. Anders als die Wesen der Beispiele ist er nicht durch den Verstand zu umgreifen oder begreifen. Diese Stelle ist deshalb auch mit Vorsicht zu lesen, da inhaltlich bald klar wird, dass er hier jemanden für seinen Umgang mit Definitionen im Allgemeinen kritisiert. Wenig später lobt er im selben Text die negative Theologie nämlich wieder.[173] In einer folgenden Passage nimmt er deutlich Stellung dazu:

> Aber er ist Grenze und Umfassung aller Dinge, eher aber, wenn du die genaue Theologie lernen willst, ist Gott weder das All, noch über dem All, weder Grenze, noch Umfassung, weder Licht, noch Leben, noch Geist, noch Sein, noch Eines, aber auch nicht über dem Einen. Denn diese Namen sind unsere Missgeschicke und die Mühen unserer Seele. Jenes aber ist unsagbar und über-unsagbar, und wir verstehen nicht nur nicht, was er ist, sondern wir verstehen auch dessen Unkenntnis nicht genau, denn auch seine Unerkennbarkeit ist unfassbar.[174]

---

169 Suchla 2008, 117
170 T1.76, 80–83: κοινῶς τε νοῦν μὲν τὴν τριάδα προσαγορεύομεν καὶ ζωὴν καὶ οὐσίαν καὶ ὄν, οὐχ ὅτι νοῦς ἐστιν, οὐδ' ὅτι κυρίως ὄν, ἀλλ' ὅτι μηδὲν ἔχομεν τούτων παρ' ἡμῖν τιμιώτερον, ἵν' ἐκεῖνο τὴν αὐτοῦ φύσιν κατονομάσωμεν.
171 T1.13, 30–32: ἅπτεται τῆς θείας οὐσίας, ἀλλ' ὥσπερ οὐδεμίαν καταληπτικὴν ἔννοιαν ἔχομεν τοῦ πρώτου ἀγαθοῦ, οὕτως οὐδ' ἐκφωνούμενόν τινα λόγον τοῦ κρείττονος παραστατικόν.
172 T1.52, 77–82: πόθεν δὲ σὺ καὶ τοὺς ὅρους τῶν πραγμάτων κατὰ στέρησιν εἴληφας; οἱ γὰρ ὅροι, ὡς ἐκ τῆς ἀποδεικτικῆς μεμάθηκας, ἀλλὰ καὶ συμπάσης διαλεκτικῆς, θέσιν, ἀλλ' οὐκ ἀναίρεσιν ἐπεισάγουσιν· ὁ γὰρ τὸν ἄνθρωπον ὁριζόμενος οὐχὶ βοῦν φησιν οὐδὲ ἵππον οὐδὲ ἐλέφαντα, ἀλλὰ τόδε διαφοραῖς τοιαῖσδε εἰδοπεποιημένον. πῶς οὖν καὶ αὐτὸς τὸν θεὸν ὁριζόμενος οὐχ ὅ ἐστι λέγεις, ἀλλ' ὃ μή ἐστι;
173 T1.52, 93–94: [...] 'ὃ μηδὲν τούτων ἐστίν' εἴρηκας, εὔλογος ἄν σοι ὁ κατὰ ἀπόφασιν ὁρισμός.
174 T1.56, 53–59: ἀλλὰ μὴν αὐτὸς ὅρος καὶ περιοχὴ τῶν πάντων, μᾶλλον δέ, εἰ βούλει τὴν ἀκριβῆ θεολογίαν μαθεῖν, οὔτε πᾶν ὁ θεὸς οὔτε ὑπὲρ τὸ πᾶν, οὔτε ὅρος οὔτε περιοχή, οὐ φῶς, οὐ ζωή, οὐ νοῦς, οὐκ ὄν, οὐχ ἕν, ἀλλ' οὐδ' ὑπὲρ τὸ ἕν· τὰ γὰρ τοιαῦτα ὀνόματα ἡμέτερά εἰσι παθήματα καὶ τῆς

Was wir hier finden, ist eine „hyperbolische" Negativität, die selbst dem Nichtwissen die Orientierung nimmt. Die klassischen hyperbolischen Bezeichnungen kommen hingegen sehr selten bei Psellos vor. In *De omnifaria docrtina* beispielsweise finden wir sie eher bezüglich der Erklärung antiker philosophischer Konzepte, wie des Geistes oder der Seele, die überkosmisch sein sollen. Für Gott hat sich hingegen scheinbar ein Katalog von ihn beschreibenden Eigenschaften herauskristallisiert, die regelmäßig Verwendung finden wie Liebe, Gutes, Leben oder Sein. Interessant ist die Tatsache, dass diese positiven Beschreibungen Gottes auch auf die göttlichen Personen spezifisch angewendet werden. Prominentestes Beispiel ist die Benennungen des Sohnes als Logos, Weisheit, Arm und Macht.[175] Augustinus erklärt beispielsweise, dass Gott keine akzidentellen Eigenschaften hat, die sich von seinem Wesen trennen lassen.[176] Dies ist zwar sicherlich auch bei Psellos so, aber einige Bezeichnungen passen eben nicht auf den Vater, da sie seinen hypostatischen Eigenschaften widersprechen. Er hat hingegen andere, wie beispielsweise „Quelle"[177], die nur ihm zukommen. Offensichtlich sind einige göttliche Bezeichnungen zusätzlich zu den Eigenheiten der Personen (eingeboren, unerschaffen) auf das Wesen bezogen, andere hingegen auf die Hypostase. Leider liefert Psellos hierfür aber keine systematische Behandlung und auch diskutiert er die Aufforderung des Pseudo-Dionysios nicht, dass von Gott eigentlich geschwiegen werden soll. Zuletzt wird von ihm auch nicht die Spannung gelöst, die darin liegt, dass er zwar grundsätzlich in Pseudo-Dionysios' Tradition steht, aber dennoch die göttlichen Dinge wie jeden anderen Gegenstand auseinandernimmt und diskutiert. Das sahen wir bereits oben.

2.3 Weisheit und Wille Gottes

Die Derivation wird von Plotin als notwendiges Ereignis dargelegt. Er leitet sie aus der Perfektion des ersten Prinzips ab, das, gerade weil es nichts bedarf und

---

ἡμετέρας ψυχῆς ὠδῖνες· ἐκεῖνο δὲ ἄρρητον καὶ ὑπεράρρητον, καὶ οὐ μόνον ὅ τι ἐστὶν οὐκ ἐπιστάμεθα, ἀλλ' οὐδὲ τὴν τούτου ἀκριβοῦμεν ἄγνοιαν, καὶ γὰρ καὶ τὸ ἄγνωστον αὐτοῦ ἀκατάληπτον.
175 T1.7, 75–79: οὕτως μὲν ἄν τις ἠθικῶς ἀποδοίη τὸν περὶ τοῦ οἴκου τῆς σοφίας λόγον. εἰ δὲ καὶ βούλοιτο φυσικῶς αὐτὸν κατιδεῖν, σοφίαν ἐνταῦθα τὴν ὑποστατικὴν 'τοῦ ἐπὶ πάντων θεοῦ' καὶ πατρὸς λογιζέσθω δύναμιν, αὐτόν φημι 'τὸν μονογενῆ' ἐκείνου 'υἱόν', ὃς δὴ καὶ 'λόγος' καὶ 'σοφία' καὶ 'βραχίων' καὶ 'δύναμις' τοῦ πατρὸς λέγεται κατὰ διαφόρους θεωρημάτων ἐπιβολάς.
176 Augustinus' De trinitate VII, 5: Nefas est autem dicere ut subsistat et subsit deus bonitati suae atque illa bonitas non substantia sit uel potius essentia, neque ipse deus sit bonitas sua, sed in illo sit tamquam in subiecto.
177 T1.64, 124: [...] πηγὴ δὲ ὢν ἀγαθότητος [...].

vollkommen autark ist, die Existenz produziert.[178] Da das Eine aber nie etwas Anderes als perfekt war, ist die Welt folglich ebenso notwendig wie es selbst. Was dem ersten Prinzip jedoch nicht zukommt, ist die Macht, sich auch gegen die „Schöpfung" entscheiden zu können, oder – metaphorisch gesprochen – sie hinauszuzögern oder vorzuziehen.[179] Aber ist das Fehlen einer freien Entscheidung für oder gegen die Produktion des Seins ein Manko, das das höchste Prinzip doch als nicht-perfekt erscheinen lässt? Genau dies ist die christliche Kritik, die von Psellos mit den Worten des Gregor von Nazianz am neuplatonischen Einen formuliert wird. Die Hellenen verstünden die Schöpfung durch den Überfluss als etwas Unfreiwilliges,[180] die Christen hingegen als etwas Freiwilliges. Der Ursprung der christlichen Schöpfung ist in Psellos' Interpretation also nicht mechanisch abhängig vom Wesen Gottes, sondern in dessen Willen verankert.

Nun wird die Fragestellung aber komplizierter, denn der Grund der Schöpfung ist im Christentum zwar der göttliche Wille, die zentrale Frage ist aber, ob die Ideen der Schöpfung bereits vor der Schöpfung in Gott enthalten waren, wie sie im platonischen Geist enthalten waren, oder nicht. Wir hatten bereits gesehen, dass sich die Trinität auf vielfältige Weise vom neuplatonischen Prinzip unterscheidet. Deshalb ist es nun hilfreich zu untersuchen, wie die Relation zwischen göttlichem Willen und göttlichen Ideen bei Psellos überhaupt zu verstehen ist.

Der Byzantiner sagt an einer Stelle ausdrücklich, Gott beinhalte sowohl Sensibles als auch Denkbares und sei Vorbild für den Kosmos.[181] In dieselbe Richtung geht seine Feststellung, dass Gott echte Weisheit sei.[182] Dennoch scheinen ihm die Probleme, die mit dieser Aussage einhergehen, bewusst zu sein. An einer anderen Stelle schlägt er nämlich vor, keine Zeit dafür zu verschwenden,

---

178 Horn 2007, 165 und vgl. Kremer 1987. Vgl. zur Beziehung zwischen Neuplatonismus und Christentum in Fragen der Kosmologie auch Scholten 1996.
179 Kremer 1987, 1005: Kremer behauptet, dass bei Plotin Ansätze einer gewollten Schöpfung zu finden seien. In Psellos' Augen gehen die Neuplatoniker jedoch eindeutig von einem unfreiwilligen Akt aus.
180 T1.21, 58–60: ὑποπτεύει οὖν τὴν φωνὴν τῆς ὑπερχύσεως ὁ πατήρ, ἵνα μὴ ἀκούσιον τὴν γέννησιν' φησίν 'εἰσαγάγωμεν καὶ οἷον περίττωμά τι φυσικὸν καὶ δυσκάθεκτον', ὑψηλότερόν τι λέγων διὰ τὸ ὄνομα τῆς γεννήσεως.
181 T1.90, 29–31: ἐν τῷ ἑνὶ γοῦν τούτῳ τὰ πάντα ἐνῆν, τά τε νοερὰ καὶ τὰ αἰσθητά, οὔτε μεμερισμένως οὔτε συγκεχυμένως· οὐ γὰρ ὡς ἐκεῖνα, ἀλλ' ὡς ἐκεῖνο ἡ ἕνωσις. Außerdem, T1.104, 46–50: παράδειγμα γὰρ ἑαυτὸν ὁ θεὸς τῷ κόσμῳ παντὶ ἐδωρήσατο, τοῦτο μὲν καὶ ἐν τῷ πρώτῳ κάλλει ἑστώς, τοῦτο δὲ καὶ τῇ μιᾷ τῶν ὑποστάσεων σαρκωθείσῃ χειραγωγήσας ἡμᾶς πρὸς τὴν μίμησιν (τοῦ σαρκωθέντος γὰρ υἱοῦ ἡ φωνή) πρὸς αὐτὸν ἀφορᾶν τοὺς μαθητευομένους ἐκείνῳ καὶ τὴν αὐτοῦ πολιτείαν ζηλοῦν.
182 T1.21, 48–51: πλήρης γάρ ἐστι τῷ ὄντι σοφίας, πλήρης γνώσεως, πλήρης φιλανθρωπίας καὶ ἀγαθότητος, οὐχ ὡς, τούτων ἑτέρων ὄντων, αὐτὸς ἄλλο τι ὤν, ἀλλ' ὡς αὐτὰ ὢν οὐσιωδῶς ὢν πλήρης εἶναι λέγεται.

die Gedanken Gottes und die Vollendung der Schöpfung bewerten zu wollen (*mesiteuein*).[183] Wir sehen zwar, dass Gott in den Augen des Psellos irgendeine Art des Vorwissens der Schöpfung gehabt haben muss, wenn dies aber tatsächlich der Fall sein sollte, könnten wir uns mit einem theologischen und einem erkenntnistheoretischen Problem konfrontiert sehen: Müssten wir nicht von einer Art Pantheismus reden, wenn die Formen der Dinge die Ideen Gottes selbst sind und diese Ideen wiederum identisch mit Gott sind? Und käme ein mögliches Ideenwissen dann nicht einer Teilhabe an Gott gleich, die Psellos aber für unmöglich hält?[184]

Eine Position, die die Ideen der Schöpfung präexistent in Gott sein lässt, wurde beispielsweise bereits von Origenes vertreten und von der ihm nachfolgenden Auslegungstradition problematisiert. Origenes nahm die Präexistenz der Schöpfung in der Weisheit Gottes an.[185] Dies bedeutete aber die ewige Koexistenz von Schöpfer und Schöpfung,[186] die schließlich auch die freie Entscheidung Gottes zugunsten der Schöpfung untergraben hätte. Die Abwendung von diesem Konzept findet sich bei Maximus Confessor durch eine andere Interpretation der göttlichen Gedanken. Maximus argumentiert dafür, dass die *logoi* der Schöpfung als Akte des göttlichen Schöpfungswillens existierten. Kapriev schreibt dazu:

> Die Logoi sind göttliche Gedanken und Willensentschlüsse, sie sind Gedanken-Willen, die dank des guten göttlichen Wunsches (βουλήσει ἀγαθῇ) existent sind.[187]

Genau diese Interpretationsrichtung können wir auch bei Psellos entdecken, wenn er an einer anderen Stelle feststellt, dass Gott in dem Moment, als er wollte, auch erschuf.[188] Wie Maximus verortet er den Ursprung der Schöpfung in der Weisheit Gottes, die auch bei ihm ein Name der zweiten Hypostase ist.[189] Während Maximus aber die Anwesenheit der *logoi* der Schöpfung in der göttlichen Weisheit für

---

183 T1.10, 57–58: οὐ γὰρ δὴ μεσιτεύειν τινὰ χρόνον δώσομεν ταῖς ἐννοίαις τοῦ θεοῦ καὶ ταῖς τῶν ὄντων τελειότησιν·
184 T1.93, 43–45: δεῖ οὖν γνῶναι ὁπόσα μεταξὺ ἡμῶν καὶ θεοῦ· πρῶτον μὲν ὁ ἄδυτος 'γνόφος', ὃν μόλις πού ποτε τῶν λογικῶν τινες ὑπερέβησαν·
185 Köckert 2009, 303
186 Köckert 2009, 300
187 Kapriev 2005, 66
188 T1.53, 82–85: ὁ δὲ θεὸς οὐχ οὕτως, ἀλλ' ὁμοῦ τε ἐβουλήθη ὑποστῆναι τὸν οὐρανὸν καὶ ἡ βούλησις ἔργον γέγονε καὶ ἀχρόνως ὑπέστη τὸ πᾶν· ἀλλ' οὐ διὰ τοῦτο καὶ ἄχρονον, ἐπειδὴ μὴ πρότερον ὂν ὕστερον γέγονε.
189 T1.10, 30–31: διὰ σοφίας [...] πεποίηκεν ὁ θεός [...].; T1.20, 69–73: καὶ οὐδέποτε ἀτελὴς ἡ θεότης, οὐδ' ἐδέησε τῷ πατρὶ σοφίας, ἵν' ὑποσταίη ὁ υἱός, οὐδὲ ὑποστατικοῦ πνεύματος, ἵνα παραχθείη τὸ πνεῦμα. πότε γὰρ ἄλογος ἢ ἄσοφος ὁ πατήρ, ἵν' ὁ λόγος αὐτῷ γένοιτο; πότε δὲ τῷ λόγῳ τὸ πνεῦμα μὴ ἐξεπορεύετο, ἵνα μετὰ ταῦτα δημιουργηθῇ τῷ πατρί;

ausreichend hält, um nicht wie Origenes eine zweite Schöpfung annehmen zu müssen, scheint Psellos sich in den meisten Passagen des ungelösten Problems bewusst zu sein.[190] Grundsätzlich vermeidet er es nämlich, von *logoi* in Gott zu sprechen und gibt sich lediglich mit dem häufigen Verweis auf die Weisheit zufrieden. Die Erklärung der Relation zwischen Gott, Weisheit, *logoi* der Schöpfung und Schöpfung selbst bleibt aber letztlich bei ihm undeutlich. Eine feste Aussage, dass es präexistente Ideen in Gott gebe, können wir aber in Anbetracht seiner verschiedenen Aussagen nicht mit Sicherheit feststellen.

Wir finden hingegen zwei problematische Stellen bei Psellos, welche als innertrinitarische Willensrelation unter den göttlichen Personen verstanden werden könnten, T1.89 und T1.75. Der Text T1.89[191] scheint die inner-trinitarische Relation mit der Relation Gottes zur Schöpfung in Beziehung setzen zu wollen. Wir finden dort die Aussagen, dass sich einige Dinge sowohl zu sich selbst als auch zu höheren Wesen, Gott sich aber nur zu sich selbst wendet. Diese Feststellungen erinnern an die Darlegung des appetitiven Willens bei Plotin[192] und unterstellen, dass es eine Art Rückkehr der Dinge zu Gott gibt. Wollte jemand also eine *epistrophê*-Aussage bei Psellos finden, die auch die göttlichen Personen einbezieht, würde sich diese Passage exzellent dafür eignen. Aber was genau meint er, wenn er sagt, dass Gott nur sich selbst zuwendet? Ist es doch ein Hinweis auf einen Subordinationismus, der sich erst durch eine Rückwendung der zweiten und dritten Hypostase vollendet? Sollte Psellos hier sagen wollen, Gott sei aus-

---

190 In gewisser Weise stimmt ihm Psellos zu, wenn er an anderer Stelle einige platonisch-origenistische Standpunkte im Christentum kritisiert, T1.21, 71–86: οὐκ ὀλίγοι δὲ καὶ τῶν τῆς ἡμετέρας δοκούντων αὐλῆς εἰς τὰς Πλατωνικὰς ἐμφάσεις παρήχθησαν, Ἄρειόν φημι καὶ Μακεδόνιον καὶ Εὐνόμιον· τούτων γὰρ ἕκαστος προτερεύειν φησὶ 'τὸν ἐπὶ πάντων θεόν', κατὰ δέ τινας περιόδους τὰς λοιπὰς ὑποστάσεις παρεισενηνέχθαι αὐτῷ. διὰ τοῦτο τὸ μὲν αὐτοῖς πρώτως ποιεῖ ὁ πατήρ, τὸ δ' αὐτὸ τοῦτο δευτέρως ὁ υἱός, καὶ κατὰ τρίτην τάξιν τὸ πνεῦμα τὸ ἅγιον. ἀλλ' οὗτοι μὲν καὶ ἀλλήλας τὰς ὑποστάσεις διείργουσι χρονικοῖς διαστήμασιν, ὁ δὲ φιλολογώτατος Ὠριγένης, οὗ πολὺς λόγος, ἐν τοῖς συγγράμμασι δυσφορωτάτην ἔχει τὴν αἵρεσιν· παρῆχθαι γὰρ ἐκ τοῦ μὴ ὄντος τὸν υἱὸν καὶ τὸ πνεῦμα φάσκων, ὁμοῦ τῷ εἶναι τὸν πατέρα τὸ παρῆχθαι ἐκεῖνά φησι, κομψῷ τινι προσωπείῳ πρὸς τὰς ἡμετέρας θεολογίας παραδυόμενος. ναὶ μὴν καὶ ἐν τῇ κοσμογενείᾳ τὸ εἰπεῖν τὸν Μωσέα· 'καὶ εἶπεν ὁ θεός, γενηθήτω' τάδε ἢ τάδε, καὶ ἐπαγαγεῖν ὅτι 'καὶ ἐποίησεν ὁ θεὸς' ταῦτα, οὕτω νοεῖ· ὁ μὲν εἰπὼν ὁ πατὴρ ἦν, ποιήσας δὲ ὁ υἱός. εἰσάγει γὰρ τὸν μὲν προστάττοντα, τὸν δὲ ἐξυπηρετούμενον· αἱ δὲ γενέσεις αὐτῷ τῶν αἰτίων καθ' ὑπέρχυσιν τοῦ πρώτου πρὸς τὰ δεύτερα.
191 T1.89, 70–75: ἐπιστρέφεται γοῦν τὰ καθ' αὑτὰ ἀσώματα· ἀλλὰ καὶ τούτων τὰ μὲν πρὸς ἑαυτὰ ἐπιστρέφει, τὰ δὲ πρὸς ἑαυτὰ καὶ πρὸς ἄλλο. πρὸς μὲν ἑαυτὰ καὶ πρὸς ἄλλο ψυχή, πρός τε γὰρ ἑαυτὴν ἐπιστρέφει καὶ πρὸς τὸν νοῦν· καὶ νοῦς πρός τε αὐτὸν καὶ πρὸς θεὸν ἐπανάγει. θεὸς δέ, ἐπεὶ μηδέν τι ἄλλο ἔχει πρεσβύτερον ἢ ὑπέρτερον, ὡς ἁπλοῦν καὶ πάντων αἴτιον, πρὸς ἑαυτὸν μόνον τὴν ἐπιστροφὴν ποιεῖται.
192 Vgl. Horn 2007

schließlich darin aktiv, sich wie der Unbewegte Beweger des Aristoteles oder des Alkinoos selbst zu denken? Die Passage diskutiert jedoch nicht die Rückkehr zum Ursprung, sondern erklärt vielmehr die Tatsache, dass Gott ohne Bewegung bei sich sei.[193] Denn jede Wendung, auch eine zu sich selbst, müsse als Bewegung verstanden werden. Dies ergäbe jedoch einen Widerspruch, wenn man diese auch bei Gott ansetzen müsste. Denn weil Gott nichts fehle, dürfe man bei ihm auch keine Bewegung annehmen.

Ganz ähnlich verhält es sich in T1.75.[194] Psellos sagt dort, dass der Sohn aus dem Vater stamme und den Aufstieg (*anodon*) zu ihm mache. Den Aufstieg zum Vater möchte Psellos aber explizit nicht wie die Neigung unserer Willen (*prohairesin*) zu Gott verstehen, sondern als Implikation der Verursachung in der Ursache, sodass auch hier kein *epistrophê*-Konzept zu finden ist.[195]

2.4 *Logos*, Geist (*nous*) und Heiliger Geist (*hagion pneuma*)

Besonders auffällig ist Psellos' Usus, vom Geist zu sprechen. Wir haben zwar festgestellt, dass er ihn an manchen Stellen synonym zum *Logos* verwendet, aber es ist nicht klar, wieso er manchmal auch Gott-Vater und auch den Heiligen Geist so bezeichnet und wie die Semantik dieses Begriffes überhaupt zu verstehen ist. Die Textstellen belegen auch weitere Arten, vom Geist zu sprechen. So nennt er das Göttliche im Allgemeinen Geist,[196] aber wir finden auch die Bezeichnung unvermischter Geist,[197] erster und demiurgischer Geist,[198] der Geist ohne Ursprung,[199]

---

193 T1.89, 58–60: Περὶ δὲ τῆς κινήσεως ἐκεῖνο ἂν εἴποιμι, ὡς οὐδὲ τῷ μεγάλῳ τούτῳ θεολόγῳ ἠγνόηται ὡς ἀσύμβατος ἡ κίνησις τῷ θεῷ. οὔτε γὰρ γίνεται οὔτε φθείρεται· ἀλλ' οὔτε κατὰ τόπον χωρεῖ ὡς οὐδενὸς ὄντος κενοῦ·
194 T1.75, 90–92: καὶ ὁ υἱὸς ἐκ τοῦ πατρός τε πρόεισι καὶ ἐν τῷ πατρί ἐστι καὶ πρὸς τὸν πατέρα ποιεῖται τὴν ἄνοδον. vg. Zum Umfeld dieser Stelle bezüglich literarischer Fragen auch Männlein-Robert (2001), 405.
195 T1.75, 84–86: θεὸν ἐνταῦθα ὡρισμένως ἀκουστέον τὸν πατέρα, πρὸς ὃν ἦν ὁ υἱός, οὐχ ὥσπερ ἡμεῖς νενευκότες πρὸς ἐκεῖνον ταῖς προαιρέσεσιν, ἀλλ' ὡς αἰτιατὸν πρὸς αἴτιον ὤν·
196 T1.62, 50–51: ἐπεὶ οὖν τὸ θεῖον ἄλλο παρὰ τὰ ὄντα, ἕν ἐστι μόνως κατὰ δευτέρους καὶ τρίτους λόγους καὶ ὂν καὶ νοῦς καλούμενος.; Geist als Trinität: T1.76, 80–81: κοινῶς τε νοῦν μὲν τὴν τριάδα προσαγορεύομεν καὶ ζωὴν καὶ οὐσίαν καὶ ὄν [...].
197 T1.62, 52–54: εἰλικρινῶς τε γάρ ἐστιν ἓν καὶ κυρίως ὂν καὶ νοῦς ἀκήρατος καὶ μακάριος, τῶν δ' ἄλλων εἴ τι οὕτως λέγεται, κατὰ μετοχὴν ἐκείνου ἔστι τε καὶ ὀνομάζεται.; T1.94, 44–46: ἀκήρατος γὰρ ὢν νοῦς ὁ θεὸς τῷ ὁμοίῳ γινώσκεται. ἐν τῷ θεῷ γὰρ ὁ νοῦς, ὥς που ἐν τούτῳ ψυχή, καὶ ὁ ἐν τούτῳ γεγονὼς γέγονεν ἐν τῷ θεῷ·
198 T1.64, 89–95: ὅσοι μὲν οὖν ὑπὲρ τὸ σῶμα γενόμενοι ἔγνωσαν ἑαυτοὺς ὅτι νοῦς εἰσι μόνοι σώματι διὰ τὴν γένεσιν προσχρησάμενοι, ἐκάθηράν τε τὸν ἑαυτῶν νοῦν καὶ κατάλληλον πρὸς ὑποδοχὴν τῷ πρώτῳ καὶ δημιουργῷ νῷ ἀπειργάσαντο, τούτοις ἑνοῦται θεός. νοῦς γὰρ ὢν ἀκή-

Geist als Pneuma,²⁰⁰ Geist der Seele²⁰¹ und Geist als Pneuma von außen her.²⁰² Der Heilige Geist als göttliche Hypostase heißt im Griechischen *hagion pneuma*. Der Geist ohne Ursprung ist hingegen offensichtlich eine Bezeichnung für den Vater und das Adjektiv unvermischt weist auf die Trinität hin.

Wir sollten hier den Geist als höchsten Teil der Seele zunächst auslassen, um die Perspektive auf Gott beizubehalten. Deshalb werden wir uns nun auf (1) den Geist von außen her und (2) den demiurgischen, unvermischten und den Geist ohne Ursprung konzentrieren und sie miteinander vergleichen. Es ist unwahrscheinlich, dass es sich bei diesen beiden Kategorien nur um Synonyme handelt. Das liegt nicht nur daran, dass Psellos tatsächlich verschiedene Arten des Geistes annimmt, sondern ist auch philosophiehistorisch vorgezeichnet. Origenes offerierte bereits eine Sprechweise über Gott, die eine Unterteilung zwischen *Logos* und dem Heiligen Geist vornahm, die hier möglicherweise anklingt. Er vermutete, dass es eine Abstufung der Partizipation an Gott gebe, die jeder göttlichen Hypostase einen Wirkungsraum zuspreche. An Gott-Vater könnten demnach alle Wesen teilhaben, am *Logos* die Vernünftigen und am Heiligen Geist die Heiligen alleine.²⁰³ Die Unterteilung des Psellos in unvermischten, demiurgischen Geist etc. könnte also eine Resonanz des origenistischen Konzeptes sein.

(1) Wenden wir uns aber nun zunächst dem Geist von außen her zu. Aristoteles versteht den *thyrathen nous* als ein göttliches, der Seele von außen zukommendes Element,²⁰⁴ das sie vervollkommnet und das selbst unvergänglich ist. Aus christlicher Perspektive kommt der Heilige Geist dem Menschen hingegen deshalb als Erkenntnisobjekt nicht zu, da er als Hypostase Gottes eben Gott ist, Psellos Gott aber für unerkennbar hält.²⁰⁵ Eine andere Art der Vermischung kennen wir lediglich von der zweiten Person Gottes, vom *Logos* in Jesus Christus. Dieser wird

---

ρατος τῷ νῷ ἀμέσως προσομιλεῖ καὶ διὰ τούτου ψυχῇ συγγίνεται, ὥσπερ διὰ ταύτης προσπελάζει τῷ σώματι· ἑνοῦται δὲ {ὡς} οὐχ ὡς ἐκεῖνός ἐστιν, ἀλλ' ὡς ἡμεῖς δυνάμεθα χωρεῖν τὴν ἕνωσιν.
199 T1.69, 40–42: ἡ μὲν οὖν τις αὐτῷ πέφυκε σύμφυτος, καθ' ἣν τὰ πάντα δημιουργεῖ καὶ τεκταίνεται, ἣν δὴ ἰδέαν ὁ Πλάτων ὠνόμασεν, ἡμεῖς δὲ νοῦν ἀναίτιον καὶ ἀνερμήνευτον λέγομεν.
200 T1.76, 124: […] πνεῦμα δὲ ὁ νοῦς […].
201 T1.90, 47–49: τὸ τοῦ νοῦ ὄνομα ποτὲ μὲν καὶ ψυχῆς αὐτῆς κατηγορεῖται καὶ τῶν ὑπὲρ ταύτην νοερῶν, ποτὲ δὲ ἰδιοτρόπως ἐπὶ τῆς ἀμερίστου μόνης λέγεται φύσεως.; T1.103, 82–83: […] εἶθ' οὕτως κατὰ σκοπὸν βαλὼν τὸν νοῦν καὶ ἁρμόσας τὸν ἐν τῇ ψυχῇ νοῦν τῷ πρώτῳ καὶ ἀπλουστάτῳ νοΐ.
202 T1.106, 102–103: καὶ 'νοῦν' δὲ 'θύραθεν' οὐ τὸ πνεῦμα οἴονται, ἀλλὰ τὴν τῶν παρ' ἐκείνοις λεγομένων θεῶν μαντῳδὸν ἐνέργειαν.; 142–143: ὃ γὰρ ἡμεῖς πνεῦμα ἅγιον ὀνομάζομεν, ἐκεῖνοι νοῦν ὅλον καὶ θύραθεν νοῦν κικλήσκουσι.
203 Lange 2012, 20
204 Aristoteles: De generatione animalium 736b28, 744b21;
205 Lauritzen 2012, 174–175

aber wiederum nicht Geist genannt. Gibt es dennoch eine Ähnlichkeit zwischen dem *thyrathen nous* und dem psellischen *hagion pneuma*?

Patriarch Photios führt uns eine Unterscheidung vor Augen, die auch bei Psellos wichtig wird. In seiner genaueren Beschäftigung mit dem Heiligen Geist schreibt er, dass er mit *pneuma* nämlich nicht nur den Heiligen Geist, sondern manchmal auch dessen Gaben bezeichnen würde.[206] Dieses *pneuma* sei aber nicht der Heilige Geist selbst, sondern es sind diejenigen Gaben, die er dem Menschen seiner Natur angemessen spendet.[207] Leider wird bei Photios nicht klar, welche Gaben genau gemeint sind, ob es sich um die Sakramente der Taufe und der Eucharistie handelt wie bei Johannes Damaskenos,[208] um eine Inspiration oder vielleicht um eine partikuläre Eingebung.[209] An dieser Stelle eröffnet sich aber für Psellos ein Interpretationsspielraum, den er durch seine Bezeichnung *thyrathen* in eine Reihe mit der aristotelischen Begrifflichkeit *thyrathen nous* schieben kann.[210] Diese Wortwahl erlaubt es ihm dann, wenn er vom Geist spricht, die göttlichen Gaben zu meinen.[211] Denn indem er den Geist als Gott von dem trennt, was uns von Gott als Gabe zukommen kann und mit der wir uns vereinigen können, entgeht er dem Problem, dass der Mensch sich prinzipiell nicht mit Gott vereinigen kann und ihn auch nicht erkennen kann.[212] Die göttlichen Gaben – welche es auch genau sein mögen – sind das Bindeglied zwischen Gott und Mensch. Und genau diese meinte er mit der Bezeichnung *thyrathen nous*.

(2) Anders verhält es sich nun bei der Bezeichnung demiurgischer Geist, Geist ohne Ursprung oder unvermischter Geist. Diesen müssen wir bei Psellos im Kontrast zur Schöpfung sehen. Denn in eigentlichem Sinn unterscheidet er sich von allem, was in der Schöpfung ist.[213] Der Anklang an die platonische Figur des

---

206 Kapriev 2005, 187
207 Kapriev 2005, 187
208 Kapriev 2005, 145
209 vgl. Horn 1995a, 77–78 für verschiedene Weisen der Erleuchtung in der Philosophiegeschichte bei Malebranche, Thomas von Aquin und Bonaventura.
210 T1.106, 102–103: καὶ 'νοῦν' δὲ 'θύραθεν' οὐ τὸ πνεῦμα οἴονται, ἀλλὰ τὴν τῶν παρ' ἐκείνοις λεγομένων θεῶν μαντῳδὸν ἐνέργειαν.
211 Frederick Lauritzen unterstellt Psellos eine Art proto-hesychastische Position, die besagt, man könne im „Tabor-Licht" Gott erkennen. Diese Frage soll im Bereich der Ethik ausführlicher diskutiert werden. vgl. Lauritzen 2012
212 T1.30, 9–11: τὸ μὲν οὖν πρῶτον ἀκοῇ τοῖς ἀνθρώποις παραγίνεται, τὸ δὲ δεύτερον, αὐτοῦ παθόντος τοῦ νοῦ τὴν ἔλλαμψιν, ὃ δὴ καὶ μυστηριώδες Ἀριστοτέλης ὠνόμασε καὶ ἔοικός ταῖς Ἐλευσινίαις·
213 T1.52, 20–28: ἐπειδὴ γὰρ μὴ σῶμα ὁ θεός, οὐ λείπεται νοεῖν ὅτι ἀσώματος, οὐδ' ἐπειδὴ μὴ ἀσώματος, σῶμα τοῦτον οἰητέον· οὐδὲν γὰρ τῶν ὄντων θεός, αὐτὸς ὢν τῶν ὄντων δημιουργὸς καὶ παρηλλαγμένην ἔχων τὴν οὐσίαν πρὸς τὰ ποιήματα. προσμαρτυροῦμεν δ' αὐτῷ ἐν πᾶσι τοῖς περὶ αὐτοῦ λόγοις τὸ ἀσώματον, καθάπερ καὶ τἆλλα τῶν ὀνομάτων τὰ κάλλιστα, οὐσίαν καὶ ζωὴν καὶ

Demiurgen aus dem *Timaios* darf uns jedoch nicht dazu verleiten, ihn in gleicher Weise zu deuten. Denn anders als wir eben für die Hypostasen des christlichen Gottes festgestellt haben, schaut der platonische Demiurg nach oben zu den Ideen, um durch sie die Welt zu formen, ist also von ihnen abhängig. Dies setzt ihn auf eine niedrigere Position als die Vorbilder, die er verwendet.[214] Gott ist aber für Psellos selbst Vorbild für die Schöpfung,[215] sodass es sich bei der Bezeichnung demiurgischer Geist lediglich um einen metaphorischen Gebrauch des platonischen Begriffes handeln muss, der lediglich die Schöpfungskraft Gottes bezeichnet.

Wir sehen also, dass Psellos offensichtlich den Begriff *nous* und *pneuma* in der Tradition des Patriarchen Photios synonym verwendet und ihm nicht eine einzige Sinnrichtung zuschreibt. Dadurch gerät er nicht in das Problem, die Erkennbarkeit Gottes durch die direkte Teilhabe am Heiligen Geist unterstellen zu müssen. Der Geist von außen her wird uns an einem späteren Zeitpunkt noch genauer interessieren, wenn wir uns der Erleuchtung widmen.

2.5 Zusammenfassung der Theologie des Psellos

Die Vermutung, Psellos habe eine Mischung zwischen Neuplatonismus und Christentum versucht, die sich darin äußert, dass er die christliche Trinität durch die proklische Triade erklären wollte, oder dass er die iamblicheische Drei-Einheit für überzeugend hielt, bewahrheitet sich nicht. Zwar diskutiert er in seinen deskriptiven Schriften die Theologie der Antike, die des Neuplatonismus sowie an wenigen Stellen auch die „anderer barbarischer Völker" (chaldäische Orakel),[216] diese Lehren finden jedoch keinen Eingang in seine eigene Gottesvorstellung. Gleichzeitig sehen wir aber auch, dass ihm Probleme in den Texten der Kirchenväter bewusst sind, und er versucht, diese durch Richtigstellungen und Erklärungen zu glätten. Es bewahrheitet sich ebenfalls nicht, dass er Gott-Vater mit einem Prinzip identifiziert und das göttliche Wesen als Abstraktion der Hypostasen versteht, wie Kaprievs Wortwahl an einer Stelle suggerieren könnte. Viel-

---

νοῦν· ἀλλ' ὥσπερ οὐδὲν τούτων ἐστὶ καὶ πολυώνυμος ἀπὸ τούτων γίνεται, οὕτω δὴ καὶ ὑπὲρ τὸ ἀσώματον ὤν, ἐντεῦθεν μάλιστα ὡς ἀπὸ κρείττονος ὀνόματος χαρακτηρίζεται ἢ ἀπὸ τοῦ ἐναντίου τούτου τοῦ σώματος.

214 Dakouras 1977b, 43 Psellos' Kritik am Umgang der Hellenen mit den Ideen, die einmal unter und ein anderes Mal über Gott angesetzt würden.

215 T1.104, 46–47: παράδειγμα γὰρ ἑαυτὸν ὁ θεὸς τῷ κόσμῳ παντὶ ἐδωρήσατο, τοῦτο μὲν καὶ ἐν τῷ πρώτῳ κάλλει ἐστώς [...].

216 vgl. Westerink 1942

mehr bemüht er sich durch zahlreiche Abgrenzungen zum Prinzipienverständnis des Neuplatonismus, die Eigenheiten und die Persönlichkeit des christlichen Gottes herauszustellen. Der geringe Spielraum in diesem Bereich der Philosophie lässt auch keinen sonderlich großen Platz für Differenzen zu seinen Vorgängern zu, wie wir an der Rechtfertigung des Patriarchen Photios für die philosophische Behandlung theologischer Fragen gesehen haben.

Eine Neuerung können wir bei Psellos aber dennoch ausfindig machen, die eher mit der Methode zu tun hat. Seine Argumentation und Präsentation theologischer Probleme ist rational. Damit soll gesagt sein, dass er kaum die Autorität der Bibel sucht, sondern die anstehenden Probleme systematisch bearbeitet und logisch zu plausiblen Schlüssen zu gelangen versucht. Dies ist im Hinblick auf die Verurteilung des Italos erstaunlich. Psellos' Sprache ist außerdem in keiner Weise von Mystik gekennzeichnet. Dies wurde besonders in der Auseinandersetzung mit der Trinität sichtbar, wobei seine Argumente im Hintergrund immer eine Ablehnung des neuplatonischen Einen sowie der iamblichischen Trinität erkennen lassen. Er argumentiert für die Dreieinigkeit, für die Eigenschaften der Personen und gegen eine Subordination. Er folgt der Meinung, die auf Johannes Damaskenos zurückgeht, dass der Geist aus dem Vater durch den Sohn hervorgeht und nicht auch den Sohn zum Ursprung hat.[217] Der Geist wiederum bezeichnet einmal Gott, den Heiligen Geist und einmal die Gaben des Heiligen Geistes.

Die Güte der Welt ist keine, die willkürlich von Gott festgelegt wurde, sondern ist ein Abbild von ihm, das er willentlich erschaffen hat. Die christliche Diskussion um den Willen Gottes unterscheidet sich fundamental von der bei den Neuplatonikern. Psellos versucht außerdem das Problem präexistenter Ideen in Gott durch den Verweis auf Gottes Weisheit zu umgehen. Damit ist klar, dass Psellos eine christliche Theologie darlegt, wie es für einen Byzantiner des 11. Jh. nicht verwunderlich ist.

Bisher haben wir uns besonders mit Psellos' Gottesverständnis beschäftigt. Die formale Unterscheidung zwischen innertrinitarischen Relationen und dem Bezug Gottes zur Schöpfung haben wir am Rande bei der Frage nach den göttlichen Ideen und Plotins notwendiger Derivation angeschnitten. Im folgenden Abschnitt wollen wir den Fokus aber gänzlich von Gott auf Psellos' Verständnis der Relation zwischen Gott und der Schöpfung schwenken.

Im Hinblick auf die Diskussion seiner Ethik ist zum einen wichtig, dass er keine Vereinigung mit Gott annimmt, auch keine Erkenntnis Gottes, dass es jedoch eine Erleuchtung geben kann und dass er durch die Menschwerdung Gottes in Jesus Christus die Bewegung in Richtung Gottes möglicherweise auch auf einem

---

217 Kapriev 2005, 124

anderen Weg als auf dem intellektuellen für plausibel hält. Diese Fragen, die durch seine theologischen Ansichten vorgezeichnet sind, werden wir im Kapitel über die Ethik genauer besprechen können.

2.6 Theologie in den deskriptiven Schriften

Die deskriptiven Schriften beschäftigen sich an verschiedenen Stellen mit theologischen Fragestellungen. Erstaunlicherweise diskutiert Psellos jedoch nie das neuplatonische Eine ausführlich, sondern beschränkt seine Untersuchungen stets auf die verschiedenen Arten des Geistes, die wir aus dem Neuplatonismus kennen. Grundsätzlich nennt er dort häufig die Meinung des Proklos und zitiert viel aus dessen *Elementatio theologica*. So beispielsweise in *Peri nou*.[218] Leider liefert uns die reine Aufzählung der in Psellos' Augen wichtigsten Passagen keine befriedigende Untersuchung des Problems des Geistes. Ebenso wenig diskutiert er diesen tiefer in den §§ 21–29 von *De omnifaria doctrina*, *Peri nou*, sondern zitiert dort zusätzlich zu Proklos auch noch Passagen aus den *Enneaden* des Plotin. Es handelt sich um eine Zusammenfassung der antiken Positionen.

---

[218] Philosophica minora II, 20–21

3 Ontologie der Schöpfung bei Psellos

3.1 Ontologie der Schöpfung im Allgemeinen

Im vorherigen Kapitel haben wir Psellos' Gotteslehre dargelegt und sie mit einigen Topoi des Neuplatonismus verglichen. Nun wollen wir den Bereich der Trinität also verlassen und nicht mehr über Gott, sondern über Psellos' Verständnis der Schöpfung sprechen. Dafür werden wir seine Ansicht in einen philosophiegeschichtlichen Kontext setzen, und seine eigenen Argumente anschließend herausarbeiten und diskutieren.

3.1.1 Philosophiegeschichtlicher Hintergrund

Zunächst sollen einige Schöpfungslehren aus der (1) Antike und aus dem (2) Christentum wiedergegeben werden, um (3) Psellos darin einordnen zu können und um seine Meinungen bezüglich dieser Schöpfungslehren ausfindig machen zu können.

(1) Die „Schöpfung" der Welt wurde in der paganen Antike in erster Linie als Einführung einer Ordnung in eine absolute Unordnung verstanden.[219] Die philosophische Auseinandersetzung mit ihr beginnt jedoch erst mit der Erklärung des Wirkens des Demiurgen im platonischen *Timaios*, da eine umfassende Explikation der Prinzipien und der Mechanismen der Schöpfung geliefert wird. Er habe die Welt aus einem Zustand der Unordnung in einen der Ordnung gebracht (30a2–6).[220] Der Demiurg ist in diesem Sinne kein absoluter Schöpfer.

Die Aussagen aus dem Dialog *Timaios* führten jedoch in der neupythagoreischen sowie in der mittel- und neuplatonischen Auslegung der platonischen Kosmogonie zu einigen differenzierteren Explikationen. Zu ihrer Wiedergabe werde ich im Folgenden Charlotte Köckerts sehr informatives Werk *Christliche Kosmologie und kaiserzeitliche Philosophie* wiedergeben: Numenios beispielsweise habe erklärt, dass es im eigentlichen Sinn einen ersten, einen zweiten und möglicherweise einen dritten Gott gebe.[221] Platon unterscheide nämlich mindes-

---

[219] Psellos diskutiert die Theorien der Vorsokratiker, der Stoiker, Platons, Aristoteles, der Neuplatoniker. Die zentrale Stelle dafür ist T1.6, 12–50.
[220] Sedley 2009, 93–123; Broadie 2014, 9
[221] Köckert 2009, 93, Frede gehe von drei Göttern aus, Köckert äußert sich skeptisch über die angeführte Belegstelle. Vgl. zu dieser Thematik auch Sedley 2009

tens zwischen Vater (*patêr*) und Hersteller (*poiêtês*).²²² Die Aktivität des herstellenden Gottes sei eine Nachahmung (*mimêsis*), weil der Demiurg bei der Ordnung und Harmonisierung der Welt auf die präexistenten Ideen schaue.²²³ In einer von Psellos aufgenommenen Aussage des Numenios spiegelt sich der Gedanke wider, es gebe in der Antike anders als im Christentum eine göttliche Trias von Vater, Sohn und Enkel, wobei der letzte den hergestellten Kosmos bezeichne.²²⁴ Der Neuplatoniker Porphyrios geht hingegen von einer zweistufigen Kosmogenese aus. Er „unterscheidet gedanklich zwischen der Entstehung (*hypostasis*) der Elementarkörper und der Bildung (*poiêsis*) des Kosmos. Während die Entstehung der ersten Körper auf dem Zusammentreten der drei Prinzipien Materie, Gott und Form beruhe, schaffe Gott den Kosmos, indem er die bereits existierenden Elementarkörper ordne."²²⁵

(2) Diese paganen Erklärungen werden von den Kirchenvätern größtenteils als Irrlehren verworfen. Die Abwendung von den Naturphilosophen hin zum Buch *Genesis* der Bibel beinhaltet in erster Linie die Ablehnung jeder Schöpfungslehre, die ohne die explizite Nennung eines Gottes auskommt. Basilios der Große polemisiert deshalb gegen die Vorsokratiker: Ihre Unkenntnis von Gott reiche für die Widerlegung ihrer Thesen aus, da sie offenbar gar nicht in der Lage gewesen seien, den vernünftigen Grund des Alls zu erkennen.²²⁶ Aber auch die klassischen Philosophen sehen sich seiner Kritik ausgesetzt. Grundsätzlich sei deren Verwechselung von Schöpfer und Schöpfung bedenklich, die sie durch die Benennung Gottes als Kosmos zeigen würden. Auch ihr Hang dazu, der Welt Ewigkeit zuzusprechen und sie dadurch auf eine Stufe mit Gott zu stellen, sei verfehlt.²²⁷ Basilios „richtet sich damit gegen eine Kosmotheologie, wie sie in Ansätzen bei Platon, Aristoteles, bei den Platonikern und besonders bei den Stoikern begegnet."²²⁸

Die christlichen Ansichten über die Schöpfung sind allerdings nicht frei von antiken und spätantiken Motiven, wie wir beispielsweise bei Origenes sehen. Christliche Rezipienten, wie Methodius von Olympus, griffen ihn dafür sogar an.²²⁹ Andererseits gingen aber wichtige Impulse für die künftige Diskussion aus seinen Erklärungen hervor. Zwei Aussagen des Origenes sind für unsere Diskussion der psellischen Ansicht besonders wichtig, und beide dienten als Grund für seine

---

222 Köckert 2009, 90, beziehe sich auf Ti 28c
223 Köckert 2009, 97
224 Köckert 2009, 99
225 Köckert 2009, 191
226 Köckert 2009, 327
227 Köckert 2009, 329–330
228 Köckert 2009, 330
229 Benjamins 1999, 91 ff.

Ablehnung als kirchliche Autorität. Erstens behauptete er nämlich, die Welt sei „gleichewig" mit Gott. Zweitens, schreibt er, geschehe dies, da die „Weisheit, d. h. Christus, als Ursache der Schöpfung die Geschöpfe immer schon potenziell [in sich hatte]"[230] (diese Aussage mit der ihr eigenen Problematik legten wir oben bereits dar). Es gibt jedoch eine Begründung für beide Behauptungen, die wiederum aus Origenes' Auseinandersetzung mit paganen Positionen hervorgeht. Er nimmt dies nämlich an, um auf einen Einwand des Aristoteles zu antworten, der sich gegen Platon richtend die Untätigkeit Gottes bis zu einer demiurgischen „Schöpfung" als Müßiggang und Wirkungslosigkeit bezeichnet habe.[231] Die Präsenz der Ideen der Schöpfung in Gott bedeuten für Origenes demnach offensichtlich eine Art Aktivität.

Anders als Origenes halten Basilios der Große und Gregor von Nyssa die Welt nicht für ewig. Mit Gregor spezifiziert sich die Aussage über den Ursprung der Welt weiter. Er behauptet nämlich, dass der biblische Schöpfungsbericht „anders als bei Origenes nicht für die gesamte Schöpfung [stehe], da die unsichtbare, geistige Schöpfung für Gregor außerhalb dessen liegt, was der Schöpfungsbericht behandelt, [...] alle Dinge [seien] auf einmal (*athroôs*) und zusammenfassend entstanden (*sullêbdên*)."[232] Charlotte Köckert folgert hier zurecht, dass die Schöpfung abstandslos beim göttlichen Willen anzusiedeln sei. Erstaunlich ist aber, dass Basilius und Gregor durch die Konzentration auf die Verbindung zwischen Gott und Zeit die logischen Abhängigkeiten, die notwendig mit der Schöpfung der Welt einhergehen, nicht dermaßen streng bewerteten. Warum sollte aber eine zeitliche Unmittelbarkeit notwendig sein, um Gottes Allmacht zu erklären, eine logische aber nicht?

Offensichtlich ist auch, dass die Welt der Veränderung unterliegt. Sie war bei der Schöpfung nicht in dem Stadium, indem sie heute ist, da Einzelwesen untergegangen und andere Einzelwesen entstanden sind. Wenn Gott also die Schöpfung auf einmal hervorgebracht hat, muss er aktive mit potenziellen Elementen gemischt haben.[233] Gregor von Nyssa behauptet sicher u. a. auch deshalb, der Schöpfungsbericht der Bibel umfasse nur die sichtbare Schöpfung und nicht die unsichtbare.[234] Seine Aussage lässt sowohl Raum für die *dynameis* zukünftiger, aktiv hervorgehender Wesen als auch für die „unsichtbaren" Prämissen, die der sichtbaren Schöpfung als Ganze notwendig vorausgehen. Gregor von Nyssa ver-

---

230 Köckert 2009, 300
231 Köckert 2009, 296
232 Köckert 2009, 425
233 Geerlings 2002, 101
234 Köckert 2009, 449

stehe die Schöpfung deshalb als *spermatikê dynamis*,[235] die der antiken Samenlehre entlehnt sei.[236] Dieselbe Annäherung an das Problem finden wir auch bei Psellos.

Johannes Philoponos verteidigt eine weitere Ansicht über die Schöpfung, die die Materie auf eine besondere Weise versteht. Anders als in der aristotelischen Tradition vorkommend, lehnt er nicht nur ein fünftes Element ab, sondern verzichtet gänzlich auf das Konzept der *prima materia*. Clemens Scholten hat darauf hingewiesen, dass er das Charakteristikum der Materie nicht in ihrer Negativität fasst, sondern in ihrer dreidimensionalen Ausdehnung.[237]

(3) Psellos selbst kritisiert die paganen Weltentstehungslehren durch die Darlegung verschiedener Widersprüche in ihren Erklärungen. Dionysios Dakouras hat einige der Argumente herausgearbeitet: So meint der Byzantiner bezüglich der Vorsokratiker, Anaxagoras sei beispielsweise inkonsistent, da er manchmal vom Geist als Ursprungs- und Ordnungsprinzip rede, dann aber wieder zu den Homoiomerien wechsele.[238] Aber auch die Atomisten hätten Unrecht, weil ihre Lehre wesenlos sei.[239] Die platonischen Theologen seien hingegen problematisch, weil sie die Ideen das eine Mal über und ein anderes Mal unter den Gott stellten.[240] Besonders interessant ist, dass er auch den Kirchenvätern Unklarheit bei der Widerlegung der antiken Annahmen unterstellt.[241] Wir sehen also, dass Psellos nicht eindeutig einer der überlieferten Positionen beizuordnen ist. Welche Erklärung bietet er uns also für den Schöpfungsvorgang und die Ontologie?

3.1.2 Der Kosmos als *synamphoteron*

Einige Kirchenväter argumentieren dafür, dass der biblische Schöpfungsbericht nur die sichtbare Schöpfung behandelt.[242] Doch was bedeutet diese Feststellung? Ist etwa noch Platz für weitere Ursachen außer Gott oder für logische Abhängigkeiten? Psellos folgt der Tradition nicht auf unreflektierte Weise, sondern entwickelt seine Standpunkte selbständig und kritisiert beispielsweise gar, dass Basilios

---

235 Köckert 2009, 465
236 Köckert 2009, 465 ff.
237 Scholten 1996, 191. Dies wird uns im Zusammenhang mit der psellischen Elementen- und Materielehre genauer beschäftigen.
238 Dakouras 1977b, 47
239 Dakouras 1977b, 48
240 Dakouras 1977b, 43
241 Dakouras 1977b, 48
242 Köckert 2009, 449

der Große die Vorsokratiker zwar ablehnt, aber keine eigenen Argumente bringt.²⁴³ Ebenso tadelt er Maximus Confessors Erklärung der Ursprungslehre der Elemente.²⁴⁴ Wie geht er nun selbst auf das Thema ein?

Laut Psellos hatte Gott die sichtbaren Dinge nicht durch eine von ihm gesonderte Ursache hervorgebracht,²⁴⁵ sondern durch direkte Wirkung als alleiniger Urheber.²⁴⁶ Gott-Vater erschaffe und der Sohn sowie der Heilige Geist erschaffen mit ihm.²⁴⁷ Die Schöpfung geschehe außerdem zeitlich unmittelbar (*amesôs*) und nicht, wie die hellenischen Philosophen meinten, in verschiedenen Stufen nacheinander.²⁴⁸ An diversen Stellen betont Psellos deshalb den grundsätzlichen Unterschied zur antiken Kosmogonie²⁴⁹ und lehnt die an Proklos erinnernde Entstehungsabfolge von Geist, der an Gott teilhat, und solchem, der nicht an ihm teilhat, von Seele im Geist und einfacher Seele explizit ab,²⁵⁰ ebenso wie eine abnehmende Seinsintensität.²⁵¹

---

243 Dakouras 1977b, 48
244 Psellos gibt in folgender Passsage kurz Maximus' Ansicht wieder, um danach zu sagen, dass der Gedanke, der ausgelegt werden soll, schwierig sei. Damit kritisiert er den Bekenner natürlich. T1.79, 73 – 77: Μάξιμος δὲ ὁ φιλόσοφος, βιαιότερον τοῦ λόγου ἁπτόμενος, συντέλειαν μὲν ἔργων λέγει τῶν εἰδῶν τὰς ὑπάρξεις, ἐργασίαν δὲ τὴν τῶν ἀτόμων πρὸς ἐκεῖνα ὁμοίωσιν. ἔστι δὲ ὁ λόγος ἀσαφὴς μὲν καὶ δυσείκαστος, ὁποῖος ἐκεῖνος κατ' ἰδιότητα χαρακτῆρος, δεινὸς μὲν καὶ βαθέως ἐπιχειρῶν, ἀγλευκῆ δὲ καὶ ἀτερπῆ τὴν συνθήκην τοῦ λόγου ποιούμενος.; 103 – 104: Πᾶσαι μὲν οὖν αἱ λύσεις καλαί, ἀλλ' οὐ λίαν καλαί, ἀλλ' ἐοικυῖαι ταῖς τῶν στοιχείων ὁλότησι.
245 Wie beispielsweise Platon behauptet T1.21, 40 – 41: [...] τὸν Πλάτωνα αἰνιττόμενος ἐν οἷς τὰ πρῶτα καὶ δεύτερα αἴτια διαιρεῖ.
246 T1.57, 156 – 158: ἡμεῖς δὲ μεμαθήκαμεν ἀπὸ τῶν θείων γραφῶν ὅτι τῶν ὄντων ἁπάντων μόνον τὸ θεῖον ἀγέννητον, τὰ δ' ἄλλα ἐκεῖθεν γεγέννηνται. Vgl. auch Joannou 1956, 48 – 49
247 T1.79, 106 – 107: ἐμοὶ γὰρ τὸ ἐργάζεσθαι μὲν τὸν πατέρα, συνεργάζεσθαι δὲ τὸν υἱὸν οὐ διὰ τάδε ἢ τάδε ἀληθῶς ἔχειν δοκεῖ, ἀλλὰ διὰ πάντα καὶ τούτων πλείονα; T1.21, 96 – 98: ὃ γὰρ ποιεῖ ὁ πατήρ, τοῦτο καὶ ὁ υἱὸς καὶ τὸ πνεῦμα ἐργάζονται· καὶ τὸ ἐν τοῖς τρισὶν ἕν, αὐτὸ δὴ τοῦτο τῶν ἄλλων ἐστὶν ὡς αἴτιον.
248 T1.90, 67 – 69: ἐκεῖνοι γὰρ οὐδέν τι βούλονται ποιεῖν ἀμέσως τὸν θεὸν ἢ τὴν φύσιν· ὅθεν οὐδ' εὐθὺς μετὰ τὸν νοῦν ἀπογεννῶσι τὴν αἴσθησιν, ἀλλὰ πρῶτα μὲν τὸν θεοειδῆ νοῦν, εἶτα τὸν μερικὸν καὶ μὴ τοῦ θείου μετέχοντα, μεθ' ὃν τὴν ἔννουν ψυχήν, εἶθ' ἁπλῶς τὴν ψυχήν, μεθ' ἣν τὴν φύσιν, καὶ οὕτως τὴν αἴσθησιν.
249 T1.90, 71 – 78: ὁ δὲ μέγας οὗτος πατὴρ τὰ ἄκρα φησὶν ὑποστησάμενον τὸν θεόν, οὕτως τὰ μέσα παραγαγεῖν, σοφώτερόν τι λέγων ἢ ἐκεῖνοι ἐβούλοντο. ὡς μὲν γὰρ ἐκεῖνοι ποιοῦσιν, ἀκολουθίᾳ δουλεύει φύσεως ὁ θεός· ὡς δὲ οὗτος δογματίζει, ὑπὲρ τὴν φύσιν αὐτῷ τὸ δημιουργεῖν πέφυκεν. οὕτω γοῦν καὶ ἐν τῇ κοσμογονίᾳ ἔστιν οὗ τὴν φύσιν ὑπερφωνεῖ ὁ θεός· μετὰ γὰρ τὴν τοῦ φωτὸς ὕπαρξιν τοὺς φωστῆρας πεποίηκε, τὸ εἶδος πρὸ τῆς ὕλης ἐπενεγκών, ἡ δὲ φύσις τὴν ὕλην ὑφίστησι πρῶτον, εἶτα εἰδοποιεῖ.
250 T1.21, 66 – 69: τὸ γοῦν εἰπεῖν τὸν πατέρα, 'ἐν οἷς περὶ πρώτου αἰτίου καὶ δευτέρου φυσιολογεῖ', οὐχ ὡς δύο τῶν αἰτίων παρὰ τοῦ Πλάτωνος ὁμολογουμένων τοῦτό φησιν (πολλὰ γὰρ παρ' ἐκείνῳ τὰ αἴτια) [...].

Nun bezeichnet Psellos aber auch die Formen als Ursachen, was ein Problem für seine Theorie darstellt. Denn er widerspricht damit offensichtlich seiner ersten Aussage, Gott sei unmittelbarer Urheber der Schöpfung. Text T1.26 zeigt außer den Formen sogar noch mehr übereinanderliegende Ursachen im Rahmen der Reihenfolge und Abhängigkeit der geistigen Dinge. Er zeigt das „Vorher" und das „Nachher" im Intelligiblen, wobei er sich paradigmatisch der Seele als intelligibler Entität annimmt. Die Ergebnisse können aber auch auf andere geistige Dinge übertragen werden, da Begriffe wie *authypostaton* von ihm nicht exklusiv für die Seele verwendet werden. Da Psellos nirgends in den argumentativen Schriften von einer kosmischen Seele spricht,[252] ist davon auszugehen, dass er auch hier die Individualseele meint. Er schreibt:

> Und immer wenn jemand die Teile des geistigen Wesens herausnimmt, wird er im Einzelnen den einen vorne, den anderen hinten finden. Die Selbstbewegung nun ist vor der Fremdbewegung, aber hinter dem Selbstkonstitutiven, also dem Sein, und dieses hinter dem Einen, also dem Guten, dieses aber ist als einziges Ungezeugtes und als Erstes das Vordere.[253]

---

251 An einer anderen Stelle behauptet Psellos zwar, dass es eine ältere Einrichtung (*katastasin*) als das All gebe (T1.79, 117–118 Psellos gibt an, sich mit dieser Aussage auf Basilius den Großen zu beziehen). Da er dort aber Gott nennt (τὸν ἐπὶ πάντων θεὸν), ist es offensichtlich, dass er nicht einen „noushaften" Ideenkosmos zwischen Gott und der wahrnehmbaren Welt setzt, sondern die Trinität meint. Ebenso macht Psellos auch an anderer Stelle eine deutliche Trennung zwischen dem, was in Gott ist und dem, was in der Natur passiert, sodass die Differenz zwischen Schöpfer und Schöpfung nicht aufgeweicht wird. In einem physikalischen Kontext schreibt er in T1.79, 121–124: οὐ γὰρ ὥσπερ ἡ φύσις τοὺς λόγους ἔχει τῶν γινομένων ἀνεπαισθήτως, οὕτω δὴ καὶ θεὸς ἀνεννόητος τῶν ἐσομένων ἐστίν, ἀλλὰ προθεωρῶν πάντα ἀρρήτως καὶ ὑπερουσίως, οἶδεν ἐν τίνι μέρει χρόνου τάδε ἢ τάδε γενήσεται.
252 Diese Reihenfolge kennen wir zwar ganz ähnlich aus platonischen Schriften. Im Phaidros, *Timaios* und den *Nomoi* beispielsweise wird die Selbstbewegung zwar immer im Zusammenhang mit der Seele diskutiert, sei es der Weltseele, sei es der des individuellen Lebewesens. Da Psellos aber in christlicher Tradition die Präexistenz von Seelen ablehnt, kommt das Wort Seele hier gar nicht vor. vgl. Karfík 2004, 181, 205; Gleede 2009, 205: Geht auf Aristoteles' Physik VIII ein; Wieland 1992, 251
253 T1.26, 39–43: καὶ τῆς νοητῆς δὲ οὐσίας εἴ τις τὰ μέρη ἐκλάβοι, εὑρήσει καθ' ἕκαστον τὸ μέν τι ἔμπροσθεν, τὸ δὲ ὄπισθεν. τὸ γοῦν αὐτοκίνητον ἔμπροσθεν μὲν τοῦ ἑτεροκινήτου, ὄπισθεν δὲ τοῦ αὐθυποστάτου, ἤτοι τοῦ ὄντος, καὶ τοῦτο τοῦ ἑνός, ἤτοι τοῦ ἀγαθοῦ, τοῦτο δὲ μόνον ἀγέννητον καὶ πρῶτον τὸ ἔμπροσθεν.; Parallel dazu „Über das Wesen als ein selbstkonstitutives Ding in Philosophica minora I Op 7, 98–103: ὥσπερ γὰρ τὸ ὂν ὑποβεβηκὸς τὸ ἓν ἄλλο τι παρ' ἐκεῖνο γέγονεν, οὕτω δὴ τὸ αὐτοκίνητον μετὰ τὸ ὂν γεγονὸς οὐκέτι μεμένηκεν ὥσπερ ἐκεῖνο ἀκίνητον, ἀλλ' ὑπέμεινε κίνησιν, ἐπειδὴ ἐν ἑαυτῷ ὡσανεὶ τὴν πηγὴν τοῦ κινεῖσθαι εἴληχε, καὶ ἅπαξ κινηθὲν οὐ δεῖται ἐς ἀεὶ τοῦ κινοῦντος. διὰ ταῦτα αὐτοκίνητον τοῦτο λέγεται, οἷον τὸ ἐν ἑαυτῷ ἔχον τὴν ἀρχὴν τῆς ὑποστάσεως.

3.1 Ontologie der Schöpfung im Allgemeinen — 57

Die „Teilbarkeit" von Entitäten, die Psellos uns hier präsentiert, ist offensichtlich keine Realdistinktion, die auf eine getrennte Existenz von Ideen schließen lässt, sondern die Teile können nur durch die wissenschaftliche Analyse eines Interessierten herausgenommen werden, sodass sie nicht in einem abgetrennten, ontologischen Überbau zu verorten sind. Ausdrücklich legt Psellos dies in folgendem Text dar:

> Mir aber scheint der Kosmos weder die Materie (hylê) zu sein, die gestaltlose Form, die ungeformte Hässlichkeit, noch die Form (denn diese ist weder ausgeschmückt noch eingeordnet), sondern das synamphoteron,[254] das aus Materie und Form vereint ist. Denn der Name des Kosmos ist ein Ergebnis sozusagen von Zweien, des Ordnenden und desjenigen, das geordnet wird: Denn es ordnet die Form, aber die Materie wird geordnet. Kosmos ist aber keines von beiden, sondern das synamphoteron. Gemäß beiden verfährt also der Philosoph richtig, indem er sowohl den Himmel Kosmos nennt als auch das Zusammengesetzte Ganze aus den Elementen.[255]

Und so verwundert es nicht, dass auch weitere Passagen unsere Interpretation der Schöpfung als Zusammengesetztes, nicht Derivatives untermauern:

> Und es gibt viele nach diesen [i.e. Formen (eidê), Materie (hylê)], elementare Körper, Gleichteilige, Ungleichteilige, organische Naturen, irrationale Nebenexistenzen, natürliche Kräfte, seelische, Seelen, Geister, Henaden, die Gott alle überragt.[256] [...] Denn alle diese Dinge sind in uns, Materie, Form, Körper, Natur, Seele, Geist, Eines. Denn Eines sind auch wir, aber nicht im eigentlichen Sinn, denn wir werden wegen der Vereinigung Einheiten genannt.[257]

Die Darstellung der platonischen Ideen als getrennt existierende Wesenheiten in seiner Schrift *Über die Ideen, die Platon nannte* stellt sich somit als Kritik

---

[254] Dieser Begriff stammt von Plotin und prononciert die Tatsache, dass die Entität aus Form und Materie besteht, stärker als es das aristotelische *synholon* tut.

[255] T1.6, 57–63: ἐμοὶ δὲ κόσμος οὔτε ἡ ὕλη δοκεῖ, τὸ ἄμορφον εἶδος, τὸ ἀδιατύπωτον αἶσχος, οὔτε τὸ εἶδος (οὐ γὰρ πεποίκιλται τοῦτο οὐδὲ κεκόσμηται), ἀλλὰ τὸ συναμφότερον ἤτοι τὸ ἐξ ὕλης καὶ εἴδους συνεστηκός. τὸ γὰρ τοῦ κόσμου ὄνομα ἀποτέλεσμα οἷόν ἐστι δυεῖν, κοσμοῦντος καὶ κοσμουμένου· κοσμεῖ μὲν γὰρ τὸ εἶδος, κοσμεῖται δὲ ἡ ὕλη· κόσμος δὲ οὐδέτερον, ἀλλὰ τὸ συναμφότερον. κατ' ἀμφότερα οὖν ὁ φιλόσοφος κατορθοῖ, καὶ τὸν οὐρανὸν κόσμον λέγων καὶ τὸ ἀπὸ τῶν στοιχείων σύγκριμα.

[256] T1.56, 40–43: καίτοι γε πολλὰ μετὰ ταῦτα, στοιχειώδη σώματα, ὁμοιομέρειαι, ἀνομοιομέρειαι, ὀργανικαὶ φύσεις, ἄλογοι παρυποστάσεις, δυνάμεις φυσικαί, ζωτικαί, ψυχικαί, ψυχαί, νοῖ, ἑνάδες, ὧν δὴ πάντων ὑπερανέστηκεν ὁ θεός.; Die Gleichteiligen und Ungleichteiligen sind hingegen Reminiszenzen an Aristoteles' De partibus animalium: Kullmann 1998, 176 ff.

[257] T1.56, 67–69: πάντα γὰρ ἐν ἡμῖν ταῦτα, ὕλη, εἶδος, σῶμα, φύσις, ψυχή, νοῦς, ἕν· ἓν γὰρ καὶ ἡμεῖς, ἀλλ' οὐ κυρίως, τῇ γὰρ ἑνώσει ἕνες λεγόμεθα.

heraus.²⁵⁸ Einzige Ursache für die *synamphotera* ist Gott. Alle anderen „Teile" des Kosmos sind nur durch geistige Dihairese ausfindig zu machen.

3.1.3 Selbstkonstitutives (*authypostaton*), Wesen (*ousia*) und Form (*eidos*)

Gehen wir nun zunächst (1) auf den Begriff des Selbstkonstitutiven (*authypostaton*) ein und schauen in einem zweiten Schritt (2), wie Psellos sein Verständnis der Form mit demjenigen der unvermittelten Schöpfung zu vereinen sucht. Zuletzt werden wir kurz (3) auf Entitäten eingehen, die körperlos sind.

(1) Das Universum ist also *synamphoteron* aus Form und Materie. Alle geistig abtrennbaren Teile sind in jeder Entität gemeinsam präsent. Die Form, so schreibt Psellos, sei bei allen Menschen dieselbe, während die Unterschiede zwischen den Menschen von den Eigenheiten stammen würden.²⁵⁹ Die Formen seien aber Ursachen für die *synamphotera*.²⁶⁰ Ihnen kommt als einzigen Entitäten des Seins die Bezeichnung Selbstkonstitutives (*authypostaton*) zu. In einer Passage definiert Psellos nach eigenen Angaben das Selbstkonstitutive genauer als seine Vorgänger:

> Wenn du also das Selbstkonstitutive (authypostaton) in dieser Bedeutung begreifen wirst, wie ich es betrachtet habe, ist die Definition unangreifbar, wenn aber im Sinne der Ableitung und des Erzeugens, hat sie eine große Angriffsfläche: Denn keines der Seienden ist ursachenlos, sondern Dämpfe kommen aus der Erde, nachdem sie feucht wurde und dann von der Sonne erwärmt wurde, aber Wolken entstehen aus Dämpfen, Regen aber aus Wolken und die Form aus dem Samen, aber der Same aus dem Erzeugenden, aber der Erzeugende aus dem Vater, und auf diese Weise dürftest du von einem der Orte zu einem anderen fortschreitend nicht anhalten, bevor du zum ersten Ursprung hinaufgehst. Nun ist keines der Seienden ein Selbstkonstitutives, als hätte es die Erzeugung aus sich selbst. Aber Selbstkonstitutive nennen wir die Wesen nicht, weil sie nicht aus einem anderen eingeführt wurden, sondern aus stärkeren Ursprüngen stammend sie sich selbst zur Existenz ausreichen.²⁶¹

---

258 Philosophica minora II, Op 33, 112: 20–21; 113: 1–3
259 T1.12, 36–39 καὶ τῶν μὲν μερικῶν ἀνθρώπων ἔστι τι κοινὸν εἶδος, διὸ ἀπαράλλακτα κατὰ τοῦτο τὰ μερικὰ λέγονται· οἱ γὰρ κατὰ μέρος ἄνθρωποι τοῖς χαρακτῆρσι διεστηκότες τὴν ἀπαραλλαξίαν κατὰ τὸ εἶδος ἔχουσι. Dasselbe behauptet er in Anlehnung an Maximos Confessor in De omnifaria doctrina § 7, 2–5: Οὐσιώδης ἕνωσίς ἐστιν ἡ τὰς πολλὰς ὑποστάσεις εἰς μίαν οὐσίαν συνάγουσα. οἷον οἱ κατὰ μέρος πάντες ἄνθρωποι διῃρημένοι μέν εἰσι κατὰ τὰς ὑποστάσεις, ἡνωμένοι δὲ κατὰ τὴν οὐσίαν ἤτοι τὸν λόγον τῆς ἀνθρωπότητος·
260 vgl. neben dem obigen Zitat zu Aristoteles und Platon De omnifaria doctrina § 87, 5–6: Peri aitiôn: εἰδικὸν δὲ τὸ σχῆμα ταύτης καὶ ἡ ἰδέα.
261 Philosophica minora I Op 7, 164–181: εἰ μὲν οὖν τὸ αὐθυπόστατον ἐπὶ ταύτης λήψῃ τῆς σημασίας, ὥσπερ ἐγὼ ἐθεώρησα, ἀνεπίληπτος ὁ ὅρος ἐστίν, εἰ δ' ὥσπερ ἐπὶ τῆς παραγωγῆς καὶ τῆς ἀπογεννήσεως, πολὺ τούτῳ τὸ ἐπιλήψιμον· οὐδὲν γὰρ τῶν ὄντων <ἀν>αίτιον, ἀλλ' ἀτμοὶ μὲν ἀπὸ γῆς ὑγρανθείσης εἶτα θαλφθείσης ὑπὸ ἡλίου, νέφη δὲ ἐξ ἀτμῶν, ὑετοὶ δὲ ἀπὸ νεφῶν, καὶ τὸ εἶδος

Dasjenige sei also Selbstkonstitutives, das sich selbst zur Existenz genüge. Es sei nicht dasjenige, das keinen Ursprung habe, denn – so müssen wir hinzufügen – das wäre nur Gott. In seinem Kommentar zur aristotelischen Kategorienschrift versteht er das *authypostaton* als Wesen (*ousia*),[262] und in T1.107 finden wir die explizite Bezeichnung des Wesens als Form: „auch unter uns wird das Wesen Form genannt."[263] Damit ist *authypostaton* weder eine Bezeichnung für das, was akzidentell existiert, noch für das, was einen Gattungscharakter hat.[264] Die Formen sind also offensichtlich autark, unvergänglich und haben den Ursprung bei Gott. Damit erinnert Psellos' Position in gewisser Weise sowohl an diejenige von Ammonios Hermeiou als auch an diejenige von Proklos. Ein kurzer Vergleich mit beiden wird jedoch auch die Unterschiede herausstellen.

Ammonios benutzt den Begriff *authypostaton* ebenfalls zur Unterscheidung von Wesen und Akzidenzien, wobei diese Bezeichnung dem Wesen zukommt.[265] Eine Einschränkung auf eine bestimmte Art von Wesen ist bei ihm nicht zu finden, und er zählt sowohl Beseeltes als auch Unbeseeltes darunter. Es ist davon auszugehen, dass er den Begriff „selbstkonstitutiv" im Sinne von „unabhängig" verwendet. Dabei ist allerdings zu beachten, dass er einen weiteren Unterschied zwischen Wesen und Form macht,[266] den wir bei Psellos nicht finden, wobei der Begriff keine Anwendung auf die Form findet, sondern eben nur auf das Wesen. Interessanterweise scheint für ihn die von der Materie getrennte Form alleine nämlich ein schwächeres Sein zu bezeichnen, solange sie noch nicht gemeinsam mit der *hylê* zu einem Zusammengesetzten geworden ist.[267] Diesen Gedanken

---

ἀπὸ τοῦ σπέρματος, τὸ δὲ σπέρμα ἀπὸ τοῦ γεννήσαντος, ὁ δὲ γεννήσας ἐκ τοῦ πατρός, καὶ οὕτως ἀφ' ἑτέρου χωρῶν πρὸς ἕτερον οὐκ ἂν σταίης πρὶν ἂν εἰς τὴν προτέραν ἀρχὴν ἀναβῇς. οὐδὲν οὖν τῶν ὄντων αὐθυπόστατον ὡς ἀφ' ἑαυτοῦ τὴν γέννησιν ἔχον. αὐθυποστάτους δέ φαμεν τὰς οὐσίας οὐχ ὅτι μὴ παρ' ἑτέρου παρήχθησαν, ἀλλ' ὅτι ἀπὸ κρειττόνων αἰτίων παραχθεῖσαι ἀρκοῦσιν ἑαυταῖς πρὸς τὴν ὕπαρξιν. Leider ist der Wechsel der Ebenen im Ganzen aber nicht einleuchtend dargelegt. Er schwenkt in dem oberen Text von einer horizontalen Wirkungsebene auf eine vertikale, ontologische Abhängigkeitsebene. Dadurch ist auch seine Verwendung von ἀναβῆς zu erklären, die in der horizontalen Abhängigkeit vom Vater zum Sohn keinen Sinn machen würde. Ebenso ist der Verweis auf die „stärkeren Ursachen" (ἀπὸ κρειττόνων αἰτίων im Plural) zu lesen, der wohl an Proklos anklingen soll. Vgl Beierwaltes 2001, 165.

262 vgl. auch Mitralexis 2014, über eine ähnliche Verwendung von *ousia* bei Maximus Confessor. In T1.53, 129–130 schreibt Psellos von Wesen, die nicht ewig sind. Damit ist eher ihre instantiierte Natur gemeint, als eine vergängliche Form: Τοιαῦτα μὲν οὖν τὰ μέχρις οὐρανοῦ, αἰώνιοι γὰρ αὐτῶν καὶ αἱ οὐσίαι καὶ αἱ ἐνέργειαι·

263 T1.107, 100–101: [...] καὶ παρ' ἡμῖν οὐσία εἶδος ὀνομαζομένη [...].

264 Vgl. dazu auch Kobusch 2002, 158ff.

265 Ammonios Hermeiou, In Porphyri isagogen, 19, 4 und 70, 8–12; In Aristotelis categoria, 33, 12

266 Ammonios Hermeiou, In Porphyri isagogen, 70, 17–18

267 Ammonios Hermeiou, In Aristotelis categorias, 35, 19–22

finden wir auch bei Psellos. Bei Proklos fußt die Herleitung hingegen auf anderen Grundsätzen. Werner Beierwaltes erklärt, dass Proklos den Begriff *authypostaton* gegen Plotin in Stellung bringt und ihn nicht auf das Eine anwendet. Vielmehr haben die *autohypostata* eine besondere Vermittlerrolle, weil sie sich immanent selbst genügten.[268] Als Beispiele für solche sind bei Proklos der Geist und die Seele genannt. Da Psellos nun weder einen zwischen Gott und der Welt platzierten Geist, noch eine Weltseele für plausibel hält, bleibt für die Lokalisierung des *authypostaton* bei ihm nur Gott oder die Wesen. Gott schließt er aber explizit aus, da er alles überrage.[269] Damit sind auch für ihn, wie bereits gezeigt, nur die Wesen Selbstkonstitutive. Man könnte somit behaupten, dass er die Theorie des Ammonios mit einigen proklischen Argumenten versieht, ohne sich jedoch zu stark an Proklos anzuschließen, wie vielfach in der Forschung vermutet wurde.

(2) Aus folgendem Grund widerspricht Psellos seiner Aussage nicht, Gott sei alleinige Ursache der Schöpfung, wenn er die Formen ebenfalls Ursachen nennt. Gott habe die Elemente des Kosmos nämlich in getrennter Weise hergestellt:

> Aus Weisheit also hat Gott die denkbaren Dinge zuerst gemacht, die Wahrnehmbaren aber als Zweite, weil die einen Zusammengesetzte sind, die anderen Einfache: Aber die Zusammensetzung ist der Einfachheit nachgeordnet. Deshalb gingen die Einfacheren den Zusammengesetzteren voraus.[270]

Zunächst soll in Erinnerung gerufen werden, dass der Schöpfungsbericht nur die sichtbare Schöpfung offenbart. Die einzelnen, logisch notwendigen Schritte bis zu dem Punkt, an dem vom *synamphoteron* gesprochen wird, werden dort nicht wiedergegeben. Nun diskutiert Psellos hier die Gründe für das Zustandekommen des zusammengesetzten Universums und nicht das Werden und Vergehen innerhalb des Kosmos. Damit geht er einen Schritt hinter das, was im Schöpfungsbericht dargelegt wird, zurück. Der Unterschied zu den obigen Aussagen liegt darin, dass oben von der Schöpfung als Resultat die Rede ist, es in dieser

---

268 Beierwaltes 2001b, 169
269 Opuscula logica, physica, allegorica, alia, Op. 7, 90 – 95: Ὁ μὲν οὖν θεὸς ἤτοι τὸ ἓν οὐκ αὐθυπόστατον· οὐ γάρ φαμεν τὸν θεὸν ἀρκεῖν ἑαυτῷ πρὸς ὑπόστασιν· τὸ γὰρ ἀρκοῦν ἑαυτῷ αὔταρκες μόνον· τὸ δὲ αὔταρκες ἐλλεῖπον πρὸς τὴν μετάδοσιν. ὁ δὲ θεὸς οὐκ αὐτάρκης οὐδὲ πλήρης, ἀλλ' ὑπερπλήρης, καὶ ἀπορρέουσιν ἐξ αὐτοῦ ὥσπερ ἀπὸ κρατῆρος πλησθέντος οἱ τῆς ἀγαθότητος ὀχετοί. οἷς οὖν ὑπερβαίνει τὸ αὔταρκες, ὑπερεκπίπτει καὶ τὸ αὐθύπαρκτον.
270 T1.10, 30 –32: διὰ σοφίας τοίνυν τὰ μὲν νοητὰ πρῶτα, τὰ δὲ αἰσθητὰ δεύτερα πεποίηκεν ὁ θεός, ὅτι τὰ μὲν σύνθετα, τὰ δὲ ἁπλᾶ· δεύτερα δὲ ἡ σύνθεσις τῆς ἁπλότητος. διὰ τοῦτο γοῦν τὰ ἁπλούστερα τῶν συνθετωτέρων προῆλθε. Von den Elementen spricht Psellos erst in den Zeilen 37– 40. Ganz ähnlich, jedoch nicht in derselben Reihenfolge aufgezählt: T1.89, 64 – 65: τῶν ὄντων τὰ μὲν ἁπλᾶ ἐστι, τὰ δὲ σύνθετα· τὰ μὲν σώματα, τὰ δὲ ἀσώματα.

3.1 Ontologie der Schöpfung im Allgemeinen — 61

schwierigen Passage aber offenbar um die Geschehnisse „vor" dieser sichtbaren Schöpfung geht.

Was möchte er uns also sagen? Offenbar macht Gott zuerst die denkbaren Dinge. Die wahrnehmbaren Dinge hingegen folgen. Die Zusammensetzung, von der er hier spricht, kann entweder diejenige von Form und Materie bedeuten, oder die Aggregation der Elemente. Die Passage ist auch deshalb schwierig zu interpretieren, weil die Reihenfolge der genannten Vorgänge nicht klar ist. Ich plädiere dafür, dass der zweite „Schritt", von dem Psellos in der Zeile 30 spricht, nicht identisch mit demjenigen Vorgang ist, den er ebenfalls als „zweiten" in Zeile 31 bezeichnet und in dem er die Zusammensetzung der Einfachen beschreibt. Denn es würde unklar bleiben, warum die Einfachen als geistige Dinge miteinander zusammengesetzt zu wahrnehmbaren Dingen werden sollten. Vielmehr scheint er hier mit einer Doppeldeutigkeit zu spielen und im zweiten Teil die vier Elemente zu bezeichnen, die die wahrnehmbaren Dinge konstituieren. Die Einfachheit würde somit einerseits die Form andererseits aber ein Element bezeichnen, die beide der Vielheit vorausgehen. Für diese „mehrdeutige" Interpretation spricht auch, dass Psellos in der darauffolgenden Passage verschiedene „Einfachheiten" nennt. Er bezeichnet diejenigen Einfachheiten nämlich als wesenhafter, die näher bei Gott sind.[271]

Für unsere Untersuchung ist wichtig, dass Form und Materie, Ursachen für das *synamphoteron* sind. Deshalb kann er alle ontologischen Ursachen aristotelisch als Relata verstehen:

> Denn ich glaube, dass er darin deutlich macht, dass die Ursachen den Wirkungen nach Zeit nicht vorausgehen, sondern dass die Relata zugleich sind.[272]

Ursachen und Wirkungen verweisen ontologisch aufeinander. Wir müssen auch diese Aussage als Emphase der Schöpfung als *synamphoteron* verstehen.[273]

Können wir die Widersprüche also auflösen? Die Realdistinktion zwischen Formen und Materie scheint es „vor" der Schöpfung der Sinnenwelt zwar gegeben zu haben. Der Kosmos tritt aber mit einem Mal in den Status des *synamphoteron*. Offenbar werden die Formen dann als *enhyloi logoi* weitergegeben, sodass sie nie

---

[271] T1.10, 33.35: ὅθεν οὔτε τὰ ἁπλᾶ πάντα ὁμότιμα οὔτε τὰ σύνθετα, ἀλλ' ὅσα ἐγγίζει θεῷ τῶν ἁπλῶν, ἐκεῖνα τῶν ἀπωτέρω οὐσιωδέστερα καὶ κρείττονα·

[272] T1.58, 68–70: οἶμαι γὰρ τὸ μὴ προηγεῖσθαι κατὰ χρόνον τὰ αἴτια τῶν αἰτιατῶν ἐνταῦθα δηλοῦν, ἀλλὰ συνάμα εἶναι τὰ πρός τι.; Diese Passage übernimmt Psellos aus Aristoteles' Kategorien 7b15

[273] Kapriev 2005, 27: Basilius der Große schreibe auch, dass Form und Materie in Wirklichkeit untrennbar seien. Philosophica minora I Op 51, 290: [...] τὰ δὲ συμβεβηκότα ἑτεροϋπόστατα.

getrennt von der Materie zu finden sind.²⁷⁴ Wir können die erste Frage somit beantworten, ohne einen Widerspruch in seiner Theorie annehmen zu müssen. Gott hat Formen sowie die Materie hergestellt und sie dann in einem Akt der sichtbaren Schöpfung miteinander verbunden. Es handelt sich deshalb nicht um eine Derivation, da diese nicht auseinander entstehen, sondern Gott jedes einzelne selbst hergestellt hat.

(3) Dass das Universum *synamphoteron* ist, heißt jedoch nicht, dass es gar keine unkörperlichen Wesen mehr in Psellos' Ontologie gibt. Da er in einer Passage schreibt, dass Gott für ihn weder körperlich noch unkörperlich ist, weil er über den Seienden stehe,²⁷⁵ folgt daraus, dass Körperlichkeit aber auch Unkörperlichkeit in jedem Fall Merkmale der Schöpfung sind. So gibt es tatsächlich einige Beispiele für unkörperliche Wesen, die nicht als *enhyloi logoi* in der Materie zu finden sind, wie Engel²⁷⁶ oder den Teufel²⁷⁷ sowie die Seele in der Zeit nach dem Tod, in der sie vom Körper getrennt ist. Diese sind aber nie Ursachen für *synamphotera*, wie es die Formen sind. Ursachen der *synamphotera* sind immer mit

---

274 T1.69, 46–49: ἥτις δὴ λόγους ἐνύλους ἔχουσα ὧν ποιεῖ καὶ ἐπισταμένη τρόπον τινὰ τούτους οὐκ ἐπιδίδωσιν ἑαυτῇ, οὐδ' ἐπιστρέφει τούτους πρὸς τὴν ἰδίαν οὐσίαν, ἀλλ' ἀχώριστος τῶν σωμάτων ἐστί [...].

275 T1.52, 20–28: ἐπειδὴ γὰρ μὴ σῶμα ὁ θεός, οὐ λείπεται νοεῖν ὅτι ἀσώματος, οὐδ' ἐπειδὴ μὴ ἀσώματος, σῶμα τοῦτον οἰητέον· οὐδὲν γὰρ τῶν ὄντων θεός, αὐτὸς ὢν τῶν ὄντων δημιουργὸς καὶ παρηλλαγμένην ἔχων τὴν οὐσίαν πρὸς τὰ ποιήματα. προσμαρτυροῦμεν δ' αὐτῷ ἐν πᾶσι τοῖς περὶ αὐτοῦ λόγοις τὸ ἀσώματον, καθάπερ καὶ τἆλλα τῶν ὀνομάτων τὰ κάλλιστα, οὐσίαν καὶ ζωὴν καὶ νοῦν· ἀλλ' ὥσπερ οὐδὲν τούτων ἐστὶ καὶ πολυώνυμος ἀπὸ τούτων γίνεται, οὕτω δὴ καὶ ὑπὲρ τὸ ἀσώματον ὤν, ἐντεῦθεν μάλιστα ὡς ἀπὸ κρείττονος ὀνόματος χαρακτηρίζεται ἢ ἀπὸ τοῦ ἐναντίου τούτου τοῦ σώματος.

276 T1.51, 21–22: Über die Engel in Ablehnung des Porphyrios und des Proklos. Er versteht die antiken Dämonen offensichtlich zumeist als dasselbe wie die christlichen Engel: οὐ γάρ μοι ἀρέσκει τὰ λόγια, οὔτε ἡ τοῦ Πρόκλου περὶ τούτων ἐξήγησις οὔθ' ὁ Πορφύριος σωματικὰ τοῖς ἀγγέλοις διδοὺς ὀχήματα.; T1.51, 53–56: Hier erklärt Psellos, wieso der Kirchenvater die Engel körperlich nannte, obwohl sie es nicht sind und was er damit sagen wollte: εἰ δὲ καὶ πάλιν φιλοσώματοι ὄντες τῆς μὲν περὶ τὸ θεῖον οὐκ ἀπαλλάττεσθε παχύτητος, κρεῖττον δὲ αὐτῷ σῶμα προσάπτετε ἢ ἄγγελος ἔχει, βαβαὶ τοῦ τῆς 'φλυαρίας βυθοῦ'. ὁ δὲ λόγος ζητεῖ τίς ὁ ἐντεῦθεν λῆρος καὶ πόθεν βυθὸν τοῦτον ὠνόμασεν ὁ πατήρ.; T1.59, 115–123 über Seraphim, Cherubim und ihre Nähe zu Gott: τὰς γὰρ τῶν ἀσωμάτων τάξεις διελόμενος ὁ μέγας οὗτος ἀνὴρ ἀπὸ τῶν σεραφὶμ ἄχρι τῆς ἀγγελικῆς ὑποστάσεως, τοὺς μὲν περὶ θεὸν ἀεὶ τίθεται εἶναι, τὰς δὲ καὶ ἡμῖν ὁμιλεῖν, καταπεμπομένας παρὰ θεοῦ 'διὰ τοὺς μέλλοντας κληρονομεῖν βασιλείαν'. ἀλλ' οἱ μὲν σεραφὶμ ἀμέσως παρὰ θεοῦ τὰς ἐλλάμψεις δέχονται, ἄγγελοι δὲ προσεχῶς μὲν παρὰ τῶν ἀρχαγγέλων, ὑπερκειμένως δὲ παρὰ τῶν σεραφίμ, καὶ ἔτι πορρωτάτω παρὰ τοῦ θεοῦ, καὶ οὕτως τὰ διεστῶτα συνάπτεται τῇ πρὸς ἄμφω τοῦ μεσιτεύοντος οἰκειότητι. Über die Unkörperlichkeit von Engeln vgl. auch Scholten 1996, 149.

277 T1.32, 122–123: κἀντεῦθεν καὶ συλλογίσονται ὡς, ἐπεὶ καὶ ὁ διάβολος ἀσώματος πάντῃ, καὶ ἀπερίγραπτος·

dem Einzelding verbunden. Psellos lässt sich deshalb zu folgender Aussage hinreißen, die nur aus der starken Bedeutung der *synamphotera* verständlich ist:

> Denn das Unkörperliche und das Ungezeugte sind Privationen an Körper und Entstehung.[278]

Der Unterschied zur neuplatonischen Derivationsordnung besteht erstens darin, dass den Ideen dort ein gesonderter Platz zugewiesen wird, der nicht notwendigerweise mit der wahrnehmbaren Welt existieren muss, Psellos aber einen derartigen von Gott getrennten, über der Sinnenwelt stehenden Ideenkosmos nicht annimmt. Die Ideen befinden sich nämlich gerade für die Neuplatoniker im Geist zwischen dem höchsten Prinzip und der wahrnehmbaren Welt. Diese wird hingegen von der letzten Hypostase, der Seele, hervorgebracht. Dadurch wirkt das höchste Prinzip im Neuplatonismus nicht direkt auf diese, sondern vermittelt seine Kraft durch jene höheren Instanzen. Der Ideenwelt wird mit der Derivation außerdem ein höherer Seinsstatus zugewiesen als der sinnlichen Welt. Dies kritisiert Psellos.[279] Deshalb hebt sich seine Überzeugung deutlich von jener ab. Fraglich ist lediglich, wieso Psellos den Begriff *synamphoteron* wählt und nicht das aristotelische *synholon* nutzt. Dies mag der Kommentartradition geschuldet sein.

3.1.4 *Dynamis* und *energeia*

Gregor von Nyssa erklärt, dass Gott die Welt zeitlos auf einmal erschaffen hat.[280] Dem stimmt Psellos zu, unterscheidet davon aber die Erschaffung der Formen und der Materie vor ihrer Zusammenfügung, wie wir oben sahen. Die Schöpfung bringt aber immer wieder neue Individuen hervor, sodass sie sich auch in der Zeit entfaltet. Widersprechen sich nun beide Aussagen möglicherweise? Die Welt befindet sich schließlich auch weiterhin im ständigen Werden. Der Schlüssel zur Erklärung dieses Problems liegt in der Annäherung an die zeitliche Entfaltung der Schöpfung durch das Begriffspaar *dynamis* und *energeia*. Gregor von Nyssa sagt: „Bei diesem Akt [i.e. der Schöpfung] sind aber die Sachen in Samenformen erschaffen, die in sich die Energie und das ‚Programm' der zukünftigen Entwicklung beinhalten, welche Entwicklung zu der für jede Sache bestimmten Zeit erfolgt."[281] Psellos folgt dieser Erklärung, denn Lebewesen entwickeln sich aus Samen, die „horizontale"

---

278 T1.52, 82–83: τὸ γὰρ ἀσώματον καὶ τὸ ἀγέννητον στερήσεις εἰσὶ σώματός τε καὶ γεννήσεως.
279 Dakouras 1977b, 43 Mit mehreren Gründen des Psellos für die Inkonsequenz der paganen und philosophischen Schöpfungserklärungen.
280 Kapriev 2005, 26
281 Kapriev 2005, 26

Ursachen für die zukünftige Entwicklung sind. Der körperliche Teil der Schöpfung werde also gemäß der göttlichen Providenz bewegt.

Psellos sieht also ebenso wenig wie die Kirchenväter ein Problem in der Aussage, dass die Schöpfung *synamphoteron* sei. Sie ist also mit der einmaligen Herstellung vollendet, ganz gleich, wie häufig sich die Formen in der Sinnenwelt „horizontal" verwirklichen.[282]

3.1.5 Positivität und Negativität der Materie

Wir sind es aus der plotinischen Philosophie gewohnt, in der Materie das Übel zu sehen, das durch die Entfernung vom Ursprung des Seins jede Positivität verloren hat. Sie wird auch einer der Gründe für die Schlechtigkeit der mit ihr verbundenen Seelen. Plotin versteht die Materie nämlich als letzte Abkunft einer niederen Seele.[283] Sie ist formlos, bedürftig, undefiniert, instabil, absolute *steresis*, etc.[284] Die mit ihr verbundene Seele wird deshalb schlecht, da sie mit den „Negativtäten" in Berührung kommt.[285] Offenbar soll die Negativität der Materie dennoch auf eine gute Ursache zurückgehen, dem Prinzip allen Seins, dem Einen. Beide Annahmen, also Negativität und Übel sowie das Gute als Ursache, sind jedoch nicht miteinander vereinbar. Deshalb finden wir bei Proklos eine entschiedene Gegnerschaft zur plotinischen Darstellung der Materie. Er unterscheidet mithilfe von Aristoteles nämlich die Materie von der *steresis* und lehnt es ab, eines von beiden Übel zu nennen.[286] Vielmehr erklärt er, dass die Materie notwendig für die Existenz der Sinnenwelt sei und sie deshalb auch etwas Gutes sei.[287] Im Christentum finden wir nun drei Annäherungen an das Problem der Materie. Die eine stammt von Basilios dem Großen, der ihre Existenz in einigen Schriften auf eigentümliche Weise ablehnt: Sein Gegenkonzept ist es zu sagen, dass wenn intelligible Eigenschaften zusammentreten, diese den festen, sinnlichen Körper

---

282 T1.69, 64–67 ἐφ' οὗ γὰρ ἂν ἀλλοίωσις φανείη τῆς φύσεως, καινοτομία τοῦτο ἔστι τε καὶ λέγεται. φυσικῶς γὰρ τῶν ἐν τοῖς ζῴοις σπερμάτων τὰ ἔνυλα διαπλαττόντων εἴδη πρὸς τὰς τῶν αἰτίων μορφάς, ἐὰν ἀφ' ἵππου μὲν γονῆς βόειον ἀποτυπωθῇ εἶδος, ἀπὸ δὲ βοείου ἵππειον, καινότης τοῦτο φύσεων πέφυκε·
283 Opsomer 2001, 157
284 Opsomer 2001, 157
285 Opsomer 2001, 158
286 Opsomer 2001, 165. Zur weiteren Information: „Among the Middle Platonists, *Numenios* made matter a positively evil force, identifying it with the Indefinite Dyad. Also Cronius as well as Celsus and perhaps Moderatus considered matter the source of evil, whereas Harpocration said to derive it rather 'from the bodies'."
287 Opsomer 2001, 176

3.1 Ontologie der Schöpfung im Allgemeinen — 65

hervorbringen. Es handelt sich dabei um eine Aggregat- oder Bündeltheorie, wie wir sie auch bei Alkinoos vorfinden. Es gebe die Materie also nicht als von diesen intelligiblen Eigenschaften getrenntes Konzept.[288] Die andere christliche Erklärung der Materie ähnelt in gewisser Weise Proklos' Ansicht. Gott schaffe die Materie unmittelbar aus dem Nichts,[289] sodass sie nicht eine letzte Stufe der Derivation sei, sondern etwas von Gott direkt Hervorgebrachtes. Damit wird die proklische Annahme, sie sei kein Übel, noch einmal verstärkt, da die erste Ursache direkt für sie verantwortlich ist und sie kein ungewolltes Nebenprodukt ist. Die Dritte stammt hingegen von Johannes Philoponos. Er argumentiert dafür, dass die Materie eine substanzbildende Größe ist.[290] Ihr Wesen sei die dreidimensionale Ausdehnung der vier Elemente. Eine *prima materia* beraucht er deshalb nicht mehr anzunehmen.[291]

Dass Psellos hier aber kein Argument verfolgt, das auf Johannes Philoponos Materietheorie zurückgeht, ist deutlich zu sehen. Denn die Materie, von der Psellos spricht, ist in gewisser Weise auch Ursache des Körpers und dessen Basis,[292] ohne selbst eine „substanzbildende Größe" zu sein. Diese Aufgabe kommt lediglich dem Selbstkonstitutiven zu, wie wir sahen. Sein Konzept ähnelt vielmehr der zweiten Position, die sich in gewisser Weise auf die proklisch-aristotelische Variante stützt, ohne jedoch das fünfte aristotelische Element zu gebrauchen. Dies wird auch dadurch belegt, dass seine Aussagen über die Materie größtenteils positiv bleiben. Sie sei nämlich auch Ursache des Körpers und dessen Basis.[293] Deshalb sei sie folglich für etwas sehr Wohlgelittenes (*eumisêtotaton*)[294] verantwortlich. Und sie sei nicht etwa ablehnungswürdig, sondern gewollter Teil der Schöpfung. Sie sei kein „notwendiges Übel" und habe sogar einen fest zugewie-

---

288 Köckert 2009, 417
289 Eine Andere Ansicht vertrete laut Psellos Aristoteles. vgl. T1.55, 124–127: ὁ μὲν γὰρ Ἀριστοτέλης καὶ τῆς ὕλης κατηγορεῖ τὸ ἀγέννητον·
290 Scholten 1996, 191
291 Scholten 1996, 191
292 T1.104, 61–63: ἡ μὲν ὕλη ἀρχή τίς ἐστι τοῦ σώματος καὶ οἷον ὑποβάθρα αὐτῷ καὶ κρηπίς, τὸ δὲ σῶμα τὸ ἐντεῦθεν μετὰ τοῦ εἴδους μορφωθέν.
293 T1.104, 61–63: ἡ μὲν ὕλη ἀρχή τίς ἐστι τοῦ σώματος καὶ οἷον ὑποβάθρα αὐτῷ καὶ κρηπίς, τὸ δὲ σῶμα τὸ ἐντεῦθεν μετὰ τοῦ εἴδους μορφωθέν.
294 T1.104, 63–64: ἡ μὲν οὖν ὕλη εὐμισητότατον πέφυκεν· Ich vermute, dass eumisêtaton keine starke Form des Hasses bedeuten soll, sondern im Hinblick auf die Rolle, die die Materie einnimmt, die doppeldeutige Bedeutung hat, sowohl die Ablehnung meint als auch gleichzeitig das positive Wirkung, weil sie Teil der gewollten Schöpfung ist. Daher die Übersetzung „sehr Wohlgelittenes".

senen und notwendigen Platz in Verbindung mit der Ausübung der Tugenden.[295] Die Materie ist demnach kein Ausfluss der Schöpfung, sondern intendierter Bestandteil dieser.

Nun bleibt es aber nicht nur bei den positiven Zuschreibungen, sondern wir finden bei Psellos auch eine ganze Reihe von negativen Äußerungen über sie. So schreibt er, sie sei Tiefe,[296] hindere die Seele daran, die Gerechtigkeit zu sehen[297] und sei den Körpern unterlegen.[298] Ist es nicht merkwürdig, dass wir kein einheitliches Konzept über die Materie finden? Eine Lösung für die scheinbare Inkonsistenz seiner Aussagen liefert uns T1.27. Dort schreibt Psellos, dass es einigen möglich ist, Gott auch durch die Materie zu erkennen, obwohl dies besser durch die Körper oder die höheren Dinge zu bewerkstelligen ist.[299] Je näher etwas bei Gott ist, desto stärker wird es schließlich genannt.[300] Da Psellos durch die direkte Schöpfung in der christlichen Tradition eine kosmogonische Entfernung der Schöpfungselemente zu Gott ausgeschlossen hat, muss die Nähe oder Distanz zu Gott etwas Anderem geschuldet sein als den Seinsstufen.

Ein möglicher Kandidat für die Bewertung der Materie ist also die Erkennbarkeit Gottes in ihr. Nach der obigen Textstelle macht der Beitrag zur Erkenntnis Gottes die Wertunterschiede und „Stärken" der Elemente der Schöpfung aus: Das, worin Gott besser erkennbar ist, ist gewissermaßen näher an ihm als das, was ihn nicht gut erkennen lässt. Die Materie ist demnach zwar kein ontologisches Übel, hat aber offenbar wohl ein Defizit bezüglich ihrer Möglichkeit, uns an Gott anzunähern, das es rechtfertigt, sie als etwas Schlechtes darzustellen. Warum es diesen Unterschied in den Dingen der Schöpfung bezüglich ihres Beitrags zur Erkenntnis Gottes gibt, wird von Psellos nicht erklärt.

Die unterschiedlichen Aussagen über die Materie lassen sich also unter zwei Gesichtspunkten zusammenfassen. Gut ist sie, da sie intendiertes und vom guten Gott direkt erschaffenes Element der Schöpfung ist. Schlecht ist sie, weil sie zur

---

295 T1.107, 71–73: ἀλλ' ὅτι καὶ τὰ πολλὰ τῶν πρακτικῶν ἀρετῶν διὰ ταύτης κατορθοῦσθαι εἴωθεν, εἴπερ αἱ μὲν δέονται σώματος, τὸ δὲ ὕλης οὐκ ἄτερ.
296 T1.29, 61–62: [...] ἐν τῷ τῆς ὕλης βυθῷ [...].
297 T1.94, 28–29: ἐμβαπτισθεῖσα γὰρ ψυχὴ τῷ τῆς ὕλης πελάγει οὐκ ἂν ἰδεῖν δυνηθείη τῆς 'δικαιοσύνης τὸν ἥλιον'.
298 T1.51, 23–24: ὕλη γὰρ σώματι ὑποβέβληται [...].
299 T1.26, 51–52: ὁ μέν τις ἀπὸ τῶν ἐσχάτων ἔγνωκε τὸν θεόν, αὐτῆς φημι τῆς ἀνειδέου ὕλης καὶ ἀδιατυπώτου, ὁ δέ τις ἀπὸ τῶν εἰδοποιηθέντων σωμάτων [...].
300 T1.10, 33–35: ὅθεν οὔτε τὰ ἁπλᾶ πάντα ὁμότιμα οὔτε τὰ σύνθετα, ἀλλ' ὅσα ἐγγίζει θεῷ τῶν ἁπλῶν, ἐκεῖνα τῶν ἀπωτέρω οὐσιωδέστερα καὶ κρείττονα·

Erkenntnis Gottes nur wenig beiträgt. Psellos ist dabei jedoch stets der Ansicht, dass sie in der Schöpfung nie ohne Form vorkommt.[301]

3.1.6 Elemente, Körper und Ablehnung des Okkultismus

Wir wollen (1) sehen, welche Ansicht Psellos über die Elemente und ihre Rolle bei der Herstellung zusammengesetzter Körper vertritt. Zum anderen (2) wollen wir seine Position zu alchemistischen und okkulten Praktiken beleuchten. Denn wir wissen, dass er mit einer Anklage zu kämpfen hatte, die ihn dessen bezichtigte.

(1) Die Elemente spielen im Christentum eine sehr wichtige Rolle, denn die Wiederauferstehung der Körper soll durch die Wiedervereinigung der Individualseelen mit den Körpern geschehen.[302] Gregor von Nyssa argumentiert dafür, dass alle individuellen Elemente des menschlichen Leibes auch nach dem Tod eine Beziehung zur individuellen Seele beibehalten. Die Wiederauferstehung nach der zeitweisen Zersetzung des Körpers geschehe also mit allen individuellen Elementen.[303]

---

301 Sie kann lediglich als Getrenntes gedacht werden, vgl: T1.51, 23–25: ὕλη γὰρ σώματι ὑποβέβληται, καὶ νοεῖται μὲν καθ' ἑαυτήν, ἀεὶ δὲ εἰδοπεποιημένη ἡμῖν καθορᾶται·
302 Psellos spricht darüber z. B. in T1.34, 60–62: οὐ γὰρ τοῖς τάφοις ἐνδιατρίψεται οὐδὲ τῷ διερρυηκότι σώματι ἀνεπιγνώστῳ γεγονότι παντάπασι διὰ τὴν τῶν χαρακτήρων διαφορὰν καὶ τὴν εἰς τὰ ὅλα τῶν ἐν μέρει στοιχείων ἀνάλυσιν.; T1.80, 105–107: ὁ δέ γε εὐαγγελιστής, πρὸς τοὺς οἰομένους ἄλλο ἐγηγέρθαι σῶμα ἁπάντων, τὸν κύριον εἰσάγει καὶ μετὰ τὴν ἐκ τῶν νεκρῶν ἔγερσιν εἰς πίστωσιν τοῦ ἀναστάντος σώματος τροφῆς ἁψάμενον. Ähnlichkeiten zu Aristoteles' Elementenlehre: Marcinkowska-Rosol 2014. Psellos folgt in der Elementenlehre Aristoteles. Das bedeutet, dass er kein gesondertes Mittelding zwischen den vier Elementen ansetzt, das die jeweilige Vereinigung der Elemente mit gegensätzlichen Qualitäten erklären soll. Das Mittlere ist für ihn immer eines dieser vier Elemente. Da Feuer warm und trocken ist, Wasser hingegen feucht und kalt, ist für ihn die Luft die verbindende Mitte für beide, da sie warm und feucht ist. Wie die direkte Verbindung von Feuer und kalt trockener Erde geschehen soll, bleibt bei Psellos aber unklar. Das für Aristoteles wichtige fünfte Element Äther scheint bei Psellos keine wichtige Rolle zu spielen. Er nennt es wohl immer nur als Wiedergabe antiken Wissens oder als Synonym für etwas Edles. T1.59, 108–111: διὰ τοῦτο μέσον αὐτοῖν τὸν ἀέρα τιθέασι, θερμὸν τυγχάνοντα καὶ ὑγρόν, καὶ τῇ μὲν ὑγρότητι τὸ ὕδωρ οἰκειούμενον, τῇ δὲ θερμότητι τῷ πυρὶ συγκεραννύμενον, καὶ οὕτως διὰ μέσου τούτων ἡ τῶν διεστώτων συνάφεια γίνεται. Über den Äther: T1.67, 158–161, wo dem Äther die pyramidale platonische Form zugesprochen wird: Πλάτων οὖν νῦν μὲν ἀρχὰς τοῖς στοιχείοις ὕλην καὶ εἶδος δίδωσι, νῦν δὲ τῇ μὲν γῇ τὸν κύβον, τῷ ἀέρι δὲ τὸ ὀκτάεδρον καὶ τῇ θαλάσσῃ τὸ εἰκοσάεδρον καὶ τῷ αἰθέρι τὴν πυραμίδα καὶ τῷ οὐρανῷ ἀφορίζει τὸ δωδεκάεδρον. Als Synonym für etwas edles: z. B. T1.70, 81–82: αἰθέριον καὶ θρονικὸν ἢ χερουβικὸν ἢ σεραφικόν.
303 Kapriev 2005, 28–29

Psellos nimmt außerdem an, dass zwei Arten von Entitäten Körper genannt werden können, natürliche und mathematische.[304] Die natürlichen Körper haben zwei Merkmale: Sie sind zusammengesetzt und Teile des Seins. Die mathematischen Körper sind hingegen auf dreifache Weise teilbar und haben Teil an der Quantität. Die Unterscheidung ist jedoch unklar. Die natürlichen Körper haben ja ebenfalls Teil an der Quantität und sind teilbar. Ebenso sind die mathematischen auch Teil des Seins und zusammengesetzt. Denn jeder euklidische Körper kann in Dreiecke eingeteilt werden. Deshalb muss Psellos mit dieser Unterscheidung etwas Anderes meinen. Plausibel wäre es zu sagen, dass die mathematischen Körper nicht aus den vier Elementen zusammengesetzt sind und zwar „irgendwie" im Sein vorkommen, aber nur als gedankliches Konstrukt. Genau das scheint er zu behaupten, wenn er die Mathematik (und damit wohl auch die Berechnung geometrischer Körper) als *epinoia* bezeichnet.[305] Leider erlaubt uns die kurze Passage, in der er etwas darüber sagt, jedoch keine weiteren Einsichten in seine These.

Tatsächlich liegen die Elemente aus Form und Materie aber jeder höher organisierten Form zugrunde. Psellos wendet diesen Gedanken auch auf Christus an, der als eines Wesens in zwei Naturen – der göttlichen und der menschlichen – bezeichnet wird. Da er als Mensch aber auch aus den Elementen zusammengesetzt ist, bleibt fraglich, was die beiden Naturen genau meinen. Psellos' Antwort ist eindeutig: Bei der Bezeichnung der beiden Naturen Christi treten die zugrundeliegenden Naturen der Elemente zugunsten der beiden „Hauptnaturen" in den Hintergrund.[306] Wahrscheinlich wird demnach immer die höchste Entität Natur genannt, obwohl sie aus anderen, auf sie hingerichteten Naturen, zusammengesetzt ist.

(2) Psellos hat sich also eingehend mit den Elementen beschäftigt. Deshalb ist es nicht abwegig zu prüfen, ob er sich auch der Alchemie zugewendet hat. Dass es sich dabei um okkulte Praktiken gehandelt haben könnte, könnte sich aus der generellen Mischung seiner Interessen erschließen. So diskutiert er in einem

---

304 T1.51, 25–27: ὕλη δὲ εἰδοποιηθεῖσα σῶμα πάντως ἐστὶν ἢ φυσικὸν ἢ μαθηματικόν, φυσικὸν μὲν ὅτι σύνθετον καὶ μέρος οὐσίας, μαθηματικὸν δὲ ὅτι τριχῇ διέστηκε καὶ ὑπὸ τὸ ποσὸν ἀναφέρεται.
305 T1.11, 16–17: [...] ἐν ἐπινοίᾳ δὲ κείμενα, ἣν δὴ μαθηματικὴν ὀνομάζουσιν [...].
306 T1.12, 48–54: [...] τὰ ἑνούμενα ἐκ τῶν προσεχῶν ἑνοῦσθαι λέγεται, ἀλλ' οὐχὶ τῶν πόρρω. διὰ τί γὰρ καὶ αὐτὸς μὴ τὸν ἄνθρωπον ἐκ πέντε λέγεις συγκεῖσθαι καί, τό γε ἀληθέστερον, ἐξ ἑπτά, μιᾶς μὲν τῆς ψυχῆς, τεσσάρων δὲ τῶν στοιχείων τοῦ σώματος, καὶ ἔτι ὕλης καὶ εἴδους τῶν πορρωτέρω; καὶ ἡμεῖς μὲν τὸν Χριστὸν ἐκ δύο φύσεων δογματίζοντες, ὡς μίαν φύσιν τὸν ἄνθρωπον προσλαμβάνομεν, πρὸς τὸ προσεχὲς ἀφορῶντες καὶ οὐ πρὸς τὰς φύσεις, ἐξ ὧν ἐκεῖνος συνέστηκεν.

3.1 Ontologie der Schöpfung im Allgemeinen — 69

Brief an den Patriarchen Kerullarios, wie man Gold machen könne,[307] bespricht die Chaldäischen Orakel,[308] die sich sowohl mit der Beschwörung von Dämonen beschäftigen als auch mit den Kräften von Steinen und Pflanzen,[309] und interpretiert die Bedeutung der griechischen Buchstaben.[310] Während John Duffy noch die Möglichkeit offen lässt, dass Psellos dem Okkultismus möglicherweise nicht abgeneigt gewesen sein könnte,[311] zeigen sowohl Gianna Katsimpoura[312] als auch Katerina Ierodiakonou[313], warum er ihn ablehnt. Er habe nämlich die Alchemie als Wissenschaft von den vier Elementen betrieben und der Beschwörungslehre von Dämonen keinen Glauben geschenkt. Diese Ansicht wird nicht nur durch Duffys zitierte Passage aus Psellos' *Chronographie* untermauert,[314] sondern durch eine parallele Aussage in seinem *Enkomion auf die Mutter*. Dort schreibt er ebenfalls unmissverständlich:

> I know the sacred art and what it is, and I have crowned it in wool and sent it away. I have carefully studied the secret powers attributed to stones and herbs, and have utterly rejected their superstitious use. Amulets I detest, both diamond and coral, and I laugh at sacred stone objects dropped from heaven. I consider it monstrous to proclaim an alteration in the order of the universe, of all that has been beautifully arranged by the providence of God.[315]

Psellos hat also keine Neigung gehabt, alchemistisch-okkulte Praktiken zu verfolgen. Diese Aussagen lassen uns außerdem vermuten, dass er sicherlich auch der Theurgie keinen Glauben schenkte. Somit wird es auch nicht verwunderlich sein, dass wir eine derartige Tugendstufe nirgends in seiner Ethik als seine eigene Meinung finden werden.

---

307 In einem Brief an Partiarch Kerullarios, den Psellos in seiner Jugend schrieb: Letter on chrysopoeia *CMAG*, VI, 1–47, aus Papathanassiou 2006, 171
308 Philosophica minora II, 126–151
309 Duffy 1995, 85
310 Philosophica minora I, Op. 36
311 Duffy 1995, 90
312 Katsiampoura 2008
313 Ierodiakonou 2006
314 Duffy 1995, 89
315 Enkomion, Kap. 28, Zeilen 1785–1792: ἱερατικὴν δὲ τέχνην οἶδα μὲν ἥτις ἐστίν, 'ἐρίῳ' δὲ 'στέψας' ἐξήλασα. λίθοις δὲ καὶ πόαις δυνάμεις μὲν ἀρρήτους καταμεμάθηκα, τὴν δὲ περίεργον τούτων χρῆσιν μακρὰν ἀπωσάμην. βδελύττεταί μοι τὰ φυλακτήρια, ὁ ἀδάμας καὶ τὸ κουράλιον, καὶ καταγελῶ τῶν 'διοπετῶν ἀγαλμάτων', τερατῶδες ἥγημαι τὸ τὴν τῶν ὅλων τάξιν μεταποιεῖν ἐπαγγέλλεσθαι, πάντων τῇ τοῦ Θεοῦ προνοίᾳ τεταγμένων καλῶς.

3.2 Der Mensch

3.2.1 Die menschliche Seele

Wenden wir uns zunächst Psellos' Seelenverständnis zu. Dazu werden wir einen Blick auf die „Teile" der Seele werfen. Das Thema Seele scheint bei ihm nämlich auf ein besonderes Interesse zu stoßen, denn im Gegensatz zu anderen philosophischen Problemfeldern beschäftigt sie ihn überaus häufig. Nicht nur in den deskriptiven Schriften trägt er viele Meinungen über sie zusammen, sondern auch in seinen argumentativen Texten handelt es sich um ein häufig anzutreffendes Untersuchungsobjekt. Wenn wir uns die relevanten Textstellen anschauen, stellen wir fest, dass Psellos eigentlich zwei Begriffe für die Seele verwendet. Zum einen finden wir nämlich das Wort *psychê* und zum anderen das Wort *pneuma* vor. Von *pneuma* wissen wir, dass es bei ihm Gott als Trinität, den Heiligen Geist oder auch dessen Gaben bedeuten kann. Bei der folgenden Untersuchung beziehen wir uns aber nicht auf die göttliche Bedeutung von *pneuma*, sondern auf die zur menschlichen Seele äquivalente. Wie kommt es also, dass wir beide Begriffe auffinden können? Wir wollen dafür zunächst (1) darlegen, woher die Begriffe stammen, um erkennen zu können, warum (2) Psellos sie gewählt hat.

(1) Um zu verstehen, warum Psellos den *pneuma*-Begriff gebraucht, müssen wir zunächst festhalten, dass die Stoa ihn ausgiebig verwendete. Er bezeichnet die göttliche Kraft, die alles durchdringt und das formende Prinzip des Kosmos ist. Durch es entsteht der *tonos*, die Spannung, die den Zusammenhalt jeder Entität bewirkt. Das *pneuma* hat im Menschen wiederum acht Teile, die sich im Körper verteilen und verschiedene Funktionen übernehmen wie beispielsweise die der fünf Sinne. Es handelt sich für die Stoa dabei natürlich um ein körperliches Prinzip. *Pneuma* wurde aber auch in einer anderen Tradition verwendet: In der der medizinischen Untersuchungen. So finden wir es bei Galen als ein Instrument der Seele und als Ursache der Bewegung, bei dem es eine direkte körperliche Verbindung zur Funktion des Lebewesens gibt. Das *pneuma* könne, da nicht identisch mit dem Körper, auch aus ihm herausfließen, sodass eine Art Druckabfall dazu führe, dass das Lebewesen bewusstlos werde, bis die nötige Konzentration wiederhergestellt sei.[316] Eine scheinbar aus beiden, Stoa und medizinischer Tradition, gemischte Ansicht ist bei Clemens von Alexandrien belegt, denn er beschreibt mit dem „fleischlichen pneuma [...] das Vermögen für Ernährung, Wachstum, Fortbewegung, Wahrnehmung, Begierde und Affekte"[317]. Es wird bei ihm zu einer Art

---

[316] Gleason 2009, 102
[317] Ricken 1980, 34769

Prinzip des sinnlichen und vegetativen Lebens. Allen drei Bedeutungen ist gemeinsam, dass sie eine körperlastige Konnotation haben.

Kommen wir nun zur *psychê*. Die Urbedeutung bei Homer ist zu derjenigen von *pneuma* ähnlich und meint in erster Linie den Hauch, der den Körper beim Versterben verlässt.[318] Deshalb ist sie Lebensprinzip, solange sie im Körper weilt. Einige der Vorsokratiker verstehen *psychê* als körperlichen Stoff, wie Heraklit beispielsweise als Feuer aus dem Wasser.[319] Interessant für unsere Auseinandersetzung mit Psellos wird aber erst ihre Verwendung durch Platon. Für ihn besteht sie aus den bekannten drei Teilen *logistikon*, *thymoeidês* und *epithymêtikon*. Grundsätzlich nimmt Platon an, dass die Seele „älter und ehrwürdiger [...] als der Körper sei",[320] sodass sie auch das kosmologische Prinzip der Selbstbewegung der Weltseele sei. Für Aristoteles ist die Seele Grund für Wachstum, Wahrnehmung und des Denkens. Je nachdem wie viele Stufen der Seele in einem Lebewesen präsent sind, kann es demnach wachsen und sich ernähren, sich bewegen und wahrnehmen oder, wie der Mensch, auch denken. Die Verzahnung zwischen Körper und Seele ist äußerst eng. So ist die Seele die aktive Vollendung (*entelecheia*) eines Körpers, der potenziell lebendig sei. Anders als der Geist, der von außen kommt (*thyrathen nous*), ist sie ohne den Körper also nicht zu denken. Mit Plotin und im Anschluss an platonische Gedanken wurde sie dann zum kosmischen Prinzip, das als letztes der drei Hypostasen für die Sinnenwelt verantwortlich ist und nur in der Rückwendung zu ihrem Ursprung, der darüber liegenden Hypostase des Geistes, ihre Vollendung findet. Die Seele ist anders als für Aristoteles, den er für seine Seelenkonzeption kritisiert, eine selbständige Existenz, deren wahre Bestimmung nicht die Verbindung mit der Materie, sondern die Rückwendung zum Geist ist. Sie ist als intelligible Entität sowohl vor der veränderlichen Sinnenwelt[321] als auch ist sie vermittelndes Prinzip der ewigen Ideen.[322] Dies geschieht durch eine Kraft, die sie in die Körper vermittelt.[323] Mit Porphyrios tritt eine Unterscheidung in die Diskussion, die dann auch bei Iamblich und weiteren Neuplatonikern zu finden ist. Offenbar kann man die Seele nämlich sowohl als etwas mit Teilen als auch wie etwas ohne Teile verstehen.[324] Ersteres ist der Fall, wenn sie im Körper existiert, letzteres wenn sie getrennt von ihm ist.[325]

---

318 Ricken 1980, 34740
319 Mesch 2008, 379
320 Mesch 2008, 381–382
321 Karamanolis 2006, 221
322 Karamanolis 2006, 129
323 Karamanolis 2006, 224
324 Perkams 2006, 170
325 Perkams 2006, 170

Diese Unterscheidung erlaubt es, eine Vereinbarkeit der Seelenverständnisse von Platon und Aristoteles anzunehmen. Die beiden gegensätzlichen Positionen könnten vereinigt werden, da der eine über die Seele im Körper rede, der andere über die getrennte Seele.[326] Als einziger Neuplatoniker sah Proklos die Seelenteile hingegen als distinkte Wesen an.[327]

Charakteristisch für die Platoniker ist einerseits die Tatsache, dass die Seele nicht individuell sein muss und andererseits, dass sie auch unabhängig vom Menschen, zum Beispiel als kosmisches Prinzip, existieren kann. Die christliche Tradition entfernt sich von diesen Ansichten und bringt eigene Konzepte hervor, die ihre Individualität und ihren strikten Bezug zum Menschen feststellt. Besonders wirkmächtig sind die Lehren des Gregor von Nyssa, des Maximus Confessor sowie des ihm folgenden Johannes Damaskenos.[328] Johannes Zachhuber fasst Gregors Position folgendermaßen zusammen:

> Die Seele „wirkt" also, indem sie einem ganz bestimmten Körper und seinen Organen ihre Dynamis verleiht. Diese Wirksamkeit hat für Gregor/Makrina zwei wesentliche Aspekte. Auf der einen Seite erfüllt die Seele den Körper mit Leben. Sie ist demnach verantwortlich für die Ausführung der allgemeinen Körperfunktionen; wir dürfen annehmen, dass hier an Dinge wie Blutkreislauf, Atmung, Verdauung, aber auch an die Funktion von Muskeln und Nerven gedacht ist, weiterhin an die dadurch ermöglichte Befähigung zur Bewegung, an Wachstum, Ernährung und so fort. Der zweite Aspekt ist die Sinneswahrnehmung.[329]

Bei ihm klingt aber bereits an, was Maximus Confessor und stärker Johannes Damaskenos aussprechen. Denn laut Damaskenos[330] sei die menschliche Seele ungeteilt *nous*, *logos* und *pneuma*, und gerade darin manifestiere sich ihre Ähnlichkeit zur göttlichen Trinität.[331] Kein seelisches Vermögen scheint für ihn selbständiges Sein zu haben.[332] An anderen Stellen durchbricht er jedoch seine Dreiteilung und zählt eine ganze Reihe weiterer Vermögen auf, wie *aisthêsis*, *phantasia*, *doxa*, *dianoia*, *nous*, *enthymêsis*[333] oder etwa *thelêsis*[334], deren genaue

---

326 Perkams 2006, 170
327 Perkams 2006, 172
328 Kallis 1964, 44–45
329 Zachhuber 2012, 17
330 Kallis 1964, 56 FN 38 erklärt, dass die Bedeutung von *pneuma* bei der menschlichen Seele bei Johannes von Damaskus undeutlich bleibt und lediglich klar ist, dass es sich um etwas Geistiges handeln muss.
331 Kallis 1964, 54–55, FN 33 vermutet in dieser Parallelität eine Nähe zu Gregor von Nyssa.
332 Kallis 1964, S 56
333 Kallis 1964, 59
334 Kallis 1964, 72

Verbindung zur innerseelischen Trinität jedoch unklar bleibt.[335] Grundsätzlich gilt für ihn jedoch, dass die Seele einerseits eine eigenständige Entität ist, die unabhängig vom Körper existieren kann, die aber gleichzeitig auch, wenn sie im Körper ist, keine Teile hat und lediglich die Ursache für verschiedene Vermögen ist, die aus ihrer Verbindung mit dem Körper hervorgehen.

(2) Wir werden nun sehen, dass Psellos sowohl in gewisser Weise dieser Tradition folgt als auch ein eigenständiges Seelenkonzept vorlegt. Kommen wir also zur Ursprungsfrage zurück, wieso Psellos die beiden Begriffe *pneuma* und *psychê* verwendet. In T1.34 erklärt er ihre Verbindung folgendermaßen:

> Denn weil die Seele (psychê) nach dem präzisen Begriff die Natur ohne Ausdehnung ist und ungeteilt, hat sie sich geteilt, als sie in uns entstand, ohne dass sie sich ausdehnte und geteilt wurde, sondern weil der sie aufnehmende Körper gemäß der ihm eigentümlichen Natur sie geteilt aufnahm, deshalb sagte der Prophet, dass die Seele (pneuma) sich in ihm ausbreitete.[336]

So sei die *psychê* ohne Körper ein vollendetes Wesen ohne Ausdehnung,[337] während das *pneuma* diejenige Seele bezeichnet, die während des Lebens mit dem Körper existiere. Sie löse sich nach dem Tod jedoch von dem Körper ab,[338] um wiederum mit ihm aufzuerstehen.[339] Psellos lehnt also ihr enges aristotelisches Verständnis mit dem Körper ab und sieht auch die Möglichkeit, dass sie eigenständig existieren kann. Ausdrücklich schreibt er außerdem, dass es falsch sei, das *pneuma* unter die *psychê* zu stellen,[340] ihr also eine getrennte Wesenheit zuzusprechen.[341] *Psychê* und *pneuma* bedeuten demnach dasselbe, jedoch in einem jeweils anderen Zustand. Psellos folgt also der Tradition, die von zwei Zuständen der Seele ausgeht, wie wir sie von Porphyrios her kennen, und verwendet die verschiedenen Begriffe wohl zur besseren Distinktion. Leider hält er die technische Verwendung beider Bezeichnungen aber in seinem Werk nicht durch und

---

335 Kallis 1964, 63
336 T1.34, 6–10: ἐπειδὴ γὰρ ἡ ψυχὴ κατὰ τὸν ἀκριβῆ λόγον ἀδιάστατός ἐστι τὴν φύσιν καὶ ἀμερής, ἐν ἡμῖν δὲ γενομένη μεμέρισται, οὐκ αὐτὴ διαστᾶσα καὶ μερισθεῖσα, ἀλλὰ τοῦ ὑποδεξαμένου αὐτὴν σώματος κατὰ τὴν οἰκείαν φύσιν μεριστῶς ἐκείνην λαβόντος, διὰ ταῦτά φησιν ὁ προφήτης 'ὅτι πνεῦμα διῆλθεν ἐν αὐτῷ'.
337 T1.34, 19–20: ψυχῆς γὰρ φύσις ἄνευ μὲν σώματος ἑαυτῆς ἐστιν οὐσία τελεία καὶ ἀδιάστατος.; Die Zerstreuung der Seele im Körper auch in T1.76, 26–27: [...] ἀλλὰ ψυχὴ μὲν πνεῦμα λέγεται διὰ τὸ πανταχοῦ τοῖς τοῦ σώματος διασπείρεσθαι μέρεσιν [...].
338 T1.34, 29: [...] διαλύεται δὲ ἐν τῷ θανάτῳ θάτερον μέρος [...].
339 T1.96, 119: [...] καὶ ὅτι τὸ σῶμα συνανεστήσαμεν τῇ ψυχῇ [...].
340 T1.34, 38: οὕτω μὲν οὖν τις βιάσαιτο τὴν ἐξήγησιν, εἴ γε πνεῦμα ὑπόθοιτο τὴν ψυχήν·
341 Der Kontext zeigt, dass es sich nicht um das *hagion pneuma* handeln kann, das nach Würde ebenfalls nicht unter den Körper gestellt werden könnte.

greift des Öfteren dort auf *psychê* zurück, wo anhand der obigen Definition von *pneuma* die Rede sein müsste. Dass er Maximus und Johannes nicht folgt, sehen wir auch daran, dass *pneuma* kein Vermögen der Seele ist, sondern eine Zustandsbezeichnung. Auch die trinitarische Einteilung kommt bei ihm nicht vor. Ähnlich zu den Aussagen dieser beiden Kirchenväter ist hingegen seine Ansicht, dass die Seele Trägerin von Vermögen sei. Einige werden Logische und Geistige genannt, andere hingegen Begehrende und Vegetative.[342]

In diesem Licht legt Dominic O'Meara einige Stellen bei Psellos aus.[343] Er findet heraus, dass Psellos die Seele manchmal ohne den Körper für göttlicher hält als mit ihm. Diese Aussagen zielen darauf, Psellos' enges Verhältnis zum Neuplatonismus zu beweisen. Da wir gezeigt haben, dass Psellos diesen häufig ablehnt, müssen wir nun einen genaueren Blick auf seine Seelenlehre werfen und entschlüsseln, was dies bedeuten könnte.

3.2.2 Entstehung der Seele

Gehen wir nun zunächst auf die Entstehung der Seele ein. Ein christlicher Grundsatz ist, dass sie dem Körper gegenüber nicht präexistent ist. Origenes, der dies noch annahm, begründete seine Lehre beispielsweise mit der Geburt behinderter Menschen, die seiner Ansicht nach vorher gesündigt haben müssten, da sie während ihres gegenwärtigen Lebens bestraft würden.[344] Ein sehr grausamer Gedanke. Diese Überreste der platonischen Lehre der Präexistenz der Seele finden sich bei Psellos nicht mehr, sondern es ist für ihn klar, dass sie gleichzeitig mit dem Körper entsteht.[345] Strenggenommen müsste er deshalb sagen, dass eigentlich das *pneuma* zuerst existiert, da er ja die Seele im Körper meint. Die Seele

---

[342] T1.96, 140–148: τῶν δ' ἐν ἡμῖν ψυχικῶν δυνάμεων, λογικῶν καὶ ἀλόγων φημί, [...] αἱ μὲν ἄλογοι δυνάμεις ἡμῶν, ζωτικαὶ δὴ καὶ ὀρεκτικαὶ καὶ φυτικαί, τοῖς σώμασιν ἡμῶν ἐν τῷ θανάτῳ συναπολήγουσιν· αἱ δὲ νοεραί τε καὶ λογικαὶ σύνεισί τε τῇ ψυχῇ καὶ ἐν τοῖς ἄνω χοροῖς συναυλίζονται. Dies ist jedoch keine Zentralstelle für die Seelenkräfte. Psellos verweist in dem Absatz in Zeile 145 auf die inexakte Darstellung „καὶ γὰρ οὕτω πως ἔχει".
[343] O'Meara 2012, 154
[344] Gahbauer 1999, 712
[345] T1.90, 50: οὔπω γὰρ ψυχή, ὅτι μηδὲ ἄνθρωπος· vgl. auch Epistula ad Michaelam Cerularium 19–24: σὺ μὲν γὰρ ἐπουράνιος ἄγγελος, κατὰ τὸν Παύλου λόγον, ἐγὼ δὲ τοῦτο αὐτὸ ὅπερ εἰμί, φύσις λογικὴ μετὰ σώματος, καὶ οὔτε δυναίμην ἄν, εἴ γε βουλοίμην, οὔτε βουλοίμην, εἴ γε δυναίμην, ἢ μᾶλλον εἰπεῖν ἀμφοῖν ἐστέρημαι, καὶ δυνάμεως καὶ βουλήσεως.

ist aber wiederum nicht gänzlich untrennbar von ihm.[346] Schließlich scheidet der Tod beide bis zur Auferstehung.

Besonders wichtig ist, dass die Seele kein Derivat des Geistes ist,[347] sondern direkt von Gott gemeinsam mit der Wahrnehmung erschaffen wird.[348] Psellos widerspricht in den Worten des Kirchenvaters Gregor von Nazianz denen, die ihre Präexistenz behaupten.[349] Leider gibt er jedoch nicht viele Gründe für seine Behauptung an, dass die Seele nicht präexistiert. Offenbar beruft er sich in erster Linie auf die Autorität des Kirchenvaters Gregor von Nazianz und versteht sie als etwas strikt Menschliches und nicht etwa als ein kosmisches Prinzip, das ihre Präexistenz begründen könnte. Dies untermauert nicht nur die Ansicht, sie entstehe zuerst als *pneuma* mit dem Körper, sondern lässt auch die Frage nach ihrer eigentümlichen Tätigkeit offen. Anders als eine Seele, die durch die Rückwendung zu ihrem Ursprung, beispielsweise dem neuplatonischen Geist, Existenz erlangt, fehlt die eigentümliche Ausrichtung auf eine bestimmte geistige Tätigkeit also bei ihr.

3.2.3 Kräfte oder Tätigkeiten der Seele

Aus dem Unterschied zum Neuplatonismus bezüglich der Entstehung der Seele müssen einige der seelischen Aktivitäten neu bewertet werden. Die strikte Ausrichtung auf ihren Ursprung ist nun nicht mehr ohne Weiteres plausibel zu machen. Der Ursprung der Seele ist zwar Gott. Sie kann ihn aber aufgrund seiner Transzendenz nicht erkennen. Da der Geist als Ideenkosmos nicht außerhalb Gottes existiert, nimmt er ebenfalls nicht mehr die Rolle eines Vorbildes und Existenzgrundes der Seele ein, sodass die klassische Herleitung der Wertprioritäten ihrer Tätigkeiten zunächst haltlos wird und womöglich einer anderen Begründung bedarf. Welche sind nun die Kräfte und Tätigkeiten der Seele laut Psellos? In einer Zusammenstellung schreibt er, dass Geist,[350] Vernunft, Meinung,

---

346 T1.90, 84–86: καὶ οὐ τοῦτό φημι, ὅτι ἀχώριστος τοῦ σώματος ἡ ψυχή (μὴ γὰρ οὕτω μανείην), ἀλλ' ὅτι ἐν τῇ πρώτῃ ἀπογεννήσει μετὰ τοῦ σώματος ἔχει τὴν σύστασιν.; vgl. parallel dazu den Bezug auf Maximus Confessor in *De omnifaria doctrina* § 6: οὔτε γὰρ ἡ ψυχὴ προγενεστέρα τοῦ σώματος οὔτε τὸ σῶμα πρεσβύτερον τῆς ψυχῆς, ἀλλ' ὁμοῦ ψυχὴ καὶ σῶμα.
347 T1.90, 79–80: [...] ἀλλ' ἀπογεννήσας τὴν αἴσθησιν, οὕτω παρήγαγε τὴν ψυχήν [...].
348 T1.90, 81–82: ἡ δὲ ψυχὴ μετὰ ταύτης [τῆς αἰσθήσεως] λαβεῖν τὸ εἶναι.
349 T1.90, 84: ὁ μέγας πατὴρ ἐπιρραπίζει καὶ τοὺς τὴν προϋπαρξιν τῆς ψυχῆς δογματίζοντας.
350 T1.23, 31–33: ἐπεὶ γὰρ κάλλιστον μὲν μέρος τοῦ σώματος ὁ ὀφθαλμός, ἐξαίρετον δὲ μέρος ὁ νοῦς τῆς ψυχῆς, ὅν φημι λόγον ἔχει ὁ ὀφθαλμὸς ἐν σώματι, τοῦτον νοῦς ἐν ψυχῇ.; T1.103, 82–83: [...] τὸν ἐν τῇ ψυχῇ νοῦν [...].; Der Geist ist, wie wir sahen, etwas Anderes als Gott, der manchmal ebenfalls als Geist bezeichnet wird.

Phantasie und Wahrnehmung dazugehören[351] sowie deren Ausführungen, also die geistigen, logischen,[352] irrationalen, begehrenden und vegetativen Aktivitäten. Die Selbstbewegung komme aus der Kraft der Seele.[353] Außerdem gebe es Leidenschaften der Seele[354] und ihr komme das Wissen zu (während die Erinnerung körperlich sei)[355].

Einige der Aktivitäten sind nun einzig aufgrund des Körpers erklärbar, und andere könnten von ihr auch körperlos ausgeführt werden. Offenbar müssen wir anhand ihrer jeweiligen Körperlichkeit deshalb nicht zwei, sondern sogar drei Gruppen von Kräften und Aktivitäten unterscheiden. So schreibt Psellos, dass sich aufzuregen, zu erinnern, zu glauben, diskursiv zu denken (*dianoeisthai*) und irrational zu sein der Seele aufgrund des Körpers zukomme.[356] Dem Körper komme hingegen durch die Seele das Leben und das Bewegtwerden zu. Als dritter Teil nun bleiben die Kräfte, die nicht als Funktionen der Seele im Zusammenhang mit dem Körper genannt werden, sondern als eigenständige Tätigkeiten. Dies sind die Geistigen. Psellos bezeichnet alle „gemischten" Aktivitäten übrigens ausdrücklich positiv als das gegenseitige „Teilen von Früchten" (*parapolauei*).[357]

Viele Kräfte der Seele werden also erst durch die Verbindung mit dem Körper möglich. Wenn wir nun die verschiedenen Funktionen kennenlernen, die der Mensch aufgrund der Seele aktivieren kann, wie Ernährung oder Wahrnehmung, dürfen wir laut Psellos jedoch nicht von verschiedenen Seelenteilen sprechen. Nur die Anwesenheit des Körpers ist der Grund für die Ausbildung der verschiedenen Seelenkräfte, die der lebendige Mensch hat. So kann die Seele einerseits ungeteilt bleiben und dennoch sehr verschiedene rationale und irrationale Aktivität ausführen. Dass die Seelenteile durch den Begriff der Kräfte ausgetauscht werden, um

---

351 T1.101, 116 – 117: [...] αἴσθησις καὶ φαντασία καὶ δόξα καὶ διάνοια καὶ νοῦς.; ebenso T1.96, 84 – 85: [...] κατατέμνων τὴν ἡμετέραν ψυχὴν εἰς διαφόρους δόξας καὶ φαντασίας [...].
352 T1.96, 145 – 148: αἱ μὲν ἄλογοι δυνάμεις ἡμῶν, ζωτικαὶ δὴ καὶ ὀρεκτικαὶ καὶ φυτικαί, τοῖς σώμασιν ἡμῶν ἐν τῷ θανάτῳ συναπολήγουσιν· αἱ δὲ νοεραί τε καὶ λογικαὶ σύνεισί τε τῇ ψυχῇ καὶ ἐν τοῖς ἄνω χοροῖς συναυλίζονται.; Einige Zeilen vorher spricht er deutlich aus, dass auch die nicht logischen Kräfte der Seele zugehörig sind, 140 – 141: τῶν δ᾽ ἐν ἡμῖν ψυχικῶν δυνάμεων, λογικῶν καὶ ἀλόγων φημί [...].
353 T1.97, 34: τοῦτο γοῦν ἐστιν ἡ ψυχή, καὶ λόγος αὐτῆς τὸ αὐτοκίνητον πέφυκεν.
354 T1.5, 8 – 9: τῶν γὰρ παθῶν (ἔστω δὲ τὸ πάθος ἐνταῦθα κοινὸν ἀρετῆς καὶ κακίας) ἃ μὲν τῇ ψυχῇ [...].
355 T1.34, 32 – 33: εἰ μὲν γὰρ κατὰ μνήμην, τὸν σωματικόν, εἰ δὲ κατὰ γνῶσιν, τὸν ἀσώματον [...].
356 Eine ganz ähnliche Ansicht findet sich in *De omnifaria doctrina* § 58: [...] ἡ διαίρεσις τῶν κοινῶν ἐνεργειῶν τῆς ψυχῆς πρὸς τὸ σῶμα.
357 T1.29, 37 – 42: ἐπεὶ οὖν σύνοδος ἐνταῦθα ὥσπερ τῶν ἐναντίων ἐγένετο, ἑκάτερον τῶν <τοῦ> ἑτέρου παραπολαύει, ψυχὴ μὲν τῶν ἀπὸ τοῦ σώματος παθημάτων, καθὸ δὴ λέγεται ὀρέγεσθαι ταύτην καὶ ἀλογεῖν καὶ δοξάζειν καὶ μνημονεύειν καὶ διανοεῖσθαι, σῶμα δὲ τῶν ἐκείνης πλεονεκτημάτων, καθὸ δή φαμεν τοῦτο καὶ ζῆν καὶ κινεῖσθαι.

ihre wesenhafte Einheit auch sprachlich festzuhalten, wurde bereits durch Gregor von Nyssa und andere Kirchenväter vorgezeichnet.

Zwar stellt sich Psellos in Gregors Tradition, leider hat er aber das neuplatonische Eine an einer oben diskutierten Stelle mit demselben Argument als Vielheit bezeichnet, mit dem er nun die Einheit der Seele retten möchte: Mit den *dynameis*. So dient der Hinweis auf die Kräfte zwei konträren Argumenten für und gegen Vielheit. Dieses Problem wird zwar nicht angesprochen, könnte von Psellos jedoch möglicherweise mit dem niedrigeren Grad an Einheit in der Seele beantwortet werden.

3.2.4 Vegetative Kräfte im Menschen im Vergleich zu denen der Pflanzen

Die Seele entsteht nur im Menschen. Denn bei einer Diskussion darüber, ob andere Wesen auch Seelen haben, äußert Psellos eine dezidierte Meinung dagegen. Im Anschluss an seine Aussage, die Seele sei nur dort, wo der Mensch ist, schreibt er:

> Denn es sollen die Pflanzlichen sowohl selbst als auch die Wachsenden beiseitegelassen werden, die den Namen der Seele ja missbräuchlich erlangt haben. Denn die Seele ist ihrer Natur nach Kraft eines instrumentellen Körpers, aber die Pflanzen sind nicht instrumentell, sondern nur natürlich.[358]

Dies ist natürlich eine Absage an das aristotelische und neuplatonische Seelenverständnis, das in Pflanzen eine tätige Seele sieht. Für Psellos nimmt der Mensch also eine zentrale Rolle in der Schöpfung ein, da er das einzige Sinnenwesen ist, das eine Seele besitzt.

Mit der Ablehnung der Existenz von Pflanzenseelen tritt aber ein Problem in seine Definition von *pneuma* ein. Denn warum sind vegetative Kräfte im Menschen anders zu bewerten als solche in Pflanzen? Ein genauerer Blick auf seine Definition dessen, was beseelt zu nennen ist, erklärt den vermeintlichen Widerspruch. Derjenige Körper ist nämlich beseelt, der zu einem Instrument der Seele gemacht wurde. Offenbar meint er hier mit Seele den höchsten Teil der menschlichen Seele, den rationalen, der ein „Vehikel" benutzt. Ein Körper ist dann beseelt, wenn er im Hinblick auf diese Seele existiert. Dies ist in der Pflanze nicht der Fall, sodass wir in ihr kein *pneuma* annehmen können, und sie deshalb nicht beseelt und lebendig genannt werden kann. Offenbar gibt es also physikalische Körper, die auf die Seele

---

358 T1.90: 50–53: ἐάσθωσαν γὰρ αἱ φυτικαί τε αὗται καὶ θρεπτικαί, αἳ δὴ καταχρηστικῶς τὸ τῆς ψυχῆς εἰλήχασιν ὄνομα· ἡ γὰρ ψυχὴ δύναμις ὀργανικοῦ πέφυκε σώματος, τὰ δὲ φυτὰ οὐκ ὀργανικά, ἀλλὰ φυσικὰ μόνως. Zu diesem Thema auch Joannou 1956, 88.

ausgerichtet sind und solche, die es nicht sind. Mit seinen vegetativen Kräften scheint dieser deshalb beseelt zu sein, weil er der Seele nützt und weil er von ihr verwendet wird. Anders als die vegetativen Vorkommnisse in Pflanzen haben sie im Menschen ein Ziel außerhalb ihrer selbst.[359] Zu Tieren äußert Psellos sich in diesem Zusammenhang nicht.[360]

3.2.5 Noetische Kräfte

Unser persönlicher Geist ist Teil unserer Seele.[361] Dort gehört es zu seinen Kompetenzen, diskursiv zu denken:

> Aber unser Geist denkt dies nicht so, sondern in den Aufzählungen der Hypostasen macht er eine in Abstände eingeteilte und diskursive Bewegung, indem er sich Eins und Zwei und Drei aufzählt, und wir würden wohl nicht zur Drei kommen, wenn wir vorher nicht zur Zwei gelangen und schlechthin auch nicht zu jeder nachfolgenden Zahl, bevor wir zur Nächsten gelangen.[362]

Diese Aussage bezieht sich nur auf den Versuch, die göttliche Trinität zu begreifen. Andere Dinge können nämlich sehr wohl intuitiv wahrgenommen werden. Dies sagt Psellos beispielsweise, wenn er behauptet, dass der Geist eine passive, aufnehmende Funktion habe, die mit der des Auges im Körper vergleichbar wäre.[363] Zwar stammt dieser Vergleich aus der Antike, er wurde aber durch Johannes Damaskenos für die byzantinische Tradition prominent. Außerdem finden wir den Hinweis auf die Intuition des Geistes in der Behauptung, dass das wissenschaftliche Wissen von außen herkomme.[364]

Manchmal allerdings schreibt Psellos dem höchsten Teil der Seele auch Eigenheiten zu, die ihn als getrennte Entität erscheinen lassen: Wie der Körper an der

---

359 Hohlweg 1988 Über Psellos' medizinisches Interesse an Paul von Aigina.
360 Allgemeine Aussagen zu verschiedenen Tieren finden sich in Karpolizos 1980
361 T1.20, 73: ὁ ἡμέτερος νοῦς, sowie zur Unterscheidung weiterer Bedeutungen T1.90, 47–49: τὸ τοῦ νοῦ ὄνομα ποτὲ μὲν καὶ ψυχῆς αὐτῆς κατηγορεῖται καὶ τῶν ὑπὲρ ταύτην νοερῶν, ποτὲ δὲ ἰδιοτρόπως ἐπὶ τῆς ἀμερίστου μόνης λέγεται φύσεως.
362 T1.20, 73–78: ἀλλ' ὁ ἡμέτερος νοῦς οὐχ οὕτω ταῦτα νοεῖ, ἀλλ' ἐν ταῖς ἀπαριθμήσεσι τῶν ὑποστάσεων διαστατικὴν καὶ διεξοδικὴν ποιεῖται τὴν κίνησιν, ἓν καὶ δύο καὶ τρία ἀπαριθμούμενος, καὶ οὐκ ἂν ἔλθοιμεν πρὸς τὰ τρία, πρὶν ἂν πρὸς τὰ δύο παραγενοίμεθα, [...].
363 T1.24, 31–33: ἐπεὶ γὰρ κάλλιστον μὲν μέρος τοῦ σώματος ὁ ὀφθαλμός, ἐξαίρετον δὲ μέρος ὁ νοῦς τῆς ψυχῆς, ὅν φημι λόγον ἔχει ὁ ὀφθαλμὸς ἐν σώματι, τοῦτον νοῦς ἐν ψυχῇ.
364 T1.4, 28–29: [...] ἡ ἐπιστημονικὴ γνῶσις ἔξωθεν ἐπεισιοῦσα [...].

Seele teilhabe, um zu leben, so habe die Seele am Geist teil, um zu denken.[365] Oder er schreibt, dass der Geist getrennt von der Wahrnehmung sein möchte.[366] Können wir irgendetwas mit dieser Doppelbestimmung zwischen seeleninterner und seelenexterner Existenz des Geistes anfangen?

Wir haben in der Theologie bereits gesehen, dass es in der byzantinischen Tradition die Ansicht gab, dass der Geist nicht nur eine Bezeichnung für die Trinität und den Heiligen Geist ist, von denen der Mensch keine Erkenntnis haben kann, sondern auch ein Synonym für die Gaben des Heiligen Geistes ist. Wir hatten uns danach gefragt, welche Gaben damit gemeint sein könnten und weder von Johannes Damaskenos noch von Patriarch Photios darauf eine Antwort erhalten. Bei Psellos kommen wir jedoch mit folgendem Gedankengang der Beantwortung dieser Frage näher:

> Sokrates unterhält sich zwar nur wenig über den Geist von außen her, aber er zeigt es sehr viel durch die Dinge, die er tut: Denn er sagt, dass das Dämonische mit ihm zusammen sei, das ihm vielfach erschien, und ihn von dem einen abbrachte oder zu dem anderen ansporte. Denn dieser sagte dieses in der Rede von der Wissenschaft selbst sowie als er zum Symposion des Agathon gebadet aufbrach, wie Platon sagt, und die Schuhe untergebunden mitten auf dem Weg dastand, weil mit ihm plötzlich der Dämon verkehrte. Auch Plotin aber, der Philosoph, hieß diesen Geist von außen her willkommen. Aber auch Iamblich schrieb, weil er vielfach durch diesen göttlichen Geist inspiriert wurde. Aber der Theologe Hermes sprach in den Reden an Asklepios irgendwie so (denn ich erinnere mich nicht an die Worte selbst), dass der Geist sich nicht in allen Menschen einfindet, sondern die, die sich selbst anstrengen, indem sie die eigenen Seelen für seinen Empfang vorbereiten und ausrüsten, und weil ihnen Gott, der den Geist hat, diesen im Mischkrug einschenkt, indem er sagt: Nimm das schönste Ding, es ist die gereinigte Seele. Siehst du, wie der Teil der stärksten Hellenen mit uns zusammensteht, obwohl sie sich hinsichtlich der Benennung unterscheiden? Denn was wir Heiliger Geist nennen, nennen jene ganzer Geist und Geist von außen her.[367]

---

365 T1.62, 60–61: καὶ ὥσπερ τὸ σῶμα ψυχῆς μετουσίᾳ ζῇ τε καὶ κινεῖται, οὕτως καὶ ἡ ψυχὴ νοῦ παρουσίᾳ νοεῖ.
366 T1.80–82: ἐπειδὴ γὰρ ὁ μὲν νοῦς ἔμελλε κεχωρισμένος εἶναι τῆς αἰσθήσεως [...].
367 T1.106, 127–143: ὁ δέ γε Σωκράτης περὶ τοῦ θύραθεν νοῦ βραχέα μὲν διαλέγεται, πλεῖστα δὲ οἷς ποιεῖ δείκνυσιν· ὁμιλεῖν γὰρ αὐτῷ φησι τὸ δαιμόνιον, ὃ δὴ πολλάκις αὐτῷ φαινόμενον ἀπέτρεπε τοῦδε ἢ ἐπὶ τόδε προέτρεπεν. αὐτὸ γὰρ τοῦτο οὗτος ἐν τῷ τῆς ἐπιστήμης λόγῳ φησί, καὶ ὅτε δὲ ἀπῄει εἰς τὸ συμπόσιον τοῦ Ἀγάθωνος, λουσάμενος, ὥς ὁ Πλάτων φησί, 'καὶ τὰς βλαύτας ὑποδησάμενος', ἔστη κατὰ μέσην τὴν ὁδὸν ἀθρόον αὐτῷ τοῦ δαιμονίου ὡμιληκότος. καὶ Πλωτῖνος δὲ ὁ φιλόσοφος τοῦτον δὴ τὸν θύραθεν ὑπεδέχετο νοῦν. ἀλλὰ καὶ Ἰάμβλιχος τῷ θείῳ τούτῳ νῷ ἐς τὰ πολλὰ χρώμενος συνεγράψατο. ὁ δὲ θεολόγος Ἑρμῆς ἐν τοῖς πρὸς Ἀσκληπιὸν λόγοις οὕτω πώς φησι (οὐ γὰρ δὴ τῶν λόγων αὐτῶν μέμνημαι), ὅτι ὁ νοῦς οὐ πᾶσιν ἀνθρώποις ἐνοικίζεται, ἀλλ' οἵ γε προσαρώσαντες ἑαυτοὺς δεκτικὰς τὰς οἰκείας ψυχὰς ἐκείνου κατεσκευάκασι, καὶ ὅτι τούτοις ἐπὶ κρατῆρος ὁ θεὸς τὸν νοῦν ἔχων ἐμβάλλει, δέχου, λέγων, τὸ ἐρασμιώτατον χρῆμα, ἡ κεκαθαρμένη ψυχή. ὁρᾷς ὅπως ἡμῖν συμβεβήκασιν ἡ κρείττων τῶν Ἑλλήνων μοῖρα περὶ τοῦ ὀνόματος διενεχθέντες; ὃ γὰρ ἡμεῖς πνεῦμα ἅγιον ὀνομάζομεν, ἐκεῖνοι νοῦν ὅλον καὶ θύραθεν νοῦν κικλήσκουσι.

Der Daimon nimmt bei Platon nicht die Rolle ein, der Vermittler des Wissens zu sein, sondern eher die, den Sokrates auf interessante Fragen zu lenken. Psellos erinnert uns mit seinem Konzept des Geistes von außen her aber stark an die aristotelische Unterscheidung von passivem und aktivem Geist, *nous pathêtikos* und *nous poiêtikos*.[368] Wenn wir in diesem Bild bleiben wollen, scheint es, als sei der passive Geist individuell, der aktive hingegen universell. Der Heilige Geist kann also offenbar bewirken, dass seine universellen Gaben, so sagt die obige Stelle, in den Menschen treten und diesen erleuchten.[369] Ebenfalls scheint es so zu sein, dass der höchste Teil der Seele, der ebenfalls Geist genannt wird, dazu vorbereitet werden kann, die Gaben des Geistes zu empfangen.

> Denn da Geist rein ist, verkehrt er direkt mit dem Geist [i.e. menschlichen Geist] und kommt durch diesen mit der Seele zusammen, wie er sich durch diese dem Körper nähert. Aber er vereinigt sich nicht wie jener ist, sondern wie wir imstande sind, die Einigung aufzunehmen.[370]

Hier diskutiert Psellos das Zusammenspiel des menschlichen Geistes mit den Gaben des Heiligen Geistes.[371] Es scheint, als spreche er von einer Erleuchtung bei der der menschliche Geist eine passive Rolle einnimmt. Welche Rolle er aber genau einnimmt und wie die Verbindung von Erleuchtung und wissenschaftlicher Erkenntnis ist, werden wir unten diskutieren (Kapitel 4.4). Denn auch die Wissenschaft wird passiv erlangt: „Lernen [ist] auch ein Erleiden"[372].

---

368 Aristoteles' De anima III 5 und Metaphysik L 7–10
369 Vgl. dazu auch Chronographie VI, 39–40: Indem ich nun zunächst einmal jedes einzelne für sich durchgegangen bin, dann aber alle zusammen miteinander verbunden habe, so dass sie durch die Verbindung miteinander zu einer Einheit wurden, wie die *Epinomis* es will, habe ich mich so vermittels dieser Wissensgebiete den höheren Zugewandt. Da ich aber von der Vollkommenheit näheren Philosophen gehört hatte, dass es noch ein höheres Wissen jenseits des Beweises gibt, welches allein der im Zustand nüchterner Gottbegeisterung befindliche Geist kennt, bin ich auch an diesem nicht vorübergegangen [...]. Kein Hinweis auf Kor 12, Gal 5 etc.
370 T1.64, 93–95: νοῦς γὰρ ὢν ἀκήρατος τῷ νῷ ἀμέσως προσομιλεῖ καὶ διὰ τούτου ψυχῇ συγγίνεται, ὥσπερ διὰ ταύτης προσπελάζει τῷ σώματι· ἑνοῦται δὲ {ὡς} οὐχ ὡς ἐκεῖνός ἐστιν, ἀλλ' ὡς ἡμεῖς δυνάμεθα χωρεῖν τὴν ἕνωσιν.
371 T1.90, 47–49: τὸ τοῦ νοῦ ὄνομα ποτὲ μὲν καὶ ψυχῆς αὐτῆς κατηγορεῖται καὶ τῶν ὑπὲρ ταύτην νοερῶν, ποτὲ δὲ ἰδιοτρόπως ἐπὶ τῆς ἀμερίστου μόνης λέγεται φύσεως.
372 T1.30, 17–18: [...] πάθος γὰρ καὶ ἡ μάθησις [...].

3.2.6 Wille und Leidenschaften

Laut Eudoxie Delli behauptet Psellos, der Philosoph sei imstande, gemäß seinem Willen („par sa propre volonté") zwischen politischer und theoretischer Betätigung zu wechseln.[373] Seine Stärke liege darin, sich zwar mit den minderwertigeren Dingen vereinigen zu können, ohne jedoch an ihnen „hängen zu bleiben".[374] Delli deutet diese Stärke des Philosophen im Licht seiner Unabhängigkeit von irdischen Gütern. Die Unabhängigkeit von diesen stünde somit im Mittelpunkt seiner Ethik, sodass die eigentliche Pointe seiner Tugend es wäre – so müsste man weiter interpretieren – die Aktivitätsebenen in freier Entscheidung wechseln zu können.

Beachten wir jedoch die ontologische Reihenfolge, die Delli in Psellos' Denken erkennen möchte, so bleibt es fraglich, wieso er sich für die politische Aktivität überhaupt aktiv entscheiden sollte, wenn ihm die geistige Welt bereits offen stünde. Werfen wir also zunächst einen Blick auf die (1) Traditionen, die Psellos erreichen, bevor wir (2) auf sein Willenskonzept eingehen.

(1) (a) Maximus Confessor und Johannes Damaskenos sind die größten byzantinischen Autoritäten für das Willensproblem. Maximus unterscheidet anhand einer Aussage von Gregor von Nazianz einen gnomischen und einen natürlichen Willen im Menschen.[375]

MacFarland charakterisiert diese folgendermaßen:

> The central feature of this refinement is the distinction he draws between the 'natural will' (*thelêma physikon*, or just *thelêma*) and the 'gnomic will' (*thelêma gnômikon*, or just *gnômê*). At first step towards understanding this distinction, it is crucial to recognize that the natural will and the gnomic will are not two separate components of human nature. [...] The natural will is therefore that by which we are constituted as beings who follow the desires that are intrinsic to our nature as responsible agents rather then as creatures of instinct. [T]he gnomic will refers to the activation of this natural power by an individual human person or a *hypostasis:* It is 'a particular instance of willing', oriented relative to some real or imagined good [...].[376]

---

[373] Delli 2011, 80–81

[374] Delli 2011, 80–81 mit einem Zitat aus [Ora 7, Zeilen 185–196]: „Le philosophe, lié aux choses inférieures, ne se laisse pas engloutir par elles. Il s'unit donc aux réalités inférieures, à la vie politique comme à son corps avec un lien souple qui lui permet de s'en détacher par sa propre volonté. La philosophie, selon Psellos, constitue le principe de la préoccupation politique, puisqu' elle ‚s'applique aux choses comme l'âme se projette dans les corps pour les animer et leur procurer leur forme, de même que les formes se projettent dans la matière et les harmonies dans les chants.'"

[375] Vgl. Neil 2015, 241: gnomê als „Geisteshaltung" (mindset) ist von Johannes Chrysostomos eingeführt worden und hat Maximus Confessor stark beeinflusst. Vgl. dazu Laird (2015) 194–211.

[376] MacFarland 2015, 521

Hinzuzufügen ist, dass der gnomische Wille imstande ist, sich auf Gott ausrichten und den Status der Sünde dadurch zu verlassen.[377]

Johannes Damaskenos diskutiert das Willensproblem in seinen beiden Schriften *De fide orthodoxa* und *De duabus Christi voluntatibus*. Dort entwickelt er eine ausgefeilte Willens- und Leidenschaftstheorie, in der er ebenfalls zwei Willensarten unterscheidet, die er jedoch *thelêsis* und *boulêsis* nennt. Anders als bei Maximus ist das Kriterium für die Unterscheidung aber der Rahmen, auf den sich der jeweilige Wille bezieht und nicht seine Möglichkeit sich auf Gottes Willen auszurichten. Während kleinteilige Probleme von der *boulêsis* bearbeitet werden würden, habe die *thelêsis* umfassende Ziele im Auge. Während *boulêsis* „sich auf Konkretes, ein pragma, beziehe [...]"[378], sei *thelêsis* nun „das Streben nach all dem, was das eigentliche Wesen von jemandem ausmacht"[379]. *Boulêsis* könne außerdem auch etwas Unmögliches erstreben,[380] während *thelêsis* das Natürliche verfolge. Leider wird bei Johannes Damaskenos nicht klar, was das Natürliche genau ist und ob er womöglich Maximus in seinen Ausführungen folgt. Anastasios Kallis sieht darin eine Ausrichtung auf das göttliche Gesetz, da der Mensch natürlicherweise Knecht Gottes sei.[381] Der natürliche Wille beziehe sich demnach auf das Wollen dieses göttlichen Gesetzes. Beide Willensarten würden aber der Vernunft angehören.[382] Aber ist der *boulêsis*-Wille, der sich auch auf Unmögliches richtet, tatsächlich vernünftig zu nennen? Es wird in der Interpretation auch nicht klar, ob *boulêsis* in gewissen Konstellationen gar ein Hindernis für den *thelêsis*-Willen sein könnte.[383] Der schlechte Wille komme hingegen dann zustande, wenn entweder eine unnatürliche Lust ausgewählt würde oder eine natürliche und nicht notwendige in übermäßiger Weise bewusst ausgewählt würde.[384] Diese beiden würden schließlich auch dem Gesetz entgegenlaufen.

Die augustinische Willenskonzeption formuliert hingegen eine sehr klare These zum schlechten Willen. Anders als Johannes Damaskenos unterscheidet Augustinus 300 Jahre zuvor nämlich nicht zwei Willensarten, sondern behauptet, der eine Wille könne sich in aller Klarheit, also ohne von Begierden, Unwissen

---

377 MacFarland 2015, 522
378 Schäfer 2009, 30
379 Schäfer 2009, 30
380 Kallis 1964, 82
381 Kallis 1964, 73
382 Schäfer 2009, 31
383 Schäfer erklärt die Beziehung zwischen *boulêsis* und *thelêsis* dadurch, dass die *thelêsis* den umfassenden „Horizont" definiere, in dem die *boulêsis* agieren könne. Leider ist diese Interpretation nicht leicht mit der Kompetenz der *boulêsis* in Einklang zu bringen, auch Unmögliches zu wollen. Schäfer 2009, 44
384 Schäfer 2009, 43–44

oder anderem beeinflusst worden zu sein, für das Schlechte entscheiden.[385] Die Sünde entstehe aus dem Willen, auf den auch Gott keinen Einfluss habe.[386]

(b) Damaskenos konzipiert außerdem eine ausgeprägte Leidenschafts- und Lusttheorie,[387] die innerhalb der genannten Dreiteilung von natürlichen und notwendigen, natürlichen und nicht notwendigen sowie unnatürlichen und deshalb schlechten Lüsten einen komplexen Ausgang in der epikureischen Tradition hat.[388] Natürliche notwendige Lüste sind solche, die dem Leben zuträglich sind wie das Stillen von Hunger und Durst. Alle drei Kategorien seien übrigens körperlicher Natur (jedoch nur aufgrund der Seele aktivierbar). Klarerweise kann Damaskenos auf dieser Basis der Körperlichkeit des Menschen und ihren Bedürfnissen einen angemessenen Platz in seinen ethischen Überlegungen einräumen.

Während aber eigentlich nur die Tätigkeiten, die dem Erkenntnisvermögen entspringen, also die reinen seelischen Lüste an wissenschaftlicher Betrachtung, in vollem Maße gut seien,[389] gebe es aber auch Schlechtes dieses seelischen Ursprungs wie „Ungläubigkeit, Häresie, Unbesonnenheit, Lästerung, Undankbarkeit und die Zustimmung zu körperlichen Leidenschaften."[390]

(2) Finden wir bei Psellos ähnliche Willenskonzepte? Zunächst fällt auf, dass er sowohl den Begriff *thelêsis*[391] als auch *boulêsis* verwendet und in den Reden und Lehrschriften auch von *gnômê*[392] und *prohairesis* spricht. Dort verbindet er den Willen mit dem vernünftigen Teil der Seele.[393] In T1.111 unterscheidet er jedoch

---

385 Horn 1996, 116 bzw. Horn 1995a, 136 über die Bezeichnung „zweigeteilter Willen" bei Augustinus.
386 Horn 1996, 116
387 Schäfer zeigt, wie Damaskenos in der Tradition des Chrysostomos und beeinflusst durch Nemesios von Emesa letztlich epikureische Elemente der Lustlehre verarbeitet. vgl. Schäfer 2009, 41
388 vgl. Schäfer 2009, 43
389 Kallis 1964, 95
390 Kallis 1964, 117
391 Thelêma ist außerdem als Wille Christi bekannt: De omnifaria doctrina § 14, 7–9: ἐπειδὴ οὖν δύο φύσεις τοῦ Χριστοῦ, δύο αὐτοῦ καὶ τὰ θελήματα πάντως τὰ φυσικά, καὶ θελητικὸς ἄμφω ἐστὶν ὁ αὐτὸς κατ' ἄμφω τὰς αὐτοῦ φύσεις·
392 Laird 2015, 194–211 erklärt die Geschichtliche Entwicklung von *gnômê* beginnend mit Johannes Chrysostomos.
393 Eine ganz ähnliche Unterscheidung finden wir in De omnifaria doctrina § 62: Τίς ἡ βούλησις καὶ τίς ὁ πρακτικὸς λογισμός. Ἡ βούλησις περὶ τὸ λογιστικὸν μόριον ἐστὶ τῆς ψυχῆς. κινεῖ μὲν γὰρ τὴν ὄρεξιν τὸ ἐφετόν· ἐπεὶ δὲ τοῦτο οὐκ ἄνευ λογισμοῦ προαιρούμεθα, ἡ κατ' αὐτὸ ἐνέργεια βουλευτικὴ ὁρμὴ ὠνομάσθη, ἑτέρα οὖσα τοῦ λογισμοῦ. πρακτικὸς δέ ἐστι λογισμὸς ἡ μετὰ τὴν ὄρεξιν τοῦ ἐφετοῦ μετὰ λογισμοῦ πρᾶξις τε καὶ ἐνέργεια. τοῦτο δέ σοι ἰστέον, ὅτι ψυχῆς ἀπολυθείσης σώματος καὶ ἔτι παρούσης ἐν τῷ σώματι οὐχ' ὁ αὐτὸς ἐστὶ λογισμός. ἐπεὶ δὲ πᾶσι τοῖς

ausdrücklich zwischen zwei Arten von *thelêma* auf eine Weise, die zwar Johannes Damaskenos' Ansicht in gewisser Weise ähnelt, aber nicht völlig in dessen Raster passt:

> Doppelt aber ist der Wille (thelêma), der eine natürlich (physikon), der andere aus einer Geisteshaltung heraus (gnômikon). Und natürlich ist das wesentliche Streben nach der naturgemäßen Konstitution, aus einer Geisteshaltung aber ist das selbstentscheidende Streben des Kalküls in beide Richtungen.[394]

Während der *physikon*-Wille des Psellos also sowohl Maximus' Wortwahl widerspiegelt als auch dessen Konzept eines Willens, der nicht gegen die natürliche göttliche Ordnung gerichtet ist, beinhaltet, hat er außerdem Ähnlichkeit mit Johannes' umfassender *thelêsis*, weil er sich auf die Dinge richtet, die das vollendete Wesen ausmachen. Abwegig ist es jedoch zu unterstellen, Psellos meine mit *physikon* nur die Strebensbewegungen des physikalischen, natürlichen Körpers durch Hunger und Durst, denn bei diesen fehlt die rationale Komponente.[395]

Der *gnômikon*-Wille erinnert ebenfalls an Maximus' Wortwahl sowie dessen Konzept. Denn er scheint nicht notwendigerweise die natürliche Ordnung beachten zu müssen oder auf Gott ausgerichtet zu sein. Psellos' *gnômikon*-Wille scheint jedes selbstgesetzte Ziel zu verfolgen. Deshalb verwundert es nicht, dass er den Menschen in anderen Passagen jeweils verschiedene *gnômikon*-Willen unterstellt, nicht aber unterschiedliche *physikon*-Willen. Die *gnômê* ist eben nicht nur auf das wirklich Gute ausgerichtet. Wäre der *gnômikon*-Wille nämlich lediglich etwas, das das Gute wählt, dürfte es keine Differenz zwischen den *gnômikon*-Willen der Menschen geben.[396]

Wir wissen also, dass der *physikon*-Wille bei Psellos auf das natürliche Gute zielt, der *gnômikon*-Wille hingegen auch auf anderes gerichtet sein kann. Doch

---

κρείττοσιν ἀφομοιοῦται ἡ ψυχή, θεῷ, ἀρχαγγέλοις, ἀγγέλοις, καὶ ταῖς λοιπαῖς δυνάμεσι, διατοῦτο καὶ τὰ ἔργα αὐτῆς τὰ μὲν θεῖα, τὰ δὲ ἀρχαγγελικά, τὰ δὲ ἀγγελικά, τὰ δὲ ψυχικά, τὰ δὲ ἀνθρώπινα, τὰ δὲ ἐναντία, ἵνα μὴ τὰ ὀνόματα λέγω· μεταβάλλει γὰρ τὰς ἐνεργείας πρὸς ἃ λαμβάνει καὶ τὴν ὁμοίωσιν.

394 T1.111, 48–51: διττὸν δὲ τὸ 'θέλημα', τὸ μὲν 'φυσικόν', τὸ δὲ 'γνωμικόν'· καὶ φυσικὸν μέν ἐστιν οὐσιώδης τῶν κατὰ τὴν φύσιν συστατικῶν ἔφεσις, γνωμικὸν δὲ ἡ εἰς ἑκάτερα τοῦ λογισμοῦ αὐθαίρετος ὁρμή τε καὶ κίνησις. In der Tradition des Maximus Confessor. Mehr dazu bei Mitralexis 2014, 283

395 vgl. De omnifaria doctrina § 58: Τίς ἡ διαίρεσις τῶν κοινῶν ἐνεργειῶν τῆς ψυχῆς πρὸς τὸ σῶμα. Τῶν ἐνεργειῶν αἱ μὲν ἄρχονται ἀπὸ τῆς ψυχῆς, ὥσπερ αἱ κρείττους καὶ αἱ προέχουσαι, αἱ δὲ ἀπὸ τοῦ σώματος ἀνεγείρονται, ὅταν διψῇ μὲν ἢ πεινῇ ἢ ῥιγοῖ ἢ ἄλλου του δέηται, ἡ ψυχὴ δὲ τὸ ἐντεῦθεν πορίζει τὰ ἐλλείποντα τῷ σώματι. πάλιν τοίνυν τὰ μὲν τοῦ σώματός ἐστι παθήματα διὰ τὴν ψυχήν, ὥσπερ τὸ ἐρυθριᾶν διότι ἡ ψυχὴ αἰσχρόν τι ἔκρινε·

396 T1.79, 85–86: [...] τὴν διάφορον ἡμῶν γνώμην [...].

kann man bei Psellos davon ausgehen, dass ein *gnômikon*-Wille in augustinischer Manier auch bewusst auf etwas Schlechtes ausgerichtet werden kann, ohne durch Willesschwäche getrübt zu sein? Tatsächlich trifft er an einer Stelle der *Orationes hagiographicae* eine Aussage, die dahingehend ausgelegt werden kann. Er behandelt hier die Frage, wie man entscheidet (*katekrithêmen*) und untersucht die Wahl des schlechten Lebens:

> Aber wenn wir sowohl zu Dunkelheit anstelle des Lichts verurteilt werden als auch uns das leidenschaftlichere gegen das leidenschaftslosere Leben auswählen und durch die Bewegungen der Freiwilligkeit (*autexousiou*) zur Schlechtigkeit übergelaufen sind, die sozusagen wie durch einen Köder durch die Vorstellung der Lust durchdrungen wurden, sind wir so aber nicht gänzlich von Gott weggetrieben und haben die Begierde des Guten vergessen und auch nicht war der Verfolger so stark gegen uns, dass er mit der Bearbeitung des Landes auch die Saat unserer Seelen beraubte.[397]

Psellos spricht hier von einem Köder (*deleamati*), der eine Assoziation zur Lust und damit zur Willensschwäche beinhalten könnte. Interessant an dieser Passage ist aber der erste Teil, in dem er schreibt, dass die Leidenschaften nicht etwa die Auslöser für eine schlechte Entscheidung seien, sondern das Ziel einer solchen. Der Wille kann sich offenbar frei (*autexousiou*) und im Wissen eines Besseren für das Leben gemäß der schlechten Leidenschaften entscheiden.

Bedeutet dies, dass ihm die Möglichkeit offensteht, ganz bewusst etwas Schlechteres auszuwählen? Genau das legen zwei weitere Textstellen nahe: Die Erste zeigt, dass die Seele sich offenbar unabhängig vom Körper für das Schlechte entscheiden kann, sodass der Körper in der Konsequenz leidtragender der seelischen Entscheidung ist und in diesem Fall nicht ihr Provokateur. Dadurch legt Psellos einen weiteren Akzent auf die rationale Wahl des Schlechten.[398] In der anderen Passage schreibt er, dass Dämonen Schlechtes tun.[399] Da diese aber nicht-

---

[397] Orationes hagiographicae, 3, a, 325–330: Ἀλλ' εἰ καὶ ζόφον ἀντὶ φωτὸς κατεκρίθημεν καὶ ἀντὶ τῆς ἀπαθεστέρας ζωῆς τὴν ἐμπαθεστέραν εἱλόμεθα καὶ τοῖς τοῦ αὐτεξουσίου κινήμασι πρὸς τὴν κακίαν ηὐτομολήκαμεν ὥσπερ δελεάματι χρωσθεῖσαν τῇ φαντασίᾳ τῆς ἡδονῆς, ἀλλ' οὐδ' οὕτω παντάπασιν ἀπεληλάμεθα τοῦ θεοῦ καὶ τῆς τοῦ ἀγαθοῦ ἐπιθυμίας ἐπελαθόμεθα, οὐδὲ ἴσχυσε καθ' ἡμῶν ὁ διώκτης τοσοῦτον, ὥστε μετὰ τῆς γεωργίας καὶ τὴν σπορὰν ἀφελεῖν τῶν ἡμετέρων ψυχῶν·
[398] T1.29, 72–79: οἷς μὲν γὰρ μετὰ τῆς οἰκείας προαιρέσεως ἔστι τι καὶ ἐκτὸς τὸ πρὸς τὴν κακί[αν ....] τούτοις ἐστὶ καὶ τὸ ἀποκαθίστασθαι, ὥσπερ δὴ ψυχῇ προαιρετικῶς κινουμένῃ καὶ τὸ σῶμα [........]ν συμβέβληται πρὸς τὴν κακίαν κινοῦν· οἷς δὲ ἀφ' ἑαυτῶν μόνων ἡ πρὸς κακίαν ἐστὶ κίνησις, [τούτοις] πρὸς τὸ ἀγαθὸν οὐ καταλέλειπται ἐπάνοδος· οὐ γὰρ ὥσπερ εἰς ὁδὸν βαδίζουσι τὴν κακίαν, ἵν' αὖθις ἐπανακάμψωσιν, ἀλλ' εὐθὺς πρὸς τὸ τέλος ἐγένοντο, οὗ δὴ γενομένοις ἀπέσβη μὲν ἡ τῆς προαιρέσεως δύναμις, συναπέληξε δὲ καὶ ἡ βούλησις.
[399] T1.70, 176: [...] ὥσπερ τοῖς δαίμοσιν ἡ δύναμις τοῦ κακύνειν ἀναιρεθήσεται [...].

körperliche Wesen sind, scheint Psellos demnach eine Willenstheorie zu vertreten, die derjenigen des Augustinus ähnelt.

Eudoxie Dellis Feststellung, der Mensch könne sich frei für die obere oder untere Welt entscheiden, trifft deshalb wohl in gewisser Weise zu, wenn „oben" und „unten" Metaphern für die genannten Lebensweisen sind und nicht auf die ontologische Ordnung verweisen.

3.2.7 Der menschliche Körper

Wir werden nun zwei weitere Fragen aufwerfen: (1) Was der Körper laut Psellos ist und danach, (2) welche Funktionen er übernimmt.

(1) Der menschliche Körper spielt unter drei Aspekten eine Rolle für Psellos' christliche Philosophie. Die Auferstehung ist als erneutes Lebendig-Werden des Körpers zu verstehen,[400] da die Seele per se unsterblich ist.[401] Als Nächstes ist er im Zusammenhang mit der Ausübung der Tugenden wichtig und schließlich hat Gott sich mit dem Menschen in Jesus Christus vereinigt. Diese drei Aspekte zeigen, dass die Körperlichkeit eine herausragende Rolle in einer christlichen Philosophie spielen muss. Wie geht Psellos also philosophisch mit dem Körper um?

Der menschliche Körper, schreibt er, unterliege der Natur[402] und bestehe natürlich aus den Elementarteilen, aus Form und Materie.[403] Einige Autoren behaupteten nun laut Psellos, die Wiederauferstehung der Leiber geschehe nicht als Auferstehung genau derselben Teile, aus denen der jeweilige Mensch zu Lebzeiten

---

[400] T1.46, 50–53: ἀλλ' ὁ θεῖος οὗτος ἀνήρ εἶπεν ὅτι συμπεραίνουσι μὲν τὰ τῆς σωματικῆς ἐπιδημίας ἄχρι τῆς ἀναστάσεως ὁμογνωμονεῖ τε καὶ πείθεται, ἀφαιροῦσι δὲ τοῦ σώματος τὰς ἰδιότητας οὐ συντίθεται·

[401] Vgl. auch Epitaphius in patriarchem Johannem Xiphilinum über den Zusammenhang von Seele und Körper: 7–11: Διττῆς δὲ οὔσης τῆς καθ' ἡμᾶς γενεαλογίας, ἐπεὶ καὶ διττοὶ τὴν φύσιν πεφύκαμεν, καὶ τὸ κρᾶμα ἡμῶν ἐξ ἐναντίων συνέστηκε φύσεων, κρείττονός τε καὶ χείρονος, τὸ μὲν κρεῖττον τέως ἀναμεινάτω ὡς ἐν τούτῳ τοῦ λόγου πραγματευσομένου τὰ πλείω, βραχὺ δέ τι τῷ ἐλάττονι μέρει συνδιατρίψωμεν. Vgl. auch Epitaphius encomiasticus in patriarchem Michaelem Cerullarium, 308, 18–24: δυοῖν μέν, ψυχῆς φημὶ καὶ σώματος, περὶ κάλλους ἀντεριζόντοιν πρὸς ἄλληλα, καὶ τῆς μὲν τὴν οἰκείαν ἀρετὴν προβαλλούσης, τοῦ δὲ τὸ ἑαυτοῦ κάλλος ἐπιδεικνύοντος, κἂν μὴ ἐν ἴσῳ τὰ ἀντιθέμενα ᾖ, ἀλλὰ τὸ σωματικὸν εἶδος παρὰ πολὺ τοῦ ψυχικοῦ τῷ οἰκείῳ λόγῳ λαμπρότερον, νικᾶν τὴν ψυχὴν κἂν τῷ βραχεῖ κάλλει πρὸς τὸ τοῦ σώματος μέγεθος καὶ κάλλος ἐρίζουσαν·

[402] T1.25, 100–102: σάρκωσις δέ ἐστιν, ὡς ἐμὲ φάναι, ἡ τῆς σαρκὸς 'ἐν τῷ τῆς φύσεως ἐργαστηρίῳ σύστασίς' τε καὶ σύμπηξις· σὰρξ δὲ αὐτὸ τὸ ὑποκείμενον καὶ γινόμενον. Die Menschwerdung Christi bedeutet also offensichtlich, dass sein Körper der Natur unterliegt.

[403] T1.56, 67–69: πάντα γὰρ ἐν ἡμῖν ταῦτα, ὕλη, εἶδος, σῶμα, φύσις, ψυχή, νοῦς, ἕν· ἓν γὰρ καὶ ἡμεῖς, ἀλλ' οὐ κυρίως, τῇ γὰρ ἑνώσει ἕνες λεγόμεθα.

bestand. Origenes beispielsweise sagte, es sei die Form des Leibes gemeint, wenn die Rede von der Auferstehung sei.[404] Psellos hingegen kritisiert die Meinungen explizit, die Jesu Auferstehung mit einem neuen Körper predigen.[405] Er schreibt aber auch, dass die Auferstehung in der Vollendung des Körpers geschehe.[406] Dieser werde göttlicher und unsterblich.[407] An diesen Aussagen wird deutlich, dass Psellos die Vergöttlichung nicht als Zurücklassung oder Entfernung des Körpers erklärt, wie wir es aus dem Neuplatonismus kennen, sondern den Körper gänzlich mit einbezieht.

(2) Welche Funktion hat der Körper? Da wir identisch mit dem Komplex aus unserem Körper und unserer Seele sind, kann der Körper durch seine Existenz kein Hindernis für ein gutes Leben sein. Der Mensch ist nämlich nicht nur vorübergehend mit ihm vereint, um sich von diesem zu lösen und ein anderes, wahreres Selbst zu finden, wie wir es aus einigen neuplatonischen Theorien kennen.[408] So bringt jeder Körper eine eigentümliche Konstitution mit.[409] Er ist jedoch nicht Ballast, sondern übt, obwohl er schwächer ist,[410] verschiedene positive Wirkungen auf die Seele aus. Psellos bezeichnet diese – wie wir sahen – als früchtebringend.[411] An anderen Stellen schreibt er jedoch auch von den negativen Eigenschaften des Körpers.[412] Über die Unterscheidung werden wir uns im Kapitel

---

404 Benjamins 1999, 93
405 T1.80, 94–95: οἱ μὲν γὰρ μὴ ἀνεστηκέναι τὸν κύριον ᾤοντο, οἱ δὲ τοῦτο μὲν προσίεντο, μεθ' ἑτέρου δὲ σώματος αὐλοτέρου καὶ κρείττονος.
406 Enkomion Kap. 20: „Suddenly I thought I saw him, or perhaps did not think it, but truly saw. For a time, then, just as if my eyes were open, I saw my father in the clothing in which he had been buried, astonishingly more handsome than before. He was in a state of artless, simple joy, and his soul was exalted with pure and bounding happiness, and from his eyes there emanated a sort of light, like beacon-fires, and the brightness of his glance was extraordinary. Each of his aspects, the noumenal and the visible, was beyond both my sense-perception and my thought. He approached me in a very human way and did not withdraw, but allowed himself to be embraced. And he embraced me in turn, and addressed me in his familiar voice […]."
407 T1.46, 49–51: ἐγὼ δὲ θαρροῦντως ἀποφαίνομαι ὅτι θειότερον μὲν τὸ σῶμα γέγονεν, ἀθανασίας τετυχηκός, οὐ μέντοι γε δὴ καὶ τῆς οἰκείας ἀποβέβηκε φύσεως.
408 vgl. auch Philosophica minora II 82ff.: Πρὸς τοὺς λέγοντας μὴ εἶναι φύσει χρηστὸν τὸν ἄνθρωπον.
409 Psellos hat etliche medizinische Schriften verfasst. Mehr dazu Hohlweg 1988, Auburger 1978
410 T1.29, 30–32: ὃ μὲν οὖν χείριστόν ἐστιν, ὥσπερ ὕλη ὑπόκειται, ὃ δὲ κρεῖττον, φύσεως ἐπέχει λόγον εἰδοποιοῦ. τοιοῦτόν τι ἐν ἡμῖν ἐστι, τὸ μὲν σῶμα, τὸ δὲ ψυχή, […].
411 T1.29, 37–42: ἐπεὶ οὖν σύνοδος ἐνταῦθα ὥσπερ τῶν ἐναντίων ἐγένετο, ἑκάτερον τῶν <τοῦ> ἑτέρου παραπολαύει, ψυχὴ μὲν τῶν ἀπὸ τοῦ σώματος παθημάτων, καθὸ δὴ λέγεται ὀρέγεσθαι ταύτην καὶ ἀλογεῖν καὶ δοξάζειν καὶ μνημονεύειν καὶ διανοεῖσθαι, σῶμα δὲ τῶν ἐκείνης πλεονεκτημάτων, καθὸ δὴ φαμὲν τοῦτο καὶ ζῆν καὶ κινεῖσθαι.
412 T1.29, 50–52: εἰ δ' ἀγνοεῖ ὅτι ἐν τῷ τῆς κακίας 'πίθῳ' ἐστίν, ἐφ' ᾧ δὴ τῶν παθημάτων αἱ 'κῆρες' ἐμφιλοχωροῦσιν, ὑπ' αὐτῶν τε κατέχεται κἀκείνοις παρὰ φύσιν ὑπείκει δουλεύουσα.

über die Ethik genauer auseinandersetzen. Dass sich der Logos, die zweite göttliche Hypostase, mit dem Menschen wesenhaft vereinigt hat,[413] adelt diesen in seiner Gesamtheit. Damit ergibt sich außerdem die Möglichkeit, durch die konkrete Nachahmung der Taten Christi, die Angleichung an Gott zu verfolgen.[414]

Die Ablehnung des Körpers als minderwertige Existenz ist bei Psellos nicht zu finden, sondern dieser nimmt sogar eine sehr wichtige Rolle ein. Bereits in der vorherigen Tradition bei Damaskenos ist ein „epikureischer" Zug zu finden, der die Leidenschaften in gute und schlechte aufteilt. Die Trägheit des Körpers lässt es außerdem nicht zu, dass die Seele durch falsche Kalküle sogleich direkt im Schlechten aktiv wird, sondern bremst die mögliche Entwicklung des Menschen zur Schlechtigkeit in gewisser Weise.

3.3 Zusammenfassung

Psellos liefert uns ein christliches Weltbild, das sich stark von einer plotinischen Interpretation der Welt unterscheidet. Das bezeugen einige Merkmale: Zunächst gibt es keine Derivation aus einem Prinzip, sondern Gott hat unvermittelt alles erschaffen. Sowohl die Formen als auch die Materie sind direkt von ihm hervorgebracht worden. Es gibt auch keine getrennten Seinsstufen, die sich gegenseitig bedingen, sondern die Formen sind immer in den zusammengesetzten Dingen. Die Erklärung, dass Gott nicht mit dem neuplatonischen Geist identisch ist, der die Ideen beinhaltet, versucht Psellos durch die Art der christlich-göttlichen Ideen-Willen zu umgehen.

Die unterschiedliche Kraft der verschiedenen Entitäten ergibt sich nicht durch die Entfernung vom Ursprung, wie wir es auch aus dem Neuplatonismus kennen, sondern durch ihre Fähigkeit, zur Erkenntnis Gottes beizutragen. Die Materie trägt z. B. sehr wenig dazu bei, die unkörperlichen Dinge, die wir mit unserem Verstand heraustrennen können, hingegen sehr viel.

Psellos verfolgt eher eine – wenn man entscheiden müsste – aristotelische Ontologie. Besonders seine Hervorhebung der *synamphotera* zeigt dies. Völlig

---

413 T1.65, 87–92: οὐ γὰρ ὑποστάσεις δύο πρεσβεύομεν, ἐπεὶ μηδὲ μίξιν ἐνταῦθα δυνατὸν γενέσθαι, ἀλλὰ δύο φύσεων συνδρομὴν ἐν τῇ μιᾷ τοῦ υἱοῦ ὑποστάσει· τὸ γὰρ προσληφθὲν ὑποστατικὸν φαμεν, ἀλλ' οὐχ ὑπόστασιν, κατὰ τὴν ἀκριβῆ θεολογίαν, καὶ ἑτεροϋπόστατον, ἀλλ' οὐχ ὡς συμβεβηκός, ἀλλ' ὡς οὐσιῶδες·

414 T1.104, 46–50: παράδειγμα γὰρ ἑαυτὸν ὁ θεὸς τῷ κόσμῳ παντὶ ἐδωρήσατο, τοῦτο μὲν καὶ ἐν τῷ πρώτῳ κάλλει ἑστώς, τοῦτο δὲ καὶ τῇ μιᾷ τῶν ὑποστάσεων σαρκωθείσῃ χειραγωγήσας ἡμᾶς πρὸς τὴν μίμησιν (τοῦ σαρκωθέντος γὰρ υἱοῦ ἡ φωνή) πρὸς αὐτὸν ἀφορᾶν τοὺς μαθητευομένους ἐκείνῳ καὶ τὴν αὐτοῦ πολιτείαν ζηλοῦν.

unaristotelisch, sondern vielmehr von den Kirchenvätern geprägt, ist hingegen seine Seelenlehre. Nicht nur die Tatsache, dass Pflanzen explizit keine Seelen haben, sondern nur nach physikalischen Gesetzmäßigkeiten existieren, unterscheidet ihn von Aristoteles, sondern vor allem seine Emphase der Seelenkräfte. Diese Wendung erlaubt es ihm, eine ungeteilte Seele anzunehmen, die als *pneuma* im Körper die Anlagen für verschiedene Funktionen entwickelt. Aus dieser Definition ergibt sich auch sein Lebenskonzept. Lebendig sei nämlich nur das, was einer Seele zuarbeite.

Von besonderer Bedeutung für seine Ethik ist die Einwirkung des Heiligen Geistes auf den passiven menschlichen Geist. Offenbar versteht Psellos die antiken platonischen Aussagen über den Daimon und die aristotelischen über den Geist von außen her als Indizien für die Wahrheit der christlichen Lehre der „Erleuchtung" bereits in der antiken Philosophie. In der Ethik werden wir untersuchen müssen, was denn genau transportiert wird und wie es das menschliche Individuum beeinflusst bzw. wie man zu dieser Gnade kommen kann.

Zuletzt sei auf die wichtige Rolle des Körpers hingewiesen. Nicht nur ist er es, der die Aktivitäten der Seele ermöglicht, sondern er ist auch Ursache für eine ganze Reihe an Leidenschaften in der Seele. Die Wichtigkeit des Körpers für unser Verhalten als Menschen und die Möglichkeit der Vergöttlichung des Körpers werden interessante Wendungen in seine Ethik bringen, die sich stark von den neuplatonischen Ansätzen unterscheiden, die wir in seinen Lehrschriften finden.

Eine überaus interessante Feststellung ist außerdem, dass all die in den theologischen Schriften diskutierten Fragen zwar nicht direkt ontologische Probleme erörtern, sondern die Intention haben, andere Probleme, besonders theologische, zu lösen, im Hintergrund aber offenbar ein ausgeklügeltes und festes ontologisches System steht, das er auf eine konsistente Weise in seinen argumentativen Schriften benutzt. Dieses System scheint eine feste Grundlage dafür gebildet zu haben, dass man Psellos größtenteils in sich widerspruchsfrei für die Erklärung anderer Probleme verwenden kann.

3.4 Ontologie in den deskriptiven Schriften

Widerspruchsfreie Aussagen zur Ontologie sind in Psellos' deskriptiven Schriften nicht zu finden. Vielmehr stellt er eine ganze Reihe an Konzepten in verschiedenen Texten nebeneinander, ohne sie zueinander in Beziehung zu setzen. Wir finden auf der einen Seite die aristotelische Kategorienlehre mit einigen Erklärungen, andererseits diskutiert er an verschiedenen Stellen die platonische Ontologie und

Psychologie.⁴¹⁵ Besondere Aufmerksamkeit schenkt er dort Proklos, den er von den paganen Autoren besonders schätzt. So zeigt Frederik Lauritzen, warum Psellos Plotin nicht einen ebenfalls besonderen Stellenwert beimisst, sondern Proklos favorisiert, der als Kulmination des Platonismus angesehen wurde.⁴¹⁶ Die Zusammenstellungen aus *De omnifaria doctrina* zeigen ein ganz ähnliches Konzept. Proklos wird in der Regel als der Bewahrer der platonischen Theorie zitiert. Häufig ist er auch dann präsent, wenn eindeutig von Platon die Rede ist.

Dass Psellos' eigene Überzeugung in dem Sinne neuplatonisch war, dass er als kryptopaganer Philosoph gewirkt habe oder Anhänger einer Philosophenreligion gewesen sei, ist im Lichte der bisherigen Untersuchung nicht überzeugend. Vielmehr zieht sich ein sehr feststehendes und systematisches Konzept durch alle seine „theologischen Schriften".

---

415 vgl. verschiedene Schriften aus Philosophica minora II; Mariev und Stock bezeichnen sein Unterfangen zurecht als „peaks of interest", ohne dass dies bedeute würde, dass er auch Anhänger dieser Schulen gewesen sein muss, vgl. Mariev und Stock 2013. Ich zähle den Physik-Kommentar nicht zu Psellos' Schriften und beziehe mich dabei auf Golitsis 2008.
416 Lauritzen 2014, 717

4 Ethik des Psellos

Die folgende Untersuchung richtet sich nun auf Psellos' Ethik. Aufgrund einiger gravierender Differenzen zur platonischen Tradition in Theologie und Ontologie, die besonders in seiner christlichen Argumentationsbasis verankert sind, ist es sinnvoll, nun auch im Bereich der Ethik einen Kurzüberblick über verschiedene Positionen zu geben, die vor seiner Schaffenszeit aus der christlichen Tradition stammen. Eine philosophiegeschichtliche Wirkungsgeschichte ist hiermit zwar nicht intendiert, vielmehr soll die Spannweite der östlichen Diskussion aufgezeigt werden, in der Psellos seine Position entwickelt.

4.1 Kurzüberblick über ethische Positionen aus der christlichen Tradition vor Psellos

4.1.1 Gregor von Nyssa und die Kappadokier

Von den Kappadokiern ist es Gregor von Nyssa (335/340 – 394 n.Chr.), der mit seinen Aussagen zur Ethik die folgende Zeit besonders stark geprägt hat. Sowohl Basilios der Große als auch Gregor von Nazianz sind in Psellos' Texten weniger präsent als es Gregor von Nyssa ist. Selbstverständlich hat Basilios' mit seiner Schrift *Ad adolescentes* einen der Grundsteine für die Beschäftigung mit der Antike im Christentum gelegt, indem er sagte, diejenige Bildung, die dem christlichen Glauben nicht entgegenstehe, sei förderlich.

Folgende Hauptmerkmale charakterisieren die Ethik des Gregor von Nyssa. Zunächst stellt er das Ideal des engelhaften Lebens auf, des *bios angelikos*, das ein Leben der Tugend ist.[417] Paul Blowers zeigt, dass der christliche Aufstieg für Gregor eine stetige und unendliche Bewegung auf Gott zu ist (*epektasis*).[418] Sandra Leuenberger-Wenger stellt den Begriff des Fortschritts (*prokopê*) in den Mittelpunkt, der dieselbe Bedeutung transportiere.[419] Stehenzubleiben müsse nämlich bereits als Schritt zur Schlechtigkeit gedeutet werden.[420] Es gebe bei Gregor auch eine Zweiteilung der Tugenden, die laut Ronald Heine außer der intellektuellen Ausrichtung auf Gott auch eine Ausrichtung auf die Praxis beinhalte.[421] Gregor

---

417 Leuenberger-Wenger 2008, 156; vgl. zum *bios angelikos* Frank 1964
418 Blowers 1992, 154 sowie zum Begriff der *epektasis* Vgl. Alexopoulos 2007
419 Leuenberger-Wenger 2008, 157
420 Blowers 1992, 156 zitiert dort Gregor von Nyssas De vita Moysis, 1
421 Heine 1975, 116

verstehe sie aber in erster Linie nicht etwa zwischenmenschlich, sondern als Askese und Disziplin.[422] Auch Theo Kobusch stellt unter Bezugnahme auf die Oratio 6 des Gregor heraus, dass die Praxis eine wichtige Rolle für ihn spielt. Er ist der Überzeugung, dass die Angleichung an Gott nicht nur als theoretische, sondern auch als eine Art der praktischen Annäherung verstanden werden muss.[423] Kobusch schließt aus diesem Merkmal, dass die christliche Philosophie eine Philosophie des Lebens ist.[424]

Auf intellektuelle Weise ist Gott aber letztlich unbegreifbar. Dies soll jedoch nicht dazu führen, dass der Mensch sich von ihm abwendet, sondern verweist auf die Notwendigkeit des ewigen Prozesses der Annäherung. Nutzlos sei für ihn hingegen die intellektuelle Beschäftigung mit allem, was nicht auf die Energien Gottes[425] gerichtet sei, oder das nicht der Selbsterkenntnis diene.[426] Die aristotelische Neugier und die daraufhin aktivierte Theorie, so Kobusch weiter, ist in den Augen des Gregor zu kritisieren, weil sie keine Transformation des schauenden Subjekts zur Folge habt und, so muss man verstehen, eben deswegen nicht zum Fortschritt beiträgt.

Die frühen Christen haben die platonische, ontologische Vielstufenlehre der Tugenden zugunsten einer Dichotomie aufgegeben, wobei zu sehen ist, dass die ewige Bewegung zu Gott durch dessen Unendlichkeit begründet wird. Gregor definiert den Begriff der Tugend als dasjenige, das unendlich ist.[427] Eine aristotelische Verständnisweise, die die erreichbare Vollkommenheit von beispielsweise ethischen Tugenden in den Mittelpunkt stellt, ohne die weitere Perspektive bis hin zu Gott einzunehmen, wurde offenbar für nicht überzeugend gehalten.

4.1.2 Euagrios Pontikos und die asketische Tradition

Euagrios Pontikos (345–399 n. Chr.) wird als Exponent der asketischen Tradition dienen, die bereits von Antonios vorgelebt und von Athanasios festgehalten wurde.[428] Euagrios habe in engem Kontakt zu Basilios dem Großen und Gregor von Nazianz gestanden.[429] Kennzeichnend für seine Ethik sei die Konzentration

---

422 Heine 1975, 120–122
423 Kobusch 2000, 467
424 Kobusch 2000, 469–470
425 Kobusch 2000, 471
426 Kobusch 2000, 469–470
427 Böhm 1996, 47
428 Leppin 2007, 40 ff.
429 Sinkewicz 2006, 17

auf die Mühe und die Askese, die eine Angleichung an Gott zum Ziel habe.[430] Zwar sei diese Praxis für ihn eine erste Art der Kontemplation, die die Aufgabe übernehme, durch die Gewöhnung an Mühen eine Vorbereitung für die Kontemplation der Strukturen der Natur zu sein.[431] Dieser folge aber dann die Kontemplation Gottes, die wohl auch bei ihm als fortschreitende Vergöttlichung verstanden werden muss.

Ein besonderes Anliegen seiner Ethik ist es außerdem, gegen die Trägheit, die Lustlosigkeit oder den Überdruss (*akêdeia*) anzukämpfen.[432] Ihr Auftreten sei nämlich ein Indiz dafür, dass die Natur der Person gestört sei. Die Lösung liege darin, mit Durchhaltevermögen und Anstrengung gegen die *akêdeia* anzukämpfen.

4.1.3 Pseudo-Dionysios Areopagites

Pseudo-Dionysios Areopatiges (ca. Ende des 5. Jh. n.Chr.) entwickelt eine Ontologie, die dem Christentum eine neuplatonische Färbung gibt. Er erklärt, dass die Welt durch Gott hierarchisch geordnet ist. Die Hierarchie ergibt sich durch das Maß an Teilhabe der Schöpfung an Gott. Je weniger Teilhabe desto weiter unten in der Hierarchie ist eine Entität angesiedelt. In den Reihen der Engel finden wir neun Hierarchiestufen ebenso wie in den kirchlichen Reihen, sodass Dionysios uns insgesamt achtzehn Stufen präsentiert.[433]

Grundsätzlich ist es unklar, ob man bei Pseudo-Dionysios eine Ethik finden kann.[434] Man könnte sie lediglich aus seinem Verständnis der Liebe extrahieren: Er stellt nämlich drei Weisen der Liebe dar, die ebenfalls hierarchisch zu begreifen sind: Die Eigenliebe, die Nächstenliebe und die ekstatische Liebe.[435] Diese letzte Form der Liebe sei besonders erstrebenswert. Beate Suchla erkennt bei Dionysios außerdem die Aufforderung zur Fürsorge. Sie meint, dem Menschen werde die Entscheidung überlassen, ob er den Blick nach oben, zu einem Gleichen oder nach unten richten möchte.[436] Es bleibt bei einer solchen Interpretation aber unklar, ob es Aufgabe des Menschen ist, sich auf Gott zuzubewegen, oder ob er auch dafür verantwortlich ist, die göttliche Hierarchie der Schöpfung zu erhalten. Wiebke-

---

[430] Burgsmüller 2005, 252
[431] Louth 1996, 37
[432] Vgl. Bunge 1989
[433] Suchla 2004, 315
[434] Stock 2008, 151: Die Autorin geht davon aus, dass Dionysios gar keine Tugendethik formuliert.
[435] Suchla 2002, 106
[436] Suchla 2002, 106–107

Marie Stock sieht die „politische Dimension" seiner Schrift hingegen in der Konzeption einer Art *civitas dei*, die in erster Linie die Durchführung der Sakramente zum Ziel habe.[437] Eine Ethik könnte man in dieser Interpretation darin zu sehen versuchen, dass sowohl die Annäherung an Gott als auch die Einhaltung der Rituale das menschliche Leben betreffen und strukturieren.

4.1.4 Maximus Confessor

Maximus Confessor (580–662 n. Chr.), im Griechischen Maximos Homologētēs, ist besonders für seine Position im Monotheletismus-Streit bekannt und für seine Ansicht, Christus habe nicht nur zwei Naturen, sondern auch zwei Willen, einen göttlichen und einen menschlichen. Er formulierte aber auch ethische Ansichten, indem er sich, so zumindest Andrew Louth, der Tradition seines Vorgängers Euagrios Pontikos angeschlossen habe.[438] Maximus stelle die Liebe zu Gott in das Zentrum seiner Ethik und behaupte, dass der Mensch sich von den schlechten Leidenschaften lösen muss. Seine Überzeugung ist es, dass das grundlegend Böse im Menschen die Selbstliebe ist, der alle anderen schlechten Leidenschaften entspringen würden.

Ein Hinweis auf die in gewisser Weise auch natürlich existierende Neigung zur moralischen Verbesserung sei jedoch bereits in der Bruderliebe (*philadelphia*) enthalten.[439] Denn sie beweise, dass wir es geschafft haben, unsere Selbstliebe zu reduzieren. Die Kontemplation Gottes sei nun das eigentliche Ziel jeder Bemühung und dafür müsse der Mensch drei Stufen durchlaufen: die Praxis, die Kontemplation der Natur sodann die Kontemplation Gottes. Unter Praxis solle man jedoch nicht eine besondere ethische Handlung zugunsten anderer verstehen, sondern Askese.

Erst diese höchste Kontemplationsstufe gehe mit der *apatheia* einher, die Maximus ebenfalls als Ziel ethischer Anstrengung ansieht. Louth verwendet einige Mühe darauf zu zeigen, dass Maximus eine Unterscheidung aufrechterhalten möchte, indem er die *apatheia* als Interesselosigkeit von der *apatheia* als Öffnung zur göttlichen Liebe trennt. Dabei sei die erste Art der *apatheia* aber abzulehnen,[440] da *apatheia* im eigentlichen Sinn nicht komplette Leidenschaftslosigkeit bedeute, sondern Leidenschaftslosigkeit bezüglich schlechter Leidenschaften:

---

437 Stock 2008, 111
438 Louth 1996, 37
439 Tollefsen 2008, 121: Dort mehr zu Maximus und die Natürlichkeit der Tugenden.
440 Louth 1996, 40

> The irrational parts of the soul are not cut off, when the intellect is with God, rather they are sublimated: desire into divine *erôs* and the incensive part into divine *agapê*. In this treatment of *apatheia*, which distinguishes it utterly from any form of indifference, and sees it as a state embracing the lower parts of the soul, we again detect an affinity with Diadochus of Photikê who uses the arresting imagery of the 'fire of *apatheia*'.[441]

Obwohl Maximus offenbar den stark neuplatonisch kolorierten Origenismus ablehnt,[442] kann eine seiner zentralen Aussagen kaum auf plausible Weise unabhängig von derartigen Wurzeln erklärt werden. So sei die höchste Form der Kontemplation, also die ekstatische und ewig liebende Bewegung zu Gott, mit der ewigen Annäherung an ihn[443] grundsätzlich eine Selbstreduktion.[444] Dies behauptet Louth trotz seiner Aussage, die anderen Seelenteile würden sublimiert, wenn der Intellekt in Richtung Gottes strebt.

4.1.5 Johannes Klimakos

Johannes Klimakos (520/525 n. Chr. Todesjahr nicht datierbar)[445], der auch Johannes Sinaites genannt wird, entwickelt ebenfalls eine Theorie des Aufstiegs. Er scheint die Annahmen seiner Vorgänger jedoch besonders stark auszuformulieren, wobei er nicht nur neue Begrifflichkeiten einführt, sondern es laut Jonathan Zecher auch schaffe, verschiedene asketische Traditionen miteinander zu vereinbaren und zu harmonisieren.[446] Diese Vereinigung geschehe durch eine konsistente Erklärung dessen, welche Rolle die Engel für den Gläubigen spielen würden, da hierüber ein besonderer Streit unter Mönchen und Asketen geherrscht habe.[447] Sein berühmtestes Werk heißt *Himmelsleiter (Klimax tou paradeísou)*, woher auch sein Name Klimakos stammt.

Welche sind also die Eigenheiten seiner Ethik? Das Ziel ethischer Handlungen sei es auch bei ihm, sich Gott anzunähern. Da die Verähnlichung mit Gott nicht möglich sei, sieht Klimakos das Strebensziel hingegen in einer Angleichung an die Engel. Sie würden dem aufsteigenden Menschen nicht nur bei seiner „Reise" helfen, sondern seien ihm auch Vorbild. Der Mensch könne es sogar schaffen,

---

[441] Louth 1996, 41
[442] Louth 1996, 37
[443] Blowers 1992, 153
[444] Louth 1996, 41 sowie zur Gottebenbildlichkeit der Menschen in Verbindung mit den Tugenden siehe Cooper 2005, 98
[445] Müller 2006, 48
[446] Zecher 2013, 114
[447] Zecher 2013, 124

selbst zum Engel zu werden, schreibt Johannes.[448] Damit nimmt er das Motiv des *bios angelikos* auf, das bereits bei Gregor auftaucht. Da die Engel aber unkörperlich, rational und unsterblich sind, bleibt offensichtlich ein unüberbrückbarer Unterschied zwischen der menschlichen, körperlichen Natur einerseits und andererseits der rationalen Natur der Engel, sodass es letztlich nicht zu einer Identifizierung der unterschiedlichen Wesen kommen kann. Menschen könnten hingegen sehr wohl dadurch zu Engeln werden, dass sie dieselben Tugenden und dasselbe Ziel ausbilden wie diese. Denn auch die Engel befinden sich auf dem Weg der ewigen Annäherung an Gott, machen aber im Gegensatz zum Menschen ununterbrochenen Fortschritt. Da die klassischen Kardinaltugenden nicht dazu geeignet sind, diesen Fortschritt zu Gott zu erklären, entdeckt Klimakos „neue" Tugenden, die das Motiv der Annäherung besser beschreiben können als die Klassischen. Er spricht von Demut (*tapeinophrosynê*), Gehorsam (*hypakoê*)[449] und Gebet (*proseuchê*), Wahrnehmung (*aisthêsis*) und Fortschritt (*prokopê*). Während fast alle Bezeichnungen selbsterklärend sind, müssen wir beachten, dass die Wahrnehmung nicht einfach die sinnliche Verarbeitung der wahrnehmbaren Natur bedeutet, sondern die richtige Selbstwahrnehmung meint.[450] Sie sei deshalb wichtig, da man als Mensch nicht nur durch falsche Leidenschaften zu einer Sünde verführt werden könne, sondern auch Sünden auf rationaler Basis existieren. Klimakos schreibt zum Beweis, dass der Teufel nicht aufgrund seiner Begierden gefallen ist, schließlich war er als Engel ein rationales, körperloses Wesen, sondern aufgrund von Hochmut[451] und damit falscher Selbstwahrnehmung.

Auch der Gehorsam nimmt eine besonderer Stellung in Klimakos' Ethik ein. Er beziehe sich nämlich darauf, Gottes Willen zu befolgen. Ungehorsam habe hingegen – gleich dem menschlichen Sündenfall – Tod zur Folge.[452] Wer gehorsam ist, führe demnach den göttlichen Willen aus, der sich im natürlichen Gesetz manifestiere. Ganz eng verbunden mit dem Gehorsam ist die geistige Vaterschaft. Klimakos bezeichnet geistige Väter auf vier verschiedene Weisen: als Hirte, Steuermann, Arzt und Lehrer.[453] Aufgabe des geistigen Vaters sei es, den ethischen Aufstieg eines Schülers zu fördern, wobei die Qualifikation für diese Art der Vaterschaft es sei, selbst von Gott erleuchtet worden zu sein.[454] Die Ausübung von Lehre wird somit ein expliziter Bestandteil der Ethik. Johannes Klimakos scheint

---

[448] Zecher 2013, 127
[449] Müller 2006: Das Konzept des geistlichen Gehorsams bei Johannes Sinaites
[450] Zecher 2013, 130
[451] Zecher 2013, 126
[452] Müller 2006, 251
[453] Müller 2006, 206
[454] Müller 2006, 207–208

durch diesen Zugang verschiedene Traditionen vereinigt zu haben, denn er war der Meinung, dass eine Unempfindlichkeit gegen körperliche Bedürfnisse und gegen soziale Sorgen (*amerimnos*) unerreichbar und unplausibel sei.[455]

4.1.6 Johannes Damaskenos

Wie auch bei den Kappadokiern vermissen wir bei Johannes Damaskenos (650[456]/ 675–749 n. Chr.) eine ausgearbeitete Tugendlehre. Interessant ist diese Tatsache, weil er im Gegensatz zu seinen Vorgängern eine sehr ausgefeilte Emotionslehre präsentiert. Ihre Basis liegt darin, dass er eine körperfeindliche, strikte Askese, die das vollkommene Ziel der *apatheia* verfolgt, ablehnt.[457] Vielmehr bemüht sich Damaskenos zu zeigen, dass die menschliche Hypostase als zusammengesetztes Wesen notwendigerweise gottgewollte Leidenschaften beinhaltet.[458] Anastasios Kallis fasst Damaskenos' Affektelehre folgendermaßen zusammen:

> So sind die Energien und Affekte naturhaft und daher an sich tadellos (adiablêta) und gut, denn sie sind zum Dienst des Guten gegeben. Ihre Existenz zeigt die Weisheit des Schöpfers, nicht aber Tugend und Laster im Menschen.[459]

Auch von ihm wird nicht die Existenz einzelner Teile des menschlichen Wesens für gut oder schlecht befunden, sondern der jeweilige Gebrauch dieser Teile. Existenz und Gebrauch sind bei ihm klarer unterschieden als bei seinen Vorgängern:

> Diese [i. e. Tugenden] bestehen in der Art und Weise, wie die Energien und Affekte gebraucht werden. Das negative der Affekte stammt nicht aus ihnen selbst, sondern aus der Rebellion, dem Gebrauch gegen ihre Norm und nicht dazu, wozu sie gegeben sind.[460]

Er vermeidet es, die einzelnen Tugenden klar zu benennen und formuliert eher ein Prinzip für die Bewertung guter Aktivitäten. Damaskenos schreibt von einer Norm, die er „göttliches Gesetz" nennt, und die den Gebrauch aller Teile des Menschen normiert. Dieses „göttliche Gesetz" sei durch den menschlichen Geist erkennbar,

---

455 Zecher 2013, 118
456 Kapriev 2015, 105
457 Kallis 1964, 114; 121: „Apatheia ist ein vieldeutiger Begriff bei Damaskenos. Offenbar ist diese das Ziel der ethischen Anstrengung. Aber die bedeutet viele verschiedene Dinge bei ihm, Leidenslosigkeit, Leidenschaftslosigkeit, Affektlosigkeit und auch Sündenlosigkeit."
458 Vgl. auch Schäfer 2009, 39
459 Kallis 1964, 105
460 Kallis 1964, 105

der der höchste Teil der Seele sei. Er sei nämlich Verwalter der Leidenschaften und gebrauche sie dann auf richtige Weise, wenn er Gottes Willen erkenne und befolge.[461] In diesem Fall sei ein Mensch auch tugendhaft.[462]

Wie Klimakos legt auch Damaskenos ein Augenmerk auf die Wahrnehmung und definiert verschiedene Klassen von Lastern, die der Mensch ablegen soll. Einmal zählt er folgende Laster auf: „Völlerei, schlechte Begierden, Geldgier, (irdische) Traurigkeit, Zorn, Akedie [geistige Stumpfheit, Sorglosigkeit][463], Ruhmsucht und Hochmut."[464] An anderen Stellen orientiert er sich an der platonischen Dreiteilung der Seele und zählt für jeden der Teile mehrere Laster auf, deren Gegenteile offenbar Tugenden sind. Für das *logistikon* sind es: „Ungläubigkeit, Häresie, Unbesonnenheit, Lästerung, Undankbarkeit und die Zustimmung zu [schlechten] körperlichen Leidenschaften, die im leidenschaftlichen Teil der Seele hervorgerufen werden." Für das *thymikon* sind es: „Unbarmherzigkeit, Hass, Asympathie, Nachträglichkeit, Mißgunst, Mord und die fortdauernde Meditation über diese Leidenschaften."[465] Heilung soll durch Humanität, Liebe und Rechtschaffenheit zustande kommen.[466] Das *epithymêtikon* könne folgende Laster entwickeln: „Völlerei, Gefräßigkeit, Trunksucht, Unkeuschheit, Ehebruch, Unreinheit, Zügellosigkeit, Geldgier und die Begierde nach Ruhm, Reichtum und leiblichen Wohllüsten."[467] Selten nennt Damaskenos aber auch einige klassische Tugenden: Mut, Besonnenheit, Mäßigung und Gerechtigkeit.[468] Ob diese verschiedenen Einteilungen miteinander korrelieren, oder die Tugenden die zusammengefassten Gegenteile der Laster sein sollen, ist bisher noch nicht erforscht.

Besonders interessant ist, dass Damaskenos nicht nur die Definition der schlechten Leidenschaften und Laster liefert, sondern auch ihr praktisches Zustandekommen erklärt. Dadurch gibt er letztlich sehr praktische, strategische Hinweise zum Umgang mit ihnen und zur Abwehr der Schlechtigkeiten.[469]

---

461 Kallis 1964, 106
462 Kallis 1964, 106
463 Er versteht sie offensichtlich anders als Euagrios Pontikos, der sie als eine Art der Trägheit kennzeichnete.
464 Kallis 1964, 114–115
465 Kallis 1964, 117
466 Kallis 1964, 117
467 Kallis 1964, 117–118
468 Die Klugheit wird nicht genannt, dafür erstaunlicherweise im Gleichklang Besonnenheit und Mäßigung.
469 Kallis 1964, 116–117 zeichnet die differenzierte Psychologie bei Damaskenos nach: „Angriff (prosbolê) ist die einfache Erwähnung von etwas, die der Teufel im Menschen hervorruft. Sie ist wie eine Anweisung: „Tu das oder das", und hängt in keiner Weise vom menschlichen Willen ab. Die Annahme eines solchen vom Teufel untergeschobenen Gedankens, der freiwillige und wol-

4.1.7 Symeon der Neue Theologe

Symeon der Neue Theologe (949–1022 n. Chr.) verfolgt eine ganz eigene Definition des ethischen Zieles und unterscheidet sich stark von der vorherigen Tradition. Dafür werden wir nun drei Punkte ansprechen: (1) *apatheia*, (2) Scham und (3) das profane Wissen.

(1) Seine Überzeugung ist es, dass die *apatheia* zwar das Ziel der ethischen Anstrengung sei, man diese aber durch flehentliches Weinen und Zerknirschung erreichen müsse, weil nur dann der Heilige Geist auf den Menschen einwirke.[470] Dass *apatheia* eine Gabe des Heiligen Geistes sei, unterscheidet seine Position von der aller vorherigen Ansätze, welche diese genau andersherum als Voraussetzung für jede Annäherung oder Vereinigung mit Gott angesehen haben.[471] Ganz interessant ist deshalb der theoretische Hintergrund für seine Behauptung: *Apatheia* dürfe nämlich nicht aus einer Selbstentfremdung stammen.[472] Weinen und Flehen sollen gerade die Erkenntnis der eigenen Natur und der eigenen sündhaften Stellung in der Schöpfung sowie die Wahrnehmung der Relation zu Gott beweisen. Würde man die körperliche Seite gänzlich ablehnen wollen, wäre natürlich auch kein Platz mehr für beispielsweise Mitleid. *Apatheia* dürfe demnach nicht mit dem Aufruf zu einer reduzierten Wahrnehmung der Umwelt verwechselt werden,[473] wodurch wir uns an die Sünde der *akedie* bei Euagrios Pontikos und Johannes Damaskenos erinnert fühlen.[474] Interessanterweise misst Symeon der selbst erlangten, nicht durch göttliche Gnade erhaltenen *apatheia* aber deshalb wenig Wert

---

lüstige Umgang mit ihm heißt Verbindung (syndyasmos) und die daraus entstehende Gewöhnung, d. h. fortlaufende Beschäftigung mit dem schlechten Gedanken und dessen ständige Vorstellung, Leidenschaft (pathos). Mit dem Eintritt der Leidenschaft beginnt das Ringen (palê) zwischen vernünftigem Denken und leidenschaftlicher Erwägung, in dem es um Aufhebung oder Bejahung der Leidenschaft durch das vernünftige Denken geht. Dieses Ringen identifiziert Damaskenos mit dem paulinischen Streit der Sarx wider das Pneuma und des Pneuma wider des Sarx. Im negativen Fall führt dieser Kampf zur Gefangenschaft (aixmalôsia), wenn nämlich der Verstand durch lange und herrschende Gewohnheit verführt wird, oder, wenn er die leidenschaftliche Erwägung bewilligt, zur Zustimmung (sygkatathesis). Schließlich folgt die Handlung (energeia) als Vollendung der angenommenen leidenschaftlichen Erwägung. [...] Während nämlich der Mensch über die Existenz der schlechten Gedanken und ihre Einwirkung auf ihn keine Verfügung hat, so liegt es doch in seiner Gewalt, die von ihnen bewirkte Entstehung einer Leidenschaft zu verhindern oder nicht."

470 Griggs 2001, 16
471 Griggs 2001, 16
472 Griggs 2001, 11
473 Griggs 2001, 12
474 Vgl. auch Golitzin 1997 zur genaueren Darlegung asketischer Lebensregeln bei Symeon dem Neuen Theologen.

zu, da die Motivation, sie zu erlangen, auch völlig egoistisch sein könnte. Symeon ähnelt mit diesem Argument in gewisser Weise Augustins Kritik an den Stoikern, die bei einem Schiffsunglück das Mitleid zugunsten der absoluten Seelenruhe aufgeben und genau dadurch etwas Falsches tun.[475] Die seelische *apatheia* sei also nur als Gabe Gottes etwas Erstrebenswertes, nachdem man geweint und gefleht habe.[476]

(2) Dass man diese höchste Art der Reinigung erlangt hat, so Symeon, würde außerdem damit einhergehen, dass man keine Scham mehr verspüre. Diese diffizile These wird nur aufgrund der Inkarnation des Logos in Christus verständlich und bezieht sich deshalb nicht auf alle Situationen, in denen man Scham erfahren könnte. Symeon schreibt, dass, solange man die völlige Menschwerdung des Logos nicht akzeptiert habe, einige Teile des Menschen als schlecht ansehe und deshalb Scham empfinde, wenn man sie als solche des inkarnierten Logos bezeichne. Der Affekt, der sich beim Anblick von Nacktheit ergebe, existiere also aufgrund von mangelndem Glauben. Sobald man nämlich einsehe, dass Gott sich mit allen Teilen des Menschen vereinigt habe und deshalb alle Teile auch göttlich seien, dürfe der Scham nicht entstehen.[477] Dafür zitiert er eine Stelle des Johannes Klimakos, der den Scham scheinbar ebenfalls ablehnte:

> "A certain man, on seeing a beautiful body, thereupon glorified the Creator, and from that one look he was moved to the love of God and to a fountain of tears." Er bezieht die Situation auf seinen eigenen Lehrer Eulabes: "He was not ashamed about the members of any person, neither to see any naked people nor to be seen naked."[478]

Tatsächlich scheint Symeon eine kynische und affektorientierte Position zu verfolgen.

(3) Ein weiterer Punkt ist außerordentlich wichtig, der von Klimakos und Damaskenos nur peripher berührt wurde, jedoch wahrscheinlich ein durchgehend präsenter Diskussionspunkt in Byzanz war: Die Rolle der Bildung. Gerhard Podskalsky zeigt – wie wir sahen – dass das Mönchstum generell Desinteresse an weltlicher Bildung hatte,[479] obwohl einige hohe kirchliche Würdenträger zu den

---

475 Augustinus' De civitate dei IX, 4
476 Griggs 2001, 17
477 Griggs 2001, 20
478 Griggs 2001, 13
479 Matschke 2002, 233 zeigt, welche Gesellschaftsschichten in Byzanz als gebildet angesehen wurden und stellt fest, dass der Kaufmann nicht dazu gehörte. Er erwähnt erstaunlicherweise nicht, dass auch der Kirchenmann in der Aufzählung des Patriarchen Kokkinos (14. Jh.) nicht auftaucht: „Weise nennen die Byzantiner dem Patriarchen Philotheos Kokkinos zufolge den Arzt, den Geometer, den Lehrer für Lesen und Schreiben, den Baumeister und Architekten und auch die

gebildetsten Personen im gesamten Reich gehörten.⁴⁸⁰ Skeptisch war man gegen die Bildung, weil sie in den Augen mancher unnütz war im Angesicht der möglichen Annäherung an Gott, aber auch weil eine Gefahr aus ihr entstehen könne. Aus der weltlichen Bildung soll nämlich häufig der Hochmut erwachsen.⁴⁸¹

Ältere Asketen hatten hingegen den interessanten Standpunkt vertreten, dass Bildung ein Lohn im Leben nach dem Tod sei, der ihnen für die asketischen Mühen auf Erden zukomme.⁴⁸² Symeon greift nun diese Tradition auf und nutzt sie zu einem starken Argument gegen Bildung. In der Auseinandersetzung mit einem Stephan von Nikomedia, der Symeon die Aufgabe gestellt hatte, die Frage zu beantworten, ob Gott-Vater von Gott-Sohn in Gedanken (*epinoia*) oder in Wirklichkeit (*pragmati*) getrennt sei,⁴⁸³ vermeidet er eine Antwort, die ihn kompromittiert hätte. Denn die erste Möglichkeit hätte ihn zu einem Sabellianer machen können, die zweite zu einem Arinaner.⁴⁸⁴ Anstelle dessen argumentierte er, dass akademisches Wissen überflüssig sei und nur die persönliche Erfahrung zähle.⁴⁸⁵ Symeon habe selbst nämlich verschiedene Visionen gehabt und sei vom Heiligen Geist bereits im Alter von 20 Jahren das erste Mal erleuchtet worden.⁴⁸⁶ Das weltliche Wissen sei zufällig und überflüssig, meint er deshalb.⁴⁸⁷

4.1.8 Niketas Stethatos

Niketas Stethatos (ca. 1000 – 1090 n. Chr.) ist nicht nur der Biograph seines Lehrers Symeon des Neuen Theologen, sondern auch sein intellektueller Nachfolger. Er hat die Lehren des Neuen Theologen verteidigt, entwickelt und verbreitet.⁴⁸⁸ So stimmte er mit ihm darin überein, dass der Gläubige durch Gebet, Reue und Tränen die *apatheia* als Gabe des Heiligen Geistes erlangen könne, die mit der

---

webenden und stickenden Frauen, also nicht nur den Kopf-, sondern auch den Handarbeiter, den Kenner und Könner, aber den Kaufmann sucht man in dieser Aufzählung vergebens, es sei denn, er versteckt sich hinter dem, der neben dem *Peri tas boulas*, also dem Ratgeber, dem Mitglied städtischer und staatlicher Räte, steht, sehr wahrscheinlich ist er das aber nicht."

480 Podskalsky 1977, 38
481 Podskalsky 1977, 39
482 Zecher 2013, 122
483 Vgl. zum facettenreichen theoretischen Hintergrund der Diskussion Kobusch 1987, 48 ff.
484 Griggs 2002, 115
485 Griggs 2002, 116
486 Griggs 2002, 115
487 Griggs 2002, 116
488 Grondijs 1958, 336

„Einwohnung der göttlichen Dreifaltigkeit"[489] einhergehe. Erstaunlich ist, dass er offenbar das Herabsteigen der Trinität in den Gläubigen als erneute Inkarnation Gottes versteht.[490] So schreibt Lodewijk Grodijs dazu:

> Es ging hier um nichts weniger als um eine Reinkarnation des Logos[491] im Asketen während seiner tiefsten Askese.[492]

Niketas verfolgt dieselbe Idee wie sein Vorgänger und behauptet, dass auch ohne besonderes Wissen Gotteserkenntnis möglich sei. Interessant ist, dass er offenbar in ganz ähnlicher Weise wie die alten Asketen Wissen dennoch als einen Lohn für die geleistete Askese während des irdischen Lebens deutet, der mit der göttlichen Vereinigung „ausgezahlt" wird. So schreibt er nämlich, dass mit der Vereinigung „Tröstung, seelischer Frohsinn, Sündenvergebung, seelische Ruhe, Austreibung von Dämonen und bösen Gedanken, Zutrauen, Sicherheit, Einsicht" einhergeht. Die Einsicht werde konkret dadurch verwirklicht, dass der Asket alle Geheimnisse des Himmelsreichs erlerne, in die Tiefen des Geistes eindringe und mit den Grundgedanken der Schöpfung vertraut gemacht werde.[493]

4.2 Tugendarten und natürliches Gesetz bei Psellos

Nach dieser kurzen Darstellung einiger ethischer Konzepte im christlichen Osten, möchte ich nun auf Psellos' Ethik eingehen. Folgende zwei Punkte sind zu untersuchen, von denen nicht auf Anhieb erkennbar ist, wie sie zusammenhängen. Dies ist zum einen eine ausgeprägte Tugendlehre, die Psellos entwickelt, und auf der anderen Seite sind es seine Aussagen zum natürlichen Gesetz. Da das natürliche Gesetz an wenigen Stellen präsent ist, soll die Untersuchung mit dem Hauptaugenmerk auf den Tugenden durchgeführt werden, und dort, wo es angebracht ist, das natürliche Gesetz dargelegt und besprochen werden. Wie beide zusammenhängen, soll hingegen im Anschluss erklärt werden.

---

[489] Grondijs 1958, 336
[490] Grondijs 1958, 342. Im XIV. Jh. wurde diese These zugunsten einer Energien-Lehre abgeschwächt, die besagte, man könne zwar nicht Gott selbst sehen, wohl aber seine Energien. Vgl. 350
[491] Hier geht es scheinbar nicht mehr um die anderen beiden göttlichen Personen, sondern nur noch um den Logos.
[492] Grondijs 1958, 330
[493] Grondijs 1958, 339; Golitzin 2001, 131

4.2.1 Tugendarten

Ich werde (1) die Meinungen über Psellos' Ethik aus der Forschung wiedergegeben und sie diskutieren, bevor ich (2) den Grundstein für die folgende Analyse lege, indem ich erkunde, wie viele Tugendarten Psellos annimmt.

(1) Ein Blick in Henri-Dominique Saffreys Wiedergabe verschiedener neuplatonischer Tugendkonzeptionen zeigt, dass Psellos, der von ihm dort auch behandelt wird, mit unterschiedlichen Aussagen ein vier- oder ein sechsstufiges Modell der Tugenden favorisiert. Ganz unten stehen die natürlichen Tugenden, es folgen die ethischen und politischen, die reinigenden, die theoretischen, die theurgischen und schließlich an der Spitze die paradigmatischen.[494] Bei seiner Analyse geht Saffrey sowohl auf die deskriptiven als auch auf die argumentativen Schriften ein, wobei er auch Psellos' Darlegung antiker und paganer Positionen für dessen eigene Überzeugung hält.[495] Einen neuen und sehr hilfreichen Zugang zu den Überzeugungen unseres Byzantiners wählen Dominic O'Meara, Frederick Lauritzen und Eudoxie Delli. Sie versuchen, ein umfassenderes Bild seiner Ethik zu zeichnen, das ich in einigen Punkten ergänzen möchte.

O'Meara unternimmt es, zwei verschiedene Aussagen des Psellos miteinander zu kombinieren. Die Erste ähnelt derjenigen von Saffrey, die bis zu sechs verschiedene Tugendstufen bei Psellos entdeckt.[496] Die zweite Aussage behandelt das Verhältnis zwischen Seele und Körper für die Klassifizierung dieser Tugenden. So gebe es Tugenden, die der Seele in Verbindung mit dem Körper zukämen und solche, die bei der Seele alleine entstünden.[497] O'Meara behauptet nun, dass Psellos der Meinung sei, der Mensch müsse für die politische Sphäre die politischen Tugenden ausprägen, die eben mit dem Körper gemeinsam zustande kämen. Die Höheren, so liest er aus der *Chronographie* des Psellos heraus, seien dafür nicht geeignet,[498] obwohl sie an sich wertvoller seien.[499] Mit Bezug auf die Rede Nr. 8 erklärt er dann, dass Psellos der Ansicht sei, der politische Philosoph solle die Welt durch den *logos* ordnen, da sie ansonsten zur Zerstreuung (dispersal) neige. Diese Aussage findet ihre Begründung in Psellos' Ankündigung in dieser Rede, beide Wege, den sogenannten „oberen" und den „unteren", miteinander verbinden zu wollen.[500]

---

[494] Marinus 2001, LXXI
[495] Auch T1.30, die er für die Tugendstufen zitiert, ist eine Wiedergabe der Theorie des Klimakos.
[496] O'Meara 2012, 157
[497] O'Meara 2012, 162
[498] O'Meara 2012, 162
[499] O'Meara 2012, 157
[500] O'Meara 2012, 165

Dennoch gibt es drei mögliche Einwände, die gegen diese Interpretation sprechen könnten. Sie entstehen aus O'Mearas Ansicht, dass Psellos eine Politik nach Umständen (circumstances) verlangt, die auch die Leidenschaften beachtet. Denn wenn er Psellos hier möglicherweise partikularistisch auslegt, ist es nicht klar, was es meinen soll, dass die Welt durch den *logos* geordnet werden soll. Es entsteht eine gewisse Spannung zwischen dem Begriff *logos* und der Wichtigkeit, die den Umständen zugesprochen wird. Das ist zu sehen, wenn die Begriffe miteinander in Einklang gebracht werden sollen. Denn für die politische Aktivität am *logos* Anteil zu haben, könnte a) heißen, man müsse sich als Politiker an eine höhere Seinsstufe angleichen. Dann bleibt es aber fraglich, was Psellos am Verhalten des Leo Paraspondylos kritisiert,[501] der sich auch in der politischen Welt als selbstreduziertes Wesen einer anderen Seinsstufe geriert: emotionslos, unnahbar und immer gleich.[502]

Wenn wir hingegen b) eine partikularistische Interpretation – die ich hier aus dem Begriff der Umstände (circumstances) herauslese und die auf einer gewissen Art der Klugheit basieren würde – wählen, um dem ersten Problem zu entgehen, sehen wir, dass O'Meara erklärt, mit *logos* sei die unterste Ebene der Philosophie gemeint. In diesem Fall müsste seine Interpretation bedeuten, dass die Legislative und die Judikative auf eine spezielle Weise als Wissenschaften oder Techniken für die Ordnung der politischen Welt nutzbar zu machen sind.[503] Um diese Meinung zu stützen, könnte man geneigt sein, Psellos ein aristotelisches Wissenschaftsverständnis zu unterstellen, der eine platonische „Einheitswissenschaft" ablehnt. Legislative und Judikative wären dann auf kein höheres Prinzip zurückzuführen, etwa auf das Gute, sondern gewissermaßen eigenständige Techniken. Aber O'Meara deutet mit den Begriffen, die er für die genauere Erklärung verwendet – es sind die Begriffe Form und Einheit – an,[504] dass hier die Idealtypen des *kosmos noêtos* gemeint sind, die auf den *kosmos aisthêtos* anzuwenden sind. So schwingt

---

501 O'Meara 2012, 162: His rigour, Psellos feels, is a virtue appropriate to eternity, but not to time; impassibility and inflexibility belong to another world, not to this world, to this life, a life related to the body, which is 'more political', adjusted to present circumstances, where soul relates to the passions (7.9 – 16). Leo Paraspondylos hatte unter der Kaiserin Theodora eine Position inne, die mit der eines Kanzlers vergleichbar ist.

502 Eine ganz ähnliche Kritik richtet er auch an Kerularios: vgl. Epistula ad Michaelam Cerularium 19 – 24: σὺ μὲν γὰρ ἐπουράνιος ἄγγελος, κατὰ τὸν Παύλου λόγον, ἐγὼ δὲ τοῦτο αὐτὸ ὅπερ εἰμί, φύσις λογικὴ μετὰ σώματος, καὶ οὔτε δυναίμην ἄν, εἴ γε βουλοίμην, οὔτε βουλοίμην, εἴ γε δυναίμην, ἢ μᾶλλον εἰπεῖν ἀμφοῖν ἐστέρημαι, καὶ δυνάμεως καὶ βουλήσεως.

503 O'Meara 2012, 167

504 O'Meara 2012, 167: Über die Rhetorik, eine der Künste, durch die politisches Geschick wirksam wird, heiß es: „Rhetoric affirms its superiority, on the one hand, in terms of its ability to unify and give form to matters that are infinitely dispersed in legislative science."

das Konzept der platonischen „Einheitswissenschaft" in seiner Erklärung mit,[505] und daher ist eine partikularistische Interpretation nicht haltbar, sodass wir uns wieder mit dem Problem konfrontiert sehen, wieso Leo Paraspondylos ein Negativbeispiel ist.

Man könnte c) die Interpretation jedoch dadurch zu erklären versuchen, dass der *logos* nicht auf die Selbstreduktion verweist, sondern im Gegenteil die Akkumulation wissenschaftlichen Wissens durch die höheren Tugenden meint. Wir müssten O'Mearas Auslegung dann so verstehen, dass es sich nur um eine Aktivierung des höheren Seelenteils handelt, die es erlaubt, auf höhere Wissensinhalte zuzugreifen, wie beispielsweise Prinzipien.[506] Die Welt mit *logos* zu ordnen müsste dann lediglich als Gegenbegriff zum politischen Handeln ohne Prinzipienwissen verstanden werden. Dies wäre eine plausible Möglichkeit, die Kritik am selbstreduzierten Auftreten des Leo Paraspondylos zu rechtfertigen und gleichzeitig den *logos* in die Interpretation einfügen zu können. Unter den Begriffen Legislative und Judikative wären dann selbständige Wissenschaften zu verstehen, die das umstandsabhängige, aber prinzipiengeleitete Management der politischen Probleme bezeichnen. Leider stehen dieser Interpretation aber die ausdifferenzierten, neuplatonisch anmutenden Tugendstufen im Weg, die O'Meara aus den deskriptiven Schriften in seine Argumentation einbezieht und die der Wissensakkumulation widersprechen.

Dominic O'Meara hat die Diskussion um die politische Philosophie bei Psellos ins Leben gerufen und angefangen, die verschiedenen Schriften in eine Ordnung zu bringen. Er selbst schreibt, dass weitere Forschung vonnöten sei, um ein klareres Bild von dem Byzantiner zu bekommen. Kommen wir deshalb zur nächsten Auslegung von Psellos' Thesen.

Frederick Lauritzen favorisiert eine ganz ähnliche Annäherung an das Problem der Tugendstufen bei Psellos und baut seinen Artikel auf O'Mearas Untersuchung auf. Er stellt aber zusätzlich eine direkte Verbindung zwischen Psellos und Platons *Philebos* sowie zu Damaskios' Kommentar zum *Philebos* her.[507] Hinzu kommen Hinweise auf die Verbindungen zu Aristoteles, Proklos, Pseudo-Dionysios Areopagites, Maximus Confessor, Johannes Damaskenos, Andreas von Kreta sowie Symeon dem Neuen Theologen. Für Lauritzen ist es sicher, dass

---

505 O'Meara 2012, 167: „From this we can conclude that, in Psellos' view, the current importance of rhetoric is relative to the scientifically ruinous state of legislative and judicial knowledge (i.e. political philosophy), in relation to which rhetoric is in principle, however, inferior. Legislative and judicial knowledge, although the lowest parts of philosophy, require the attention of the philosopher who will give them scientific order."
506 O'Meara 2012, 168
507 Lauritzen 2013, 403

Psellos in der Passage aus seiner *Chronographie* (VI, 210), in der er von Leo Paraspondylos spricht, diesen deshalb kritisiert, weil er nicht in der Lage gewesen sei, ein zwischen „oben" und „unten" gemischtes Leben zu führen, sondern unbeweglich und hart geblieben sei, als habe er unmöglicher Weise gewollt, die Eigenschaften der höheren Welt auf die Sinnenwelt zu übertragen.[508] Richtig sei hingegen ein Leben, das intellektuelle Tätigkeit mit körperlicher vereine. Das Vorbild dieses gemischten Lebens sei Jesus Christus.[509]

Dieser Ansatz ist interessant, weil er O'Mearas philosophische Deskription mit der christlichen zu verbinden sucht. Dennoch ergeben sich einige Probleme bei dieser Auslegungsstrategie. Die vielen Bezüge zu verschiedenen Philosophen sind zunächst sehr assoziativ, und dies führt folglich zu einigen Unklarheiten. Beispielsweise schreibt er einerseits, Psellos sehe die gute Mischung des politischen Menschen in der Mitte zwischen Hedonismus und Intellektualismus. Dafür bezieht er sich auf Proklos.[510] Andererseits stellt er fest, Christus sei ein Paradigma für Psellos' Behauptung, weil er zwei Naturen habe. Die göttliche Natur Christi verdrängt aber nicht den oberen Teil der menschlichen Seele, sondern vereinigt sich perichoretisch mit dem ganzen Menschen. Problematisch ist auch Lauritzens Meinung, dass Psellos auch Aristoteles' Aussage einbauen wollte, weil er sagte, der Tugendhafte tue das Gute gerne.[511] Dies mag zwar stimmen, hat aber anderes zum Inhalt als die Abwechslung von intellektueller Tätigkeit einerseits, die offenbar in einem *kosmos noêtos* stattfinden soll, und praktischer Aktivität andererseits, die mit Lust einhergehen kann. Aristoteles und Proklos gleichzeitig in Psellos erkennen zu wollen, ist aus verschiedenen Gründen schwierig. Denn während Proklos' Aussage anhand einer derivativen Ontologie getätigt wird, würde sich Aristoteles' Aussage über die vernunftgemäße Lust an der Tugend nicht in einem derivativen Weltbild abspielen. Bei Aristoteles stehen also anders als bei Proklos nicht *metriopatheia* (bei niedriger Tugendstufe) gegen *apatheia* (bei hoher Tugendstufe), sondern vernunftmäßige Lust an guten Handlungen (Tugend) beispielsweise gegen einen emotionalen Widerstand bei der Ausübung guter Handlungen (*enkrateia*). So bringt Frederick Lauritzen viele interessante Aspekte in dieses neue Thema ein, die weiterhin untersucht und vertieft werden müssen.

Kommen wir nun zur Interpretation Eudoxie Dellis. Auch nach ihrer Ansicht hält Psellos ein mittleres Leben für ausgezeichnet. Anders als für Lauritzen liege die Mitte aber nicht zwischen Kontemplation und Lust, sondern finde sich zwi-

---

[508] Lauritzen 2013, 402
[509] Lauritzen 2013, 406: „Thus Psellos uses biblical interpretations to endorse the social, measured and mixed life since it was the life of the two natures of Christ."
[510] Lauritzen 2013, 404
[511] Lauritzen 2013, 404

schen Kontemplation und Philanthrophie.⁵¹² Der Mensch, so interpretiert sie Psellos' Aussagen, solle deshalb nicht nur zu einem kontemplativen Leben streben, sondern, wenn es nötig sei, auch philanthropisch verstandene Politik betreiben.⁵¹³ Sie behauptet außerdem, dass der Philosoph derart eingerichtet sein soll, dass er sich mit seinem eigenen Willen jederzeit von den unteren Dingen befreien können soll.⁵¹⁴ Diejenigen Philosophen, die nur der Theorie zugewendet seien, kritisiere Psellos hingegen.⁵¹⁵ Delli nimmt also auch Stellung zu dem Problem, wie das gemischte Leben aussehen könne, und behauptet, der Philosoph müsse sich strategisch klug mittig aufstellen, sodass er untere Probleme wie auch die Kontemplation oben zu den jeweils angebrachten Zeitpunkten problemlos erreichen und gut ausführen könne. Dass Psellos in den deskriptiven Schriften viele weitere, verschiedene Tugendstufen nennt, scheint sie als Kontingenz zu verstehen, bei einem Autor, der eben auch am Neuplatonismus interessiert war. Sie stellt Psellos auch in eine Reihe mit Themistios, der ihm Vorbild in der Behandlung der Philanthropie gewesen sein soll.

Dellis Ansatz ist innovativ, weil sie eine klare Verbindung zwischen Themistios und Psellos zieht und ihn somit als jemanden charakterisiert, der auch einer peripatetischen Denktradition angehört. Dies erlaubt ihr, das Beispiel von Christus zu verwenden. Denn eine Mischung zwischen Kontemplation und Philanthropie ist nicht nur plausibler als eine von Kontemplation und Hedonismus (weil der Hedonismus lediglich die sinnliche Lust betrifft, während die Philanthropie als Tugend auch die vernünftigen Seeleteile implizieren kann), sondern in gewisser Weise auch durch die Arbeiten des kaiserzeitlichen Autors Themistios vorgezeichnet.⁵¹⁶

Unklar ist in ihrer Interpretation aber, welches Kriterium für den Umschwung zwischen Kontemplation und Philanthropie angesetzt werden soll. Ist es die konkrete Notsituation eines Menschen? Dellis Arbeit behandelt Psellos' Ethik nur am Rand, da ihre Untersuchung sein Verständnis von *phantasia* erklären möchte. Sie hat dennoch Licht in die ethische Dimension seiner Schriften gebracht, die wertvoll für die Psellos-Forschung ist.

---

512 Delli 2011, 76
513 Delli 2011, 79
514 Delli 2011, 80–81
515 Delli 2011, 91–92
516 Schramm 2012, 212: „Die politische Sonderstellung des Kaisers ergibt sich daraus, daß bei ihm die praktische, philanthropische Handlung unmittelbar aus dieser theoretischen Einsicht folgt – also auch hier ist, wie im Neuplatonismus, die Theorie der Praxis vorgeordnet."

(2) Versuchen wir also nun mit dem Fokus auf die argumentativen Schriften erstens eine Antwort darauf zu finden, ob er tatsächlich Tugendstufen annimmt, und wenn er dies tut, wie viele es sein sollen.

Wir müssen dafür zunächst beachten, dass die Aufzählung, die Saffrey in Psellos' T1.30 ausfindig macht, lediglich eine Wiedergabe der Lehre des Johannes Klimakos ist.[517] Psellos selbst unterscheidet grundsätzlich nur zwei Tugendarten. Er nutzt in seinen argumentativen Schriften durchgehend nur die praktischen und die theoretischen Tugenden.[518] Er reduziert die verschiedenen Tugendstufen, die wir aus dem Neuplatonismus kennen und die er in den deskriptiven Texten nennt, sogar explizit auf nur diese beiden, indem er sagt, Theorie bedeute auch Reinigung[519] und politische Tugenden seien praktische Tugenden.[520] Wir finden in Übereinstimmung zu dieser Feststellung dann auch weder theurgische noch andere Tugendstufen vor. Dies stimmt auch mit seiner Ontologie überein, denn es gibt keinen Drang zur Selbstreduktion oder das Ziel, sich einer höheren Seinsstufe anzugleichen.

Nun liefert uns Psellos aber drei Paare von Kriterien für die Unterscheidung der beiden Tugendarten: Er expliziert die Differenz a), indem er sagt, die praktischen Tugenden seien solche, die mit dem Körper aktiviert würden, aber theoretische solche, die sich nicht dem Körper zuwendeten.[521] Die Praxis habe b) das Gute im Auge, die Theorie verfolge hingegen das Wahre.[522] Und schließlich seien c) die praktischen Tugenden dafür da, Maß für die Leidenschaften zu finden,[523] die theoretischen aber die Annäherung an Gott zu suchen.[524]

---

517 vgl. Marinus 2001, LXXI zitiert Psellos T1.30, 54–59, wo er über Johannes Klimakos spricht: καὶ ἵνα ὑμῖν πλατύτερον τὸ νόημα ἐξαπλώσωμεν, ἔστωσαν ἡμῖν τέσσαρες τῶν ἀρετῶν βαθμοί, καὶ ὁ μέν τις ἔστω τῶν πολιτικῶν, ὧν τέλος ἡ μετριοπάθεια, ὁ δὲ τῶν καθαρτικῶν τε καὶ θεωρητικῶν, ὧν τέλος ἡ ἀποχὴ τοῦ σώματος καὶ τὸ πρὸς τὰ πάθη ἀνένδοτον, ὅστις δὴ βαθμὸς καὶ συμβέβηκε τῇ ψυχῇ, ὁ δέ τις ἔστω νοερός, μεθ' ὃν ὁ παραδειγματικός. Vgl. zu Johannes Klimakos Müller 2006, Zecher 2013.
518 T1.1, 58–59: [...] δύο πρὸς αὐτὴν ἀρετῶν καταπέμπει γένη, τὸ πρακτικόν φημι καὶ τὸ θεωρητικόν [...] sowie ausführlicher in T1.33, 10–11: [...] οὕτω τῆς κατ' ἀρετὴν τελειότητος ἐν δυσὶ τούτοις ὡς εἰς ἐλάχιστα τεμεῖν διῃρημένης, πράξει καὶ θεωρίᾳ, διττὰ τὰ τῆς πρακτικῆς ἔργα.
519 T1.76, 139–141: δύο ταύτας εὑρίσκω ἐν τοῖς οὖσι γενικωτάτας ἀρετάς, πρᾶξιν καὶ κάθαρσιν ἤτοι θεωρίαν, περὶ ὧν δὴ λόγος πολύς, καὶ εἰς ἄλλον καιρὸν ἡ περὶ τούτων ἀναβεβλήσθω ἐξέτασις.
520 T1.30, 65–66: [...] τὴν πολιτικὴν ἀρετήν, ἣν δὴ πρακτικὴ ἡ θεία κατονομάζει γραφή [...].
521 T1.102, 121–125: ὁ μὲν γὰρ πρακτικὸς ἔτι καὶ τὸν ἔξω κατακοσμῶν ἄνθρωπον οὐ τὴν ἄζυμον καθαρότητα προσάγει θεῷ· ἀκμὴν γὰρ ἐπίμικτός ἐστι τῇ κακίᾳ, μὴ διεσπασμένος ἀπὸ τοῦ σώματος. ὁ δὲ πρὸς τὴν θεωρίαν μεταβιβάσας τὸν νοῦν, οὐδέν τι τοῦ σώματος ἐπιστρεφόμενος, καθαρὰν καὶ εἰλικρινῆ καὶ τοῦ ἀθέου φυράματος ἀνεπίμικτον προσάγει θεῷ τὴν διάνοιαν.
522 T1.76, 141–142: ἀποτελευτᾷ δὲ ἡ μὲν πρᾶξις πρὸς τὸ ἀγαθόν, ἡ δὲ θεωρία πρὸς τὸ ἀληθές·
523 T1.76, 55: ὁ γὰρ πρακτικὸς μέτρον τοῖς πάθεσιν [...].

Während des Lebens unterscheiden sich die Tugendarten also anhand ihrer Ziele: das Gute und das Wahre, sowie Maß für die Leidenschaften und Annäherung an Gott. Dass sowohl das Gute als auch das Wahre keine Synonyme für Gott sind und damit ineinander fallen, ist offensichtlich, denn wenn sie hier nur alternative Bezeichnungen für ein und dasselbe Ziel wären, bliebe fraglich, warum Psellos sie überhaupt anführt.

4.2.2 Das natürliche Gesetz

Wir haben die beiden Tugendarten kennengelernt, die Psellos beim Menschen ausfindig macht. Daneben gibt es aber eine weitere Einteilung der menschlichen Aktivität, die sich auf das natürliche Gesetz stützt. Im Folgenden soll also Psellos' Verständnis des natürlichen Gesetzes dargelegt werden, das eine ebenfalls wichtige Rolle für seine Ethik spielt. Die Frage, ob er letztlich eine teleologische Tugendethik oder eine deontologische Ethik vertritt, kann jedoch erst am Ende des Kapitels diskutiert werden, nachdem die Semantik seiner Ethik dargelegt ist. Ich werde nun zeigen, (1) was das natürliche Gesetz beinhaltet und (2) wie der Mensch es wissen kann. Schließlich (3) möchte ich zeigen, dass das natürliche Gesetz das Strebensziel unserer Bemühungen definiert.

(1) Es gibt laut Psellos eine Identität des natürlichen Gesetzes, des Dekalogs und des Sohn-Logos. Er schreibt, dass das Gesetz einerseits Moses gegeben wurde und andererseits durch Jesus Christus das Gesetz der Liebe deutlicher gemacht wurde.[525] Christus wird an verschiedenen Stellen von ihm gemäß der Tradition als *logos* bezeichnet,[526] der vor allem in der Rede 31 als nachahmenswertes Paradigma

---

524 T1.1, 87–89: ἡ γὰρ πρὸς τὸν θεὸν στραφεῖσα ψυχὴ πρῶτα μὲν τὸν ἀχθεινὸν πόνον τῆς πρακτικῆς μέτεισιν ἀρετῆς [...].

525 T1.31, 11–14: δεῖ δὲ πρὸ πάντων μὲν εἰδέναι ὡς ὁ ἐν γράμμασι νόμος πρῶτον μὲν ἐπὶ Μωυσέως καὶ παρὰ Μωυσέως ἐδόθη, εἶθ' ὕστερον ὑπ' αὐτοῦ τοῦ Χριστοῦ, τοῦ καταλύσαντος μὲν τὸν ἐν σκιᾷ νόμον, ἐπεισαγαγόντος δὲ τὸν τῆς χάριτος. Eine weitere Auflistung von insgesamt sieben Weisen, in denen das Gesetz dem Menschen offenbart wurde, listet er in T2.19, 92–112: ὁ δὲ πρὸς ὃν ἡ ἐρώτησις λόγος ὁ ἐν ἡμῖν ἐστι νόμος τοῦ πνεύματος, πρὸς ὃν ἀεί ποτε οἱ πονηροὶ ἀντιδιατίθενται λογισμοί. [...] ὧν πρῶτός ἐστιν ὁ ἐν τῷ παραδείσῳ τῷ Ἀδὰμ ἐνταλθεὶς καὶ τῶν μὲν κελεύων ἅπτεσθαι τῶν ἐν τῇ Ἐδὲμ πεφυτευμένων φυτῶν, τοῦ δὲ ἀπέχεσθαι· δεύτερος δὲ ὁ μετὰ τὴν παράβασιν ἐπὶ τῇ κατακρίσει τούτῳ δοθείς, ὁ περὶ τῆς συζυγίας καὶ τῆς τεκνώσεως· τρίτος ὁ μετὰ τὸν κατακλυσμὸν τῷ Νῶε ἀφορισθείς· καὶ τέταρτος ὁ τῷ Ἀβραὰμ περὶ τῆς περιτομῆς ἀφοσιωθείς· πέμπτος ὁ φυσικός· ἕκτος ὁ Μωσαϊκός· καὶ ἕβδομος ὁ τῆς χάριτος. κατὰ τούτους γὰρ τοὺς νόμους τὸ γένος τῶν ἀνθρώπων ἐπολιτεύσαντό τε καὶ πολιτευόμεθα.

526 T1.7, 75–79: [...] αὐτόν φημι 'τὸν μονογενῆ' ἐκείνου 'υἱόν', ὃς δὴ καὶ 'λόγος' καὶ 'σοφία' καὶ 'βραχίων' καὶ 'δύναμις' τοῦ πατρός [...].

auftritt. Der Unterschied zwischen altem und neuem Gesetz liegt also nicht in seinem Inhalt, sondern lediglich in der Deutlichkeit, in der es auftritt. Dennoch scheint Psellos anders als Thomas von Aquin diese Deutlichkeit nicht zum Gegenstand weiterer Untersuchungen zu machen. Laut Andreas Speer hatte Thomas nämlich eine Unterscheidung getroffen, die hinsichtlich der Kompetenz der Menschen existiert, es zu verstehen.[527] Die Gebote des Dekalogs seien für jedermann verständlich, während die prinzipielle Einsicht in das natürliche Gesetz eher Philosophen und Theologen vorbehalten sei.

Der Inhalt des natürlichen Gesetzes solle laut Psellos dem Menschen genau vorschreiben, was per se gut und was schlecht ist, um von ihm ausgewählt zu werden.[528] Dadurch ist das natürliche Gesetz also direkt handlungsanleitend und beinhaltet nicht nur Verbote, sondern auch Gebote. Für unsere Tätigkeit beinhaltet es nun das Gebot zum tugendhaften Leben (*ton en aretais eisagei bion*) und das Verbot des Lebens nach Lust (*ton apolaustikon kai ton en tais hêdonais*). Es beinhaltet außerdem das Gebot zur Vervollkommnung der Seele (*tên en teleiotêti tês psychês katastasin*) und das Verbot, sich um äußere Güter zu bemühen (*to perirreisthai tois phainomenois agathois*). Ferner stellt Psellos auch explizit fest, dass damit eine Möglichkeit zur Glückseligkeit einhergeht (*eudaimonian horizetai*). Schließlich nimmt es eine Einteilung vor, indem es auf der einen Seite verlangt, praktisch tugendhaft Tätigkeit zu sein: Das Ziel dieser Tätigkeit ist die Freundschaft, verstanden als Philanthropie (*tên adelphikên hymin philian charaktêrizei*).[529] Andererseits fordert es auf, Gott zu lieben.[530]

---

527 Speer 2014, 368: „Gilt dies aber für alle Sittengebote des Dekalogs? Gehören diese durchweg zum Naturgesetz? Thomas verweist in seiner Antwort im ersten Artikel der 100. Quaestio auf die bereits zuvor etablierte Lehre, wonach jedes praktische Urteil aus gewissen naturhaft erkannten Prinzipien hervorgeht. Einiges im Bereich der menschlichen Handlungen sei nun derart klar (*explicata*), daß es unverzüglich (*statim*), bei nur geringer Überlegung, aufgrund dieser ersten und allgemeinen Prinzipien gebilligt oder zurückgewiesen werden kann, während anderes zu einer angemessenen Beurteilung einer umfangreichen Erwägung der verschiedenen Umstände bedarf. Diese sorgfältige Erwägung sei aber nicht Sache eines jeden, sondern allein Sache der Weisen und der Philosophen. Und schließlich gibt es noch solches, um das der Mensch nicht ohne eine ausdrückliche göttliche Unterweisung wissen könne, wie die Glaubenswahrheiten. [...] ‚Absolute', d. h. ohne Einschränkungen gehören nach Thomas zum Naturgesetz diejenigen *praecepta moralia*, bei denen die natürliche Vernunft eines jeden Menschen von sich aus sofort entscheidet, daß diese zu befolgen oder nicht zu befolgen sind. Als Beispiel nennt er wiederum drei Gebote aus der zweiten Dekalogtafel." vgl. auch Marschler 2014, 338 ff. für die byzantinische Tradition nach Psellos Kapriev 2014 und Markov 2014.
528 T1.31, 15–16: [...] νόμος δὲ φύσεως ἡ ἀδίδακτος τῶν καλῶν αἵρεσις καὶ φυγὴ τῶν κακῶν [...].
529 Ora 31, 29–37: ὁ δὲ λόγος οὔτε σοφιστείαν τινὰ καὶ περιεργίαν λόγων ὑμῖν ἐπαγγέλλεται οὔτε τῆς περιττῆς σοφίας ἐστὶ μαθημάτων κύκλον ἀνερευνώμενος, ἀλλ' ἠθικὸς μὲν καὶ τῷ ὄντι φιλόσοφος, οὔτε δὲ πολιτείαν ἁρμόζει οὔτε δήμῳ καὶ οἴκῳ προσήκει, ἀλλ' (εἴπω ὃ βούλομαι μὲν

So nimmt Psellos also eine ähnliche Einteilung des natürlichen Gesetzes vor, wie Augustinus bezüglich des Dekalogs. Nach seinem Verständnis sind die zehn Gebote nämlich in zwei Teile zu unterscheiden, von denen sich der erste auf die Liebe zu Gott bezieht und der zweite auf die Philanthropie.[531]

(2) Bei Psellos finden wir außerdem Aussagen darüber, dass wir das natürliche Gesetz „in uns tragen". Er beantwortet die Frage, woher der Mensch es von anderen Gesetzen unterscheiden könne, sehr eindeutig und ist der Ansicht, dass beispielsweise Dämonen den Verstand trüben könnten und möglicherweise sowohl Falsches als Richtiges sowie Richtiges als Falsches „vorgaukeln" könnten, sodass der Mensch keine klare Einsicht mehr in die Güter hat, die das natürliche Gesetze festgelegt hat. Daher sieht Psellos eine weitere Kompetenz gegeben, anhand derer das Gute vom Schlechten unterschieden werden kann.[532] Diese Kompetenz muss es geben, da die Verstandestrübungen von außen den Menschen nicht selbst als Fehler oder Sünde angelastet werden könnten. Deshalb bedarf es eines weiteren Distinktionsmerkmals, das ihn das natürliche Gesetz von anderen Gesetzen unterscheiden lässt.[533] Er behauptet deshalb, es gebe eine Art inneren Instinkt für das natürliche Gesetz, der mit dem von Tieren zu vergleichen ist.[534]

εἰπεῖν, ἀναβάλλομαι δέ) τὴν ἀδελφικὴν ὑμῖν φιλίαν χαρακτηρίζει, ἵνα ἡ πρὸς ἀλλήλους ὑμῶν κοινωνία μὴ ἐξ ἔθους ἐστὶ καὶ τῆς τῶν πολλῶν ὑπολήψεως, ἀλλ' ἐπιστήμην ἔχοι τὸν λόγον, καὶ τὸ τῆς φύσεως πεπλανημένον καὶ ἄτακτον τῷ ἐπιστημονικῷ καὶ ἀμεταθέτῳ λόγῳ ὁρίζοιτο.

530 Orationes forense et acta, 1, 73–75: Εὐσέβεια τοίνυν ἐστὶν ὡς ἐν ὑπογραφῆς λόγῳ ὁμολογία τῆς ἁγίας καὶ μακαρίας τριάδος καὶ πίστις τοῦ εὐαγγελικοῦ καὶ θείου κηρύγματος.

531 Augustinus' Questiones in Exodum 71–72

532 T1.27, 52–54: ἐπαίρουσι γὰρ καὶ πονηροὶ δαίμονες τὴν τῶν ἀνθρώπων διάνοιαν, καί τινα δοκοῦντα ὑποδεικνύουσιν ἀγαθά, οἳ δὴ οὐδ' ἐν Χριστῷ λέγοιντ' ἂν μετεωρίζεσθαι.

533 T1.31, 11–19: δεῖ δὲ πρὸ πάντων μὲν εἰδέναι ὡς ὁ ἐν γράμμασι νόμος πρῶτον μὲν ἐπὶ Μωυσέως καὶ παρὰ Μωυσέως ἐδόθη, εἶθ' ὕστερον ὑπ' αὐτοῦ τοῦ Χριστοῦ, τοῦ καταλύσαντος μὲν τὸν ἐν σκιᾷ νόμον, ἐπεισαγαγόντος δὲ τὸν τῆς χάριτος. ἀφ' οὗ δὲ γεγόναμεν ἄνθρωποι, μόνοις κατηυθυνόμεθα τοῖς νόμοις τῆς φύσεως, νόμος δὲ φύσεως ἡ ἀδίδακτος τῶν καλῶν αἵρεσις καὶ φυγὴ τῶν κακῶν, καὶ τῆς μὲν ἀληθείας ἐπίγνωσις, τῆς δὲ πλάνης ἀπόδρασις· ὁ γὰρ γενεσιουργὸς τῶν ἡμετέρων ψυχῶν πάσας τὰς ἀφορμὰς τῶν τε καθ' αἵρεσιν καὶ φυγὴν καὶ τῶν κατὰ διάγνωσιν ἅμα τῷ ποιῆσαι εὐθὺς κατεντίθησι. Sowie Poemata 2, 1077–1078: […] καὶ τὰς καρδίας, ἐν αἷς ὁ νόμος τοῦ θεοῦ ἐστὶν ἐγγεγραμμένος; vgl. dazu Augustinus (De sermone Domini in monte II 9, 32: „For who but God has written the law of nature in the hearts of men?—that law concerning which the apostle says: 'For when the Gentiles, which have not the law, do by nature the things contained in the law, these, having not the law, are a law unto themselves: which show the work of the law written in their hearts, their conscience also bearing them witness, and their thoughts the meanwhile accusing or else excusing one another, in the day when the Lord shall judge the secrets of men.'" (W. Findley)

534 T1.31, 20–29: ταύτην δὲ τὴν φύσιν οὐκ ἀνθρώποις μόνοις συνέκλεισεν, ἀλλὰ καὶ πᾶσι τοῖς ζῴοις ὑφήπλωσεν, ἀφ' ἧς ἴδοι τις τὸν ἀράχνην αὐτομάτως διαρτῶντα τοὺς μίτους, καὶ τοὺς μὲν εἰς κύκλους ἀπακριβοῦντα, τοὺς δὲ οἷόν τινας στυλίσκους ὑποτιθέντα. κατὰ ταύτην καὶ μύρμηξ ὥρᾳ θέρους τὸν σῖτον ἐν μυχοῖς ἀποτίθησι γῆς καὶ χειμῶνος ἐξάγων ὑπὸ θερμῇ ὑφαπλοῖ τῇ ἀκτῖνι, καὶ ἡ

(3) Das natürliche Gesetz zu befolgen, ist nicht nur das Ziel menschlichen Tuns, sondern auch Ursache der Vervollkommnung des Menschen. Die Güter, die das natürliche Gesetz offenbart – philanthropische Tugendhaftigkeit und Verehrung Gottes – erfüllen also auch die Funktion, das teleologische Ziel der menschlichen Entwicklung vorzugeben. Nur die Ausrichtung auf das Gesetz garantiert die eigene Tugendhaftigkeit. Mit der Identität von natürlichem Gesetz, *logos* und Jesus Christus erklärt Psellos also das Paradigma für unser Streben.

Wir sind bisher nicht darauf eingegangen, ob die Parallelität von Tugendethik und deontologischer Ethik ein Problem sein könnte. Diese Frage werden wir weiter unten klären. Als nächstes soll genauer auf die praktischen Tugenden eingegangen werden.

4.3 Praktische Tugenden

Kommen wir also nach diesem Überblick über die Grundlagen der Tugend und des natürlichen Gesetzes zu einer spezielleren Untersuchung der praktischen Tugenden. Die Unterscheidung zwischen den beiden Zielen, die Psellos als Kriterien für die praktischen Tugenden definiert hat, also das Gute und die *metriopatheia*, sollen nun auf ihre Vereinbarkeit überprüft werden. Anschließend wende ich mich den theoretischen Tugenden gesondert zu.

4.3.1 Praktische Tugenden und gute Taten

Es gilt bezüglich der praktischen Aktivität zunächst (1) zu klären, wie die *metriopatheia* und das gute Ziel miteinander zusammenhängen. Sodann soll (2) genauer auf beide Aspekte eingegangen werden, zunächst (a) auf das, was die *metriopatheia* ausmacht, und zwar einige der konkreten Tugenden. Weiterhin (b) soll auf das gute Ziel der praktischen Aktivität eingegangen werden. Dabei soll auch (c) diskutiert werden, ob Psellos möglicherweise die Einheit aller Tugenden annimmt oder sie möglicherweise ablehnt. Schließlich (3) soll gezeigt werden, welche die guten Taten genau sind, die der praktischen Tugendhaftigkeit entspringen.

χελιδὼν τὴν καλιὰν πήγνυσι, καὶ ἡ μέλισσα τὰ ἐν τοῖς σίμβλοις πλάττει ἑξάγωνα καὶ ἑκάστην πλευρὰν παρ' ἑκάστην τίθησι. διὰ ταύτην καὶ ὄφις τμηθείς, εἶτα τῷ μαράθρῳ διαλείψας τὰ τμήματασυγκολλᾷ, καὶ ἡ χελιδόνιος δὲ βοτάνη ἀπὸ τοῦ περὶ τὴν χελιδόνα πάθους τὴν κλῆσιν εἴληχε.

(1) Ich versuche nun zum einen zu zeigen, dass die metriopathische Einrichtung der Seele, die die Leidenschaften begrenzt, einerseits die Tugendhaftigkeit einer Person ausmacht. Die zweite Definition entsprang laut Psellos jedoch dem guten Ziel. Wie hängen beide Komponenten nun miteinander zusammen? Kann das Gute möglicherweise identisch mit der *metriopatheia* sein? In einer Textstelle führt Psellos den Begriff der vollkommenen Taten (*teleias ergasias*) ein, die ein Mensch vollbringen könne.[535] Dort schreibt er ausdrücklich, dass diese Taten gemäß praktischer Tugenden geschehen. Damit gibt es eine begriffliche Differenz zwischen diesem und der *metriopatheia*. Denn die Einrichtung der Seele ist nicht Ziel, sondern Grund dafür, dass ihr etwas Gutes entspringt. Diese guten Taten würden demnach eine praktisch tugendhafte Seele voraussetzen. Die *metriopatheia* kommt demnach klarerweise nicht mehr dafür infrage, identisch mit der guten Tat (im Sinn einer guten Aktivität) zu sein, da sie nur ihre Voraussetzung ist. Nun könnte man zwar behaupten, dass die gute Tat immer dann aktiviert wird, wenn die gute Seelenhaltung aktiviert ist, sodass die gute Seele sozusagen „nach außen strahlt". Aber es gibt klarerweise die Möglichkeit, dass eine gute Tat nicht zustande kommt, obwohl die tugendhafte Seelenhaltung aktiviert wurde. So zum Beispiel, wenn der Mutige sich entscheidet, das Schwert zu ziehen, um jemanden zu retten; das Schwert in genau diesem Moment aber zerbricht und die Tat also aufgrund von unvorhersehbarer Kontingenz nicht zustande kommt. Ursache und Wirkung können deshalb nicht immer als miteinander identisch betrachtet werden.

Durch diese Unterscheidung zwischen innerer Haltung (*metriopatheia*) und äußerem Ziel (die gute Tat) eröffnet sich nun einerseits das Blickfeld auf das Innenleben des Menschen, andererseits auf seine nach außen gerichtete, aktive Gestaltung der Welt. Aufgrund dieser Distinktion kann nun der besondere Stellenwert untersucht werden, den Psellos den guten Taten zuspricht. Außerdem ist somit plausibel erklärbar, wieso er – wie wir sehen werden – so ausführlich auf verschiedene gute Taten eingeht und sie als vorbildlich darlegt, ohne jedes Mal die seelische Beschaffenheit zu thematisieren.

(a) Wenn wir uns nun zunächst dem inneren Aspekt zuwenden, sehen wir, dass Psellos die inneren praktischen Tugenden eben als Mitten definiert[536] und

---

535 T1.38, 155–158: ἔστι δὲ ὁ μὲν ἑξήκοντα ἀριθμὸς τῆς κατὰ τὴν πρακτικὴν ἀρετὴν τελείας ἐργασίας ὑπόθεσις, ὁ δὲ τῶν πέντε τῆς κατ' αἴσθησιν ἐντελοῦς ἐνεργείας οἰκειότατον σύμβολον, μεθ' ἃ ἡ κατὰ τὴν ἄλογον ἐπιθυμίαν ἐξοικίζεται δύναμις.
536 T1.8 A, 9–12: τὴν γὰρ φρόνησιν ἐπιδεικνῦσα καὶ τὴν μεγαλοψυχίαν καὶ τὴν ἐλευθεριότητα τήν τε σωφροσύνην καὶ τὴν ἀλήθειαν καὶ τἆλλα ὅσα ἐν μέσῳ κείμενα τὰς ἑκατέρωθεν πλεονεξίας καὶ μειονεξίας ἐκκλίνει, ἐν μετοχῇ τούτων εὐθὺς καθιστᾷ. Ebenso in T1.76, 55: ὁ γὰρ πρακτικὸς μέτρον τοῖς πάθεσιν [...]

eine wohl offene Liste von Tugenden aufzählt, zu der die Seelengröße, die Freigiebigkeit, die Besonnenheit und die Wahrhaftigkeit gehören.[537] An anderen Stellen nennt er außerdem die Gerechtigkeit, die Nachsicht und die Philanthropie.[538] In *De omnifaria doctrina* stellt er außerdem folgende praktische Tugenden vor:[539] Mut, Größe, Ehrgeiz, Milde, den Anspruch auf Dinge für sich selbst und Freundschaft. Auch für die Bildung oder besser gesagt für den Umgang mit ihr gibt es eine Mitte, die geistige Beweglichkeit. Zum Schluss nennt er die Bescheidenheit.[540]

Es ist klar, dass Psellos mit dieser Liste ein starkes Augenmerk auf die Interaktion des Tugendhaften mit der Schöpfung außerhalb seiner selbst legt und die neuplatonische Selbstreduktion oder die Wendung in das Innere kein Hauptanliegen für ihn ist. Seine Interessenschwerpunkte scheinen also nicht nur auf dem Innenleben des Tugendhaften zu liegen, sondern auch die von ihm beginnende Interaktion mit der Außenwelt zu beachten.

(b) Während die praktischen Tugenden also jeweils als Mitten ein bekannter Topos in der Philosophie der Antike und Spätantike sind, bewegen wir uns nun bei

---

537 vgl. De omnifaria doctrina § 80 ohne nähere Erklärung des Übermaßes und der Unterbietung.
538 Als göttliche Eigenschaften vgl. T1.13, 7–9: ἔπειτα δέ, πολλῶν αὐτῷ οὐσῶν τῶν δυνάμεων, δικαιοσύνης, φημί, ἀνεξικακίας καὶ φιλανθρωπίας, διὰ τί ἡ τοῦ ἐλεεῖν προσηγορία συνῆπται τῷ 'κύριε';
539 Diese Aufzählung von Tugenden können wir deshalb bedenkenlos übernehmen, da sie den Definitionen entsprechen, die er in den argumentativen Schriften dargelegt hat, und zwar dass sie eine Mitte sind. De omnifaria doctrina § 79–80: § 79: Ὅτι ἡ μὲν ἀνδρεία μεσότης ἐστὶν ὡς μὲν ὑπερβολῆς τοῦ θράσους, ὡς δὲ ἐλλείψεως τῆς δειλίας, καὶ ἔστι περὶ φόβους καὶ θάρρη. τῆς δὲ σωφροσύνης ὑπερβολὴ μὲν ἡ ἀκολασία, ἔλλειψις δὲ ἡ ἀναισθησία, λεγέσθω γὰρ οὕτως. περὶ δὲ δόσιν χρημάτων καὶ λῆψιν μεσότης μὲν ἡ ἐλευθεριότης, ὑπερβολὴ δὲ ἡ ἀσωτία ἤτοι ἀφειδία τῆς χρήσεως, ἔλλειψις δὲ ἡ ἀνελευθερία ἤτοι φειδωλία. περὶ δὲ χρήματα μεσότης μὲν ἡ μεγαλοπρέπεια, ὑπερβολὴ δὲ ἡ ἀπειροκαλία, ἔλλειψις δὲ ἡ μικροπρέπεια. περὶ δὲ τιμὴν καὶ ἀτιμίαν μεσότης μὲν ἡ μεγαλοψυχία, ὑπερβολὴ δὲ χαυνότης τίς λεγομένη, ἔλλειψις δὲ ἡ μικροψυχία. Περὶ δὲ ὄρεξιν τιμῆς ὁ μὲν ὑπερβάλλων ταῖς ὀρέξεσι φιλότιμος, ὁ δὲ ἐλλείπων ἀφιλότιμος, ὁ δὲ μέσος ἀνώνυμος· πολλὰ γάρ εἰσι πράγματα ὄνομα κύριον μήπω ἐσχηκότα. §80: Περὶ τὴν πραότητα μεσότητα οὖσαν ἡ μὲν ὑπερβάλλουσα κακία ὀργιλότης, ἡ δὲ ἐλλείπουσα ἀοργησία. περὶ δὲ τὸ ἀληθὲς ὁ μὲν μέσος ἀληθὴς καὶ ἡ μεσότης ἀλήθεια λεγέσθω· ἡ δὲ προσποίησις ἡ μὲν ἐπὶ τὸ μεῖζον ἀλαζονεία καὶ ὁ ἔχων αὐτὴν ἀλαζών, ἡ δὲ ἐπὶ τὸ ἔλαττον εἰρωνεία καὶ ὁ ἔχων αὐτὴν εἴρων. ἐπεὶ δὲ δύο ἡδύτητές εἰσιν, ἡ μὲν ἐν παιδιᾷ, ἡ δὲ ἐν τῷ βίῳ, ὁ μὲν ὡς δεῖ ἡδὺς ὢν φίλος καὶ ἡ μεσότης φιλία, ὁ δὲ ὑπερβάλλων κόλαξ, ὁ δὲ ἐλλείπων δύσερίς τις καὶ δύσκολος· τῆς δὲ ἐν παιδιᾷ ἡδύτητος ἡ μὲν μεσότης εὐτραπελία, ἡ δὲ ὑπερβολὴ βωμολοχία, ἡ δὲ ἔλλειψις ἀγροικία. καὶ ὁ μὲν αἰδήμων μέσος, ὁ δὲ ὑπερβάλλων ἀναίσχυντος, ὁ δὲ ἐλλείπων καταπλήξ, ὁ πάντα αἰδούμενος.
540 Wir können deshalb an dieser Stelle auf *De omnifaria doctrina* zurückgreifen, da die dortigen Tugenden durch dieselben Kriterien definiert werden, die Psellos in den argumentativen Texten darlegt.

den guten Taten auf neuem Terrain. Deshalb sollen zunächst Psellos' Aussagen im Zentrum stehen, ohne sie in einen geistesgeschichtlichen Kontext zu setzen.

Der Unterschied zwischen guten Taten und allen anderen Handlungen ist, dass ihr Ziel nicht in dieser Tat selbst liegt, sondern auf etwas Anderes verweist. Was versteht Psellos also darunter, außer, dass sie etwas Gutes sind und der gerade beschriebenen, offenen Anzahl praktischer Tugenden entspringen? Denn während wir genau wissen, was die innere Haltung der *metriopatheia* ist, nämlich die praktische Tugend, haben wir nichts Genaueres darüber gesagt, was eine gute Tat eigentlich ist. Die Vermutung liegt nahe, dass sie als philanthropisch zu bezeichnen sein wird. Wir würden aber vielleicht Spenden für Bedürftige und die Sorge um Kranke darunter verstehen wollen. Doch meint Psellos das? Steigen wir mit einer etymologischen Passage in das Problem ein, in der Psellos die Bezeichnung der niedrigeren (*cheirôn*) Tugenden vom griechischen Wort für die Hände (*cheiras*) ableitet und in einen Zusammenhang zu den Taten setzt:

> Weil aber jede Praxis der Hände für die Aktivierung bedarf, deshalb nannte der Prophet die Taten der praktischen Tugend Hände.[541]

Annäherungen an den genauen Inhalt dessen, was eine gute Tat ausmacht, außer dass sie den Tugenden entspringt, können wir uns nun systematisch erarbeiten. So liefern uns einige Stellen Kriterien dafür, diese selbst bestimmen zu können. Psellos definiert das Ziel der Ethik nämlich auf eine Weise, die uns verwundern könnte, wenn wir von einer Tugendethik ausgehen.

> Du fragtest aber auch, was der Teil der Politik sei. Es ist also die Sorge (epimeleia) um jeden einzelnen der Bürger, aber sie wird Ethik genannt.[542]

Epistemologisch gehört die Ethik zur Politik. Diese Definition ist aber deshalb bemerkenswert, weil sie das Ziel der Ethik weder in die Vervollkommnung des eigenen Charakters setzt noch in die Glückseligkeit. Auch von Selbstreduktion ist hier gemäß unserer früheren Aussage nicht die Rede, sondern Psellos definiert es gänzlich als das Wohlergehen eines anderen Menschen.

Handelt es sich bei dieser Passage vielleicht um einen „Ausreißer"? Schließlich haben wir auch gesehen, dass er die Glückseligkeit doch genannt hatte und manchmal auch die Tugenden in das Zentrum seiner These stellt. – Ein Blick auf die Rede 31 zeigt, dass es sich nicht um eine Ausnahmedefinition handelt.

---

[541] T1.33, 61–63: ἐπεὶ δὲ πᾶσα πρᾶξις χειρῶν δεῖται πρὸς τὴν ἐνέργειαν, διὰ ταῦτα ὁ προφήτης χεῖρας τὰ τῆς πρακτικῆς ἀρετῆς ἔργα ὠνόμασε.
[542] Philosophica minora II 17, 7–8 Ἠρώτησας δὲ καὶ τί ἐστι τὸ μόριον τῆς πολιτικῆς. ἔστιν οὖν ἡ περὶ ἑνὸς ἑκάστου τῶν πολιτῶν ἐπιμέλεια, καλεῖται δὲ ἠθική.

Denn dort ist das Ziel der praktischen Tugenden die brüderliche Freundschaft. Sie ist das, was aus der Fürsorge für einen anderen Menschen idealerweise hervorgeht. Der gute Charakter scheint in Psellos' Tugendethik demnach kein absolutes, intrinsisches Ziel zu sein, sondern auch einem weiteren Gut zu dienen: der Fürsorge für einen anderen Menschen. Dabei entspringt die dafür notwendige Handlung zwar den Tugenden, das Gute, das Psellos nennt und welches das Ziel der Praxis ist, ist aber die Fürsorge und begrifflich von der Tugend zu trennen.

(c) Eine weitere Ansicht verwundert. Psellos schreibt, der Tugendhafte sei für ihn ein Maler, der zu Gott blicke, der ihm Vorbild sei.[543] Das Interessante dabei ist, dass der einfache und gute Gott ihm Vorbild dafür ist, eine bunte, vielfarbige Seele zu gestalten.[544] Ebenso finden wir folgende, ganz ähnliche Überlegungen: „Und ein anderer teurer ist ein Karneol [Stein], der durch die Harmonie der Tugenden in vielen Farben gemacht wurde."[545]

Der Vergleich der Tugenden mit den Farben eines Bildes oder der Harmonie der Töne zeigt uns ihre Vielgestaltigkeit. Es kommt der Eindruck auf, als verstehe Psellos jede Tugend als einzelne Kompetenz, die nicht unbedingt mit anderen Tugenden zusammenhängen und zusammenfallen muss. Er würde gemäß dieser Aussage nicht die Position vertreten, dass die Person, die eine Tugend hat, auch alle anderen Tugenden haben müsse. So kann es offenbar vorkommen, dass nur einige Tugenden ausgebildet werden, sodass das komplette Bild der Seele zwar unvollendet ist, sie es aber dennoch in vielen Situationen zulassen, richtig und tugendhaft zu handeln. Diese Teilkompetenzen sehen wir in der *Chronographie* an

---

543 T1.64, 3–5: 'Κακός' ἐστι 'ζωγράφος τῆς ἀρετῆς' ὁ μὴ ἐξεικονίζων ταύτην ἐν τῇ ψυχῇ μετὰ τῶν ἰδίων χρωμάτων τε καὶ σχημάτων, ἀλλὰ μεθ' ὑποκρίσεως καὶ τοῦ τοῖς πολλοῖς ἀρέσκειν ταύτην ἀφομοιούμενος. Hier geht es zwar um die Warnung, Hypokrisie und die Angleichung an die Meinungen der Menge herzustellen. Aber die richtige Einrichtung liegt in der Auswahl der richtigen Farben und Formen. T1.104, 34–41: λόγῳ δὲ καὶ θεωρίᾳ εἰκονογραφῶν τὸ ὁμοίωμα, τοῦ ἐν τῷ παραδείγματι κάλλους οὐκ ἀποτεύξεται. ἐπεὶ οὖν ζωγράφοι τυγχάνομεν τῶν ἐν τῇ ψυχῇ ἀρετῶν, δεῖ ἡμᾶς καὶ λόγον ἔχειν τῆς ἐπιστήμης καὶ πρὸς τὸ παράδειγμα βλέπειν καὶ κατὰ τὴν ἐκείνου ἰδέαν ἀφομοιοῦν ἑαυτούς. ὁ μὲν οὖν πίναξ ἡ ἡμετέρα πέφυκε ψυχή· χρώματα δὲ αἱ ἀρεταί· ἡ δὲ τῶν χρωμάτων κρᾶσις ἡ τῆς γραφικῆς ἐπιστήμης δύναμις· τὸ δὲ παράδειγμα ὁ θεός· ἡ δὲ πρὸς τοῦτο ὅρασις τὸ ἀεὶ πρὸς τὸν θεὸν νεύοντας, οὕτως τὰς ἑαυτῶν καταχρῴζειν ψυχάς.

544 T1.104, 35–41: ἐπεὶ οὖν ζωγράφοι τυγχάνομεν τῶν ἐν τῇ ψυχῇ ἀρετῶν, δεῖ ἡμᾶς καὶ λόγον ἔχειν τῆς ἐπιστήμης καὶ πρὸς τὸ παράδειγμα βλέπειν καὶ κατὰ τὴν ἐκείνου ἰδέαν ἀφομοιοῦν ἑαυτούς. ὁ μὲν οὖν πίναξ ἡ ἡμετέρα πέφυκε ψυχή· χρώματα δὲ αἱ ἀρεταί· ἡ δὲ τῶν χρωμάτων κρᾶσις ἡ τῆς γραφικῆς ἐπιστήμης δύναμις· τὸ δὲ παράδειγμα ὁ θεός· ἡ δὲ πρὸς τοῦτο ὅρασις τὸ ἀεὶ πρὸς τὸν θεὸν νεύοντας, οὕτως τὰς ἑαυτῶν καταχρῴζειν ψυχάς· ἡ δὲ τῆς εἰκόνος πρὸς τὸ πρῶτον κάλλος ἐμφέρεια τὸ τῆς ἐπιστήμης τυγχάνει κεφάλαιον.

545 T1, 107–108: καὶ ἄλλος πολυτελής ἐστι σάρδιος, τῇ συμφωνίᾳ τῶν ἀρετῶν ποικιλλόμενος· Er scheint hier zu meinen, dass der Wert des Steines der richtigen Relation der verschiedenen Farben entspringt.

verschiedenen Stellen, von denen die folgende paradigmatisch für Psellos' Ansicht steht:

> Wenn wir nämlich sehen, dass bei jenen berühmten Herrschern, die für ihre Urteilskraft, ihre Worte und Taten gepriesen werden (ich meine den Makedonen Alexander, die beiden Caesaren, den Epiroten Pyrrhos, den Thebaner Epameinondas sowie den Lakedaimonier Agesilaos, um nicht all die anderen zu nennen, denen nur wenig Lob vonseiten derer, die sie rühmen, zugesprochen worden ist), gute und schlechte Eigenschaften nicht ausgewogen verteilt sind, wie wir auch von den Verfassern ihrer Biographien wissen, sondern das Schlechte bei weitem überwiegt, was sollte man dann erst über diejenigen sagen, die denjenigen nacheiferten, wenn offensichtlich ist, dass sie nur um Weniges hinter jenen zurückbleiben, ich meine nicht in allen Aspekten der Tugend, sondern in solchen, in denen jene die übrigen am meisten übertroffen haben?[546]

So ist wohl in den meisten Menschen eine Balance zwischen Tugenden und Lastern zu finden. Mit anderen Worten heißt das, dass einige Tugenden nicht ausgeprägt sind. In mancher Hinsicht sei jemand also tugendhaft, in anderer hingegen nicht. Dies zeigt bereits die Aufteilung der Einzeltugenden in nicht vermischte Kompetenzen. Leider führt Psellos den Gedanken nicht weiter aus, sodass wir uns mit diesem Ansatz zufriedengeben müssen.

(3) Die Behauptung alleine, die guten Taten seien das, was den praktischen Tugenden entspringe und die Fürsorge zum Ziel habe, bringt natürlich keinen inhaltlichen Mehrwert, wenn wir wissen wollen, was sie genau sein sollen. Zunächst könnte es sein, dass es sich um eine feste und ausformulierte Anzahl an Taten handelt, die alle diese beiden Kriterien erfüllen. Das zumindest legt eine Passage aus T1.38 nahe. Dort versteht Psellos die Jahresanzahl 60 aus *Jesaja* 7, 8 allegorisch als die Anzahl der vollendeten Taten gemäß den praktischen Tugenden.[547] Leider führt die Passage aber nicht weiter und lässt uns im Dunkeln darüber, welche diese sein könnten. Auch hier vermissen wir eine Angabe der Art der Handlungen, die über die Tatsache hinausgeht, dass sie gut seien und den praktischen Tugenden entsprängen. Wir finden tatsächlich auch an keiner anderen Stelle seines Werkes eine eindeutige und vollendete Aufzählung dessen, was gute Taten sind und müssen uns damit zufriedengeben, dass er sagt, es seien viele.[548] Wenn wir diese Argumentation verfolgen, entdecken wir in seinen Schriften tatsächlich eine größere Anzahl an Taten, die den Kriterien entsprechen

---

[546] Chronographie, VI, 163
[547] T1.38, 155–156: ἔστι δὲ ὁ μὲν ἑξήκοντα ἀριθμὸς τῆς κατὰ τὴν πρακτικὴν ἀρετὴν τελείας ἐργασίας ὑπόθεσις [...].
[548] T1.33, 35–39: ἐν μὲν γὰρ τῇ πρακτικῇ ἀρετῇ, ἧς πολλὰ τὰ ἔργα [...].

und im Hinblick auf ihren „Nutzen" für andere Menschen diskutiert werden. So schreibt Psellos an einer Stelle:

> Ich hätte nun am angenehmsten die ganze Zeit mit euch zusammengelebt, indem ich die Gattungen der Lehren vorstelle und mich mit ihrer Süße auffülle und so eine Mischung von beiden herstelle.[549]

Diese Passage erklärt die Mischung aus eigenem Wohlergehen während der Lehrtätigkeit, die von ihm zugunsten der Lernenden ausgeführt wird. Er ergänzt an einer anderen Stelle, dass, wer Lehrer sein möchte, selbst wissen müsse, wie man mit der Tugend umzugehen habe.[550] Damit erfüllt die Lehre beispielsweise die beiden Kriterien dafür, als gute Tat gelten zu können. Denn sie entspringt der Tugend und hat das Wohl anderer Menschen zum Ziel. Hier fühlen wir uns an die geistige Vaterschaft erinnert, die stoisch anmutet, aber in der byzantinischen Tradition vor Psellos vor allem in der Philosophie des Johannes Klimakos zu finden ist.[551]

Ganz ähnlich verhält es sich mit der Gesetzgebung und der Rhetorik. Denn in der Tradition der *Politeia* VII (519e) sind sie es, die die Menschen zum Guten führen. In der Ausübung der Rhetorik sieht Psellos eines seiner eigenen Kerntalente und so schreibt er in der *Chronographie*, wie er es durch sein Redetalent zum Wohl seiner Mitbürger schafft, einen Bürgerkrieg abzuwenden.[552] Fraglich ist auch, ob beispielsweise die Medizin zu den guten Arbeiten zählt, da ja die Sorge um einen hypostatisch aus Körper und Seele bestehenden Menschen sich nicht nur auf dessen geistiges Wohlergehen beziehen kann, wie durch die Lehre, sondern sicherlich auch den Körper beachten sollte. Und da Psellos Interesse an medizinischen Fragen hatte und offenbar auch selbst behandelt hat, spricht einiges dafür, dass auch die medizinische Sorge um den Körper für ihn zu den guten Taten gehört.[553]

So ist die Liste dessen, was wir als gute Taten präsentieren können, zwar kurz und weit entfernt von der Zahl 60, die Psellos im Kommentar zu *Jesaja* 7, 8 nennt, aber auch aus seiner eigenen Biographie scheinen diese drei plus eins, also Rhetorik, Lehre, Gesetzgebung plus möglicherweise Medizin, sicher und zentral

---

549 Or 31, 144: Ἔγωγ' οὖν ὑμῖν ἥδιστ' ἂν τὸν ἅπαντα χρόνον συγκατεβίωσα τὰ γένη τῶν λόγων παρατιθεὶς καὶ ἐμφορῶν αὐτῶν τῆς γλυκύτητος καὶ μίαν ἀμφοῖν κρᾶσιν ἐργαζόμενος·
550 T1.67, 10–12: διὰ ταῦτα ὁ θαυμάσιος οὗτος ἀνὴρ ἀπαγορεύει μὲν μὴ κακὸν γίνεσθαι ζωγράφον τῆς ἀρετῆς τὸν διδάσκαλον [...].
551 Vgl. Müller 2006, 206. Ganz eng verbunden mit dem Gehorsam ist die geistige Vaterschaft, die Klimakos auf vier Weisen benennt: als Hirten, Steuermann, Arzt und Lehrer.
552 vgl. Chronographie, VII, 27 ff.
553 vgl. Hohlweg 1988

unter die guten Taten zu fallen, durch die man der Fürsorge aus Tugend nachkommen kann. So können wir also davon ausgehen, dass Psellos die Wendung „politische Tugenden" auf zwei Weisen versteht. Die innere Einrichtung des Menschen in einer metriopathischen Gemütslage ist die klassische Definition, der er eine weitere hinzufügt: Diese Zweite nimmt die guten Taten in Augenschein, die den inneren Tugenden entspringen und immer auf das Wohlergehen eines anderen Menschen zustreben.

4.3.2 Das Durchhaltevermögen als Surplus des tugendhaften Menschen

Einige Punkte sollen zur Erklärung dessen dienen, was das Durchhaltevermögen bei Psellos bedeutet. Zunächst (1) möchte ich das Problem herleiten und einige Widersprüche aufzählen. Sodann sollen (2) einige Bedeutungsmöglichkeiten diskutiert und auf Plausibilität untersucht werden.

(1) Psellos erklärt an einigen Stellen, dass die Ausübung der praktischen Tugenden an sich noch keine Vollendung darstellt. Denn man könne sein Durchhaltevermögen gegen Anstrengungen verbessern. Dieses Motiv der Mühe während der Praxis könnte bereits bei Euagrios Pontikos anzutreffen gewesen sein und könnte plausiblerweise in engem Zusammenhang mit der asketischen Tradition gestanden haben.[554] Schauen wir uns also zunächst an, wie Psellos es erklärt. In T1.1 stellt er fest:

> Die Seele, die sich zu Gott gewandt hat, nimmt zuerst die lastvolle Mühe (ponon) der praktischen Tugend auf sich, weil sie sowohl Dienerin als auch Magd ist, weil sie die Beschwerden (mochthois) der Tugenden erträgt und weil sie ganz standhaft mit den Schultern des Durchhaltevermögens (karterias) ihre Lasten (achtê) aushält.[555]

außerdem fügt er in T1.94 dem Thema Folgendes hinzu:

> Denn hier erarbeiten wir uns die Tugenden, indem wir uns ernsthaft um sie bemühen (philoponountes) und indem wir die der Natur eingepflanzten Dinge zur Vollendung bringen,

---

[554] Louth 1996, 37
[555] T1.1, 86–91: ἡ γὰρ πρὸς τὸν θεὸν στραφεῖσα ψυχὴ πρῶτα μὲν τὸν ἀχθεινὸν πόνον τῆς πρακτικῆς μέτεισιν ἀρετῆς, ὅτε δὴ καὶ λάτρις ἐστὶ καὶ διάκονος, ἐγκαρτεροῦσα τοῖς μόχθοις τῶν ἀρετῶν καὶ βιαίως πάνυ τοῖς τῆς καρτερίας ὤμοις τὰ τούτων ἄχθη βαστάζουσα.

aber das Erleuchtet- und Vergöttlicht-Werden danach bringen wir nicht zustande, sondern erfahren es vom Stärkeren.[556]

Offenbar gibt es also eine Kompetenz, die nicht identisch mit den praktischen Tugenden ist und antrainiert werden muss, obwohl die Tugenden schon präsent sind. Die positive Konsequenz aus den Mühen, die ihr bei der praktischen Betätigung widerfahren, ist demnach, dass die Seele ihr Durchhaltevermögen (*karteria*) üben und verbessern kann. Es scheint also der Fall zu sein, dass die praktischen Tugenden zwar nicht in der Art, aber in der Dauer zunehmen, denn das impliziert das Durchhaltevermögen m. E., wenn es eine Steigerung bedeuten soll.

Trotz ihrer vordergründigen Plausibilität ist diese Aussage aber in Verbindung mit der Tugend, wie Psellos sie herstellt, außerordentlich problematisch. Ist derjenige, der tugendhaft ist, nicht bereits in vollem Besitz einer guten Charakterhaltung, die auch das Durchhaltevermögen impliziert? Muss der Tugendhafte sich etwa anstrengen, um tugendhaft zu sein? Aristoteles sagt uns, dass der wahrhaft Tugendhafte das Gute auch gerne tut, also vernunftgemäße Lust dabei empfindet.[557] Jede Art der Mühe impliziert aber Unlust. Bedeutet das, dass Psellos eine Art *enkratês*-Verständnisweise des Tugendhaften hat, bei der es immer der Anstrengung bedarf, um tugendhaft zu sein? Uns hilft es weiter zu sehen, dass Psellos ein doppeltes Verständnis von Tugend hat:

> Homonym, mein Bester, ist der Name der Tugend: Einerseits Aktiviertes, andererseits wie ein Zugrundeliegendes.[558]

So unterstellt er offenbar einen Unterschied zwischen der tugendhaften Charakterhaltung und der tugendhaften Aktivität, die mit einer weiteren Kompetenz einherzugehen scheint. Diese Kompetenz ist jedoch selbst offenbar keine Tugend, sondern nimmt konkret als Durchhaltevermögen gegen die Mühe die Rolle eines Surplus zur Tugend ein. Dasselbe Konzept finden wir auch in den Briefen des Psellos über den Mönch Elias, die uns einen tieferen Einblick in die Semantik der Mühe und des Durchhaltevermögens geben können. Auf sie werden wir jetzt eingehen. Was hat es also mit diesem Mönch auf sich, und warum sollte man Zeit mit ihm verbringen, wenn er charakterlich fragwürdig ist?

---

556 T1.94, 55–58: ἐνταῦθα γὰρ τὰς ἀρετὰς ἐργαζόμεθα, συντόνως αὐτὰς φιλοπονοῦντες καὶ ἐγκατεσπαρμένας τῇ φύσει ἐπεξεργαζόμενοι, τὸ δὲ μετὰ ταῦτα ἐλλάμπεσθαι καὶ θεοῦσθαι οὐκ ἐνεργοῦμεν, ἀλλὰ παρὰ τοῦ κρείττονος πάσχομεν.
557 Hoffmann 2010, 86 für eine Diskussion der Problematik bei Aristoteles.
558 Philosophica minora II, 86, 5–6: ὁμώνυμον, ὦ λῷστε, τὸ τῆς ἀρετῆς ὄνομα· τὸ μὲν ἐνεργούμενον, τὸ δ' οἷον ὑποκείμενον.

Elias kenne alle Tavernen und Bordelle der Stadt,[559] sei imstande, Affengeräusche nachzuahmen und könne in der phrygischen Tonleiter singen: „He will arise early in the morning with you and sing the sacred songs. Then he will join you in a dance."[560] Wenn es wirklich sein müsse, könne er jedoch das Verhalten eines Mönches mimen: „If you should be angered at such a transformation, he will immediately shift back to the first mode. His eyes will remain fixed; his hands will be gently folded on his chest."[561] Psellos empfiehlt seinen Adressaten den Umgang mit ihm und bittet auch um milde Gaben für Elias, der eine ganze Sippschaft an Verwandten zu versorgen habe: „Only, may you have a pleasant laugh and may you come to love the man."[562]

Die Gründe, die Psellos dafür angibt, Zeit mit solch einem Menschen zu verbringen, sind aufschlussreich für das Problem des Durchhaltevermögens:

> Human nature is not unrelenting and untiring in facing every trial, but it requires some cheer and playfulness. Indeed, when you feel the need to come down to this level, you ought not to cast about for the players of the lyre or the flute, but before all else enjoy this multiform man. If you pay a little something as a harbour fee, you will find anchorage for the ship of your soul and, after a nice rest, you may once again put out to sea.[563] Therefor, since we are downcast by nature and need something to sooth our spirits, when your ship is just about to sink, you will find refuge in his harbour.[564]

So finden wir hier denselben Gedanken wieder, den Psellos oben anhand der Homonymie der Tugend ausgearbeitet hatte. Der Grund, Zeit mit dem Mönch Elias zu verbringen, ist die Tatsache, dass der tugendhafte Mensch nicht durchgehend gemäß der Tugend aktiv sein kann. So falle er aufgrund seiner Natur in einen potenziellen Status zurück, der wegen der Anstrengung die Tugend und dadurch auch die guten Taten ruhen lasse. Die Freude an der Beschäftigung mit Elias ist für Psellos wohl kaum ein Beweis seiner Charakterschwäche, sondern nur der jedem Menschen innewohnenden Begrenzung an Durchhaltevermögen geschuldet. Je mehr gute Taten der Mensch jedoch tut, desto stärker scheint sein Durchhaltevermögen laut Psellos werden zu können.

(2) Das Durchhaltevermögen ist möglicherweise ein Konzept aus der asketischen Tradition, das Eingang in Tugendethik des Psellos gefunden hat. Doch so überzeugend es auf den ersten Blick klingen mag, so gravierende Schwierigkei-

---

[559] Dennis 2003, Brief 7, 55
[560] Dennis 2003, Brief 3, 50
[561] Dennis 2003, Brief 3, 50
[562] Dennis 2003, Brief 4, 52
[563] Dennis 2003, Brief 1, 48
[564] Dennis 2003, Brief 3, 51

ten ergeben sich, wenn man es genauer betrachtet. Es ist völlig unplausibel anzunehmen, dass ein milder Mensch, der an ein und demselben Tag drei Mal Milde walten ließ, das vierte Mal hart reagiert, weil er nicht genügend Durchhaltevermögen mitbringt, um weiterhin tugendhaft zu sein. Man würde in einem solchen Fall nicht sagen, dass er eine Prüfung („in facing every trial") nicht bestanden habe, sondern schlichtweg feststellen, er sei nicht tugendhaft. Ebenso ist es beispielsweise bei der Freigiebigkeit. Wieso sollte jemand, der fünf Mal an einem Tag freigiebig gewesen ist, beim sechsten Mal nicht mehr freigiebig sein und einen geizigen Charakterzug zutage treten lassen? Kann jemand, der eine gerechte Konstitution hat, durch häufiges gerecht-sein, plötzlich ungerecht werden? Eine solche Aussage stünde vor allem gegen Psellos' Zustimmung zur aristotelischen Lehre, die die ethischen Tugenden durch Gewöhnung erwerbbar sein lässt, im krassen Gegensatz.[565]

Um eine Auflösung dieser Problematik zu versuchen, möchte ich deshalb als nächsten Schritt drei Interpretationsweisen vorschlagen, um diese Erschöpfungs- und Durchhaltethese zu erklären: Zum einen wäre es (a) anzunehmen, dass Psellos die körperlichen Bedürfnisse als Hinderungsgründe für die dauernde Ausübung der Tugenden annehmen könnte. Dies ist die Ansicht, die wir bei Euagrios Pontikos antreffen, wenn er vom Kampf gegen die Müdigkeit (*akêdeia*) spricht.[566] Ich möchte dieses Konzept Bedürfnis-These nennen. Zweitens könnte es (b) sein, dass Psellos den Tugendhaften mit dem aristotelischen *enkratês* konfundiert. Die Mühe würde der Tatsache entspringen, dass nicht die körperlichen Bedürfnisse, wohl aber die Empfindungen von Lust sich bei den guten Handlungen nicht einstellen[567] und sie deshalb mit einem Kampf gegen die Unlust oder das Leid als Anstrengung einhergehen. Diese Variante soll *enkratês*-These heißen. Zuletzt (c) wäre eine Tugendkonzeption denkbar, die sich nicht mehr an der konkreten Situation ausrichtet, sondern alle Taten in einen prospektiven Projektzusammenhang für das Wohlergehen eines anderen Menschen stellt. Die Mühe würde dann durch die äußeren Widerstände zutage treten, die die Ausübung der jeweiligen Tugend nicht zulässt, obwohl die innere Konstitution des praktisch Tugendhaften perfekt wäre. Diese Erklärung soll Projekt-These heißen.

(a) Die Bedürfnis-These beinhaltet, dass tugendhafte Handlungen gegen körperliche Widerstände ausgeführt werden müssen, wodurch Erschöpfungserscheinungen auftreten, die die Leistungsfähigkeit des Handelnden minimieren. Solch einen Ansatz könnten wir möglicherweise bereits bei Aristoteles ausfindig

---

565 De omnifaria doctrina § 75: Διττῆς οὔσης τῆς ἀρετῆς, τῆς μὲν διανοητικῆς, καθ' ἣν τὰ κρείττω διανοούμεθα, τῆς δὲ ἠθικῆς, καθ' ἣν πρὸς τὰ καλὰ διὰ μιμήσεως ἐθιζόμεθα [...].
566 Vgl. Louth 1996
567 Müller 2009, 111, FN1 zitiert dort Gould 1994, 178

machen. Denn er schreibt in EN X (1176a), die Glückseligkeit sei aktivierte Tugend, die man beispielsweise im Schlaf nicht habe. In einem Zustand, der zum Schlaf tendiert, der Müdigkeit, träte also ein natürliches Hindernis gegen die Ausübung einer Tugend hinzu, die beispielsweise in einer Situation, in der Mut als Zivilcourage gefragt ist, dessen richtige Aktivierung verhindern würde. Für die Bedürfnis-These spricht auch, dass Psellos in der damaskenischen Tradition steht, die einige körperliche Lüste positiv bewertet und notwendige Lüste von nicht notwendigen unterscheidet.[568] Derart natürliche körperliche „Interventionen" als Grund für die Schwierigkeit zu einer Handlung anzunehmen, könnte demnach gar nicht kritisiert werden, da diese Leidenschaften immer ihre Legitimität haben. Wir werden sehen, dass Psellos tatsächlich eine starke Kritik an der Missachtung körperlicher Bedürfnisse im *Enkomion auf die Mutter* formuliert. Er schreibt außerdem ausdrücklich, dass es unsere Natur ist, die uns zur Unterbrechung unserer Aktivität zwingt.[569]

Wenn wir dieser Interpretation folgen wollten, sähen wir jedoch, dass die Wortwahl das Durchhaltevermögen als einen erstrebenswerten Status kennzeichnet, das somit eine Art Zähigkeit gegen körperliche Bedürfnisse bedeuten müsste. Gegen diese Interpretation spricht aber in erster Linie, dass Psellos ein Gegenmittel vorschlägt, das nicht auf die basalen körperlichen Bedürfnisse eingeht: Zeit mit dem Mönch Elias zu verbringen. Dies bedeutet nämlich den höheren Genuss des Witzes, der Ironie, gleichwertig oder über der musikalischen Unterhaltung. Und auch die asketische Tradition hallt in Psellos' Wortwahl nicht wider. Denn er beschreibt die Auswirkung der Tugenden auf den Körper als „früchtebringend", was eine Assoziation mit der Süße weckt, nicht mit der Ermüdung.[570] Die Konsequenz zu konstruieren, aus Tugend folge körperliche Müdigkeit, die durch das Durchhaltevermögen bekämpft werden könne, ist vor diesem Hintergrund unplausibel. Demnach kann Psellos nicht von einer Bedürfnis-These des Tugendhaften ausgehen, die Durchhaltevermögen als Kampf gegen die körperlichen Bedürfnisse versteht. Die Aussage, es geschehe aufgrund unserer Natur, muss demnach etwas anderes bedeuten. Schließlich muss man auch eingestehen, dass das Problem der körperlichen Erschöpfung banal wäre und eher zur asketischen Tradition der frühen Jahrhunderte gehören würde als zu Psellos' Zeit.

(b) Die *enkratês*-These beinhaltet die Ansicht, dass es auch im Tugendhaften einen grundsätzlichen Konflikt zwischen der guten Handlung und den Leidenschaften, die diese Handlung begleiten, geben müsse. Nicht mehr der Körper

---

568 Schäfer 2009, 43
569 Dennis 2003, Brief 1, 48
570 T1.29, 37–39: ἐπεὶ οὖν σύνοδος ἐνταῦθα ὥσπερ τῶν ἐναντίων ἐγένετο, ἑκάτερον τῶν <τοῦ> ἑτέρου παραπολαύει, ψυχὴ μὲν τῶν ἀπὸ τοῦ σώματος παθημάτων, [...]

wäre das „schwache Glied" des Menschen, sondern die ungeschulte oder unschulbare Seele. Der Tugendhafte müsste sich demnach immer gegen die eigenen Lustempfindungen durchsetzen, um Gutes zu tun. Anders als in der Bedürfnis-These wäre der Zeitvertreib mit dem Mönch Elias eine Art „Balsam für die Seele", die ja ansonsten bei jeder tugendhaften Handlung einen inneren Kampf auszutragen hätte. Während die Bedürfnis-These die körperlichen Bedürfnisse als hinderlich ansah, wären es also nun die seelischen Vorlieben, die zur Erschöpfung führen würden. Dies würde auch die Rolle der feineren, seelischen Freuden erklären, die Psellos in der Auseinandersetzung mit Elias darlegt. Denn diese würden der seelischen Erholung dienen, nachdem wir uns vorher seelisch angestrengt haben. Auf Unlust müsste zur Erholung also Lust folgen. Diese Ansicht könnte auch der Ansicht geschuldet sein, dass eine Annäherung an Gott mit Unlustgefühlen gepaart sein muss, ein Gedanke, der in der byzantinischen Tradition nicht abwegig ist und auch bei Psellos vorkommen könnte.[571] Es könnte demnach sein, dass auch Psellos eine Verbindung zwischen guten Taten und Lustgefühl ablehnt, weil das irdische Leben einen Prüfungscharakter haben könnte. Wer Gutes tun will, müsse sich demnach immer gegen allerlei dysfunktionale Widrigkeiten durchsetzen, vor allem solche in der eigenen Seele.

Gegen die *enkratês*-These spricht aber Psellos' aristotelische Herleitung der Tugenden jeweils als Mitte.[572] Sie unterstellt, dass Psellos auch die anderen aristotelischen Thesen übernimmt, von denen uns hier besonders die der Lustempfindung bei einer richtigen Handlung wichtig ist. Für eine aristotelische Tugendethik wäre das Aufkommen vernunftwidriger Lustempfindung ein Zeichen dafür, dass die Person gerade nich tugendhaft genannt werden kann. Einen expliziten Hinweis darauf, dass die Leidenschaften erzogen werden können und demnach offensichtlich nicht immer gegen die richtige Handlung opponieren können, finden wir leider nur in einer deskriptiven Passage von *De omnifaria*

---

[571] Vgl. Griggs 2001: Die Überzeugung Symeons des Neuen Theologen ist es, dass die *apatheia* zwar das Ziel der ethischen Anstrengung sei, man diese aber durch flehentliches Weinen und Zerknirschung erreichen müsse, weil nur dann der Heilige Geist auf den Menschen einwirke. Vgl. Grondijs 1958: Niketas Stethatos ist nicht nur der Biograph seines Lehrers Symeon des Neuen Theologen, sondern auch sein intellektueller Nachfolger. Er hat die Lehren des Neuen Theologen verteidigt, entwickelt und verbreitet. So stimmte er mit ihm darin überein, dass der Gläubige durch Gebet, Reue und Tränen die *apatheia* als Gabe des Heiligen Geistes erlangen könne, die mit der „Einwohnung der göttlichen Dreifaltigkeit" einhergehe.
[572] T1.8 A, 9–12: τὴν γὰρ φρόνησιν ἐπιδεικνῦσα καὶ τὴν μεγαλοψυχίαν καὶ τὴν ἐλευθεριότητα τήν τε σωφροσύνην καὶ τὴν ἀλήθειαν καὶ τἆλλα ὅσα ἐν μέσῳ κείμενα τὰς ἑκατέρωθεν πλεονεξίας καὶ μειονεξίας ἐκκλίνει, ἐν μετοχῇ τούτων εὐθὺς καθιστᾷ. Ebenso in T1.76, 55: ὁ γὰρ πρακτικὸς μέτρον τοῖς πάθεσιν […].

doctrina § 81.⁵⁷³ Besonders stark spricht gegen die These aber die Tatsache, dass Psellos das Ziel der praktischen Tugenden in der Einrichtung der brüderlichen Freundschaft sieht. Könnte es aber noch Freundschaft sein, wenn sie mit Ermüdungserscheinungen und innerem Kampf gegen andersgeartete Leidenschaften einhergeht? Es ist deshalb unplausibel, die *enkratês*-These bei Psellos anzunehmen.

(c) Kommen wir zur Projekt-These, die m. E. eine plausible Erklärung für das Verlangen nach Durchhaltevermögen liefert und es tatsächlich als Surplus der Tugendhaftigkeit kennzeichnet. Zunächst ist zu bemerken, dass das Wort *karteria* die Bedeutung der Ausdauer transportiert. Zu unserer anfänglichen Skepsis gegen die Anwendung des Durchhaltevermögens bei punktueller Ausübung der Tugend kommen noch einige Punkte hinzu. Die Freigiebigkeit oder der Mut sind Tugenden, die wir als Aktivitäten einer begrenzten Dauer wahrnehmen. Dies ist zwar eine gewagte Aussage, aber es ist intuitiv einsichtig, dass wir nicht sagen würden, jemand sei zwei Jahre lang mutig gewesen oder freigiebig. Zwei Jahre lang mutig gewesen zu sein, würde lediglich eine iterative Bedeutung offenbaren, die die Ausübung dieser Tugenden in vielen verschiedenen Situationen innerhalb der beiden Jahre darlegen würde. Anders als bei den einzelnen Tugenden handelt es sich bei dem Ziel, das die guten Taten laut Psellos verfolgen, aber um das Wohlergehen eines Menschen, dessen Verbesserung durch Fürsorge natürlich nicht direkt Wirkung zeigt. Die Sorge um einen anderen Menschen ist das Resultat einer Vielzahl von miteinander auf ihn hin koordinierten Ausübungen von Tugenden.

Wenn es sich aber um eine Art Projekt handelt, das zum guten Ausgang geführt werden muss, entsteht eine Diskrepanz zwischen der Aktivität des Handelnden und der Wirkung auf den Rezipienten der Wohltaten. Die Ausübung mancher Tugenden hängt nämlich nicht mehr alleine vom tugendhaften Menschen ab, sondern eben auch von demjenigen, der sie empfängt. Beispielhaft für das Problem, das uns hier bei Psellos begegnet, finden wir Aristoteles' Darlegung der Freigiebigkeit in EN II 7. Ihre Ausführung durch den Tugendhaften bedarf nämlich auch der richtigen Rezipienten, da es auch eine Seite dieser Tugend gibt, die das richtige Nehmen definiert.⁵⁷⁴ Wenn jemand aber nichts nehmen will, kann man auch nicht freigiebig sein. In einer Situation, in der der Freigiebige seine gute Handlung also nicht ausführen kann, weil die Rezipienten seine Wohltat nicht

---

573 De omnifaria doctrina § 81: Ἦθος ἐστὶ ποιότης τοῦ ἀλόγου μέρους τῆς ψυχῆς, ὅταν ὑπὸ τοῦ λόγου κοσμῆται καὶ οἷον ποιότητα ἤθους λαμβάνῃ, περὶ ὃ καὶ ἠθικαὶ ἀρεταὶ συνίστανταί τε καὶ ὀνομάζονται.
574 EN II 7, 12–14. Die richtige Weise Wohltaten anzunehmen wird auch in Senecas *De beneficiis* diskutiert.

akzeptieren, ist seine Tugend offensichtlich nicht aktiviert. Dieselbe Situation kann man sich bezüglich der Lehre vorstellen. Die Rezipienten, die der Ausübung der Tugenden des Tugendhaften dienen könnten, könnten dies aus verschiedenen Gründen nicht zulassen, sei es aus Misstrauen gegen die Inhalte oder aus Desinteresse.

Wenn wir in diesem Bild bleiben wollen, entsteht das Unlustgefühl der Mühe deshalb im Tugendhaften, weil er diese Art der aktiven, extrovertierten Tugenden nicht ausführen kann. Das Lustgefühl gemäß der Einsicht bei der Ausübung der Tugend könnte sich deshalb gar nicht einstellen und das Projekt der Fürsorge würde zur Durchhalteprobe. Es ist m. E. also plausibel, das Durchhaltevermögen nicht aus der dauerhaften Aktivierung der Tugenden, sondern aus dem Kampf für die richtigen Umstände zugunsten ihrer Aktivierung herzuleiten. In diesem Fall bedeutet es etwas völlig anderes als in der asketischen Frühzeit.

Dass diese Interpretation die Fürsorge als ein langfristiges Projekt versteht, werden wir nun anhand einiger Beispiele besser begründen können, die Psellos in einigen seiner Schriften darlegt.

4.3.3 Projektcharakter der guten Taten. Drei Beispiele: Platon mit Dionysios und Dion, Aristoteles und Alexander, Psellos' Schwester und die Prostituierte

Ich möchte die These, dass es sich laut Psellos bei den guten Taten, die die Fürsorge im Blick haben, um langfristige Projekte handelt, die der Anstrengung bedürfen, nun anhand von drei kurzen Beispielen aus seinen Schriften untermauern. Dafür sollen (a) Platon, (b) Aristoteles und (c) aus dem *Enkomion auf die Mutter* die guten Taten von Psellos' Schwester dienen. Die ersten beiden werden in der Rede 8 diskutiert, die uns auch die Aussage liefert, dass Psellos gerne den „oberen" mit dem „unteren" Weg vereinen würde. O'Meara hatte uns auf die Passage aufmerksam gemacht, und es ist interessant zu sehen, dass er hier sowohl das Konzept des Projektcharakters einbaut als auch das Kriterium der Tugendhaftigkeit – denn Platon und Aristoteles dienen ihm hier klarerweise als tugendhafte Vorbilder. Außerdem ist auch die Bedingung erfüllt, dass das Wohlergehen eines anderen Menschen das Ziel ihrer jeweiligen Handlungen ist. Psellos hätte für die Darstellung der guten Taten schließlich auch eine punktuelle Handlung wählen können wie den Mut in einem Zweikampf angesichts der Gefahr oder Ähnliches.

(a) Das Ziel der platonischen Reisen war die Abschaffung der Tyrannis durch philosophische Erziehung der Herrscherklasse. Psellos nennt Platons Bemühungen um den sizilianischen Tyrannen Dionysos I., erklärt aber auch, dass

Platon dort keinen Erfolg gehabt hat, ihn auf den rechten Weg zu bringen.[575] Aber sowohl die Expedition als auch das Projekt dauerten lange an. Sie sind deshalb als Beispiele philanthropischer Praxis keiner einzelnen, punktuellen Tugend geschuldet, da nur die langfristige Ausübung verschiedener Tugenden plausiblerweise zum Ziele der Erziehung der Tyrannen führen kann. Platons Durchhaltevermögen ist demnach zwar nicht von Erfolg gekrönt, aber vorbildlich für die richtige und von Durchhaltevermögen geprägte Koordinierung der guten Taten auf eine Person hin.[576]

(b) Ganz ähnlich verhält es sich auch bei Aristoteles' Erziehung Alexanders, die im Gegensatz zum platonischen Projekt jedoch Erfolg hatte. Psellos hebt dort die Sorge des Philosophen um den Prinzen hervor. Sowohl dessen Bemühung um die Formung seines Charakters als auch die Art und Weise, wie er ihm Gesetze gegeben hat, stehen im Zentrum seiner Aktivitäten.[577] Auch diese Art der Fürsorge eines tugendhaften Lehrers gegenüber dem Schüler muss einem Konglomerat von aufeinander folgenden fürsorglichen Taten geschuldet sein, die das gemeinsame Ziel verfolgen, einen tugendhaften Menschen aus Alexander zu machen.

(c) Neben diesen eher kurzen Beispielen liefert uns das *Enkomion auf die Mutter* einen ausführlicheren Beleg für unsere These. Psellos legt dort das Bemühen seiner Schwester dar, eine Prostituierte zum rechten Leben zu bewegen. Da seine Schwester philosophisch-tugendhaft war[578] sowie das Wohl eines anderen Menschen intendierte, erfüllt auch sie unsere Kriterien, die uns von guten Taten sprechen lassen. In dem folgenden Textstück wird kongruent zur Projekt-These beispielhaft gezeigt, warum das Durchhaltevermögen für eine Person, die

---

575 Ora 8, 20–28: ὁ μὲν δὴ καὶ πολιτείαν τὴν ἀρίστην τῷ λόγῳ συγκατεσκεύακε καὶ τὰς Ἀθήνας πρὸς ὀλίγον ἀφεὶς εἰς Σικελίαν ἔπλευσε διορθωσόμενος Διονύσιον καὶ μὴ τυχὼν αὖθις ἀπέπλευσεν, οὐ μνησικακήσας κατὰ τοῦ παιδὸς τῷ πατρί· ἔνθα δὴ καὶ Δίωνι προσέμιξεν, ἀνδρὶ γενναίῳ καὶ φιλοσοφίας ἐραστῇ, καὶ φίλους ἄλλους συχνοὺς ἐποιήσατο καὶ τοὺς τοῦ τυράννου θησαυροὺς οὐκ ὀλίγοις τῶν Ἀκαδημαϊκῶν καὶ Στωικῶν φιλοσόφων ἐξήντλησε· τὴν δὲ τυραννίδα μεθαρμόσαι μὴ δυνηθεὶς εἰς ἐπιστασίαν ἔννομον αὖθις ἐπανῆλθεν εἰς Ἀττικήν, ὅλον ἑαυτὸν τοῖς λόγοις ἐμπαρασχών.
576 Die Koexistenz von gutem Resultat und praktischen Tugenden, so sehen wir am platonischen Beispiel, ist offensichtlich nicht immer gegeben.
577 Ora 8, 28–38: Ἀριστοτέλης δέ, διὰ τὸν τοῦ Φιλίππου Ἀλέξανδρον τῶν Ἀθηνῶν τὴν Μακεδονίαν ἀνταλλαξάμενος, νόμους τε τῷ βασιλεῖ ὑπέθετο, καθ' οὓς ἐκεῖνον ἐδέησε ζῆν, φιλοσοφίᾳ τε τὸ τῆς ψυχῆς ἦθος διορθωσάμενος, καὶ μένοντι κατὰ χώραν συνῆν καὶ στρατευομένῳ συναπεδήμησε, νῦν μὲν τὸν Εὐφράτην διαπεραιουμένῳ κατὰ τῶν Πάρθων, νῦν δ' ἐκεῖθεν τῆς Αἰγύπτου ἐλαύνοντι, ἵνα χειρώσηται τὸν Ἰνδόν. καὶ ὁ Μακεδών, ἐφ' ἑκάστης ἡμέρας τροπαίων αὐτῷ ἐγειρομένων, τῷ τῷ Ἀριστοτέλει συνεῖναι μᾶλλον ἢ ἐκείνοις ἐκαλλωπίζετο. κἀκεῖνος δὲ συνήδετο ὅτι μετὰ λόγου αὐτῷ προσεγίνετο τὸ νικᾶν· αἱ γὰρ πρὸς τοὺς πολέμους τάξεις καὶ τὰ κατὰ τῶν ἀντιμαχούντων μηχανήματα ἐκ τῶν Ἀριστοτέλους ἐπινοιῶν αὐτῷ συνειλόχατο.
578 Enkomion, Kap. 14

ihre guten Taten ausführen möchte, eine so basale Eigenschaft ist. Die Fürsorge ist nämlich eine äußerst mühevolle Aufgabe für die Schwester, die immer wieder um das Verständnis der Prostituierten kämpfen muss:

> My sister often had censured her, reproached her licentiousness, and criticized her disgracefulness, and finally she commanded her to live somewhere else, far away. At first she was deaf to every accusation and exhortation, and held unswervingly to the life she had begun; but when my sister would not let her go, and assailed and rebuked her, she said, "But if I give up prostitution, how will I get the basic necessities of life?" My sister's nobly inclined or, rather, philosophical nature blurted out a speech and swore sacred oaths that she would support her not only with necessities, but with luxuries as well.[579]

Es tritt deutlich zutage, dass die Fürsorge auch hier eher den Charakter eines Projektes trägt, das die Kombination vieler verschiedener guter Taten verlangt, als einer nur punktuell ausgeführten Tugend. Es handelt sich nämlich auch hier wieder um die Verwirklichung langfristig angelegter Pläne zum Wohl eines anderen Menschen, die offensichtlich in dessen Hinwendung zur Tugend liegt. So wird noch einmal klar, dass nicht immer nur eine Tugend für eine konkrete Situation gefragt ist, sondern es eher darum geht, den angemessenen „Tugendmix" zu verwenden, um dem Ziel des Wohlergehens dienen zu können. Dies geht im Übrigen gut mit der Überlegung einher, Psellos habe keine Einheitstugend vor Augen, sondern spreche Menschen Tugenden in einem Bereich zu, in einem anderen hingegen nicht.

Wer sich nur die Aktivierung der eigenen Tugend zum Ziel setzt, könnte ein langfristiges Projekt gefährden, da es klarerweise häufig zu Konflikten zwischen der Ausübung der eigenen Tugend und dem Wohlergehen eines anderen kommen kann. Wäre Psellos' Schwester gegenüber der an ihrem eigenen Wohl desinteressierten Prostituierten beispielsweise ständig besonnen, wäre dies zwar eine aktivierte Tugend, aber eine, für das Gelingen des Projektes sehr unpassende, die gegen das ethische Ziel spricht, dass Ethik Sorge um Bürger sei (vgl. Philosophica minora II 17, 7–8). So finden wir in dieser Passage mindestens den Versuch der Ausübung von Freigiebigkeit, der wahrheitsgemäßen Rede und des Mutes; Alle drei in wiederkehrender Weise („but when my sister would not let her go"). Alle arbeiten auf ein gemeinsames Ziel hin, das sie in einen Projektzusammenhang stellt, der sich auf die andere Person fokussiert. So wollte Psellos' Schwester der Prostituierten zwar helfen, indem sie ihr freigiebig die Sicherung der Lebenserhaltung zusagte, jene ließ dies aber nur nach längerem Dagegenhalten und

---

[579] Enkomion, Kap. 4

Misstrauen gegen die Veränderung der eigenen Lebensverhältnisse zu.[580] Der Kampf für die Ausübung der richtigen Tugenden zum richtigen Zeitpunkt wird für einige Tugenden also auch im Rezipienten geführt. Da es sich bei allen drei Beispielen um langfristige Projekte der Philanthropie handelt, ist es ersichtlich, dass auch die Mühen, um diese guten Taten tun zu können, erheblich sind und eines ausgeprägten Durchhaltevermögens bedürfen.

4.3.4 Die brüderliche Freundschaft als Ziel der philanthropischen Aktivität

Wir haben bisher gesehen, dass Psellos die guten Taten als fürsorgliche Handlungen praktischer Tugenden versteht. Damit greift er gewissermaßen die Position des Dion Chrysostomos und des Themistios auf, die die Philanthropie als herausragende Tugend ansahen. Anders als die beiden Philosophen der frühen Kaiserzeit sieht Psellos diese Tugend aber nicht als eine an, die nur dem Kaiser oder dem König zukommen kann, die also die Status-Differenz zwischen Fürsorgendem und Fürsorge-Empfangendem für unüberbrückbar hält.[581] Die Aussage, dass die Philanthropie auch zu einem Abschluss kommen kann, wenn aus ihr brüderliche Freundschaft geworden ist, zeigt, dass Psellos anderer Meinung ist als diese beiden Autoren.[582]

Brüderliche Freunde[583] sind für Psellos solche, die nicht nur den gemeinsamen Willen zum Tugenderwerb entwickeln, sondern auch vollendet tugendhaft sind. Das sehen wir unter anderem an seinem Beispiel des mythologischen Brüderpaares der Molioniden.[584] Klar formuliert Psellos dies aber in einer Passage der

---

580 Die Geschichte hat leider kein gutes Ende, da die Prostituierte zum Schluss in ihre alte Gewohnheit zurückfällt. Sie bricht Psellos' Schwester das Herz, woraufhin diese verstirbt.
581 Schramm 2012, 186. Die Freundschaft der Philosophen zum König ist etwas Besonderes und damit eine Ausnahme von der Regel.
582 Hier erinnert Psellos' These stark an die stoische Philosophie. Vgl. Schofield 1991
583 vgl. Claudia Rapp 2014. Psellos diskutiert geschickt die Rolle der Freundschaft für bereits Verwandte Menschen. Die Adressaten seiner 31. Rede sind nämlich die Neffen des Patriarchen Kerullarios. Er schneidet das von Claudia Rapp beschriebene Ritual der Adelphopoiesis an und bettet es in einen philosophischen Kontext der Ausprägung der Tugenden. Ebenso in Chronographie, VII, 125: „Ich war nämlich aufgrund spiritueller Verwandtschaft der Bruder ihres Vaters [...]". Dies sagt er über sich und seine Beziehung zum Vater der Kaiserin Eudokia.
584 Ora 31, 71–72: τοῖς Μολιονίδαις τὸ πλάσμα φιλόσοφος λόγος ἐστὶ τὸ ἀδιαίρετον εἰσηγούμενος τῶν ψυχῶν. Diese Brüder sind die einzigen, die laut der antiken Sagen in der Lage waren, Herakles im offenen Kampf zu besiegen, sind also ein bedeutendes Symbol praktischer Stärke. Dabei repräsentieren sie die vollkommene Freundschaft unter Brüdern. Dieses Bild hat deshalb bereits vor Psellos eine kompositorische Tradition und wird in derselben Weise sowohl von Plutarch als auch von Gregor von Nazianz verwendet.

Rede 31, in der er sagt, dass die brüderliche Freundschaft vollendet sei und einen wahrhaften Philosophen ausmache:

> Der Logos verkündet euch weder eine Sophisterei und sinnlose Gedanken, noch ist er Teil der höheren Weisheit, indem er den Kreis der Lehren[585] aufsucht, sondern er ist ethischer und wahrer Philosoph, und weder verwaltet er eine Stadt, noch hat er mit einem Volk und einem Haus zu tun, sondern (ich sage, was ich zwar sagen möchte, aber ich zögere es etwas hinaus) er zeichnet euch die brüderliche Freundschaft vor, damit eure Gemeinschaft untereinander nicht aus Gewohnheiten und der Auffassung der Vielen besteht, sondern damit sie als Wissenschaft den Logos hat und das Veränderliche und Ungeordnete der Natur mit wissenschaftlichem und unverrückbarem Gedanken definiert.[586]

Gemäß dem *logos* vollendet zu sein, ist gleichbedeutend damit, Tugenden entwickelt zu haben.[587] So ist die brüderliche Freundschaft zwischen Menschen das Ziel jeder ethischen Anstrengung: Sie ist die Vollendung der Sorge um einen anderen Menschen, die in einer Freundschaft der Tugendhaften aufgeht. Denn die brüderliche Freundschaft beinhaltet die vollendete Entfaltung der Tugenden unter mehreren Menschen. Psellos greift somit das stoische Motiv der Gemeinschaft der Weisen auf und färbt es mit dem christlichen Verständnis des *logos* als Gottes Sohn. Besonders interessant ist die Tatsache, dass die Identität zwischen *logos* und Philosophen auch das natürliche Gesetz einschließt. Er ist also in seinem vollendeten Status auch die Verkörperung des natürlichen Gesetzes. Deutlich wird dies in einer Aussage aus dem *Enkomion auf die Mutter*, in der Psellos seine vollendet tugendhafte Mutter Eudokia tatsächlich *nomos empsychos* nennt.[588] Auf den Zusammenhang zwischen Tugend und Gesetz werden wir unten eingehen.

Problematisch ist aber nun Folgendes: Es gibt zwar einen vollendeten Status von Freundschaft, jedoch stellt sich Psellos mit dieser Ansicht nicht nur gegen die Intention der imperialen Philosophen Dion Chrysostomos und Themistios, son-

---

585 Es ist unklar, ob er die *enkyklios paideia* meint.
586 Ora 31, 29 – 37: ὁ δὲ λόγος οὔτε σοφιστείαν τινὰ καὶ περιεργίαν λόγων ὑμῖν ἐπαγγέλλεται οὔτε τῆς περιττῆς σοφίας ἐστὶ μαθημάτων κύκλον ἀνερευνώμενος, ἀλλ᾽ ἠθικὸς μὲν καὶ τῷ ὄντι φιλόσοφος, οὔτε δὲ πολιτείαν ἁρμόζει οὔτε δήμῳ καὶ οἴκῳ προσήκει, ἀλλ᾽ (εἴπω ὃ βούλομαι μὲν εἰπεῖν, ἀναβάλλομαι δέ) τὴν ἀδελφικὴν ὑμῖν φιλίαν χαρακτηρίζει, ἵνα ἡ πρὸς ἀλλήλους ὑμῶν κοινωνία μὴ ἐξ ἔθους ἐστὶ καὶ τῆς τῶν πολλῶν ὑπολήψεως, ἀλλ᾽ ἐπιστήμην ἔχοι τὸν λόγον, καὶ τὸ τῆς φύσεως πεπλανημένον καὶ ἄτακτον τῷ ἐπιστημονικῷ καὶ ἀμεταθέτῳ λόγῳ ὁρίζοιτο.
587 An zwei Stellen derselben Rede 31, die die Anwesenheit des Logos mit dem Philosophen identifiziert, stellt er den Bezug zu den Tugenden her. Ora 31, 169: εὐδαιμονίαν μοι ἐπίστασθε τὴν κτῆσιν τῶν ἀρετῶν. Sowie 256 – 258: καὶ ἵνα τὸ πᾶν τῆς ὑποθήκης κεφαλαιώσωμεν, ἀρετῇ καὶ λόγῳ καὶ τοῖς πατρῴοις καλοῖς, τρισὶ τούτοις πρὸς τὰ κάλλιστα χρώμενοι, οὐδενὶ μέρει τῆς ἀειζωίας ἀπολειφθήσεσθε.
588 Enkomion, Kap. 8

dern auch gegen die Tradition der Kirchenväter. Denn diese verstanden Freundschaft als die Annäherung zweier Seelen aneinander, während sie auf dem ewigen Weg zu Gott sind. Freunde seien also diejenigen, die sich auf Gott zubewegten.[589] Da Gott aber niemals von ihnen vollkommen begriffen werden könne, ist sowohl die Annäherung an ihn als auch diejenige zwischen den „Freunden" eine ewige, asymptotische. Dadurch hat Freundschaft bei den Kirchenvätern in erster Linie etwas mit gemeinsamer, ständig wachsender Annäherung an Gott zu tun. Sie ist ein ewiger Prozess gleich der *epektasis*. Bei Psellos ist es jedoch offensichtlich anders, da er einen vollendeten Status definiert, der während des irdischen Lebens nicht überschritten werden kann.

Wir haben die Philanthropie bisher lediglich im Licht der praktischen Tugenden betrachtet und die Frage, ob es auch eine intellektuelle Seite gibt, nicht weiter beachtet. Psellos' Meinung über die Rolle der theoretischen Aktivität für die Freundschaft ist offenbar eine andere, als sie es bei den Kappadokiern war. Sie ist nämlich, so unsere Untersuchung bisher, nicht durch eine ausgeprägte intellektuelle Tätigkeit gekennzeichnet, sondern durch eine intellektuelle Minimaltätigkeit, die es nur gewährleisten muss, dass den göttlichen Geboten zugestimmt wird und sie gleichzeitig verstanden werden (vgl. die Diskussion des Glaubens unten). Psellos schreibt selbst in Rede 31, dass die Vollendung des Menschen in der brüderlichen Freundschaft kein „Teil der höheren Weisheit" und des Wissens der Schöpfung sei. Das einzig „Geistige" an ihr ist die Rolle, die der Glaube und der Wille einnimmt, die eben rationale Aktivitäten sind. Dass die Philanthropie aber eine rein praktische Tätigkeit ist, wäre verwunderlich, denn er nennt den brüderlichen Freund in der Rede 31 ausdrücklich einen Philosophen. Was ist der Philosoph aber sonst, wenn nicht jemand, der kontempliert? Wir kennen aus der patristischen Literatur das Motiv der praktischen Gotteserkenntnis[590] und aus der byzantinischen Literatur die Tatsache, dass mönchisches Leben als philosophisches[591] bezeichnet wurde. Diese Bedeutung scheint auch von dem Intellektuellen Psellos an dieser Stelle verfolgt zu werden.

---

589 Spira 2007, 147
590 Kobusch 2000, 467
591 Podskalsky 1977, 39

4.3.5 Einbettung der Ethik in eine innerweltliche Eschatologie: Brüderlichkeit, Einheit und Frieden

Die Fürsorge, die wir anderen Menschen leisten, führt zu einem weiteren Gut, das mit ihrer Aktivierung einhergeht. Denn sie ist – so müssen wir Psellos lesen – in eine innerweltliche Eschatologie eingebettet, die unmittelbar aus der gelungenen Fürsorge hervorgeht. Dieses letzte Ziel würde sich einstellen, wenn alle Menschen den tugendhaften Status erreichten. Um Psellos' Konzept näher zu erläutern, möchte ich deshalb zunächst (1) die Rolle des Willens prüfen und zeigen, wie aus ihm Streit oder Eintracht und Einheit hervorgehen können. Dann soll (2) auf das Problem eingegangen werden, dass Psellos an einigen Stellen von einem Status zu sprechen scheint, der noch nicht von der höchsten Tugend ausgeht, sondern von dem Weg zu ihr, also eine Art *prokopê* annimmt. Es interessiert uns hiernach (3) sein Verständnis von Brüderlichkeit gegen Feinde. Im Hinblick darauf soll geprüft werden, weswegen auch daraus eine Art innerweltliches Heil entstehen kann.

(1) Der Wille ist basal für die menschliche Entscheidung zugunsten der Ausbildung der Tugend und damit auch ihr Vorläufer. Wir erinnern uns daran, dass er laut Psellos, ohne durch die schlechten Auswirkungen der Leidenschaften verstellt worden zu sein, die Möglichkeit hat, uns auf den Weg eines tugendhaften Lebens zu bringen oder auf einen Weg der schlechten Leidenschaften.[592] Gegenüber dem Besitz und der Ausübung der Tugend ist der Wille also prioritär.

Nun ist es aber so, dass sich der menschliche Wille für gewöhnlich nicht auf den Erwerb der Tugenden konzentriert, sondern sich auf irrelevante Dinge richtet. Da es viele irrelevante Dinge gibt, widersprechen und kreuzen sich die Willensausrichtungen der Menschen (*ta thelêmata enantia allêlois echontes*).[593] Genau in diesem Sinne wird Streit von Psellos als der Status widerstrebender Willen defi-

---

592 Orationes hagiographicae, 3, a, 325–330: Ἀλλ' εἰ καὶ ζόφον ἀντὶ φωτὸς κατεκρίθημεν καὶ ἀντὶ τῆς ἀπαθεστέρας ζωῆς τὴν ἐμπαθεστέραν εἱλόμεθα καὶ τοῖς τοῦ αὐτεξουσίου κινήμασι πρὸς τὴν κακίαν ηὐτομολήκαμεν ὥσπερ δελεάματι χρωσθεῖσαν τῇ φαντασίᾳ τῆς ἡδονῆς, ἀλλ' οὐδ' οὕτω παντάπασιν ἀπεληλάμεθα τοῦ θεοῦ καὶ τῆς τοῦ ἀγαθοῦ ἐπιθυμίας ἐπελαθόμεθα, οὐδὲ ἴσχυσε καθ' ἡμῶν ὁ διώκτης τοσοῦτον, ὥστε μετὰ τῆς γεωργίας καὶ τὴν σπορὰν ἀφελεῖν τῶν ἡμετέρων ψυχῶν·
593 Dass die Menschen einen gemeinsamen Willen zum Guten entwickeln sollen, wurde in der byzantinische Tradition als etwas angesehen, das durch die Engel zum Vorbild gemacht worden ist und vom Menschen nachgeahmt werden soll. Wir erinnern uns hier an das alte Topos, dass Menschen zu Engeln werden können. vgl. Zecher 2013, 119 für die Argumentation bezüglich der gemeinsamen Willensausrichtung der Engel. Er zitiert dort Arsenius: „The thousands and myriads of angels [cf. Dan 7.10] above have one will, but humans have many wills."

niert.⁵⁹⁴ Komplementär dazu wird die Freundschaft hingegen als Einheit aufgrund der gemeinsamen Willen verstanden:

> Aber wir waren einst Eins nicht gemäß der Natur, sondern in der Identität des Willens und der Bewegungen.⁵⁹⁵

Klarerweise ist der Streit deshalb auch etwas, das grundsätzlich aufgegeben werden soll, solange es eben um Unwichtiges geht.⁵⁹⁶ Doch wir dürfen nicht glauben, dass Psellos eine naive Harmonietheorie vertritt, die jede Art des Streites verbannt. So finden wir bei ihm beispielsweise das Bild einer Gruppe von Menschen, in der zwar alle Einzelwillen auf ein gemeinsames Ziel ausgerichtet sind, innerhalb deren es also formell keinen Streit gibt, die jedoch trotzdem als Ganze keinen guten Status besitzt. Dies sei bei einer aufgebrachten Menge der Fall, die in ihrem Bestreben vereint ist, etwas niederzubrennen oder zu zerstören.⁵⁹⁷ Es kann keine Rede davon sein, dass dies ein positiver Zustand ist, da das Ziel, das sie verfolgt, ein schlechtes Ziel ist.

Genau deshalb ist der Harmoniestatus der Willen, wie wir oben sagten, nur in einer einzigen Weise positiv und erhaltenswert, nämlich wenn die Willen gemeinsam auf den Erwerb der Tugend ausgerichtet sind. Nur in diesem einen Fall ist es wünschenswert, keine divergierenden Willen zu haben. Deshalb schreibt Psellos, dass in dem Fall, in dem die Tugend tatsächlich erstrebt wird, es bezüglich aller anderen Dinge, die weniger wichtig sind, keinen Streit gebe:

> Denn wenn einige beginnen, über die größten Dinge übereinzustimmen und zusammenzukommen, dann werden diese womöglich auch sehr schnell bei den kleineren Dingen den Unterschied aufheben.⁵⁹⁸

---

594 De omnifaria doctrina § 9: οἱ γοῦν φιλίαν πρὸς ἀλλήλους ἔχοντες κατὰ τὸ εἶδος τῆς φιλίας λέγονται ἔχειν σχετικὴν ἕνωσιν· ὥσπερ πάλιν οἱ διϊστάμενοι τὰς γνώμας καὶ τὰ θελήματα ἐναντία ἀλλήλοις ἔχοντες λέγονται ἔχειν σχετικὴν διαφοράν.
595 T1.62, 65–66: ἀλλ' ἦμεν ποτὲ ἓν οὐ τὴν φύσιν, ἀλλὰ τὴν ταυτότητα τῆς γνώμης καὶ τῶν κινήσεων·
596 Ora 31, 177–178: καὶ τὴν ὁμοιότητα ἐν τοῖς κατὰ προαίρεσιν ἔχοντες μὴ χαλεπαίνητε, εἰ ἐν τοῖς κατὰ περίστασιν παραλλάττοιτε·
597 Lauritzen 2009, 136 zitiert dort Chronographie, V, 27. Besonders der letzte Satz ist wichtig, den ich in der Deutschen Übersetzung wiedergebe: „Dann kam jemand mit der Nachricht, das gesamte Volk habe sich gegen den Kaiser erhoben und wie auf ein verabredetes Zeichen hin in derselben Absicht versammelt (τὴν αὐτὴν γνώμην συνείλεκται)."
598 Ora 31, 149–151: εἰ γάρ τινες περὶ τῶν μεγίστων ὁμοδοξεῖν ἄρχονται καὶ συμφέρεσθαι, οὗτοι τάχιστ' ἂν καὶ ἐν τοῖς ἐλάττοσι τὸ διαφέρον ἀνέλοιεν.

Der Zusammenhalt werde außerdem gestärkt:

> Und der eine soll dem anderen Gesicht und Spiegel sein, damit einander gegenüberstehend jemand seine Sorge zu der des anderen macht und es keine Differenz gibt bei den Willen beider.[599]

Die „kleineren Dinge", von denen er in der oberen Passage spricht, meinen aber die materiellen Lebensverhältnisse, die im Angesicht der Tugenden einen minderwertigen Status einnehmen.[600] Im Umkehrschluss heißt das aber auch, dass es immer Streit zwischen denjenigen gibt, die den Willen auf die Tugend ausrichten und allen anderen Menschen. Ein eristisches Moment ist deshalb Teil der zwischenmenschlichen Beziehungen, das so lange Bestand hat, wie nicht alle Menschen tugendhaft werden wollen.

(2) In den obigen Passagen war bisher unklar, ob laut Psellos bereits der Wille zur Tugend ausreicht, um Eintracht, Einheit und Frieden zu garantieren, oder ob erst die tatsächlich erworbene Tugend diese Dinge hervorrufen kann. Sollte ersteres der Fall sein, müssten wir uns erstens fragen, was es bedeuten sollte, dass aus einer faktischen Noch-Untugendhaftigkeit bereits ein so guter Status für die Welt entstehen soll, und zweitens, welchen Vorteil die Person durch den aktuellen Tugenderwerb tatsächlich noch hinzuerwerben kann. Folgende Passage bringt das Problem auf den Punkt:

> Indem ihr euch gemeinsam den Logos zu eigen macht, werdet ihr die sicherste Grundlage (krêpida) der Eintracht (homonoias) erstellen, wenn aber der eine das, worum er sich bemüht, tiefer einsieht, der andere oberflächlicher, soll weder der mit besseren Anlagen den anderen herabsetzen, noch soll der Schwächere es dem Schnelleren missgönnen.[601]

Die Passage erklärt einerseits das Ziel der Bemühung, das im gemeinsamen Erwerb des *logos* kulminiert und, wie wir sahen, dort ihr vollkommenes Ende findet. An anderer Stelle erklärte Psellos ja, dass dieser vollkommene Status die brüderliche Freundschaft sei. Gleichzeitig aber, so sehen wir im zweiten Teil der Passage, kristallisiert sich bereits alleine durch den Willen, den *logos* zu erwerben,

---

599 Ora 31, 194–197: καὶ πρόσωπον ἄτερος θατέρῳ γινέσθω καὶ ἔνοπτρον, ἵν' ἑαυτοῖς ἀντιπεριιστάμενοι τὴν ἑαυτοῦ τις φροντίδα τοῦ ἑτέρου ποιοῖτο καὶ μηδεμία διάστασις ᾖ ἐφ' ἑκατέρου τῶν βουλευμάτων.
600 Or 31, 177–178: καὶ τὴν ὁμοιότητα ἐν τοῖς κατὰ προαίρεσιν ἔχοντες μὴ χαλεπαίνητε, εἰ ἐν τοῖς κατὰ περίστασιν παραλλάττοιτε·
601 Ora 31, 151–155: κοινῇ γοῦν τὸν λόγον ἑλόμενοι ἀσφαλεστάτην κρηπῖδα τῆς ὁμονοίας ποιήσετε, εἰ δὲ ὁ μὲν ὀξύτερον εἶδε τὸ σπουδαζόμενον, ὁ δὲ ἀμβλύτερον, μήθ' ὁ εὐφυέστερος κατεπαιρέσθω θατέρου, μήθ' ὁ μαλακώτερος βασκαινέτω τῷ ταχυτέρῳ·

ein positiver Effekt heraus. Psellos vertritt die Ansicht, dass diejenigen, die noch gar nicht im Besitz des *logos* sind, bereits eine gemeinsame Willensausrichtung haben.[602] Sie sind deshalb bereits in einem positiven Status, weil sie sich entschlossen haben, ihn erwerben zu wollen. Deshalb müssen wir uns fragen, was der Unterschied zwischen dem Weg zum *logos* und dem tatsächlichen Erwerb des *logos* sein könnte. Kommen Einheit, Fürsorge und Frieden nicht eigentlich erst denjenigen zu, die den vollendeten Status der praktischen Tugend erreicht haben, indem sie den *logos* realisiert haben?

Wir können diese Frage folgendermaßen beantworten und den möglichen Widerspruch ausräumen: Psellos ist offensichtlich kein Stoiker, der eine krasse Unterscheidung zwischen dem Weisen und allen anderen nicht-weisen Menschen trifft. Sein Konzept des Tugenderwerbs baut nämlich auf der Bedeutung von *logos* als natürliches Gesetz auf. Deshalb ist es möglich, die Personen, die noch nicht tugendhaft sind, die aber Fortschritte machen, als solche zu verstehen, die das göttliche Gesetz ausführen – es dabei aber noch nicht verinnerlicht haben. Denn die Verinnerlichung bedeutet die eigene Tugendhaftigkeit. Hier tut sich ein Graben zwischen „Pflicht" einerseits und Einhaltung aus innerem Antrieb und Entschluss andererseits auf. Aber aus dieser Perspektive ist es klar, wieso Psellos davon ausgehen kann, dass die Welt selbst mit untugendhaften Menschen, die sich aber formell an das Gesetz halten, friedlich sein kann („die sicherste Basis der Eintracht"). Denn diejenigen, die das Gesetz pro forma einhalten, indem sie beispielsweise sogar widerwillig fürsorglich sind, alleine weil das Gesetz ihnen die formelle Handlung gebietet, ahmen es einfach nach. Wie ein noch nicht tugendhafter Mensch den *spoudaios* bei Aristoteles nachahmt, ohne selbst tugendhaft zu sein, so können diejenigen, die laut Psellos auf dem Weg zum vollkommenen Status der brüderlichen Freundschaft, des instanziierten Logos, sind, sehr wohl in einer geordneten und friedlichen Welt leben. Denn da die Güter und Laster bereits durch das Gesetz vorgegeben sind, herrscht kein Zweifel darüber, was gut und was schlecht ist, und entsprechend getan werden soll. Eine Welt, die aus Menschen besteht, die z. B. *enkratês* sind, ist schließlich eine, die sich nach außen nicht von derjenigen unterscheidet, die aus Tugendhaften besteht. So unterscheidet Psellos also zwischen dem vollendet tugendhaften Status und dem, der lediglich formell das Gesetz einhält. Welchen Vorteil der Mensch durch das tatsächliche Erreichen der Tugenden hat, ist ebenso klar. Er wird als *nomos empsychos* nicht nur glückselig, sondern wird auch beim Endgericht bestehen können. Wir werden

---

602 Dem entspricht auch De omnifaria doctrina § 9: Σχετική ἕνωσίς ἐστι φιλική διάθεσις ἢ θελημάτων ὁμονοητική σύμπνοια. οἱ γοῦν φιλίαν πρὸς ἀλλήλους ἔχοντες κατὰ τὸ εἶδος τῆς φιλίας λέγονται ἔχειν σχετικὴν ἕνωσιν· ὥσπερ πάλιν οἱ διϊστάμενοι τὰς γνώμας καὶ τὰ θελήματα ἐναντία ἀλλήλοις ἔχοντες λέγονται ἔχειν σχετικὴν διαφοράν.

weiter unten außerdem genauer darauf eingehen, wie Psellos die Abhängigkeiten zwischen Gesetzestreue und Tugendhaftigkeit versteht.

(3) Wenn wir nun aber zurück zu der Beobachtung kommen, dass verschiedene Willen sich nur dann in einem positiven Zustand befinden, wenn sie auf die Tugend ausgerichtet sind, können wir eine Passage zur Feindesliebe erklären, die in unseren Ohren zunächst fremd klingen könnte:

> Lasst uns Brüder sagen auch zu denen, die uns hassen, erst recht zu denen, die etwas aus Liebe getan oder erfahren haben. Denn, sagt er, es ist nötig, dass wir anlässlich meiner Auferstehung und des herrlichen Festes tanzen und uns freuen und brüderlich ansprechen nicht nur die Wohlgesinnten, sondern auch die mit uns Verfeindeten. Denn nicht von den Hassenden, sondern sogar von den euch sehr Wohlgesinnten bin ich, ohne dass ich die Trennung gemäß des Hasses gemacht habe, sondern aus höchster Freundschaft habe ich diese erlitten: Denn um nichts weniger als um euch war ich betrübt, weil ich weit weg von euch war, sodass ich diese nicht machte, sondern erlitt. Das „Lasst uns Brüder sagen" setzen einige gänzlich ohne Wissen und Verstand so wie: Lasst uns denen, die uns hassen, dieses sagen, „Brüder", ohne die Homonymie des Spruches zu kennen. Denn dieses Wort steht manchmal für den Umgang, manchmal für die freundliche Anrede. Hier ist für die Anrede klar, inwiefern „Brüder" eine Einladung ist und nicht indem sie tatsächlich vorliegt.[603]

Fremd klingt die Passage aus zwei Gründen. Zunächst ist die Brüderlichkeit für ihn offenbar gar nicht als Startpunkt für verschiedene gute Taten zugunsten der Feinde zu verstehen, wie wir vielleicht heute annehmen würden. Sondern sie ist lediglich als eine Möglichkeit, die in Zukunft realisiert werden könnte, dargelegt. Ansonsten wird der Begriff nur in einer homonymen Weise gebraucht. Es gibt hier nämlich keine Brüderlichkeit zwischen den Menschen, die Grundlage dafür ist, dass auch die Feinde geliebt werden sollen. Die Brüderlichkeit ist lediglich ein Strebensziel, das nur durch Anstrengung erfüllt werden könnte, wenn alle das natürliche Gesetz befolgten oder aber als Tugendhafte den *logos* erwürben. Brüder

---

[603] T1.102, 41–53 ist die gesamte Passage. Oben sind die Zeilen 48–53 übersetzt: 'Εἴπωμεν 'ἀδελφοί' καὶ τοῖς μισοῦσιν ἡμᾶς, μὴ ὅτι τοῖς δι' ἀγάπην τι πεποιηκόσιν ἢ πεπονθόσι'. δεῖ, γάρ φησιν, ἐπὶ τῇ ἐμῇ ἀναστάσει καὶ λαμπρᾷ πανηγύρει σκιρτᾶν καὶ γεγηθέναι ἡμᾶς καὶ προσαγορεύειν ἀδελφικῶς μὴ τοὺς εὔνους μόνον, ἀλλὰ καὶ τοὺς ἀπεχθανομένους ἡμῖν. ἐγὼ γὰρ οὐ τῶν μισούντων, ἀλλὰ καὶ τῶν λίαν εὐνοούντων ὑμῖν, ὅτι μὴ κατὰ μῖσος τὴν ἀφ' ὑμῶν διάστασιν πεποίηκα, ἀλλὰ δι' ἄκραν φιλίαν ταύτην πέπονθα· οὐδὲν γὰρ ἧττον ὑμῶν ἠνιώμην πόρρωθεν ὑμῶν αὐλιζόμενος, ὥστε οὐ πεποίηκα ταύτην, ἀλλὰ μᾶλλον πέπονθα. τὸ δὲ 'εἴπωμεν ἀδελφοί' ἀμαθῶς πάνυ τινὲς καὶ ἀνοήτως οὕτω συντάττουσιν, 'εἴπωμεν τοῖς μισοῦσιν ἡμᾶς τοῦτο αὐτό, ἀδελφοί', τὴν τοῦ εἰπεῖν ἀγνοοῦντες ὁμωνυμίαν. τὸ γὰρ ῥῆμα τοῦτο ποτὲ μὲν ὁμιλίας ἐστὶ σημαντικόν, ποτὲ δὲ φιλικῆς προσφωνήσεως· ἐνταῦθα γοῦν δηλοῖ τὴν προσφώνησιν, ὥστε κλητική ἐστι τὸ 'ἀδελφοί' καὶ οὐ κατ' εὐθεῖαν πτῶσιν κείμενον.

werden nämlich, wie wir sagten, nur die genannt, die identische Willen zur Tugend haben;[604] nicht aber diejenigen, die sich streiten.

Zweitens ist der einladende (*klêtikê*) Charakter verwunderlich. Die Einladung nämlich legt ein starkes Gewicht auf die Entscheidung des Gegenüber, ob er diese anzunehmen bereit ist oder nicht. Anders als beispielsweise in der Bemühung der Schwester um die Prostituierte scheint Psellos also die Vermutung zu haben, dass es auch Menschen geben könnte, die die Einladung ablehnen und die einer Ausrichtung ihrer Willen auf die Tugend nicht zustimmen wollen. Es muss sich demnach um Feinde der Tugend handeln und nicht um politische Feinde.[605] Das bedeutet, dass wir drei Arten von zwischenmenschlichen Beziehungen ausfindig machen können: Erstens die höchste und vollkommene der brüderlichen Freundschaft, dann diejenige des Fortschritts und schließlich diejenige des Streites oder Hasses, bei der mindestens eine Person nicht das natürliche Gesetz einhalten möchte und keine Absicht hat, tugendhaft zu werden.

Bisher ist also klar, dass das Ziel der ethischen Bemühungen der Mitmensch ist, dass aber auch ohne vollkommene Ausprägung der Tugenden offensichtlich ein innerweltliches Heil möglich ist, das durch Eintracht und Einheit gekennzeichnet ist. Es kann jedoch nur dadurch entstehen, dass der Wille auf den Tugenderwerb, die Fürsorge und die Gottesliebe, also auf das natürliche Gesetz, ausgerichtet ist. Man muss explizit sagen, dass Psellos damit noch nicht den vollendeten Status der brüderlichen Freundschaft meint, sondern den vorher festgelegten, festen Entschluss zu ihr. Daraus ist auch verständlich, was Feindschaft meint: Sie kommt durch solche Menschen zustande, die jede Form der Einhaltung des natürlichen Gesetzes ablehnen. Wenn alle Menschen sich also auf dem Weg zur Tugend befänden, weil sie das göttliche Gesetz einhalten, könnte laut Psellos die Welt bereits eine geordnete sein. Und die Welt auf diese Weise zu ordnen, scheibt er in *Philosophica minora I*, ist eines der Ziele des Mensch.[606]

---

604 Ora 31, 77–79 Am Beispiel des Brüderpaares der Molioniden: ὅπερ ἡ φύσις τοῖς διττοῖς ἀποδέδωκε σώμασι, τοῦτο ἡ γνώμη ταῖς αὐταῖς ἀποδοίη ψυχαῖς.
605 Beispiele für solche Menschen finden wir in Psellos Schriften leider nicht, um genauer zu erkennen, was er meinen könnte. Die einzigen, die keine Möglichkeit mehr haben, sich zur Tugend zu bewegen, sind diejenigen, die dies als Strafe nach dem Tod erhalten: T1.100, 79–82: ἐπεὶ δὲ τὴν τῆς ψυχῆς τούτου ἐνέργειαν ἐδέσμησεν ἀσφαλῶς, ὥστε καὶ λελυμένον μὴ δύνασθαί τι ποιεῖν τῶν πρὸς ἀρετὴν ἡκόντων, καὶ 'χοίρους βόσκειν' ἐπέτρεψεν, ὥσπερ δὴ ἐν τοῖς εὐαγγελίοις ἡκούσατε.
606 Philosophica minora I, Op 49, 45–47: καὶ πάλιν διὰ τί ἄνθρωπος; διὰ τὸ κοσμεῖσθαι τόδε τὸ πᾶν· καὶ γὰρ τὸ πᾶν ἀτελὲς ἦν μήπω τοῦ ἀνθρωπείου γένους παραχθέντος.

4.3.6 Ein Stufenmodell zur Erlangung der praktischen Tugenden? Vom natürlichen Gesetz zur Tugend

Das natürliche Gesetz erklärt die beiden „Pflichten" des Menschen, Gott zu ehren und sich philanthropisch zu verhalten. Die philanthropische Handlung der Fürsorge konzentriert sich in erster Linie auf die Einrichtung der Tugend im Mitmenschen. Ob auch körperliche Fürsorge wie beispielsweise durch die Medizin eine Rolle spielt, ist nicht klar. Äußere Güter lehnt Psellos jedenfalls dabei ab.

Wenn wir uns nun auf die Philanthropie konzentrieren, erkennen wir klarerweise, dass Psellos ein Zweistufenmodell der praktischen Aktivität annimmt, bei dem sowohl die Ausrichtung der Willen auf den zukünftigen Erwerb der Tugenden als auch die vollendete Tugendhaftigkeit Eintracht zur Folge haben. Dies zeigten wir im obigen Abschnitt. In beiden Fällen geschehen dieselben Handlungen. Deshalb muss philanthropisches Handeln homonym verstanden werden: Einmal aus der tugendhaften Haltung heraus – dies ist auch die eigentliche Bedeutung – und einmal durch die formale Einhaltung des natürlichen Gesetzes – dies ist die sekundäre Bedeutung. Den klaren Beleg dafür, dass Psellos eine Zweiteilung zwischen „pflichtgemäßer" Philanthropie[607] und Philanthropie aus innerer Tugendhaftigkeit[608] heraus unterscheidet, finden wir im *Enkomion auf die Mutter*. Dort schreibt Psellos nämlich einerseits über seine Mutter, während sie im vollen Besitz der Tugend ist, sie sei *nomos empsychos*:

> [They] bowed to her superior nature and considered her a living law (*nomon empsychon*), a paradigm of action and speech and silence [...][609].

In der Phase, die ihren Verfall einläutet, und in der sie sich von dem tugendhaften Leben entfernt hat, schreibt er hingegen:

> [...] forthwith bidding farewell to both household and life, [...] except that she procured such additional necessities as was proper [...].

Da Psellos dafür argumentiert, dass wir Gottes Sohn, den *logos*, nachahmen sollen, der auch das natürliche Gesetz sei, liegt es nahe anzunehmen, dass es eine Verbindung zwischen formaler Ausübung des göttlichen Gesetzes und der Einrichtung der eigenen Tugendhaftigkeit gibt. Wir sagten zwar bereits, dass das Gesetz für die Erziehung zur Tugend eine ähnliche Rolle spielt wie der *spoudaios*

---

607 Enkomion, Kap. 16
608 Enkomion, Kap. 5
609 Enkomion, Kap. 8, 505: [...] 'νόμον' ἐκείνην ἐλογίζοντο 'ἔμψυχον' [...].

bei Aristoteles, jedoch gibt es dadurch, dass es sich bei Psellos um ein Gesetz handelt, auch eine klare „Pflicht" dazu, den Weg der Tugend zu bestreiten.

Worin liegen nun die Vorteile zwischen der formellen Einhaltung des Gesetzes und dessen Verinnerlichung als tugenhafter *nomos empsychos*? Klarerweise geht einerseits mit der Tugend die Glückseligkeit einher.[610] Dies ist für das irdische Leben natürlich überaus erstrebenswert. Wichtiger ist aber, dass die Haltung und der Vorsatz eine besondere Rolle dabei spielen, ob jemand gut oder schlecht zu nennen ist.[611] Dieser Unterschied zwischen äußerer und innerer Ursache für die Gesetzestreue findet sich auch in einer Passage, die erklärt, welche Arten der Gesetzlosigkeit es gibt. Diese geben Auskunft darüber, wie das Endgericht diese Person beurteilen wird und sind deshalb überaus wichtig.

Psellos erklärt also, es gebe drei Arten des Endgerichts: Das Erste beachtet die Einhaltung des offenbarten, natürlichen Gesetzes, und ahnde Übertretungen. Das Zweite richtet sich an die, die das Gesetz zwar hören, sich aber nicht durch es überreden lassen, oder die einen mangelnden Glauben an die göttlichen Güter haben. Und das dritte und „schlimmste" ist für denjenigen vorbehalten, die sogar die Natur verändern.[612] Es scheint damit entweder die Hinwendung zu unnatürlichen Lüsten gemeint zu sein, oder die Veränderung der natürlichen Ordnung, wie sie der Teufel erstrebt. Genauer wird Psellos an dieser Stelle zwar nicht, wir sehen aber, dass der Vorteil der Tugendhaftigkeit darin liegt, das Gesetz nicht durch ein falsches Verständnis der Güter oder jede andere Art des Versäumnisses zu übertreten. Damit ist sie ein Garant für die erfolgreiche Prüfung des Menschen beim Endgericht.

Genau dasselbe Argument finden wir übrigens in der Aussage, wir seien, gemäß den Vorsätzen, Gute oder Schlechte.[613] Die guten Taten können auch missglücken, das hat Psellos uns sowohl anhand der platonischen Reise nach Sizilien gezeigt, als auch im Verhalten seiner Schwester, die es letztlich nicht schafft, die Prostituierte zu einem Leben der Tugend zu bewegen (auf das missglückte Ende des Projektes sind wir oben nicht näher eingegangen). Offensichtlich zählt aber der Vorsatz mehr als die tatsächliche Ausführung. Im Umkehrschluss bedeutet das, dass die formelle Einhaltung des Gesetzes zwar auch wertvoll ist, da

---

610 Ora 31, 169: εὐδαιμονίαν μοι ἐπίστασθε τὴν κτῆσιν τῶν ἀρετῶν.
611 T1.33, 20 – 21: [...] ἡ φέρουσα πρὸς θεὸν ὁδὸς καὶ ἐν ταῖς τῆς ψυχῆς τοῦτο κεῖται αἱρέσεσί τε καὶ προαιρέσεσιν [...].
612 T1.31, 98 – 102: τρία οὖν ὁ λόγος ὑποτίθησι δικαστήρια, ἓν μὲν τοῖς μὴ κατὰ τὸν γραπτὸν νόμον βιώσασι, καὶ ἄλλο τοῖς μὴ τῷ νόμῳ πεισθεῖσι τῆς φύσεως, καὶ τρίτον τὸ φρικωδέστερον τοῖς παραλλάξασι τὴν φύσιν καὶ 'ὑπὲρ τὰ ἐσκαμμένα πηδήσασιν', οἳ δὴ ἐλάχιστα τῆς ἐν τῷ δικαστηρίῳ ἀξιωθήσονται κρίσεως·
613 T1.33, 33 – 34: [...] ἀλλ' ἡ τῆς προαιρέσεως πονηρία κατὰ τοῦ πρώτου αἰτίου τολμᾷ.

es ja zur Eintracht beiträgt und den Weg der Tugend markiert. Solange jemand aber nicht tugendhaft ist, kann er auch nicht als ein guter Mensch bezeichnet werden, der glückselig ist und vor dem Endgericht nicht scheitern wird.

So können wir klar zeigen, dass Psellos ein Zweistufenmodell annimmt, das durch das natürliche Gesetz vorgezeichnet ist und durch das die Ausbildung der praktischen Tugendhaftigkeit angeregt wird.

4.3.7 Zusammenfassung der praktischen Vollkommenheit

Psellos definiert ein Ideal des menschlichen Daseins, das völlig unabhängig von der wissenschaftlichen Beschäftigung mit der Schöpfung funktioniert und die reine Ausführung des natürlichen Gesetzes für möglich hält. Er definiert sogar einen vollendeten Status der Güte, der sich im praktisch komplett nach dem Gesetz gerichteten und zum Gesetz gewordenen Handeln manifestiert. Diese Interpretation der Vollkommenheit passt ideal auf das perfekte Leben, wie wir es im bildungsfernen Mönchtum finden.[614]

4.4 Theoretische Tugenden

Psellos spricht sehr viel von den praktischen Tugenden. Dennoch dürfen wir nicht vergessen, dass der gebildete Byzantiner die theoretischen Tugenden auch diskutiert und in seine Ethik einbaut. Es soll deshalb im Folgenden auf die theore-

---

[614] Psellos scheint hier das Ideal eines *bios angelikos* eigener Prägung zu zeichnen .vgl. Fisher 2006, 64, 67: Das Leben des Heiligen Auxentios, der durch seine Gottesnähe praktische Vollkommenheit an den Tag legt, wenn er unterrichtet oder als rhetorischer Meister Einheit zwischen denjenigen Herstellt, die verschiedene Meinungen haben. Ferner zum *bios angelikos:* vgl. Leuenberger-Wenger 2008, 156: Gregor von Nyssa stellt er das Ideal des *bios angelikos* Lebens auf, das ein Leben der Tugend ist. Vgl.: Blowers 1992, 154 sowie zum Begriff der *epektasis* vgl. Alexopoulos 2007: Paul Blowers zeigt, dass der christliche Aufstieg für Gregor eine stetige und unendliche Bewegung auf Gott zu ist (*epektasis*). Vgl.: Leuenberger-Wenger 2008, 157: Sandra Leuenberger-Wenger stellt den Begriff des Fortschritts (*prokopê*) in den Mittelpunkt, der dieselbe Bedeutung transportiert. Denn stehenzubleiben müsse bereits als Schritt zur Schlechtigkeit gedeutet werden. (Blowers 1992, 156 zitiert dort Gregor von Nyssas De vita Moysis, 1). Es gebe bei Gregor auch eine Zweiteilung der Tugenden, die laut Ronald Heine außer der intellektuellen Ausrichtung auf Gott auch eine Ausrichtung auf die Praxis beinhalte (Heine 1975, 116). Gregor verstehe sie aber in erster Linie nicht etwa zwischenmenschlich, sondern als Askese und Disziplin (Heine 1975, 120–122). Auch Theo Kobusch stellt unter Bezugnahme auf die Oratio 6 des Gregor heraus, dass die Praxis eine enorme Rolle für ihn spielt.

tischen Tugenden eingegangen werden, um zu verstehen, was sie seiner Meinung nach sind. Außerdem soll erklärt werden, wie ihre Verbindung zur Erleuchtung durch den Heiligen Geist zu verstehen ist. Es ist erstaunlich, dass seine Ethik bisher ohne Bezug zu den theoretischen Tugenden auskommen konnte.

Problematisch ist, dass Psellos einerseits die einfache, nicht wissenschaftliche Art eines guten Lebens mit Symeon dem Neuen Theologen und Niketas Stethatos sowie der mönchischen Tradition zu teilen scheint. Besonders dann, wenn er den wahren Philosophen als den Praktiker definiert, der keine ausgeprägte Wissensakkumulation vorweisen muss, sondern lediglich das natürliche Gesetz vollkommen verinnerlicht hat und es auszuführen bereit ist. Gleichzeitig sehen wir aber, wie er im *Enkomion auf die Mutter* eine überaus lange Liste an Wissensinhalten darlegt, die ihn interessieren und die Wissen der Schöpfung darstellen, ohne auf Gott einzugehen. Außerdem ist er auch selbst Intellektueller und präsentiert beispielsweise dem jungen Kaiser Michael VII. das Werk *De omnifaria doctrina*, das eine Synthese verschiedener Wissensinhalte leistet, unter anderem solch profaner Dinge wie die Frage danach, was ein Komet sei,[615] was eine Sonnenfinsternis[616] oder ein Taifun[617] sei. Offenbar spielt also die, allgemein gesagt, Theorie doch eine herausragende Rolle. Aber widerspricht dies nicht der These, der praktische Mensch sei als *nomos empsychos* und *logos* bereits vollkommen? Was sind also theoretische Tugenden bei Psellos und welche Rolle spielt das Wissen der Schöpfung für ihn?

4.4.1 Was sind theoretische Tugenden?

Ich werde (1) die Liste an Wissensinhalten, die Psellos interessieren, aus dem *Enkomion auf die Mutter* untersuchen und zeigen, dass er Theorie sowohl als Beschäftigung mit der Schöpfung, als auch mit Gott versteht und dass er unter der Bezeichnung *theôria* verschiedene Kompetenzen zusammenfasst.[618] Die Bezeichnungen „Theorie der Schöpfung" und „profanes Wissen" werden im Folgenden synonym verwendet werden. Sodann soll gezeigt werden (2), ob die Beschäftigung mit der Schöpfung für ihn intrinsisch wertvoll ist oder nicht. Als nächstes werde ich (3) die Frage klären, welche Verbindung es zwischen Theorie und „Erleuchtung" durch den Heiligen Geist gibt. Dann (4) werde ich Psellos'

---

615 De omnifaria doctrina § 139
616 De omnifaria doctrina § 128
617 De omnifaria doctrina § 147
618 Vgl. zur Bedeutung der antiken Erklärungen der Philosophie Philosophica minora I, Op. 49

Erleuchtung im Anschluss an *theôria* mit dem perfekten Status der Praxis als *nomos empsychos* vergleichen.

(1) An verschiedenen Stellen beschreibt Psellos die Funktionen des rationalen Teils der Seele. Er nimmt an, dass der Mensch zu Phantasie, Meinung, diskursivem Denken und zum geistigen Denken fähig sei.[619] Der Begriff *dianoia* wird von Psellos an manchen Stellen identisch mit *theôria* verwendet.[620] Der Geist sei der oberste Teil der Seele und habe einen passiven Charakter, der ausschließlich erleiden könne. Deshalb parallelisiert ihn Psellos – gemäß der Tradition – mit der Funktion des Auges.[621] Beide nehmen etwas auf und beide nennt Psellos die edelsten Teile des jeweiligen Bereiches, der Seele bzw. des Körpers.[622] Der Geist habe es nun mit den Dingen zu tun, die nicht körperlich seien.[623] Das Ziel seiner Tätigkeit sei das wahrste Verständnis des Seins – also der Schöpfung – [624] sowie das Wissen des Guten und des Schlechten[625] – das sind die Güter, die Gott dem Menschen in der Offenbarung genannt hat. Er schreibt aber außerdem, dass man den Geist zu Gott wenden kann.[626] Daraus entsteht eine Konkurrenz zwischen zwei Gegenständen theoretischer Betrachtung: Desjenigen des Seins der Schöpfung und derjenigen Gottes. Noch problematischer wird die Situation dadurch, dass Psellos zwar an manchen Stellen der klaren Ansicht ist, dass man Gott gar nicht begreifen kann.[627] Andererseits erklärt er aber auch ausdrücklich, dass das Wissen

---

619 T1.101, 116–117: [...] φαντασία καὶ δόξα καὶ διάνοια καὶ νοῦς.
620 T1.102, 123–125: ὁ δὲ πρὸς τὴν θεωρίαν μεταβιβάσας τὸν νοῦν, οὐδέν τι τοῦ σώματος ἐπιστρεφόμενος, καθαρὰν καὶ εἰλικρινῆ καὶ τοῦ ἀθέου φυράματος ἀνεπίμικτον προσάγει θεῷ τὴν διάνοιαν.
621 T1.24, 31–33: ἐπεὶ γὰρ κάλλιστον μὲν μέρος τοῦ σώματος ὁ ὀφθαλμός, ἐξαίρετον δὲ μέρος ὁ νοῦς τῆς ψυχῆς, ὃν φημι λόγον ἔχει ὁ ὀφθαλμὸς ἐν σώματι, τοῦτον νοῦς ἐν ψυχῇ.
622 Auburger 1978: Psellos findet in der Schrift *Die Entwicklung von Intelligenz und Schwachsinn im Menschen*, dass die Art und Weise, wie die Seele mit dem Körper verbunden ist, ob fest oder locker, dafür verantwortlich ist, welche Konstitution der jeweilige Mensch hat. Diese Spekulation ist der Ansicht geschuldet, dass alle Seelen gleich sind und in einem mit dem Körper geschaffen werden.
623 T1.70, 11–13: ἡ δὲ τοῦ πατρὸς κάθαρσις, ἐν ἀποστάσει τοῦ νοῦ τῆς σωματικῆς γινομένη φύσεως, αὐτὴν ἀνάγει γυμνὴν τὴν ψυχὴν πρὸς τὰς θεωρίας τὰς κρείττονας.
624 T1.76, 141–143: ἀποτελευτᾷ δὲ ἡ μὲν πρᾶξις πρὸς τὸ ἀγαθόν, ἡ δὲ θεωρία πρὸς τὸ ἀληθές· τέλος γὰρ θεωρίας ἡ ἀληθεστάτη τοῦ ὄντος κατάληψις.
625 T1.95, 53–56: [...] τὸ μὲν ἦν ἡ περὶ τῆς κτίσεως θεωρία, 'γνωστὸν καλοῦ καὶ πονηροῦ' ὠνομασμένον, τὸ δὲ ἡ αὐτοῦ τοῦ ὄντος κατάληψις [...]. sowie T1.33, 16–17: [...] ἡ θεωρία τῶν ὄντων καὶ ἡ γνῶσις τοῦ κρείττονος.
626 T1.102, 123–125: ὁ δὲ πρὸς τὴν θεωρίαν μεταβιβάσας τὸν νοῦν, οὐδέν τι τοῦ σώματος ἐπιστρεφόμενος, καθαρὰν καὶ εἰλικρινῆ καὶ τοῦ ἀθέου φυράματος ἀνεπίμικτον προσάγει θεῷ τὴν διάνοιαν.
627 T1.64, 122–123: θεὸς ἀνέφικτον χρῆμα καὶ ἀκατάληπτον [...].

der Seienden etwas Niedrigeres ist.⁶²⁸ Niedriger ist es dann aber offensichtlich im Vergleich zu der Beschäftigung mit Gott. Es ist bisher also nur klar, dass er das Wissen der Schöpfung irgendwie in seine These integriert und eine Art der Selbstreduktion für nicht plausibel hält, die alles außer Gott als unwichtig erachtet. Wir werden auf den Zusammenhang der beiden Ziele der *theôria* jetzt eingehen.

Werfen wir deshalb zur Beantwortung der Frage nun einen Blick auf die Aussagen, die Psellos im *Enkomion auf die Mutter* tätigt. Dort zählt er eine umfangreiche Liste an Dingen auf, die er wissen möchte.⁶²⁹ Ich möchte vorschlagen, diese in sechs Kategorien von Erkenntnisgegenständen wie folgt einzuteilen. Diese Einteilung folgt den Bereichen, die er in *Philosophica minora I*, Op. 49 ausformuliert und der hiesigen Distinktion offenbar ebenfalls zugrunde liegen.

(i) Für die erste Kategorie reicht es nicht aus, Wissen zu haben, viel mehr ist die Anwendung zusätzlich von überragender Bedeutung. Psellos möchte sich beispielsweise mit der Kunst, der Rhetorik, der Musik, der dialektischen Gesprächsführung, der Medizin oder der Rechtswissenschaft vertraut machen. In der *Philosophica minora* ordnet er diese den Künsten zu.⁶³⁰

(ii) Einer zweiten Kategorie gehört das Wissen um die Gründe für einen Sachverhalt an: So interessiert es Psellos, wieso die Erde sich dreht oder (die aristotelische Frage), warum unter allen Lebewesen nur der Mensch lachen könne. In der *Philosophica minora* ordnet er diesen Bereich der Frage zu, warum etwas sei.⁶³¹ Es ist erstaunlich, dass er innerhalb dieses Kriteriums die Redeweise erwähnt, die behauptet, dass Gott nicht sei.⁶³²

(iii) Einer dritten Kategorie gehört definitorisches Wissen an: Psellos fragt nach dem, was das Schicksal, was die Auferstehung, was die Unsterblichkeit der Seele, was die Verbindung zwischen Seele und Körper was Gold oder was eine Wolke ist. In der *Philosophica minora* ordnet er diesen Bereich der Frage zu, was etwas sei.⁶³³

(iv) Eine vierte Kategorie ist die wissenschaftliche Überprüfung von pseudowissenschaftlichen Behauptungen: So ist er zu dem Schluss gelangt, dass es keine magischen Steine gebe und dass die übernatürliche Wirkung von allerlei

---

628 T1.33, 56: [...] χειρῶν δὲ ἔργον καὶ ἡ 'γνῶσις τῶν ὄντων ᾗ ὄντα ἐστί' [...].
629 Enkomion, Kap. 27–30. Es handelt sich dabei um eine Aufzählung von 233 Zeilen (1685–1918).
630 Philosophica minora I, Op. 49, 18–20: [...] καὶ τέχνη μέν ἐστιν ἡ γραμματική, ἡ ῥητορική, ἡ ἰατρικὴ καὶ αἱ τοιαῦται, ὡς περὶ τὰ γεώδη γινόμεναι καὶ πταιστά, [...].
631 Philosophica minora I, Op. 49, 42: [...] διὰ τί ἐστιν.
632 Philosophica minora I, Op. 49, 53–54: [...] μεμηνότων γάρ ἐστι τὸ λέγειν ὅτι οὐκ ἔστι θεός [...].
633 Philosophica minora I, Op. 49, 33: [...] τί ἐστιν.

alchemistisch anmutenden Präparaten unplausibel sei. Diese Kategorie könnte auch unter die zweite fallen, unterscheidet sich von ihr aber dadurch, dass es sich hier ausschließlich um okkulte Probleme handelt. Sie hat keine eigene Entsprechung in der Aufzählung der *Philosophica minora*.

(v) Fünftens gibt es die reine Empirie. Dazu gehört für ihn die Beschäftigung mit der geistigen Überlieferung der Antike, also mit Geschichte und Poesie, aber auch beispielsweise die Frage nach der Größe des unbewohnten Teiles der Erde. In der *Philosophica minora* nennt er diese Art von Wissen, eines ohne Prinzipien.[634]

(vi) Sechstens gibt es Prinzipienwissen.[635] Und tatsächlich nennt er selbst nur diese letzte Kategorie, die Metaphysik[636], ausdrücklich Wissenschaft (*epistêmê*) und Weisheit (*sophia*).[637]

Anhand dieser Aufzählung und der ausdrücklichen Aussage, dass er die Beschäftigung mit dem Wissen der Schöpfung befürwortet, ist es noch einmal klar, dass er *theôria* nicht nur als die Kontemplation Gottes versteht.[638] Auch ist davon auszugehen, dass Psellos uns lediglich die *theôria* und manchmal gleichbedeutend mit ihr die *dianoia* als eine einzige Tugend nennt, die aber offensichtlich verschiedene Unter-Tugenden auf die Weise beinhaltet, wie wir es beispielsweise von Aristoteles kennen: Denn aus der obigen Liste geht klar hervor, dass er sowohl von Künsten als auch andererseits von Wissenschaften spricht. Leider erklärt Psellos nicht genauer, wieso er lediglich einen Begriff für verschiedene Tätigkeiten

---

634 Philosophica minora I, Op. 49, 155–162: ἔστι γὰρ γνῶσις καθολικὴ καὶ γνῶσις μερική, καὶ πάλιν γνῶσις μετ' αἰτίας καὶ γνῶσις ἄνευ αἰτίας, ὡς ἡ κατ' ἐμπειρίαν γνῶσις. αἱ δὲ λοιπαὶ λέξεις ἀντὶ συστατικῶν διαφορῶν λαμβάνονται, διαχωρίζουσαι τὴν φιλοσοφίαν ἀπό τε τῶν τεχνῶν καὶ τῶν ἄλλων. καὶ γὰρ αἱ μὲν ἄλλαι τέχναι καὶ ἐπιστῆμαι οὐ πάντων τῶν ὄντων εἰσὶ γνώσεις, ἀλλὰ τινῶν ὄντων, οἷον ἡ ἀστρονομία περὶ μόνους τοὺς ἀστέρας καταγίνεται, ἡ ἰατρικὴ περὶ μόνα τὰ ἀνθρώπινα σώματα καὶ ἡ τεκτονικὴ περὶ μόνα τὰ ξύλα. Es könnte eine Übereinstmmung zu der Kategorie geben, die fragt, wie etwas beschaffen ist, die an dieser Stelle jedoch nich völlig klar ist. Vgl. Dazu. Philosophica minora I, Op. 49, 41: [...] ὁποῖόν τί ἐστιν [...].
635 Enkomion, Kap. 6: „I do not only inquire into the various types of knowledge, but ask as well whether some rushing streams may flow from them. And the transcendent wisdom – which governs the others, gives their basic principles, interprets their axioms, is purely immaterial, and is placed after physics [...]."
636 T1.60, 19–20: ὥσπερ οὖν σοφὸς ὁ τὰς τῶν ἐπιστημῶν ἀρχὰς ἐπιστάμενος [...].
637 Vgl. zur Einteilung der Wissenschaften außerdem Laudatio in Johannem Crustulam 216–230; Philosophica minora I, Op. 49, 165–170 mit einer von weiteren sechs Definitionen der Philosophie: τὸ δὲ 'ἢ ὄντα' προσέθηκεν, ἵνα δηλώσῃ πῶς γινώσκει ἡ φιλοσοφία πάντα τὰ ὄντα, τουτέστιν οὐ γινώσκει αὐτὰ κατὰ τὸ ποσόν· οὐ γὰρ γινώσκει πόσοι ἄνθρωποί εἰσιν ἢ ἵπποι ἢ λέοντες, ἀλλὰ τὴν φύσιν αὐτῶν γινώσκει. τοῦτο οὖν βούλεται δηλοῦν
τὸ 'γνῶσις τῶν ὄντων ἢ ὄντα εἰσίν', ἀντὶ τοῦ καθό εἰσι καὶ ὅπως ἔχουσι φύσεως.
638 Dass Psellos selbst in der Forschung zurecht als „Polyhistor" bezeichnet wird, wird dadurch deutlich, dass er nicht nur Prinzipienwissen für erstrebenswert hält.

verwendet. Wir müssen aber davon ausgehen, dass er *theôria* im Sinne einer Kategorie versteht, wie es die Bezeichnung „dianoetische Tugenden" bei Aristoteles ist.

(2) Welche Rolle nimmt nun die wissenschaftliche Beschäftigung mit der Schöpfung und die Akkumulation von Wissen laut Psellos ein? Es liegt zunächst nahe, auch hier anzunehmen, dass er ein Aufstiegsmodell befürwortet, das von den untersten Prinzipien der Schöpfung zu immer höheren Prinzipien steigt, bis schließlich auch Gott in das Blickfeld der Theorie gelangt. Damit würden wir leicht beantworten können, wie das Wissen des Seins als Seiendes mit dem von Gott verbunden ist: Nämlich durch eine Bewegung in Richtung Gottes.[639] Diese kommt bei Psellos vor und er nennt sie in der klassischen Tradition manchmal eine „Vergöttlichung des Menschen", wobei wir natürlich die Eingrenzung nicht vergessen dürfen, dass es sich um eine Annäherung an Gott handelt, nicht um eine Angleichung, wie in der antiken Tradition. Dadurch scheinen also alle Wissensinhalte, die der Mensch auf dem Weg zum „höchsten Prinzip" sammelt, aber letztlich nur instrumentell zu sein und könnten abgelegt werden, sobald Gott erreicht ist. Letztlich wäre die Akkumulation von Wissen ein Umweg mit dem Ziel der Selbstreduktion, da sie letztlich doch wieder nur ein extrinsisches Mittel ist, sich an Gott anzunähern. Alles niedrige Wissen müsste dann im Angesicht des höchsten Wissens obsolet werden.

Neben der Tatsache aber, dass Gott gar nicht begreifbar ist, finden wir eine weitere Aussage bezüglich der Wissenschaft, die gegen eine derartige Aufstiegskonzeption spricht. Profanes Wissen scheint hier nämlich keinen instrumentellen Charakter zu besitzen. In folgender Passage stellt Psellos es nämlich der Beschäftigung mit Gott als Konkurrentin gegenüber:

> I should, then, devote myself to God alone, especially now that I have renounced the world, but my vocation, the soul's uncontrollable love for all knowledge, and the constraint imposed upon me by my students have persuaded me to dwell upon these things as well.[640]

Diese Konkurrenz muss aber auf eine spezielle Weise verstanden werden. Psellos kritisiert an einer anderen Stelle nämlich eine Person dafür, dass sie Gott auf direktem Wege verstehen möchte, ohne sich vorher ausreichend mit der Schöp-

---

639 T1.94, 71–75: οὐ γάρ, ὥσπερ ὁ τῆς δικαιοσύνης ἢ ὁ τῆς ὁσιότητος λόγος περιληπτός ἐστιν, οὕτω δὴ καὶ ὁ τῆς θεώσεως, ἀλλὰ τὸν ἅπαντα αἰῶνα τὰς θεωρίας ἀμείβοντες καὶ θεούμενοι, οὐκ ἄν ποτε σταίημεν οὔτε τῆς ἀναβάσεως οὔτε τῆς θεώσεως. θεὸς γάρ ἐστιν ὁ τὴν θέωσιν ἡμῖν ἐνεργῶν, ὧν δὲ τὸ εἶναι ἄπειρον, καὶ τὸ ἐνεργεῖν ἀπερίληπτον.
640 Enkomion, Kap. 28–29

fung beschäftigt zu haben.⁶⁴¹ Es ist deshalb auch für die obige Passage plausibel anzunehmen, dass er nicht einen Gegensatz zwischen der Beschäftigung mit der Schöpfung und derjenigen mit Gott sieht, sondern davon ausgeht, dass lediglich der direkte Versuch des Zugriffs auf Gott kritikwürdig sei. Nicht kritikwürdig sei dann ein Aufstieg, der durch die Theorie der Schöpfung auf eine bestimmte Weise zu Gott führt, die nicht umgehbar ist.

Psellos nennt uns drei Argumente, die zeigen, warum das Wissen der Schöpfung für die Annäherung an Gott notwendig ist. i) Derjenige, der sie nicht entwickelt und nur die praktischen Tugenden ausübt, ist anfällig für Abweichungen vom göttlichen Gesetz. Offensichtlich ist es für Psellos klar, dass man durch Wissen in seiner Tugendhaftigkeit bestärkt wird und nicht mehr leicht von ihr abfällt. Genau dies passiere demjenigen, der nur die praktischen Tugenden aktiviere.⁶⁴² So handelt es sich bei der Tugend zwar um eine feste Charakterhaltung, diese scheint aber mittelfristig veränderbar zu sein. Sie scheint außerdem durch das Wissen darüber, wie die Welt „funktioniert", auf eine bestimmte Weise bestärkt werden zu können. Ein Beispiel dafür, wie in diesem Fall die praktischen Tugenden durch weltliches Wissen gestärkt werden können, erhalten wir in der Rede 31. Dort schreibt Psellos nicht nur, dass der brüderliche Freund der wahre Philosoph sei, sondern festigt seine Aussagen durch Wissen aus der Embryologie und der Ethnologie. Er zeigt also aus der Schöpfung heraus, wieso das göttliche Gebot der Philanthropie Geltung haben muss.⁶⁴³ Bereits für die Erzeugung des Menschen sei es notwendig, dass sich verschiedene Menschen miteinander vereinen.

ii) Der zweite Vorteil, den wir durch die Wissensakkumulation erhalten, wird in T1.8 A⁶⁴⁴ und parallel dazu in *De omnifaria doctrina* § 19 erklärt. Er schreibt dort,

---

641 T1.93, 43–51: δεῖ οὖν γνῶναι ὁπόσα μεταξὺ ἡμῶν καὶ θεοῦ· πρῶτον μὲν ὁ ἄδυτος 'γνόφος', ὃν μόλις πού ποτε τῶν λογικῶν τινες ὑπερέβησαν· ἔπειτα αἱ μετὰ τὸν γνόφον δυνάμεις, ἀφ' ἑνὸς προϊοῦσαι καὶ ἑνάδες καλούμεναι· μετὰ δὲ ταύτας ὁ ἑνιαῖος νοῦς, ἐφ' ὃν ἐκεῖναι συμπερατοῦνται· εἶτα μερικοί τινες νόες· ὑφ' οὓς αἱ ψυχαί· εἶτα φύσεις καὶ σώματα καὶ ὕλη τὸ τελευταῖον. δεῖ γοῦν τὸν θεωθησόμενον πρῶτον μὲν πρὸς ψυχὴν στραφῆναι, εἶτα δι' ἐκείνης πρὸς νοῦν καὶ διὰ τοῦ νοῦ πρὸς τὰ ὑπερκείμενα καὶ τέλος δι' ἐκείνων πρὸς θεόν. ἀλλ' οὔτε ὁ πρὸς ψυχὴν στραφεὶς τεθέωται οὔτε ὁ πρὸς νοῦν·
642 T1.4, 69–74: τοιοῦτο ἅπας ἀνὴρ πρακτικός τε καὶ θεωρητικός· ὁ μὲν γὰρ τὴν πρακτικὴν ἀρετὴν μετιὼν τάχ' ἄν ποτε καὶ ὀλισθήσειε καὶ 'τρὶς' ἂν ἀρνήσαιτο τὸν Χριστόν, ἢ κατὰ τὸν λόγον αὐτὸν ἀθετῶν ἢ κατὰ τὸν θυμὸν ἢ κατὰ τὴν ἐπιθυμίαν, ἐφ' οἷς δὴ ὁ ἀλεκτρυὼν ἐπιβοήσας, τουτέστιν ὁ ἐγκατεσπαρμένος τῇ φύσει λόγος καὶ τοῦ θείου φωτὸς αἰσθανόμενος, εἰς αἴσθησιν τοῦτον διεγείρει ὧν ἐπλημμέλησεν·
643 vgl. z. B. Ora 31, 85–94
644 T1.8a, 73–80: τὸ γὰρ τῆς θείας γνώσεως κρύφιον διὰ τῶν προκειμένων καταλαμβάνομεν. συλλογιστικῇ γὰρ μεθόδῳ ἔοικεν ἡ διὰ τῶν δημιουργημάτων πρὸς τὸν ποιητὴν ἄνοδος, συμπε-

dass wir durch die Erkenntnis der Ordnung der Welt Gottes Perfektion besser verstehen und ehren könnten. Jede theoretische Einsicht sei damit auch immer im Hinblick auf Gott wichtig, weil wir seine Perfektion in den kleinsten Details der Schöpfung entdecken können.[645] Damit ist der Kontrast zwischen der Unerkennbarkeit Gottes und der stetigen Bewegung auf ihn offensichtlich gelöst. Obwohl Gott selbst laut Psellos also nicht erkennbar sei, kann er so widerspruchsfrei behaupten, dass die Theorie auch dann auf Gott ausgerichtet ist und uns ihm näherbringt,[646] wenn sie nicht direkt ihn zum Ziel hat. Diese Aussage steht übrigens in Übereinstimmung mit seiner Annahme, dass wir überall Gott kennenlernen können, sogar in der Materie.[647] Die Festigung der praktischen Tugendhaftigkeit und Verehrung Gottes sind also die Resultate der theoretischen Beschäftigung mit der Schöpfung.

iii) Ein drittes Argument spricht für die theoretische Beschäftigung mit der Schöpfung und gegen die direkte mit Gott allein. Denn anders als in der Antike und im Neuplatonismus tritt im Christentum eine weitere Komponente bei der Vergöttlichung hinzu. Laut Psellos würden all diejenigen sie missachten, die sich direkt an Gott wenden. Es sei nicht der Mensch allein imstande, sich an Gott anzunähern, sondern es sei auch eine Gnade Gottes, sich zu demjenigen hinunterzubeugen, der sich bemühe.[648] Dies sind die Gründe, die Psellos dafür angibt, Wissen der Seienden zu erlangen: Erstens die Festigung der praktischen Tugend, zweitens das bessere Verständnis von Gottes Perfektion, und zuletzt die Gnade der Erleuchtung für die durchgestandenen Mühen.

ραινομένη ἡμῖν ὥσπερ διὰ προτάσεων. ὥσπερ οὖν σφάξας τὸν σύμπαντα κόσμον ἀνέπτυξέ σοι τοὺς ἐν αὐτῷ λόγους, ὅτι διαστατὸς ὁ οὐρανός, ὅτι κινητός, ὅτι σῶμα πέφυκε στερεόν, ἵνα διὰ μὲν τοῦ διαστατοῦ τὸ ἀδιάστατον καὶ ἀμερὲς τοῦ θεοῦ γνοίης, διὰ δὲ τοῦ κινητοῦ τὸ ἀκίνητον, καὶ διὰ τοῦ σχήματος τὸ ἀσχημάτιστον.

645 De omnifaria doctrina § 19: Πόθεν ἔννοιαν ἔσχον θεοῦ ἄνθρωποι. Ἔννοιαν ἔσχε θεοῦ ἄνθρωπος ἀπὸ τῆς τῶν ὄντων τάξεως, ἀπὸ τῆς ἰσονομίας τῶν φύσεων, ἀπὸ τῆς εἰς πάντα διηκούσης προνοίας. ἥ τε γὰρ τῶν μεγάλων φωστήρων ἀνατολὴ καὶ δύσις ἐν τοῖς αὐτοῖς καιροῖς ὁμοίως ἔχουσα καὶ οἱ τῶν ἀστέρων δρόμοι τὴν ταυτότηFτα σώζοντες καὶ ἡ τοῦ οὐρανοῦ περιφορὰ καὶ περίοδος κυκλοτερῶς πάντα σφίγγουσα καὶ συνδέουσα καὶ τἆλλα ὡσαύτως ἔχοντα ἀλαλήτοις στόμασι προνοητήν τινα τοῦ παντὸς εἶναι ἀνακηρύττουσιν. εἰ γὰρ τυχαία καὶ αὐτόματος ἦν ἡ τοῦ κόσμου σύμπηξις, ἦν ἂν καὶ τὰ μέρη τοῦ κόσμου ἀτάκτως καὶ ἀλόγως φερόμενα. νῦν δὲ ἡ εὔρυθμος τοῦ παντὸς κίνησις καὶ τὸ μηδὲν ἀλόγως ἢ τὴν κίνησιν ἔχειν ἢ τὴν ἡσυχίαν, ἀλλὰ πάντα εὐαγώγως ἡνιοχεῖσθαι, τὸν θεὸν ἡμῖν ἀναδείκνυσι ποιητὴν καὶ προνοον τὴν τοῦ παντός.
646 T1.102, 121–125: ὁ δὲ πρὸς τὴν θεωρίαν μεταβιβάσας τὸν νοῦν, οὐδέν τι τοῦ σώματος ἐπιστρεφόμενος, καθαρὰν καὶ εἰλικρινῆ καὶ τοῦ ἀθέου φυράματος ἀνεπίμικτον προσάγει θεῷ τὴν διάνοιαν.
647 T1.26, 51–52: ὁ μέν τις ἀπὸ τῶν ἐσχάτων ἔγνωκε τὸν θεόν, αὐτῆς φημι τῆς ἀνειδέου ὕλης καὶ ἀδιατυπώτου, ὁ δέ τις ἀπὸ τῶν εἰδοποιηθέντων σωμάτων […].
648 T1.94, 74–75: θεὸς γάρ ἐστιν ὁ τὴν θέωσιν ἡμῖν ἐνεργῶν […].

Der Aufstieg sieht folgendermaßen aus: Psellos zeichnet ihn, indem er zunächst an das platonische Höhlengleichnis erinnert, da er zuerst die Gestalten (*schêmasi*) nennt.[649] Sodann steige man zu den Gründen der Bewegung und des Stillstandes auf, im Weiteren zu dem Wissen, warum sich einige Dinge im Kreis und andere gerade bewegten, um schließlich zu Gott zu gelangen und mit ihm zu interagieren (*proshomilein*). Dieser letzte Schritt muss mit der Gnade durch den Heiligen Geistes identisch sein. Problematisch bleibt die Aussage aber, weil Psellos an keiner Stelle genauer erklärt, was Gott uns mitteilt und was *proshomilein* in diesem Zusammenhang genau bedeutet.

Aus dem Kontext sehen wir aber Folgendes: Seine Kritik an denjenigen, die direkt verstehen wollen, was Gott ist, zieht sich wie ein roter Faden durch verschiedene Werke.[650] Er scheint es für hochmütig zu halten, die Aktivität direkt auf Gott ausrichten zu wollen, unter Missachtung der Rolle der Gnade Gottes. Es ist eine falsche Einschätzung der menschlichen Kräfte, Gott direkt verstehen zu wollen. Paradigmatisch sehen wir die Auswirkung des Versuches von der direkten Beschäftigung mit Gott übrigens einmal mehr in der Veränderung der Mutter vom *nomos empsychos*[651] zum Schlechten. Psellos schreibt einige Male, dass sie klarerweise die Kapazität gehabt hätte, weltliches Wissen zu erlangen, sich im Alter selbst aber explizit gegen dieses ausgesprochen habe und nur noch auf Gott schauen wollte. Wir können nur darüber spekulieren, ob sie durch weltliche Bildung vor dem Niedergang bewahrt gewesen wäre.

(3) An diese Feststellung soll nun die Untersuchung der Gnade und der Erleuchtung durch den Heiligen Geist angeschlossen werden. Sie ist ein stark vertretenes Motiv in der byzantinischen Geistesgeschichte.[652] Den Rahmen für unsere Diskussion bildet Psellos' Aussage, dass Gott soweit hinuntersteigt, wie der Mensch aufsteigt.[653]

---

[649] T1.95, 63–71: ἐπειδὰν δὲ ἐγυμνάσθη τὰ αἰσθητήρια καὶ δύναμιν ἔλαχε χείρονος καὶ βελτίονος, τηνικαῦτα προσελθεῖν τοῖς ὑψηλοτέροις περὶ τῶν κτισμάτων νοήμασι καὶ διαγνῶναι πρῶτον μὲν ὁπόθεν ἔσχε ταῦτα τὴν σύστασιν, ἔπειτα μὴ τοῖς σχήμασι τούτων ἐγκαταμεῖναι καὶ πέρασιν, ἀλλ' ἔνδον εἰς τοὺς λόγους χωρεῖν καὶ μαθεῖν διὰ τί τὰ μὲν κινεῖται, τὰ δὲ διαμένει ἀκίνητα, καὶ τίνος ἕνεκα τὰ μὲν εὐθὺ φέρεται, τὰ δὲ κύκλῳ περιθεῖ, καὶ μετὰ τὸ ταῦτα ἀκριβῶς καταμαθεῖν καὶ θεωρητικῶς οἷον διαμασήσασθαι καὶ τοῦ τῆς ζωῆς ἀπογεύσασθαι ξύλου καὶ αὐτῷ καθαρῶς προσομιλεῖν τῷ θεῷ.
[650] z. B. auch T1.93, 43–44: δεῖ οὖν γνῶναι ὁπόσα μεταξὺ ἡμῶν καὶ θεοῦ· πρῶτον μὲν ὁ ἄδυτος 'γνόφος', [...].
[651] Enkomion, Kap. 8
[652] vgl. dazu Joannou 1956 und Kalogeras 2009
[653] T1.64, 144–146: καὶ οὕτω δὴ κατὰ λόγον τῆς ἀναβάσεως ἡ τῆς τοῦ θείου γνώσεως κατάβασις γίνεται. καὶ ὅσον οὖν γινώσκει τοὺς γινωσκομένους θεός, τοσοῦτον αὐτοῖς ἐκεῖνος γνωρίζεται.

Die Beschäftigung mit den höchsten Wissensgegenständen unterscheide sich von anderen Erkenntnisgegenständen dadurch, dass der Heilige Geist darin involviert ist. Er sei es, so Psellos weiter, der es zulasse (*metapoiei, eâ*), dass die menschliche Seele, sich zum Stärkeren emporhebt.[654] Diese Aussage scheint ein Bindeglied zu den Behauptungen zu sein, dass der Heilige Geist die Rolle des *thyrathen nous* spielt, von dem laut Psellos auch Platon und Aristoteles manchmal in ihren Werken sprachen. Aber was bringt uns die Teilhabe am Heiligen Geist oder besser: an den Gaben des Heiligen Geistes? Es liegt zwar nahe anzunehmen, dass es sich dabei um Prinzipienwissen handelt, aber wenn es so sein sollte, ist es nicht klar, welche Art von Prinzipien gemeint sein könnten. Das Prinzip des Kreises sei beispielsweise problemlos für uns selbst erkennbar und wird deshalb sicherlich nicht als Gabe des Heiligen Geistes geschenkt.[655]

Leider erklärt Psellos nicht, was passiert, wenn es zu der Erleuchtung kommt. Vielleicht meint er eine Erfüllung mit Gottes Gaben, die soweit geht, wie es das irdische Leben eben zulässt.[656] Wenn wir die Stelle aus der Rede 31 dazunehmen, die den Philosophen mit dem *logos* identifiziert, könnte die Erleuchtung auch beinhalten, dass der erleuchtete Mensch zum *nomos empsychos* wird. Dann gäbe es zwei Weisen, dieses zu erreichen: durch Praxis und durch Theorie. Leider erklärt Psellos jedoch nicht, wie die Verbindung zwischen diesen beiden zu verstehen ist, sodass es Spekulation bleiben muss. Klar ist bisher nur, dass unsere Leistung als tugendhafte Menschen darin liegt, die göttlichen Gebote verinnerlicht zu haben und auszuführen.[657] Demnach handelt es sich offenbar nicht um eine Angleichung an Gott im platonischen Sinne, sondern um die Angleichung an ein tugendhaftes Leben nach dem göttlichen Gesetz, das im letzten Schritt die Erleuchtung nach sich ziehen kann.

Wenn die Gnade immer dann erlangt werden würde, wenn diese Grundvoraussetzungen erfüllt wären, würde außerdem gewährleistet sein, dass die Gnade Gottes schwankungslos und immerwährend aktiv ist, der Mensch sich jedoch nur

---

654 T1.60, 82–83: οὐχ οὕτω τὸ θεῖον πνεῦμα κινεῖ τὴν ψυχήν, ἀλλὰ μεταποιεῖ μὲν ταύτην ἐπὶ τὸ βέλτιον, ἐᾷ δὲ τὴν διάνοιαν [...].
655 T1.22, 15–17: ἑκατέρωθεν οὖν ὁ κύκλος οὐκ ἄναρχος· ἀρχὴ γὰρ αὐτοῦ καὶ τὸ κέντρον καὶ ἡ ἀμερὴς στιγμή, ἥτις εἰς κύκλον ῥυεῖσα περὶ τὸ μέσον πεποίηκε τὴν γραμμήν.
656 T1.64, 51–53: ὁ μέγας ἀπόστολος ἐπιμερίζων τὰς ἡμετέρας πρὸς τὸν θεὸν γνώσεις καὶ τοῦ θεοῦ πρὸς ἡμᾶς, τὰς μὲν ἐν τῷ παρόντι βίῳ 'μερικὰς' λέγει [...]. Vgl. Gal 5
657 T1.92, 17–19: ζητητέον δὲ καὶ εἰ ἐν ἀμφοτέροις τοῖς βίοις νεύειν δυνάμεθα πρὸς θεὸν καὶ πάσχειν τὴν παρ' ἐκείνου θέωσιν. Sowie T1.92, 31–33: ἡ μὲν γὰρ νεῦσις φιλοπονίας ἔργον καὶ ἀρετῶν ἐργασίας, ἡ δὲ θέωσις πάσης πράξεως καὶ θεωρίας συμπέρασμα.

darauf vorbereiten muss, sie empfangen zu können. Gott würde sich also nicht zufällig nach unten wenden, sondern in gleicher Weise zu all denjenigen, die tugendhaft geworden sind. Ferner würde er nicht „aufgefordert" werden, aktiv zu werden und den Menschen zu belohnen. Genau dies gilt laut Psellos sowohl für die praktisch als auch für die theoretisch Aktiven. Offenbar ist es möglich, durch beide Wege einen vollendeten Status der Erleuchtung zu erreichen. Er verfolgt bezüglich der theoretischen Tugenden eine Erleuchtungsthese, die derjenigen von Thomas von Aquin gleicht, der den *intellectus agens*-Begriff hinzuzieht.[658]

(4) Theorie bedeutet für Gregor von Nyssa die Beschäftigung mit den Manifestationen Gottes.[659] Damit unterscheidet er sich von dem, was Psellos über die Theorie sagt, indem er sie auf Gott beschränkt. Psellos' Ansicht des Nutzens der Theorie als Wissensakkumulation von Schöpfungswissen, das – gleich einer Belohnung – die Erleuchtung zur Folge hat, unterscheidet sich von der direkten Ausrichtung auf Gott stark. Er gibt nämlich einen Grund dafür an, wieso profanes Wissen wichtig sei und erstrebt werden sollte. Er vermeidet es, die Theorie mit einer Art Selbstreduktion in Verbindung zu bringen, obwohl jede Aktivität auf eine Annäherung an Gott hinausläuft. Gott wird letztlich in jedem Teil der Schöpfung erkennbar.

Die oben zitierte Aussage aus T1.104, in der Psellos schreibt, dass der wissenschaftliche ebenso wie der asketische Mensch die Nähe zu Gott finde,[660] muss im Zusammenhang mit der Diskussion um die „einfache" Theognosia beispielsweise des Symeon des Neuen Theologen und des Niketas Stethatos gesehen werden, die in Byzanz heftig diskutiert wurden.

4.4.2 Aufstieg von der Praxis zur Theorie oder Vereinigung beider Wege?

Wir wollen nun einen Schritt zurückgehen und beide Tugendarten anschauen, die der Praxis und die der Theorie. Bisher haben wir innerhalb dieser Tugendarten gesehen, dass es jeweils eine Art des Aufstiegs gibt, von der formalen Einhaltung des Gesetzes zum *nomos empsychos* und von der Beschäftigung mit dem Schöp-

---

[658] Horn 1995a, 77–78: Unterscheidet die drei Konzepte der ontologischen Erleuchtungsinterpretation bei Malebranche, der konkordistischen bei Thomas von Aquin und der formalistischen bei Bonaventura.
[659] Böhm 1996, 74 vgl. zur Ethik des Gregor auch Kobusch 2000, 467–485
[660] T1.104, 17–21: τῶν γὰρ πλησιαζόντων θεῷ οἱ μὲν μετ' ἐπιστήμης τὴν πρὸς ἐκεῖνον πλουτοῦσιν ἐγγύτητα, οἱ δ' ἁπλῶς οὕτως ἀσκητικαῖς ἀγωγαῖς καὶ μεθόδοις πρὸς ἐκεῖνον ποιοῦνται τὴν ἄνοδον, οἱ δὲ καὶ φύσεως πλεονεξίᾳ ἐξ αὐτῆς εὐθὺς τῆς γεννήσεως παρθενεύειν λαχόντες διὰ τῆς φυσικῆς καθαρότητος πεπλησιάκασι τῷ θεῷ.

fungswissen zur Erleuchtung. Nun soll aber die Frage zentral sein, ob Psellos einen Aufstieg annimmt, der auch tugendstufen-transzendent ist. Wir kennen diesen Topos aus der platonischen Tradition, stellten aber zu Beginn des Kapitels bereits die Frage, was Psellos genau meinen könnte, wenn er es anstrebt, den sogenannten „oberen Weg" mit dem „unteren" zu verbinden. Um einen Aufstieg kann es sich dabei offenbar nicht handeln. Es sollen deshalb zunächst (1) die Traditionen der Verbindung zwischen Theorie und Praxis dargelegt werden, die Psellos erreichen. Dann soll (2) Psellos' eigene Position betrachtet werden und zu den vorherigen in Verbindung gesetzt werden. Schließlich können wir dann (3) erklären, von welcher Art Verbindung die Rede ist.

(1) Wir haben fünf Beispiele, die ihm hier möglicherweise konzeptionell Vorbild sein könnten. Jedes dieser Beispiele argumentiert für eine eigene Verknüpfung von praktischer Aktivität und Theorie: Zunächst finden (a) wir die Abstiegsthese, wie es die Rückkehr des Philosophen in die Höhle in Platons *Politeia* VII veranschaulicht. O'Meara wählt eine derartige Interpretation zur Konstruktion einer neuplatonischen politischen Philosophie, die erklärt, wie die geistigen Entitäten der höheren Welt auf die Sinnenwelt übertragen werden könnten. Der Gesetzgeber Minos aus der *Enneade* VI 9 [9] 7 des Plotin dient ihm dabei als Beispiel.[661] Sodann gibt es (b) die Aufstiegsthese, welche die Praxis als einen notwendigen Schritt auf dem Weg zur wertvolleren *theôria* versteht. Viele Neuplatoniker nehmen einen derartigen Aufstieg an, bei dem der Philosoph zuerst die *metropatheia* erreichen muss, bevor er zur *apatheia* gelangen kann, die einer Selbstreduktion gleichkommt. Die (c) Identitätsthese finden wir in der stoischen *oikeiôsis*-Lehre wieder. Die tugendhafte Aktivität des instanziierten *logos* im Weisen ist Grund für die Hervorbringung des *logos* auch in anderen Menschen. Er breitet sich als *oikeiôsis* auf immer weitere Wirkungskreise aus.[662] Somit ist der Weise der praktisch beste Mensch. Die (d) exklusive These finden wir hingegen in der kaiserzeitlichen Tradition des Dion Chrysostomos und des Themistios wieder, die die Praxis als Ausführung der Fürsorge versteht. Sie unterscheidet sich dadurch von der Aufstiegsthese, dass der Rückgriff auf theoretische Tugenden keine

---

661 vgl. O'Meara 2003
662 Ramelli 2014, 118: „In Hierocles' famous image of the concentric circles, oikeiosis is applied to wider and wider groups of 'others', beginning with the 'appropriation' of one's self and passing through one's family and one's city, up to the whole of humanity. Around one's mind, conceived of as the centre, there runs a series of ever wider concentric circles, beginning with that representing one's own body, then the circles representing one's parents, siblings, spouse and children, and on to more remote relatives, and then to members of the same deme and tribe, to fellow citizens, to those who belong to the same people or ethnos, until one arrives at the widest circle, that of humanity."

Rolle spielt.⁶⁶³ Fünftens (e) gibt es die Verzögerungsthese aus der christlich-asketischen Tradition, welche die Mühen des irdischen Lebens durch theoretische Einsicht in die Mechanismen und Gründe der Schöpfung im nächsten Leben durch Gott zu belohnen verspricht.⁶⁶⁴

(2) Wie positioniert sich nun Psellos zu diesen Modellen? Es gibt die folgenden beiden Aussagen, die zu vereinen sind.

a) In T1.1, der oben bereits in einem anderen Gedankengang zitiert wurde, stellt er folgenden Zusammenhang zwischen praktischen Tugenden und Aufstieg fest:

> Die Seele, die sich zu Gott gewandt hat, nimmt zuerst die lastvolle Mühe (ponon) der praktischen Tugend auf sich, weil sie sowohl Dienerin als auch Magd ist, weil sie die Beschwerden (mochthois) der Tugenden erträgt und weil sie ganz standhaft mit den Schultern des Durchhaltevermögens (karterias) ihre Lasten (achtê) aushält.⁶⁶⁵

Offenbar muss die Seele sich zuerst praktisch mit den Widrigkeiten der Welt konfrontieren, um danach Theorie betreiben zu können. Zu Gott gewendet worden zu sein, darf hier nicht die Erkenntnis Gottes bedeuten, sondern muss eine Art des „Aufstiegs" bedeuten. Im Einklang mit dieser Forderung erklärt Psellos deshalb an vielen Stellen, dass die Praxis Vorläuferin der Theorie ist.⁶⁶⁶ Das Durchhaltevermögen ist notwendig, um den Weg der höheren Aktivität gehen zu können.⁶⁶⁷ Wer

---

663 Schramm 2012, 217: „Der Kaiser besitzt damit keine höhere Tugendstufe (also keine kathartische oder theoretische Tugend), weil nicht der neuplatonische Aufstieg zu Gott und die Theokrasia das Ziel der Ethik sind, sondern allein die Homoiosis, soweit sie einem Menschen möglich ist. Und diese bedeutet für Themistios anscheinend, daß selbst der philanthropische Kaiser nur als Mensch unter Menschen im Sinne der politischen Tugend das Gute tun kann, d. h. mit Hilfe des menschlichen Verstandes die eigenen und die Affekte der Untertanen im Sinne der Metriopatheia zu mäßigen."
664 Vgl. zu diesem Thema Louth 1996
665 T1.1, 86–91: ἡ γὰρ πρὸς τὸν θεὸν στραφεῖσα ψυχὴ πρῶτα μὲν τὸν ἀχθεινὸν πόνον τῆς πρακτικῆς μέτεισιν ἀρετῆς, ὅτε δὴ καὶ λάτρις ἐστὶ καὶ διάκονος, ἐγκαρτεροῦσα τοῖς μόχθοις τῶν ἀρετῶν καὶ βιαίως πάνυ τοῖς τῆς καρτερίας ὤμοις τὰ τούτων ἄχθη βαστάζουσα.
666 z. B. T1.33, 55–59: Χειρῶν οὖν ἔργα καὶ τὰ προηγούμενα τῆς θεωρίας τῶν πράξεων κατορθώματα, χειρῶν δὲ ἔργον καὶ ἡ 'γνῶσις τῶν ὄντων ᾗ ὄντα ἐστί' καὶ ἡ θεωρία τοῦ κρείττονος, ἀλλὰ τὰ μὲν ὕλης ἔχει λόγον καὶ δῆτα καὶ προϋπόκεινται, τὸ δὲ εἴδους συμπεφυκότος μὲν τῇ ὕλῃ, ἀλλ' ὅμως χωριστοῦ.
667 T1.33, 11–17: διττὰ τὰ τῆς πρακτικῆς ἔργα. τὰ μὲν πολλά· ἐπιθυμίαν τε γὰρ δεῖ συστεῖλαι καὶ παιδαγωγῆσαι θυμόν, καὶ ὥσπερ δὴ πώλοις ἐπιβαλεῖν τούτοις τὸν λόγον ἡνίοχον, πιστεῦσαί τε καὶ φοβηθῆναι τὸν πρῶτον φόβον καὶ ἀτελέστερον, συντονίαν τε καὶ κακοπάθειαν ἐπιδείξασθαι, ἐλπίσαι τε καὶ ἀγαπῆσαι θεόν. ἓν δὲ τὸ μετὰ ταῦτα καὶ πρὸς ὃ μάλιστα ὁ πρακτικὸς ἐπείγεται νοῦς, ἡ θεωρία τῶν ὄντων καὶ ἡ γνῶσις τοῦ κρείττονος. Sowie T1.94, 55–58: ἐνταῦθα γὰρ τὰς ἀρετὰς

die guten Taten der Praxis tut, weil er die praktischen Tugenden erlangt hat, scheint demnach eine innere Kompetenz entwickelt zu haben, auch die Theorie richtig betreiben zu können. Psellos nennt das Durchhaltevermögen (*karteria*) als übertragbare Eigenschaft. Und ganz in diesem Kontext haben wir gesehen, dass das Durchhaltevermögen in den guten Taten deshalb vonnöten ist, weil seine Aktivierung auch von anderen Menschen abhängig ist und man eine Hartnäckigkeit entwickeln muss, um die guten Taten und damit die eigenen Tugenden letztlich vollbringen zu können.

b) Nun verlangt Psellos ganz im Gegenteil zur gerade beschriebenen Interpretation jedoch an anderen Stellen eine Mischung von Theorie und Praxis. Zwar ist die Theorie das Stärkere oder Höhere, dennoch darf die Praxis nicht vernachlässigt werden, sondern es sollen beide ausgeführt werden. Seine Forderung aus der 8. Rede, Demosthenes mit Sokrates oder Pythagoras zu vermischen, ist die Basis für diese Behauptung.[668] Dass diese Forderung jedoch nicht meinen kann, Philosophie rhetorisch darzulegen und damit ihre Beredsamkeit zu steigern, liegt auf der Hand. Rhetorik basiert auf Enthymemen und nicht auf klassischen Syllogismen, sodass wichtige Zwischenschritte der Argumentation ausbleiben müssten.

(3) Psellos sieht die Theorie also einmal als etwas an, das die Praxis gemäß der Aufstiegsthese übersteigt und einmal als etwas, das gemäß der Identitätsthese mit der Praxis einhergehen soll. Wie gehen wir mit diesem evidenten Widerspruch um? Im *Enkomion auf die Mutter* fragt Psellos nach einer möglichen Konkurrenz zwischen praktischer Nächstenliebe und Gottesliebe:

> Or does one yearning reduce the other, your love for God reducing your love for me?[669]

Offensichtlich kann es zu keiner Schieflage kommen, wenn eine der beiden Aktivitäten alleine ausgeführt wird. In T1.76 kann er diese Frage mit einer Aufforderung beantworten:

> Aber auch das Gesetz, das sagt, du wirst Gott aus deinem ganzen Herzen lieben und aus deiner ganzen Stärke und aus deinem ganzen Verstand, scheint mir die derartige Dreiteilung anzudeuten. Denn durch das Herz wird der Körper dargestellt, durch die Stärke aber die Seele

---

ἐργαζόμεθα, συντόνως αὐτὰς φιλοπονοῦντες καὶ ἐγκατεσπαρμένας τῇ φύσει ἐπεξεργαζόμενοι, τὸ δὲ μετὰ ταῦτα ἐλλάμπεσθαι καὶ θεοῦσθαι οὐκ ἐνεργοῦμεν, ἀλλὰ παρὰ τοῦ κρείττονος πάσχομεν.
668 O'Meara 2012, 165; Ganz ähnlich klingt die Aussage in T1.33, 28–29: δυοῖν οὖν ὁδοῖν, κρείττονός τε καὶ χείρονος, ἐπί τε πράξει καὶ θεωρίᾳ προκειμένοιν, ἐφ' ἑκατέρας ἑστᾶσι δυνάμεις·
669 Enkomion, Kap. 24

und durch den Verstand der Geist. Durch alle Teile also befiehlt das Gesetz, Gott zu lieben, wie es auch dem Gregor von Nyssa schien.[670]

Die Möglichkeit, dass die Liebe zu Gott diejenige zu einem anderen Menschen reduzieren könnte, wird eindeutig verneint. Die Stelle legt dar, dass die Gottesliebe auch durch den Körper geschieht und nicht allein durch den Intellekt eingenommen wird. Der Grund dafür muss sein, dass die körperliche Liebe sich nicht auf Unkörperliches richten kann und daher den inkarnierten *logos* im Blick haben muss. Die seelische und intellektuelle Liebe muss hingegen auf den transzendenten Gott ausgerichtet sein. Da der transzendente Gott und der inkarnierte Gott aber wesensgleich sind, gibt es in Gott eine Identität der beiden Objekte, auf die sich die menschliche Liebe ausrichtet, ohne durch die Konzentration auf die eine Seite die andere zu schmälern. Durch die Perichorese der beiden Naturen – der göttlichen und der menschlichen in Christus – ergibt sich eine Identität zwischen Gottesliebe und menschlicher Nächstenliebe. Gleichzeitig gibt es eine Identität der beiden mit der Selbstliebe, die in der Tugendhaftigkeit liegt. Dieser Gedanke hallt auch in derjenigen Passage wider, in der Psellos sagt, es müsse eine Annäherung an Gott sowohl als Folge der theoretischen Aktivität wie auch als Folge der praktisch-asketischen Aktivität möglich sein.[671]

Damit sehen wir, dass die Gebote des natürlichen Gesetzes beide Sinnrichtungen beinhalten: Denn sie verlangen sowohl die Nächstenliebe, also die Fürsorge, als auch die Gottesliebe, die beide immer mit der Selbstliebe einhergehen müssen. Es ist ganz klar, dass die Forderung der Vereinigung der beiden Wege – des oberen, der durch die Theorie zu Gott führt und des unteren, der zum nächsten Menschen führt – nur aufgrund der Einheit der Liebe von Psellos erklärt werden kann. Sein Wunsch, Sokrates und Pythagoras mit Demosthenes zu verbinden, ist nur auf der Grundlage der Einheit der Liebe, der Gottmenschlichkeit Christi und dem Doppelgebot des natürlichen Gesetzes zu verstehen.

Die Antwort auf unsere Frage, wieso Psellos einmal eine Aufstiegsthese und einmal eine Identitätsthese vertritt, ist auf dieser Grundlage auf zwei Weisen zu beantworten. Die „Aufstiegsthese" bezieht sich auf die Entwicklung des Men-

---

670 T1.76, 129–135: ἀλλὰ καὶ ὁ νόμος, 'ἀγαπήσεις' φάσκων 'τὸν κύριον ἐξ ὅλης τῆς καρδίας σου καὶ ἐξ ὅλης τῆς ἰσχύος σου καὶ ἐξ ὅλης τῆς διανοίας σου', τὴν τοιαύτην μοι δοκεῖ τριμέρειαν ὑπαινίττεσθαι. διὰ μὲν γὰρ 'τῆς καρδίας' τὸ σῶμα ὑπεμφαίνεται, διὰ δὲ 'τῆς ἰσχύος' ἡ ψυχὴ καὶ διὰ 'τῆς διανοίας' ὁ νοῦς. ὅλοις οὖν τοῖς μέρεσιν ὁ νόμος ἐντέλλεται ἀγαπᾶν τὸν θεόν, ὡς καὶ τῷ Νυσσαεῖ Γρηγορίῳ δοκεῖ.
671 T1.104, 21–25: μακάριος μὲν οὖν ὁ ὅπως ποτὲ ἐγγίσας τῷ πάσης ὑπερκειμένῳ τῆς φύσεως, μακαριώτερος δὲ τοῦ διὰ τὴν φύσιν ὁ διὰ τὴν ἄσκησιν, καὶ τούτων ἔτι εὐδαιμονέστερος 'ὁ λόγῳ καὶ θεωρίᾳ' τῷ θείῳ λόγῳ καὶ τῷ εἴδει πλησιάσας τοῦ ἀειδοῦς.

schen. Sie sagt außerdem, dass die *theôria* glückseliger mache, während die praktische Aktivität weniger zur Glückseligkeit beitrage. Sobald der Mensch aber imstande ist, die *theôria* der Seienden als Seiende auszuführen, die letztlich auf Gott ausgerichtet ist, und vielleicht sogar erleuchtet wird, muss die Frage aus einem anderen Blickwinkel gestellt werden. Es gilt nicht, die *theôria* in eine Konkurrenz zur *praxis* zu stellen. Obwohl die Inhalte der *theôria* höher sind, wie Psellos sagt, dürfen sie keineswegs zu einer Missachtung des niedrigeren Weges führen. Aus dieser Perspektive und wegen des natürlichen Gesetzes, das beide Wege nennt, darf es keine Priorisierung einer Liebes-Richtung geben, wie er rhetorisch seine Mutter fragt, die sich nur noch auf Gott konzentriert. Die Aussagen zum „Aufstieg" sind demnach eine erste Phase, während die Aussagen zur Vermischung der beiden Wege eine zweite Phase ausmachen.

Aus dieser Perspektive gesehen ist Psellos' Aufforderung zur Vermischung der Wege nicht eine, die die Übertragung von Kompetenz und Wissen aus einer höheren Welt auf eine niedrigere verlangt, sondern eine solche, das natürliche Gesetz und die Einheit der Liebe zu beachten. Die Aktivitäten von Pythagoras und Sokrates, für Psellos offenbar einige der wichtigsten Theoretiker der antiken Weisheit, haben sich nicht mit der des rhetorischen Praktikers Demosthenes vereinigen können, weil ihnen das christliche Wissen über die Einheit Liebe fehlte. Dies möchte Psellos mit der Aufforderung zur Vereinigung sagen. Die Probleme bezüglich der unterschiedlichen Glückseligkeits-Intensitäten, die daraus entstehen, werden wir weiter unten besprechen.

4.4.3 Zusammenfassung der theoretischen Vollkommenheit

Psellos zeichnet das Bild eines vollkommenen Intellektuellen, wie er in der byzantinischen Bildungsaristokratie vorgekommen sein mag und der sich vom bildungsfernen Mönchtum stark unterscheidet. Dabei baut er das Motiv der Annäherung an Gott durch die Beschäftigung mit dem Wissen der Schöpfung ein und zeigt, dass auch auf diesem Weg eine besondere Nähe zu Gott hergestellt werden kann, die in manchen Hinsichten derjenigen der praktischen Aktivität überlegen ist, beispielsweise in ihrer Festigkeit als auch in der Glückseligkeit, die man durch sie empfindet.

4.5 Was ist die Sünde?

Nach der Besprechung der Tugenden, soll nun auch die schlechte Form des menschlichen Lebens Erwähnung finden, das Leben in Sünde. Was bedeutet Sünde für Psellos? Er spricht von mindestens drei verschiedenen Arten der Sünde.

Zunächst versteht er sie als falsche Entscheidung sowie falsche Handlung.[672] Da wir nur dann von einer Handlung sprechen können, wenn sie freiwillig geschieht, ist die Sünde der Entscheidung grundlegend und im eigentlichen Sinne Sünde. Deshalb spricht auch Psellos von der Sünde des Entschlusses.[673] Offensichtlich sieht er demnach in der Ausführung des sündhaften Entschlusses nicht etwas Schlimmeres als im sündhaften Entschluss zu der Handlung selbst. Sündhaft ist ein Entschluss dann, wenn er sich gegen die Gebote des göttlichen Gesetzes richtet, das wir in uns tragen.[674] Die zweite Art der Sünde liegt in der Ausrichtung des Lebens auf körperliche Lüste.[675] Die dritte Art der Sünde ist die Erbsünde, die wir von Adam ererbt haben.[676]

Was aber ist die Sünde des Entschlusses? Sollte Psellos sagen wollen, dass jeder Mensch, der die praktische Tugendhaftigkeit nicht erreicht hat und deshalb schlechte Entschlüsse trifft, sündhaft ist? Handelt es sich dann nicht um einen sehr geringen Teil der Menschheit, der überhaupt außerhalb der Sünde leben kann, weil sie den *logos* noch nicht instanziiert hat? Denn, so könnte Psellos es begründen, ein Leben nach dem Gesetz ist nur dann eines, wenn es die brüderliche Freundschaft zwischen Menschen aktualisiert sowie Gott dadurch liebt, dass die vollendete Tugendhaftigkeit als wahrer Philosoph erreicht wurde. Die brüderliche Freundschaft hervorzubringen gelingt aber nur, indem man selbst praktisch tugendhaft geworden ist. Das göttliche Gesetz zu kennen, reicht aus dieser Perspektive noch nicht aus, um aus dem Status der Sünde zu entfliehen: es bedarf auch der Umsetzung des Gesetzes. Dieses Verständnis von Sünde macht sie zum

---

[672] T1.14, 33–36: […] ἀλλ' ἡ τῆς προαιρέσεως πονηρία κατὰ τοῦ πρώτου αἰτίου τολμᾷ. ἐπεὶ οὖν πᾶσα πονηρὰ πρᾶξις καὶ πᾶσα προαίρεσις ὑπεύθυνος πέφυκε μόνῳ τῷ θεῷ, τούτῳ δὴ καὶ μόνῳ ἐξαμαρτάνει, παρ' ᾧ δὴ καὶ τὴν ἀπολογίαν τῶν πεπραγμένων πεποίηται.
[673] T1.33, 33–34: […] ἀλλ' ἡ τῆς προαιρέσεως πονηρία κατὰ τοῦ πρώτου αἰτίου τολμᾷ.
[674] T1.5, 46–48: οἷόν τί φημι, λέγει τίς που τῶν προφητῶν, 'πρόσεχε σεαυτῷ', ἵνα 'μὴ γένηται ἐν τῇ καρδίᾳ σου' ἁμάρτημα, 'κρυπτὸν ἀνόμημα'.
[675] T1.27, 32–35: ὁ μὲν γὰρ τίς ἐστι σωματικὸς καὶ ταῖς τῆς σαρκὸς ἐπιθυμίαις εἰς ἡδυπαθείας ἀποχρώμενος, καθ' ἣν δὴ σημασίαν καὶ τῷ Δαυὶδ εἴρηται· 'πᾶς ἄνθρωπος ψεύστης'·οὗτος γὰρ ὁ ἄνθρωπος 'ἐν τῷ πονηρῷ κεῖται'.
[676] T1.25, 57–61: ἡμεῖς μὲν γὰρ κατὰ σῶμα γεννώμενοι οὐχ οὕτως ψυχούμεθα ὡς ὁ πρῶτος ἄνθρωπος καθαρὰν πάντῃ καὶ ἀμόλυντον τὴν τῆς ψυχῆς οὐσίαν δεξάμενος, ἀλλ' ἐπειδὴ οὐ τοῦ ἀναμαρτήτου Ἀδάμ, ἀλλὰ τοῦ ὑπὸ τὴν ἁμαρτίαν πεσόντος ἀπεβλαστήσαμεν, τὸ τοῦ σπέρματος κίβδηλον ἐν ταῖς ἡμετέραις βλάσταις δεικνύομεν·

exakten Komplementärstatus der Tugend. Andererseits könnte sich die Sünde des Entschlusses aber auf die Passage beziehen, in der Psellos den Menschen vor die Wahl gestellt sieht, sich für ein tugendhaftes Leben anzustrengen oder eines der Lust anzustreben.[677] In diesem Fall wäre der Sündhafte nur derjenige, der sich explizit dagegen entscheidet, sich um ein gottgefälliges Leben zu bemühen. Die Tugend wäre dann nicht der Komplementärstatus zur Sünde.

Psellos verwendet an verschiedenen Stellen den Vergleich zwischen Tugendlosigkeit und Dreck (*molysmos*) sowie Unsichtbarkeit.[678] Da er die Sünde auch als etwas kennzeichnet, das eine Nähe zur Erde beschreibt, ist das Bild des Staubes und des Dreckes auch bei ihr klar erkennbar.[679] Wir können also vermuten, dass Psellos das erste Konzept von Sünde verfolgt, in dem all diejenigen Sünder genannt werden, die die Tugenden nicht maximal ausgeprägt haben. Aus dieser Perspektive verstehen wir auch seine Aussagen über das menschliche Alter:

> Und wir werden nicht sofort Gute, weder wenn wir im Kindesalter sind, noch wenn wir jugendlich sind, sondern wenn der logos in uns verbreitet wird und wir in das Alter der Einsicht gelangen.[680]

Gut ist offenbar also nicht derjenige, der sich vorgenommen hat, tugendhaft zu werden, sondern nur derjenige, der es tatsächlich geworden ist. Dieses Konzept ist aber aus folgendem Grund schwer nachvollziehbar. Der Kreis derjenigen, die keine Sünder sind, wird extrem reduziert. Eigentlich sind es nur die Personen, die die Erleuchtung aufgrund von Askese oder theoretischer Betätigung erlangt haben. Die drei Endgerichte, die Psellos uns in T1.31 nennt, prüfen im Übrigen tatsächlich alle diejenigen, die auf irgendeine Weise das Gesetz übertreten haben.[681]

---

677 Orationes hagigraphicae, 3, a, 325–330: Ἀλλ' εἰ καὶ ζόφον ἀντὶ φωτὸς κατεκρίθημεν καὶ ἀντὶ τῆς ἀπαθεστέρας ζωῆς τὴν ἐμπαθεστέραν εἱλόμεθα καὶ τοῖς τοῦ αὐτεξουσίου κινήμασι πρὸς τὴν κακίαν ηὐτομολήκαμεν ὥσπερ δελεάματι χρωσθεῖσαν τῇ φαντασίᾳ τῆς ἡδονῆς, ἀλλ' οὐδ' οὕτω παντάπασιν ἀπεληλάμεθα τοῦ θεοῦ καὶ τῆς τοῦ ἀγαθοῦ ἐπιθυμίας ἐπελαθόμεθα, οὐδὲ ἴσχυσε καθ' ἡμῶν ὁ διώκτης τοσοῦτον, ὥστε μετὰ τῆς γεωργίας καὶ τὴν σπορὰν ἀφελεῖν τῶν ἡμετέρων ψυχῶν·
678 T1.64, 125–129: ἐπεὶ δὲ ἀθέατα τοῖς ἐναγέσι τὰ παναγέστατα καὶ τοῖς βεβήλοις τὰ θεῖα καὶ ἱερά, πρῶτον μὲν ἀνακωννύει τὸ ἐν ἡμῖν ὄμμα ἐγκεκρυμμένον τῷ τῆς ὕλης ὄγκῳ, εἶτα ἀνακαθαίρει καὶ ἀπορρύπτει τῆς ἰλύος, ὑφ' ἧς κατείχετο, αὖθίς τε τοῦ οἰκείου τούτῳ μεταδιδοὺς φωτός, ἀνάπτει πρὸς ἑαυτὸν καὶ ἐγγύτατα διατίθησι καὶ οἰκειοῖ τῇ προσψαύσει· oder T1.70, 42–45: ἀλλ' ἐπειδὴ τὸ καθαρτήριον πῦρ μολυσμοῦ τινος πέφυκε κάθαρσις, εὕρωμεν ὅστις ὁ μολυσμός. μολυσμὸς οὖν ἐνταῦθα σπίλωσις ψυχῆς, ἀπὸ σωματικῶν αὐτῇ προσγινομένη παθῶν·
679 T1.14, 60: οὐρανία μὲν γὰρ ἡ ἀρετή, γεώδης δὲ ἡ κακία.
680 T1.29, 191–121: καὶ ἡμεῖς μὲν οὐκ εὐθὺς ἀγαθοὶ γινόμεθα, οὔτε ἐν σπαργάνοις ὄντες οὔτε ἡβῶντες, ἀλλ' ὅταν ὁ λόγος ἐν ἡμῖν πληρωθείη καὶ ἐπὶ τῆς φρονούσης ἡλικίας γενώμεθα.
681 T1.31, 98–102: τρία οὖν ὁ λόγος ὑποτίθησι δικαστήρια, ἓν μὲν τοῖς μὴ κατὰ τὸν γραπτὸν νόμον βιώσασι, καὶ ἄλλο τοῖς μὴ τῷ νόμῳ πεισθεῖσι τῆς φύσεως, καὶ τρίτον τὸ φρικωδέστερον τοῖς

Psellos scheint also ein absolut elitäres und deshalb unplausibles Verständnis von Sündenlosigkeit zu vertreten, das dieselben Ansprüche an den Menschen stellt wie der stoische Weise.

4.6 Welche Art Generalismus vertritt Psellos?

Wie verbindet Psellos den Generalismus mit der häufig auftretenden Kritik an inflexiblem Verhalten einiger Menschen?[682] Die Frage nach dem Ethiktyp entsteht außerdem aus der Tatsache, dass Psellos eine „inflexible Standardantwort" auf Herausforderungen des Lebens immer wieder ablehnt. Ein strikter Generalismus stößt bei ihm in verschiedenen Schriften auf Kritik, sodass wir uns nach seinem Verständnis des natürlichen Gesetzes und dessen Verbindung zur Ausübung der Tugenden erkundigen müssen. Ich möchte deshalb zunächst (1) auf den Generalismus eingehen, den wir bei ihm finden, sodann (2) die Aussagen anschauen, die eine besondere Art der Variabilität des Verhaltens befürworten, um schließlich (3) eine Antwort darauf geben zu können, wie er die beiden konträr wirkenden Konzepte miteinander zu verbinden sucht.

(1) Besonders passend für die Charakterisierung von Psellos' Position ist der Generalismus. Denn das natürliche Gesetz formuliert die beiden immer und ausnahmslos geltenden Gebote des irdischen Lebens der Nächsten- und der Gottesliebe, die mit der Selbstliebe einhergehen. In diesem Sinn ist von einem Generalismus strikter moralischer Prinzipien die Rede. Laut Magdalena Hoffmann ist ein solcher dadurch charakterisiert, dass er ausnahmslos gilt und prognostizierbar ist.[683] Diese Eigenschaften gelten beide für die Gebote des natürlichen Gesetzes, denn es gibt keine vorstellbare Situation, in der Menschen beisammen sind und das natürliche Gesetz aufgrund einer Ausnahme nicht zur Geltung kommen sollte. Selbst im Extremfall der Feindschaft zwischen Menschen – die wir als Ablehnung des Wunsches, tugendhaft zu werden, verstanden haben[684] – gilt das Gebot, obwohl es aus äußeren Gründen nicht ausgeführt werden kann.

παραλλάξασι τὴν φύσιν καὶ 'ὑπὲρ τὰ ἐσκαμμένα πηδήσασιν', οἳ δὴ ἐλάχιστα τῆς ἐν τῷ δικαστηρίῳ ἀξιωθήσονται κρίσεως·

682 Die Unterscheidung zwischen Generalismus und Partikularismus, die ich hier anlegen möchte, entnehme ich der Arbeit von Magdalena Hoffmann (2010): *Der Standard des Guten bei Aristoteles: Regularität im Unbestimmten.*

683 Hoffmann 2010, 51

684 Der Streit ist nicht mit der Feindschaft zu verwechseln. Der Streit ist lediglich als die widerstrebende Willensausrichtung verschiedener Menschen definiert.

Dennoch sehen wir einen Unterschied zu anderen generalistischen Ethik-Konzepten, die uns fragen lassen, inwiefern Psellos nicht doch eine partikularistische Sichtweise vertritt. Während zwar ein Stoiker oder ein Neuplatoniker die klare Anweisung geben würde, dass die *apatheia* in jeder Situation die beste Haltung ist, kann Psellos die konkrete Aktivität nicht vorgeben, sondern nur auf die Intention zur Nächsten- und die Gottesliebe verweisen. In Psellos' Ethik bleiben deshalb de facto unendlich viele Handlungsmöglichkeiten offen, um die Gebote zu erfüllen. Am Beispiel der Schwester sahen wir, dass es sich um Freigiebigkeit, aber auch Streit und Schelte handeln kann, die dem guten Ziel dienen müssen.

(2) Schauen wir uns einige Aussagen aus Psellos' Texten an, in denen er sich gegen einen strikten Generalismus wendet, wie ihn die Stoiker oder Neuplatoniker formulieren würden: Ein Merkmal des menschlichen Lebens ist laut Psellos dessen Unbeständigkeit und dessen schlecht vorhersehbarer Verlauf. So schreibt er, dass uns Gesundheit und Krankheit ebenso schicksalshaft zukommen[685] wie die stetige Veränderung unserer Wünsche und Lebensumstände.[686] Diese Passage vermittelt dem Leser den Eindruck, als sei das menschliche Leben getrieben von Geschehnissen, auf die er selbst keinen Einfluss hat. Zufall und Willkür seien dessen Merkmale, und es gleiche einem Spielball größerer Kräfte. Er erklärt auch – wie Proklos in seinem achten Problem der Vorsehung[687] – dass einige der Ereignisse von Gott gesendete Prüfungen für uns sind,[688] oder, wenn wir schlecht

---

685 T1.69, 79 – 81: πάντα τοιγαροῦν τὰ σώματα κατὰ φύσιν κινούμενα καθ' εἱμαρμένην κεκίνηται. διὰ τοῦτο ὑγιαίνομεν μὲν καὶ νοσοῦμεν καθ' εἱμαρμένην·
686 T1.92, 51 – 55: οὐ γάρ ἐστιν ἰδεῖν ἐφ' ὅτῳ τῶν ἀνθρώπων ὅτι μὴ τὰ ἐναντία συμπεπτώκασι· διοικούμεθα γὰρ λύπαις καὶ ἡδοναῖς, ἐπάρσεσι τύχης καὶ ταπεινότησι, φόβοις καὶ θάρσεσι, πενίᾳ καὶ πλούτῳ, ἀλύπῳ καταστάσει ψυχῆς καὶ περιδεεῖ· sowie T1.87, 69 – 81: ἡμεῖς δὲ τί; γιγνόμεθα, ποιούμεθα, ἀλλοιούμεθα, ταῖς χρόαις τρεπόμεθα, ταῖς δόξαις συμμεταπίπτομεν, ταῖς προαιρέσεσι μεταβαλλόμεθα, ἄνιμεν ταῖς ἡλικίαις καὶ κάτιμεν, τοῦτο μὲν αὐξανόμενοι, τοῦτο δὲ φθίνοντες, δοξάζομεν, ἀντιδοξάζομεν. οἷς μὲν ἡδόμεθα νῦν, τούτοις αὖθις ἀνιώμεθα, ὥσπερ 'ὀστράκου μεταπεσόντος'· οἷς δὲ βαρυθυμοῦμεν, θυμήρως τούτων μετὰ μικρὸν ἔχομεν. τί γοῦν ἐστιν ἐν ἡμῖν τὸ στάσιμον; οὐδέν. ὁ δὲ βίος; βαβαὶ τῶν τούτου μεταβολῶν· εὐδαιμονοῦμεν, κακοδαιμονοῦμεν, νῦν μὲν ὑψούμεθα, νῦν δὲ ταπεινούμεθα· καὶ νῦν μὲν βασίλειος ἡμᾶς ἔχει αὐλή, νῦν δὲ ἐν δεσμωτηρίῳ καθεῖρξαν τὼ πόδε τὸ ξύλον κατασφαλίζεται· καὶ νῦν μὲν δορυφορούμεθα καὶ προπομπευόμεθα, καὶ πολλοὶ μὲν οἱ σωματοφυλακοῦντες, πλείους δὲ οἱ τὰς θοίνας παρασκευάζοντες, αὖθις δὲ τὸν σταυρὸν ἐπὶ τῶν ὤμων ἔχοντες ἀναγόμεθα.
687 Proclus, Opsomer und Steel 2012, 42 – 46
688 So auch in dieser Passage, die zeigt, dass Gott uns die Samen dafür eingegeben hat, Gutes zu tun, das wir dann ausführen können. T1.33, 35 – 39: ὅρα δὲ καὶ τὸ ἀκριβὲς τοῦ ῥητοῦ καὶ φιλόσοφον· ἐν μὲν γὰρ τῇ πρακτικῇ ἀρετῇ, ἧς πολλὰ τὰ ἔργα, προσκείμενον ἐστὶ τὸ ἐν ἡμῖν, οὐκέτι δὲ καὶ ἐν τῇ θεωρίᾳ τοῦτο προστέθειται· ἡ μὲν γὰρ πρᾶξις μεμέρισται θεῷ καὶ ἡμῖν, τῷ μὲν ὡς παρασχόντι τὰ σπέρματα, ἡμῖν δὲ ὡς προελομένοις τὴν ἀρίστην ὁδόν […].

waren, eine bereits im aktuellen Leben existierende, ausgleichende Gerechtigkeit uns bestraft.[689] Offenbar ist das Leben also nicht nur aus sich selbst heraus wechselhaft, sondern hat im Angesicht der vielfältigen Weisen, wie man darauf antworten könnte, auch das Ziel, uns zu zeigen, wie man dieser Unbeständigkeit begegnen kann.

In der *Chronographie* erklärt Psellos, warum Leo Paraspondylos, ein Staatsminister unter Kaiserin Theodora und Michael VI. Stratiotikos, den wir bereits in einem anderen Zusammenhang kennenlernten, kritikwürdig regiert hat:

> Ich für meinen Teil bewundere zwar die Geradlinigkeit eines solchen Charakters, sie taugt aber, glaube ich, nur für die Ewigkeit, nicht hingegen für das irdische Leben. Denn das völlige Freisein von Affekten und die Unnahbarkeit siedele ich über allen Sphären und außerhalb der Grenzen des Alls an. Das mit dem Körper verbundene Leben hingegen, weil eher auf soziales Miteinander gerichtet, ist unseren irdischen Umständen angemessener; vielmehr entspricht unserer körperlichen Existenz die Fähigkeit der Seele zur Empathie.[690]

Diese Kritik an der apathischen, weltfremden Verhaltensweise des Leo Paraspondylos folgt im Sinne unserer Auslegung der Tatsache, dass sie den Problemen des menschlichen Lebens nicht angemessen ist. Es verlangt nämlich nach einer angemessenen Reaktion, die in der Flexibilität liegt. Leo Paraspondylos hat kein Talent, angemessen zu antworten, weil ihm diese Flexibilität fehlt. Er hat eine Standardantwort auf alle Probleme, die auf ihn zukommen. Wir können sagen, dass er es gerade nicht versteht, die passende Antwort auf ein Problem zu geben, und gerade deshalb kann er von Psellos auch nicht als tugendhaft bezeichnet werden.[691] Psellos nutzt hier gerade nicht die generalistische neuplatonische Ethik, um diese Person zu kritisieren, wie Lauritzen vermutet,[692] sondern verwirft diesen Ethiktyp als Ganzen, gerade weil die Tugend der *apatheia* keine angemessenen Antworten auf die Kontingenz unseres Lebens zulässt.

(3) Wie lassen sich nun die generalistische Ansicht des natürlichen Gesetzes und der Tugend mit den partikularistischen Aussagen der letzten Passagen miteinander vereinbaren? Um dies zu beantworten, müssen wir uns genauer an-

---

689 T1.14, 41–43: ὁ μὲν γάρ, εἰ καὶ ἠδίκηται παρ' ἐμοῦ, ἀλλ' ἐφ' ἑτέραις ἴσως δίκαις ἁμαρτημάτων τὴν τοῦ θανάτου ψῆφον ἀπείληφεν, ὅθεν τρόπον τινὰ οὐ πρὸς τοῦτον ἡμάρτηκα·
690 Chronographie, VI, 210
691 Enkomion Kap. 19: An dieser Stelle ist noch einmal die Verhaltensweise seiner Mutter zu nennen, die wie einige Neuplatoniker Scham darüber empfand, in einem Körper zu sein: „Since she felt shame at having descended into a body (which has commonly been said about one of the pagan Greek philosophers) she showed only a small part of her face, and a small part of her hands, and no other part of her was exposed."
692 Lauritzen 2013, 399: „Michael Psellos (1018–1081) used neoplatonic ethics in Chronographie 6a8 [=VI, 210] in order to discredit Leo Paraspondylos."

schauen, was das natürliche Gesetz laut Psellos ist. Es fordert gute Handlungen, die anhand zweier Kriterien definiert werden: Eine Handlung entspricht nur dann dem natürlichen Gesetz, wenn sie dem Ziel dient, das Wohlergehen eines Menschen zu fördern. Das Wohlergehen liegt aber in dessen Tugendhaftigkeit. Zweitens ist sie nur dann gut, wenn sie einem tugendhaften Menschen entspringt.

Die Tugend nimmt demnach die Position einer Wirkursache der guten Handlung ein, das natürliche Gesetz hingegen die der Ziel-Ursache. Diese Interpretation können wir nicht nur anhand verschiedener Textstellen festigen,[693] sondern haben bereits gesehen, dass Psellos den guten Taten einen Projektcharakter zuspricht. Das bedeutet, dass das natürliche Gesetz nicht dann erfüllt ist, wenn wir eine philanthropische Haltung entwickeln, mit der wir unsere täglichen Belange erfüllen. Es ist dann erfüllt, wenn unsere Bemühungen sich auf eine konkrete Person konzentrieren und der Verbesserung ihrer Tugendhaftigkeit dient. Diese Ansicht erinnert an das Motiv der geistigen Vaterschaft.

Wir sehen also, dass die Philanthropie, die vom natürlichen Gesetz gefordert wird, ein homonymer Begriff ist, der einmal (wie bei Themistios und bei Dion Chrysostomos) die Wirkursache innerhalb der tugendhaften Person beschreibt. Andererseits meint sie (wie bei Psellos oder Francisco Suarez[694]) eine Ziel-Ursache, die in einer anderen Person liegt.

Wenn wir nun zurück zu unserer Fragestellung kommen, wie Psellos den Generalismus des natürlichen Gesetzes und die Definition der Tugend mit dem Partikularismus der situationsangemessenen Handlung kombinieren möchte, sehen wir klar, dass gute Handlungen anhand zweier „Enden" bereits definiert sind. Die Mittel, um dieses Ziel zu erreichen lassen einen Spielraum: So handelt Psellos' Schwester im Sinne des Gesetzes, weil sie in der Bemühung um die Prostituierte verschiedene Tugenden aktiviert, die alle gemeinsam das Wohlergehen dieser Frau zum Ziel hatten. Die konkrete Ausführung der Handlungen unterliegt also keiner Beliebigkeit. Der Wunsch zu wissen, wie sie nun genau handeln soll, ob durch Belehrung oder durch Mitleid, ob sie eine Ansprache formulieren, oder Vorbild sein soll, ergibt sich aus den kontingenten Umständen.

---

693 Ora 31, 177–178: καὶ τὴν ὁμοιότητα ἐν τοῖς κατὰ προαίρεσιν ἔχοντες μὴ χαλεπαίνητε, εἰ ἐν τοῖς κατὰ περίστασιν παραλλάττοιτε· Die *prohairesis* bezieht sich in diesem Fall auf auf das Höchste: Ora 31, 149–151: εἰ γάρ τινες περὶ τῶν μεγίστων ὁμοδοξεῖν ἄρχονται καὶ συμφέρεσθαι, οὗτοι τάχιστ' ἂν καὶ ἐν τοῖς ἐλάττοσι τὸ διαφέρον ἀνέλοιεν.
694 Dieselbe Ansicht, dass das Gesetz eine Zielursache sei, sehen wir bei Francisco Suarez. vgl. dafür: Brieskorn 2013, 404

4.7 Glaube

Es gibt eine gewisse Unklarheit bei der Bedeutung des Glaubens, die wir zunächst ausräumen müssen. Denn bei einigen Autoren scheint er sich mit der Kontemplation zu decken oder mit der Gottesliebe zu überlappen. Nicht so bei Psellos. Im Folgenden werde ich seinen Glaubensbegriff untersuchen und herausfinden, warum er den Glauben für basal für die Entwicklung der Tugenden hält. Damit ist auch der Zweifel beantwortet, ob die Glaubensfrage überhaupt zur Ethik gehört. Denn in einer Ethik, die auf festgeschriebenen Glaubensgütern aufbaut, die das Koordinatensystem dessen aufspannen, was gut und was schlecht ist, kommt dem Glauben eine basale Rolle für sie zu.

4.7.1 Problematik

An verschiedenen Stellen behauptet Psellos, der Glaube sei grundlegend für die Ausbildung der praktischen Tugenden. Gleichzeitig schreibt er aber an anderen Stellen, dass die Ausführung des natürlichen Gesetzes die praktischen Tugenden hervorbringt. Diesen zweiten Punkt haben wir bisher in Augenschein genommen. Wie kommt der Glaube nun also doch noch ins Spiel?

Psellos diskutiert die Beziehung zwischen Glaube und Tugend an zwei Stellen: Einmal in T1.77, wo er Lk. 12, 49 ff. auslegt und einmal im *Enkomion auf die Mutter*. Da das *Enkomion auf die Mutter* ein schwieriger Text ist, der allegorisch ausgelegt werden muss, soll zuerst dessen Struktur und der grobe Inhalt wiedergegeben werden. Danach werden wir den kürzeren T1.77 betrachten. Ich möchte dann vorschlagen, Psellos' Ansicht über die Beziehung zwischen Tugend und Glaube im *Enkomion auf die Mutter* mithilfe von T1.77 zu entschlüsseln.

4.7.2 Zusammenfassung des Enkomions auf die Mutter und von T1.77

Wir werden (1) zunächst auf das *Enkomion auf die Mutter* eingehen und dann (2) auf T1.77. Anschließend werden wir (3) beide Texte aufeinander beziehen.

(1) Der Gelehrte Gregor von Korinth bewertete das Enkomion als eine der vier besten jemals gehaltenen Reden.[695] Worum geht es darin? Die Mutter, Theodota, ist die zentrale Person des Textes, jedoch finden wir auch viele autobiographische Aussagen des Psellos, einige biographische über eine seiner Schwestern sowie

---

[695] Walker 2004, 1

über seinen Vater. Vordergründig handelt es sich nur um den Aufstieg und den körperlichen und geistigen Niedergang einer mit allen guten Anlagen ausgestatteten Frau, im Hintergrund bewegen sich aber auch viele Aussagen unseres Autors über das Leben, den Glauben und eben auch speziell über die Beziehung zwischen Glaube und Tugend.[696]

Psellos stellt die sehr gute Konstitution seiner Mutter heraus. Sie habe bereits, darin seien sich die Menschen einig, in ihrer Jugend eine schöne Seele sowie einen schönen Körper gehabt und sei in allem, was sie gemacht habe, begabt gewesen. Sie hätte sogar in die Schule gehen können, wenn es die Umstände erlaubt hätten, dass Frauen lernen. Aus eigenem Antrieb sei sie jedoch schon damals auf Gott ausgerichtet gewesen.[697] Alle, die sie ansahen, seien wie vom Blitz getroffen gewesen, weil sie ihnen auf einmal den Sinn von den wahrnehmbaren Dingen zu den unsichtbaren und intelligiblen aufgerichtet habe. Besonders die einfachen Menschen, die nur auf die Sinne hörten, ließ sie staunen. Sie habe sich bald den tugendhaftesten Mann, Psellos' Vater, zum Gatten genommen, nachdem sie sich gegen viele andere Anwärter gewehrt habe. Sein Vater, so schreibt Psellos dazu, sei durch sie in vollem Sinne glückselig geworden.[698] Sie hingegen sei in allem, was sie tat, auf Gott ausgerichtet gewesen, ohne aber die Familie zurückzustellen.

Die Geburt ihrer Tochter habe eine sehr positive Auswirkung auf das Leben von Theodota gehabt. Sie habe noch mehr Kraft bekommen und sei noch aktiver geworden. Sie habe sowohl ihren Geist als auch die Seele und dadurch auch den Körper sehr gut im Griff gehabt. Interessant ist die Andeutung, dass die Tochter ihr von Gott geschenkt worden sei[699] und eine philosophische Natur gehabt habe.[700] Während Psellos die Erstgeborene jedoch als schönes und junges Abbild der Mutter beschreibt, geht er auf seine zweite Schwester, die bald darauf geboren worden sei, kaum ein. In dieser Zeit also und nach der Geburt des dritten Kindes, unseres „Protagonisten" Michael Psellos, der seiner ersten Schwester charakterlich ähnele,[701] sei die Mutter praktisch aktiv und liebend gewesen.[702] Theodota sei klug, wortgewandt, bescheiden, mutig, sei eine gute Mischung aus den Gegensätzen und besser als Frauen und Männer zugleich gewesen: in jeder Hinsicht

---

696 O'Meara und Delli vertreten in ihrem Artikel *L'ascension mystique neoplatonicienne chez Michel Psellos* die Ansicht, er beschreibe dort einen neuplatonischen Aufstieg seiner Eltern.
697 Enkomion, Kap. 3
698 Enkomion, Kap. 3
699 Enkomion, Kap. 4
700 Enkomion, Kap. 14
701 Enkomion, Kap. 13
702 Enkomion, Kap. 5

tugendhaft. Dabei sei ihre gesamte Liebe auf Gott ausgerichtet gewesen.[703] Sie sei das Paradigma des *nomos empsychos* gewesen, habe sich darum gekümmert, dass es ihren Eltern besser gehe, deren Seelen wieder in Ordnung gebracht, wenn sie traurig oder verärgert waren.[704] Dennoch habe sie nach wie vor den Wunsch gehegt, sich von den weltlichen Dingen zu lösen. Nur ihr Mann habe das nicht erlauben wollen.[705] Bald kommt Psellos wieder zur ersten Schwester zurück und vergleicht sie mit Theodota, indem er ihre Gemeinsamkeiten herausstellt.[706]

Die tragische Wendung zum Schlechten im Familienleben nimmt bald ihren Lauf, als die erstgeborene Schwester plötzlich verstirbt. Das Ereignis hat direkte Auswirkungen auf die Mutter Theodota. Neben der natürlichen Trauer in diesem erschütternden Moment bringt sie es fertig, ihre Energie dazu zu nutzen, den Ehemann überreden zu wollen, ihr mehr Hingabe zu Gott zu erlauben. Sogleich habe sie sich vom irdischen Leben losgerissen:

> [...] [I]mmediately she made thank-offerings to the Almighty for her transformation, changed her clothing, cut her hair, and put on a threadbare robe, though she was still in the prime of life [...][707]

Diese Wendung ist ebenso abrupt wie unpassend für den beschriebenen Augenblick. Von diesem Zeitpunkt an habe sich Theodota auch vom Vater abgewendet. Sie habe die Aufgaben des Hauses nur noch ohne eigenen Antrieb ausgeführt, vielmehr aus Pflicht gehandelt, wie wir bereits anmerkten.[708] Die Inklination Theodotas zu Gott sei ein Abstieg.[709] Sie habe sich bald – wie einer der griechischen Philosophen – geschämt, in einem Körper zu sein,[710] sich ganz bedeckt und

---

703 Enkomion, Kap. 7
704 Enkomion, Kap. 8
705 Enkomion, Kap. 11
706 Enkomion, Kap. 13: „In both respects, then, she was superior to all other women except her mother: for she differed from her mother in no way, so that they triumphed as a team. For if my mother was thought superior, the superiority was my sister's also; and if my sister was seen to be superior to other women, my mother also took the prize for excellence. They were so much alike that the only difference between them was the number of their years. If someone saw just one of them, he would mistakenly think he saw the other; and if he saw both, he would not immediately grasp that they were mother and daughter. Their similarity was altogether uncanny! For my mother had given birth to her when she was young, and was older by a brief span of years, and in point of bloom was indistinguishable from her offspring. Indeed, they differed from each other in no respect at all."
707 Enkomion, Kap. 16
708 Enkomion, Kap. 16
709 Enkomion, Kap. 17, in FN 156 weist Walker auf die Doppeldeutigkeit hin.
710 Vgl. Porphyrios: Vita Plotini 1

auf dem Boden geschlafen. Für Theodota sei der baldige Tod ihres Gatten[711] ein erneuter Anlass gewesen, sich noch stärker auf Gott zu konzentrieren und bald vollkommen asketisch zu leben:

> But when her body had entirely collapsed and her hands could not move and her feet could not perform their natural function, did she not then give up singing hymns in a Far from it! But someone may ask: "How indeed could she be capable of doing what she wished?" When it was time for hymnody, with two of her handmaids leaning against her, or rather each one getting under an elbow and twining her arm around it, then indeed they easily supported her weight and stood her up in the correct position. And in this way, until her final release, she rendered thanks to God.[712]

Als sie gespürt habe, dass auch ihr Ende nahte, habe sie sich entschieden, Nonne zu werden und das traditionelle Ritual dafür auszuführen.[713] Nach ihrem Tod sei bald die einfache Menschenmenge gekommen, die sie schon in ihrer Jugend verzaubert hatte, um der Bestattung einer besonders heiligen Frau beizuwohnen.[714]

Wir entdecken folgende vier Motive im Enkomion, die für unsere Untersuchung der Beziehung zwischen Glaube und den Tugenden wichtig sind. Zunächst ist es die starke Neigung Theodotas zu Gott und ihre Weltabgewandtheit, die nach dem Versterben der Tochter zur stärksten Askese führt. Zweitens ist es die Beschreibung der Tochter als philosophisch sowie die Darstellung ihres vorbildlich tugendhaften Lebens der Sorge.[715] Drittens ist es die Ähnlichkeit zwischen Theodota und ihrer Tochter. Aus ihrer Verbindung geht eine besondere Stärke hervor. Viertens gehören beide – Mutter und Tochter – einer Familie an.

(2) Der Schlüssel zum Verständnis des Enkomions liegt m. E. in T1.77, einem Text, der dieselbe zwischenmenschliche Konstellation darlegt wie das Enkomion.

---

711 Auch der Vater widmete sich bald einem monastischen Leben, behielt aber seine freundliche, menschliche Art, kümmerte sich auch um das eigene Wohlbefinden und war empfänglich für die Rhetorik seines Sohnes bis er verstarb. In einer Vision erschien er dem Sohn noch einmal ganz unbekümmert und glücklich, ganz menschlich, sogar vollkommener. Enkomion, Kap. 18
712 Enkomion, Kap. 22
713 Enkomion, Kap. 23: „So then, while we were supposing in that way, she suddenly appeared, as if bringing herself from a royal bedchamber to her King and Bridegroom, blooming with beauty, her face beaming, at the peak of her power, bringing to the Bridegroom wedding-gifts like no other: unwashed hair, callused knees, dried-up bones, and roughened skin. [...] When she had partaken of all the wedding-gifts, only the sacrificial offering was left: then she was commanded to go forth with the cherubim, and she followed and flew along with them."
714 Enkomion, Kap. 25: Hier schreibt Psellos übrigens, dass Frauen und Männer nicht nach körperlicher Stärke, wohl aber nach intellektuellen Kapazitäten gleich seien.
715 Ihr Leben wird übrigens in dem Moment beendet, da sie eine gute Tat nicht vollendet kann.

Es handelt sich um die Bibelstelle Lk. 12, 52–53[716], die dort von Psellos diskutiert wird. Worum geht es hierbei? Jesus spricht von der Zwietracht innerhalb eines Hauses, in welchem sich die Familienmitglieder gegeneinander richten. Anders als in modernen Auslegungen, die in dieser Bibelstelle die praktischen, zwischenmenschlichen Probleme bei Glaubensfragen innerhalb einer Familie thematisiert sehen, verfolgt Psellos eine andere Auslegung. Als besonders wichtig erachtet er die Passage, die von der Beziehung zwischen Mutter und Tochter spricht. Seine Auslegung ist Folgende:

> Eine Mutter dürfte der Glaube und die Gottesfürchtigkeit in uns sein, eine Tochter aber die Tugend. Die einen erkennen den Glauben an, aber die Tochter trennen sie von dieser, wobei sie die Taten der Tugenden nur mit Mühe (ascholoi) treffen: Für die anderen ist die Aktivität im Bereich der Tugenden aber zwar edel und hoch, aber die Mutter hat sich von dieser entfernt, weil sie [i. e. Tochter] die [göttliche] Botschaft nicht akzeptiert.[717]

Laut Psellos handelt es sich bei dieser Bibelstelle also um eine Erklärung der Beziehung zwischen Glaube und Tugend. Wir finden tatsächlich alle vier Merkmale des Enkomions auch hier wieder. Erstens zeigt er, dass die Mutter den Bezug zum Göttlichen und zum Glauben repräsentiert. Zweitens erklärt er, dass die Tochter die Tugend darstellt. Drittens unterstreicht er die Ähnlichkeit zwischen der Tochter und Mutter, aus deren Verbindung eine besondere Stärke hervorgeht. Viertens verweist er darauf, dass sie einer Familie angehören und voneinander nicht nur abhängen, sondern sogar eines Geschlechtes sind.

(3) Es sind also in beiden Texten dieselben Motive zu finden. Psellos thematisiert die Abhängigkeit der Tugend vom Glauben und ist der Meinung, dass die Tugend nur dann zur Entfaltung kommen kann, wenn sie eine starke Verbindung zum Glauben hat. Diejenigen, die den Glauben ablehnten, könnten eben nur mit Mühe ebenso tugendhaft werden wie diejenigen, die die göttlichen Güter akzeptieren. Diese Aussage findet ihr Fundament in seiner Überzeugung, dass die Gesetzestreue im Einklang mit dem natürlichen Gesetz jemanden tugendhaft machen kann. Denn nur so könnten die wahren Güter erkannt werden. M. E. ist

---

716 Lk. 12, 52–53: „Denn von nun an werden fünf in einem Hause uneins sein, drei wider zwei, und zwei wider drei. Es wird sein der Vater wider den Sohn, und der Sohn wider den Vater; die Mutter wider die Tochter, und die Tochter wider die Mutter; die Schwiegermutter wider die Schwiegertochter, und die Schwiegertochter wider die Schwiegermutter."
717 T1.77, 123–127: μήτηρ δ' ἂν ἐν ἡμῖν εἴη ἡ πίστις καὶ ἡ εὐσέβεια, θυγάτηρ δὲ ἡ ἀρετή. οἱ μὲν οὖν τὴν πίστιν παραδεχόμενοι τὴν θυγατέρα ταύτης διαμερίζουσιν, ἄσχολοι πάντῃ τῆς τῶν ἀρετῶν τυγχάνοντες πράξεως· οἱ μὲν οὖν τὴν πίστιν παραδεχόμενοι τὴν θυγατέρα ταύτης διαμερίζουσιν, ἄσχολοι πάντῃ τῆς τῶν ἀρετῶν τυγχάνοντες πράξεως· τοῖς δὲ ἡ μὲν περὶ τὰς ἀρετὰς ἐνέργεια σεμνὴ καὶ σπουδαία, ἡ δὲ μήτηρ ταύτης ἀπηλλοτρίωται, μὴ δεξαμένη τὸ κήρυγμα.

dies eines der Hauptanliegen des Enkomions: Zu zeigen, dass Tugend ohne Glaube kaum funktionieren kann, aber auch reiner Glaube ohne die Aktivität, die er vorgibt, zum Schlechten führt. Da wir nun wissen, wo der Glaube anzusiedeln ist – er ist Fundament für alles Nachfolgende – können wir nun bestimmen, welche Bedeutung Psellos ihm zumisst.

4.7.3 Was ist der Glaube für Psellos?

In den beiden oben genannten Texten wird behauptet, dass die Tugend dem Glauben entspringt. Ganz in diesem Sinne bezeichnet Psellos auch an anderer Stelle den Glauben als „Kopf" der Tugend.[718] Was ist aber dieser „Kopf" und warum ist er notwendig, um tugendhaft werden zu können? Ich gehe (1) auf die Bedeutung des Glaubens bei Psellos ein, um danach ableiten zu können, (2) welchen Fehler er Theodota im Enkomion unterstellt. Daran anschließend soll (3) auf den Begriff der Neigung eingegangen werden, der eine besondere Stellung in dieser Diskussion einnimmt.

(1) Während das platonische Liniengleichnis *pistis* der irrealen Erscheinungswelt zuordnete, sind *dianoia* oder *noêsis* die höherrangigen und erstrebenswerteren Einsichtsweisen. Im Christentum verliert der Glaube (*pistis*) jedoch seinen minderwertigen Charakter als unklare Spekulation. Mit seiner Aufwertung stellt sich zunächst die Frage nach dessen Verbindung zur vernünftigen Aktivität der Seele. Augustinus beispielsweise erklärt den Glauben zur „heuristischen" Voraussetzung für das Wissen,[719] Thomas von Aquin geht hingegen davon aus, dass Glaube und Vernunft zwei verschiedene Wege der Wissenschaft seien. Der Glaube sei aber der Vernunft überlegen und könne auch ohne sie auskommen.[720] Theo Kobusch zeigt uns aber auch, dass beide miteinander einhergehen können.[721]

(a) Es scheint, als nehme der Glaube bei Psellos eine sehr basale Rolle ein. Eine basalere als jede theoretische Aktivität. So schreibt er:

> Die Unvernünftigen haben keinen Glauben und keine Meinung. Aber Werk des Glaubens ist die Überredung.[722]

---

718 T1.35, 47: παντὸς γὰρ δικαίου κεφαλὴ ἡ πίστις ἐστίν. Hier beispielsweise des Rechten.
719 Horn 1995a, 128
720 Schönberger 1998, 44
721 Kobusch 2006, 103: „Glaube und Vernunft, Glaube und Wissen oder Glaube und Beweis stehen sich zwar gegenüber, aber sie schließen sich nicht aus."
722 Philosophica minora II, 65, 24: Τὰ ἄλογα οὐκ ἔχει πίστιν καὶ οὐδὲ δόξαν. τῆς δὲ πίστεως ποίησις ἡ πειθώ.

Offenbar meint er damit die Wirkung, die der Glaube auf den Menschen hat. Genauer genommen muss er eine Wirkung auf die Vernunft haben. Denn gleich im vorherigen Satz spricht er den Tieren die Möglichkeit ab, glauben zu können. Tiere sind aber solche Lebewesen, die keine Vernunft besitzen. Deshalb scheint der Glaube für Psellos in einer gewissen Verbindung zur Vernunft zu stehen. Die Vernunft muss es also sein, die überredet wird. Denn wenn es möglich wäre, dass man auch über die Leidenschaften überredet wird, müssten auch Tiere glauben können.

Der Glaube ist für Psellos das Verbindungsglied zwischen göttlichen Gütern und Vernunft. Es scheint, als wirkten die Glaubensgüter so auf die Vernunft ein, dass sie sich ihr als richtige Güter präsentieren und sich auf irgendeine Weise von falschen Gütern absondern. Als Vergleich für ihre Wirkung könnte Folgendes dienen: Wie es in der aristotelischen Psychologie heißt, dass ein Teil der Seele der Vernunft gehorchen kann, ohne selbst gänzlich vernünftig zu sein, so scheint die Vernunft sich wiederum von etwas Höherem überreden lassen zu können: eben von den Glaubensinhalten. Die Kompetenz, die es zulässt, dass Glaubensinhalte aktiviert werden, ist zunächst die Zustimmung zu ihnen. Dies ist der Glaube im eigentlichen Sinn. Der Glaube ist eine zustimmende Tätigkeit, die aufgrund einer Einwirkung von außen aktiviert werden kann. Der so verstandene Glaube unterscheidet sich dadurch eindeutig von der Spekulation, die ebenfalls eine Art der Zustimmung ist. Die Spekulation liefert aber keine Garantie dafür, dass ihre Inhalte auch die wahren, von Gott offenbarten Güter sind. Die Spekulation könnte am Anfang jeder wissenschaftlichen Untersuchung stehen und sich falsifizieren lassen. Der Glaube garantiert hingegen als Zustimmung zu den Glaubensgütern die Wahrheit seines Inhaltes.

Mit dieser Position fügt Psellos sich in die spätantik-mittelalterliche Tradition[723] ein und folgt ganz besonders auch Clemens von Alexandrien, der „Glaube im Sinne einer ‚Annahme', das heißt einer bestimmten Form der Zustimmung" versteht.[724]

(b) i) Der Glaube bezieht sich laut Psellos explizit auf Gott,[725] die Auferstehung[726] sowie das Evangelium (*kêrygma*).[727] Gegen die Annahme, dass der Glaube eine theoretische Tugend ist, spricht erstens Psellos' Ansicht über die nicht aus-

---

723 Kobusch 2006, 97
724 Kobusch 2006, 97
725 Orationes Hagiographice 1, b, 203: [...] ἡ πρὸς θεὸν πίστις [...];
726 T1.80, 94: οἱ μὲν γὰρ μὴ ἀνεστηκέναι τὸν κύριον ᾤοντο,
727 Orationes forense et acta, 1, 73–75: Εὐσέβεια τοίνυν ἐστὶν ὡς ἐν ὑπογραφῆς λόγῳ ὁμολογία τῆς ἁγίας καὶ μακαρίας τριάδος καὶ πίστις τοῦ εὐαγγελικοῦ καὶ θείου κηρύγματος.

reichende Rolle des diskursiven Denkens für die Gottesschau.[728] Außerdem ist es so, dass, falls der Glaube nicht einer anderen Kategorie angehören würde, er getrübt werden könnte, sodass falsche Güter uns als richtige erscheinen, und es zu einer Konkurrenz zwischen echten und scheinbaren Gütern kommen könnte.[729] Das ist aber aus folgendem Grund problematisch: Denn da der Mensch beim Endgericht dafür bestraft wird, dass er nicht die göttlichen Güter akzeptiert und nicht die göttlichen Gebote umsetzt, muss es eine weitere Instanz geben, die die Möglichkeit eröffnet, auch bei getrübter Vernunft das Richtige erkennen zu können. Wären Glaube und diskursives Denken identisch, könnten somit beide getrübt werden, und es gäbe keine Möglichkeit, die Wahrheit zu erkennen. Der Mensch würde beim Endgericht für etwas bestraft werden, wofür er nicht verantwortlich ist, und das wäre ungerecht. Gott ist aber nicht ungerecht. Der Glaube kann deshalb nicht identisch mit der diskursiven Vernunft sein.

ii) Gegen die Annahme, dass der Glaube generell aber als *theôria* begriffen werden könnte, spricht, dass an Gott geglaubt werden solle, dass Gott aber nicht begreifbar ist.

iii) Ist der Glaube für Psellos dann vielleicht dasselbe wie die Liebe zu Gott? Denn der Begriff scheint bei manchen Autoren dafür verwendet zu werden; einerseits für die Fähigkeit, auf Gott „zu hören" und andererseits für die aktive Liebe zu Gott. Bei Gregor von Nyssa scheinen in einer Interpretationsweise Glaube und Liebe beispielsweise miteinander identifiziert zu werden,[730] wenn er „mit dem Glauben die Liebe zu Gott aus ganzem Herzen, aus ganzer Seele und aus ganzer Kraft"[731] meint.

Drei Argumente sprechen dagegen, dass auch Psellos den Glauben mit der Liebe zu Gott identifiziert: Denn Glaube ist für ihn die rationale Zustimmung zu den göttlichen Gütern. Anders als die Gottesliebe wird der Glaube nicht vom natürlichen Gesetz gefordert. Der Glaube geht diesem gewissermaßen voraus. Erst in einem zweiten Schritt können die Gebote des natürlichen Gesetzes ihre Wirkung entfalten. Es lassen sich bei Psellos also zwei sukzessive Phasen unterscheiden, die nicht miteinander identisch sind: Zuerst die Zustimmung zu den göttlichen Gütern – dies ist der Glaube – und dann die Befolgung der Glaubensinhalte durch die Gottes- und Nächstenliebe. Zuletzt ist die Liebe des Menschen zu Gott etwas Aktives, wie auch die Philanthropie etwas Aktives ist. Der Glaube ist für Psellos aber eine Zustimmung zu etwas, das passiv erlangt wird.

---

728 vgl. Ierodiakonou 2002, 158
729 T1.27, 52–54: ἐπαίρουσι γὰρ καὶ πονηροὶ δαίμονες τὴν τῶν ἀνθρώπων διάνοιαν, καί τινα δοκοῦντα ὑποδεικνύουσιν ἀγαθά, οἳ δὴ οὐδ' ἐν Χριστῷ λέγοιντ' ἂν μετεωρίζεσθαι.
730 Schramm, Dörrie und Altenburger 1976, 202
731 Hübner 1974, 185, zitiert dort Gregors *In Canticum canticorum* 14

(c) Wie fügt sich Psellos' Glaubensverständnis in die Positionen anderer Gelehrter ein? In Byzanz entwickelten sich im 11. Jh. zwei Debatten über die Relation von Glaube und Vernunft, an der die intellektuellen Größen der Zeit teilnahmen und in deren Zentrum Niketas Stethatos stand. Laut Frederick Lauritzen versuchte Niketas Stethatos die traditionelle Interpretation der Heiligen Schrift gegen eine Gruppe theologischer Logiker zu behaupten, die innovative Auslegungen bevorzugen. Diese sogenannten *didaskaloi* oder *sophistai*, von denen ein gewisser Gregor der Sophist und Manuel mit Namen bekannt sind,[732] haben offenbar den Versuch unternommen, mit logischen Mitteln Mysterien des Glaubens zu untersuchen, ohne dabei die traditionellen Argumente zu verwenden.[733] Eine Kulmination dieser neuen Auslegungsversuche ist bei Johannes Italos zu beobachten, dem Schüler des Psellos, der genau deshalb 1082 n.Chr. mit einem Anathema belegt worden ist.[734]

Eudoxie Delli meint, dass es einen weiteren Streit in der Frage nach der Beziehung zwischen Glaube und Vernunft gegeben hat. Der „Traditionalist" Stethatos sei nämlich auch ein direkter Gegner des Psellos gewesen. Er habe gelehrt, dass die Gotteserkenntnis (*theognôsia*) nur durch Askese und Einfachheit, wie sie im Fischer verkörpert sind, möglich ist.[735] Nur die traditionalistische und antilogische Auslegung sei richtig, sowie die Tatsache, dass die Gotteserkenntnis auch für nicht-gebildete Menschen gegeben sein muss.[736] In dieser Aussage entdecken wir die bildungsfeindliche Position des östlichen Mönchtums wieder. De facto tut diese Anklage Psellos Unrecht, da er – wie wir sahen – beiden Wegen, dem intellektuellen und dem einfach-praktischen die Funktion zuspricht, sich Gott annähern zu können.

(2) Wenn wir beachten, was der Glaube für Psellos ist, können wir auch die Frage beantworten, welcher der Fehler ist, den die Mutter durch ständiges Gebet machte. Sie scheint ihre Aktivität auf die Zustimmung, also auf den Glauben, zu reduzieren und missachtet dabei, was aus dieser Zustimmung folgen muss. Sie missachtet nämlich, dass aus dem Glauben auch Handlungsaufforderungen folgen, die laut Psellos auch eine philanthropische Aktivität beinhaltet. Man könnte

---

[732] Lauritzen 2007, 76
[733] Lauritzen 2007, 78
[734] Lauritzen 2007, 80 schreibt, dass es erstaunlich gewesen sei, dass der Name des Johannes Italos aufgrund des Anathemas die erste Hinzufügung zum Synodikon seit dem Ende des Bilderstreites 843 n.Chr. gewesen sei.
[735] Das Weinen und Flehen, das wir oben als genuine Position des Niketas Stethatos beschrieben, schließt die von Delli beschriebene Position der Einfachheit nicht aus, sondern zeichnet dieselbe antiintellektualistische Linie.
[736] Delli 2011, 114–117

ihr zwar noch zugestehen, dass sie den Glauben in Liebe zu Gott umwandelt. Dagegen spricht aber ihr Auftritt in Psellos' Traum, in dem sie weiterhin lediglich im Gebet verbleibt, ohne die Tugenden zu aktivieren:

> Then I saw my mother standing near the icon, as if she were doing her devotions, and I rushed forward to embrace her. But you enjoined me with your hand to stand and wait a little, and I immediately quailed and stopped in my tracks. And without turning yourself about, as if concealing your conversation with me, you said, "Turn your eyes to the right side of the chapel." I did this, and a monk was visible, not standing, but on his knees, with a writing-tablet in his hands, on which he had fixed his gaze. He looked like someone surpassingly great, with an austere face and a melancholy brow, and consummately redolent of the ascetic life. I asked my mother, "And who is this?" And she, still without turning around, said, "Basil the Great, my child. Go to him, and bow down before him." But when I approached and looked at him, he raised his head, suddenly folded shut the writing-tablet, and made a thunderous sound and vanished. I could no longer see my mother, but was somehow in another place, and those who had brought me mysteriously reappeared and seemed to be fitting a stole to me and whispering certain words, which I could not recall when I awoke.[737]

Der Glaube führt im Fall der Mutter nicht nur zu der verklärten Sicht, dass der Mensch eigentlich ein Geistwesen sei[738] und zeichnet das Bild eines „Vulgärplatonismus", sondern, so deutet Psellos in seinen Träumen an, lässt sie das Glück nicht finden, das der Vater hingegen nach dem Tode gefunden hat. Ohne Umsetzung des Glaubens in die Philanthropie bleibt sie letztlich eine untugendhafte Sünderin. Der Auftritt des Basilios des Großen mit dem Schreibtäfelchen und der ablehnenden Geste könnte außerdem ein Hinweis darauf sein, dass die Mutter eine ablehnende Haltung gegen die Bildung hatte, die kritikwürdig sei. Klar ist, dass sie mit ihrem Verhalten kein Lebensideal trifft.

(3) An dieser Stelle müssen wir uns auch derm Begriff der Neigung (*neusis*) widmen. Gott hat dem Menschen nämlich eine innere Neigung beigelegt, die ihn ebenfalls auf die Glaubensinhalte ausrichtet. In manchen Formulierungen hört es sich beinahe so an, als spreche Psellos von einem Instinkt. So stellt er dar, dass der Mensch auf eine Weise weiß, was das natürliche Gesetz ist, wie eine Ameise weiß,

---

[737] Enkomion Kap. 26
[738] T1.91, 26 – 32: ἐπεὶ οὖν σύνθετος ὁ ἄνθρωπος γέγονε καὶ τὸ μὲν αὑτοῦ τῶν συνθέτων ψυχή, τὸ δὲ σῶμα, ἐν μονῇ μὲν ἡ ψυχὴ δεδημιούργηται καὶ ταὐτότητι, ἐν τροπῇ δὲ καὶ ἀλλοιώσει τὸ σῶμα, καὶ τὸ μέν, ἵνα καθολικώτερον εἴπω, πάθεσι τοῖς ἀδιαβλήτοις τέως ὑπέκειτο, ἡ δὲ καὶ τῶν τοιούτων ἀπαράδεκτος ἦν παθημάτων. τὸ μὲν γὰρ τὴν τοῦ πεινῆν καὶ διψῆν ἐμφύτως κεκτημένον δύναμιν πληροῦσθαί τε καὶ κενοῦσθαι ὤφειλεν·

wann das Getreide aufkeimt.[739] Diese Verbindung zum natürlichen Gesetz wohnt der menschlichen Natur also offenbar inne.[740] Die Neigung ist damit neben dem Glauben eine zweite Weise, die Botschaft göttlicher Güter erkennen zu können und scheint sich laut Psellos eher auf die körperliche Seite zu beziehen.

Natürlich müssen wir uns fragen, wieso Gott dem Menschen eine so „schwache" innere Neigung und einen so schwachen Glauben beigefügt hat, von denen beide sich durch Leidenschaften oder einem widersprechenden, „ausgetricksten" Verstand so leicht unterdrücken lassen. Leider führt Psellos solche Fragen nicht weiter aus. Jedenfalls ist die Neigung eine zum Glauben komplementäre Weise der Ausrichtung des Körpers auf die göttlichen Güter, sodass der Mensch durch beide Hypostasen auf Gott ausgerichtet ist.

4.8 Glückseligkeit und das beste Leben

Um zu verstehen, welches Leben Psellos für das beste hält, sollen vier Punkte besprochen werden. Zunächst (1) soll auf die die Hauptunterschiede zwischen antiken und christlichen Glücksverständnissen eingegangen werden, als nächstes (2) soll gezeigt werden, wie sich Psellos zu diesen Theorien positioniert. Dabei werden wir (a) zeigen, dass er Abstufungen der Glückseligkeit annimmt und (b) diskutieren, ob die Erleuchtung durch den Heiligen Geist auch mit einer vollendeten Glückseligkeit einhergeht. Sodann (3) werden wir zeigen, dass die Glückseligkeit für ihn nicht das Ziel des irdischen Lebens ist.

(1) Die Glückseligkeit ist einer der zentralen Begriffe der antiken Ethik. Sie steht im Mittelpunkt der Frage nach dem guten Leben und kann aufgrund ihrer Ergebnisoffenheit verschieden interpretiert werden.[741] Grundsätzlich zeichnet die Glückseligkeit aus, dass sie das erstrebenswerteste Ziel der menschlichen Aktivität ist. Aristoteles zeigt, dass die Frage, wozu man etwas tut, erst mit der

---

[739] T1.31, 20–26: ταύτην δὲ τὴν φύσιν οὐκ ἀνθρώποις μόνοις συνέκλεισεν, ἀλλὰ καὶ πᾶσι τοῖς ζῴοις ὑφήπλωσεν, ἀφ' ἧς ἴδοι τις τὸν ἀράχνην αὐτομάτως διαρτῶντα τοὺς μίτους, καὶ τοὺς μὲν εἰς κύκλους ἀπακριβοῦντα, τοὺς δὲ οἷόν τινας στυλίσκους ὑποτιθέντα. κατὰ ταύτην καὶ μύρμηξ ὥρᾳ θέρους τὸν σῖτον ἐν μυχοῖς ἀποτίθησι γῆς καὶ χειμῶνος ἐξάγων ὑπὸ θερμῇ ὑφαπλοῖ τῇ ἀκτῖνι, καὶ ἡ χελιδὼν τὴν καλιὰν πήγνυσι, καὶ ἡ μέλισσα τὰ ἐν τοῖς σίμβλοις πλάττει ἑξάγωνα καὶ ἑκάστην πλευρὰν παρ' ἑκάστην τίθησι. Sowie T1.104, 40–41: ἡ δὲ πρὸς τοῦτο ὅρασις τὸ ἀεὶ πρὸς τὸν θεὸν νεύοντας, οὕτως τὰς ἑαυτῶν καταχρῴζειν ψυχάς·

[740] Philosophica minora II, 32: 8–10: ἔμφυτον γὰρ ἡμῖν τὸ ἀγαθὸν ὡς τὸ θερμὸν τῇ καρδίᾳ. οὐ μὴν ὁ ἄνθρωπος φυσικὸν ἀγαθόν, εἰ δὴ καὶ λέγεται καταχρηστικῶς. An dieser Stelle erklärt sich auch das zweite Gericht, das den Menschen danach richtet, ob er sich von dem natürlichen Gesetz überreden lässt oder nicht.

[741] Szaif 2008, 158–159

Antwort „um der Glückseligkeit willen" zu einem Abschluss kommen kann. Denn es sei unvernünftig zu fragen, weswegen man glückselig sein wolle (EN I 5). Die *eudaimonia* ist deshalb ein intrinsisches, oberstes Ziel.

Beträchtliche Unterschiede zwischen den Schulen ergeben sich aber bei der Frage, was die Glückseligkeit genau ausmacht. Liegt sie auch in den körperlichen und äußeren Gütern, oder in einer einzigen, höchsten Tätigkeit, die alle anderen Güter als unwichtig ansieht?[742]

Im Christentum gibt es einige Grundannahmen, die die Glückseligkeitsdiskussion von den antiken Verständnisweisen unterscheiden: Erstens gibt es zwei Leben, die sich in ihrer Möglichkeit zur Erlangung der Glückseligkeit stark von einander unterscheiden, wobei nur das zweite Leben nach der Auferstehung die vollkommene *eudaimonia* verspricht. Für einige Autoren ist es sogar fraglich, ob das irdische Leben überhaupt Glückseligkeit zulässt, oder eher den Charakter einer Prüfung hat, deren Bestehen durch Glückseligkeit im nächsten Leben belohnt werden wird. Eine zweite Grundthese ist, dass Glückseligkeit mit der Annäherung an Gott einhergeht (diese Ansicht gab es natürlich bereits in der Antike).[743] Erst nach der Auferstehung soll die Entfernung aber besonders kurz sein und die Glückseligkeit somit stark. Sie ist außerdem von infiniter Größe, da die Annäherung (*exhomoiôsis*) niemals vollkommen ist.

(2) Wie positioniert sich nun Psellos zur Frage der *eudaimonia*? Er ist der Meinung, dass die Glückseligkeit in höchster Ordnung Gott zukommt.[744] (a) Interessant ist, dass er die Ansicht vertritt, es gebe Abstufungen der Glückseligkeit.[745] Dies sei natürlich zwischen dem irdischen Leben und dem Leben nach der Auferstehung der Fall.[746] Doch er behauptet auch, dass es während des irdischen

---

742 Brüllmann 2011, 18 ff. Eine Zusammenfassung der Diskussion über Aristoteles' Interpretation in einer dominanten oder inklusiven Weise.
743 Leuenberger-Wenger 2008, 201: „Besonders aufschlussreich für Gregors Bemühen, die klassischen Tugenden und das Modell des ethischen Fortschritts im christlichen Kontext neu zu deuten, ist die Auslegung der Seligpreisungen, wo Gregor den Gedanken, dass Tugend zur Glückseligkeit führe mit dem Fortschrittsgedanken verband und die Seligpreisung als Anleitung verstand, welche die Christen in ihrem Weg zur Tugend und zur Gottebenbildlichkeit leiteten."
744 T1.62, 52–54: εἰλικρινῶς τε γάρ ἐστιν ἓν καὶ κυρίως ὂν καὶ νοῦς ἀκήρατος καὶ μακάριος, τῶν δ' ἄλλων εἴ τι οὕτως λέγεται, κατὰ μετοχὴν ἐκείνου ἔστι τε καὶ ὀνομάζεται. Psellos versteht. jemanden, der makarios genannt wird als jemanden, der *eudaimonia* erlangt hat.
745 T1.104, 21–25: μακάριος μὲν οὖν ὁ ὅπως ποτὲ ἐγγίσας τῷ πάσης ὑπερκειμένῳ τῆς φύσεως, μακαριώτερος δὲ τοῦ διὰ τὴν φύσιν ὁ διὰ τὴν ἄσκησιν, καὶ τούτων ἔτι εὐδαιμονέστερος 'ὁ λόγῳ καὶ θεωρίᾳ' τῷ θείῳ λόγῳ καὶ τῷ εἴδει πλησιάσας τοῦ ἀειδοῦς.
746 T1.64, 156–160: ἀλλ' ἐνταῦθα μὲν ἀτελὴς ἥ τε τῶν ἀνθρώπων πρὸς θεὸν οἰκείωσις καὶ ἡ τοῦ θεοῦ πρὸς ἀνθρώπους ἐπίγνωσις (οὐχ ὅτι ἀτελῶς ἐπίσταταί τι θεός, ἀλλ' ὅτι πρὸς τὸ μέτρον τῆς ἐπιγνώσεως καὶ ἡ ἀντίδοσις), ἐν δὲ τῷ μέλλοντι ἀρτία μὲν καὶ ἡ πρὸς θεὸν γνῶσις ἡμῶν, 'ἐντελόμισθος' δὲ καὶ ἡ ἀμοιβή.

Lebens Abstufungen der Glückseligkeit gibt und erklärt in einer Passage, dass derjenige glückselig zu nennen sei, der manchmal eng bei Gott ist. Ich vermute, dass er damit das Gebet meint (leider führt er die Aussage jedoch nicht weiter aus).[747] Glückseliger, so schreibt er, mache aber die Askese. Es ist verwunderlich, dass er an dieser Stelle nicht etwas mehr über die Praxis sagt, sondern eben nur die Askese nennt. Wir müssen aber davon ausgehen, dass er Askese hier als Übung der praktischen Tugenden versteht. Es wäre verwunderlich, wenn er sie nur in diesem Text – und sonst nirgends – als feste Größe einführen würde. Letztlich behauptet er also, dass die Ausübung der praktischen Tugenden zu einer mittleren Intensität der *eudaimonia* befähigt.[748] Die höchste Glückseligkeit sei diejenige, die mit der wissenschaftlichen Erkenntnis einhergeht.[749]

Diese Möglichkeit zur Abstufung der Glückseligkeit ähnelt in gewisser Weise der Steigerungsthese des Antiochos von Askalon. Sie ist nämlich nicht nur als ein höchstes und intrinsisch wertvolles Gut zu verstehen, wenn Steigerungen möglich sind. Man könnte also auf die Frage, wieso man *eudaimonia* erreichen wolle, mit Psellos nie antworten: Um ihrer selbst willen. Denn offensichtlich würde man die Steigerungsmöglichkeit dann außer acht lassen.

(b) Drei Aussagen weisen jedoch drauf hin, dass es in Psellos' Augen keine ewige Steigerung der Glückseligkeit während des irdischen Lebens geben kann, denn die Erleuchtung durch den Heiligen Geist suggeriert, es gebe eine vollendete irdische Glückseligkeit, die nicht infinit zunehmen kann. Sie wird durch die menschliche Kapazität, die göttlichen Gaben zu empfangen, beschränkt. Es gibt einen Punkt, über den der Mensch während des irdischen Lebens nicht hinausreichen kann, sodass die einzige Zu- und Abnahme nicht auf die Intensität, sondern auf den zeitlichen Faktor zurückzuführen ist. Und aus genau diesem Grund bedauert Psellos es auch, dass sie unter den Menschen kein dauerhafter Zustand ist.[750] Grund dafür ist, dass die Nähe zu Gott von den Tugenden abhängig ist, die aber verlierbar sind – wie wir im Enkomion erfuhren – sodass auch die

---

747 Denn nur dieses erfüllt die beiden Bedingungen iterativ und in wiederkehrenden Abständen stattzufinden und dabei die betende Person in die Nähe Gottes zu bringen.
748 Das müssen wir auch deshalb unterstellen, da es unplausibel wäre anzunehmen, dass die brüderliche Freundschaft ein unglücklicher Status sei.
749 T1.104, 44–46: ἐκεῖνος τοίνυν μακάριος ὁ μετ' ἐπιστήμης τὰς ἀρετὰς μετιὼν καὶ πρὸς τὸ θεῖον ἀποβλέπων εἶδος ὡς πρὸς παράδειγμα καὶ οὕτως ἐμφερῆ πρὸς ἐκείνην τὴν ἰδέαν τὴν ἑαυτοῦ ψυχὴν ἐργαζόμενος.
750 T1.87, 76–78: εὐδαιμονοῦμεν, κακοδαιμονοῦμεν, νῦν μὲν ὑψούμεθα, νῦν δὲ ταπεινούμεθα· καὶ νῦν μὲν βασίλειος ἡμᾶς ἔχει αὐλή, νῦν δὲ ἐν δεσμωτηρίῳ καθεῖρξαν τὼ πόδε τὸ ξύλον κατασφαλίζεται·

menschliche Glückseligkeit unbeständig ist.⁷⁵¹ Psellos' höchster Glückseligkeits-Status während des irdischen Lebens muss deshalb eher wie eine Art Deckelung verstanden werden, die erst im Leben nach dem Tod aufgehoben wird. Das könnte vor allem daran liegen, dass das irdische Leben in der Folge Adams eines der Sünde ist.⁷⁵² Explizit gibt Psellos jedoch keine Antwort darauf.

Ganz in diesem Sinn gibt es laut Psellos nach dem Tod einen Sprung von der irdischen Glückseligkeit hin zur himmlischen Glückseligkeit. Wenn wir uns die Passage anschauen, in der er die Traumerscheinung seines verstorbenen Vaters beschreibt, sehen wir, dass er den Unterschied zwischen beiden Leben sehr deutlich kennzeichnet:

> He was in a state of artless, simple joy, and his soul was exalted with pure and bounding happiness, and from his eyes there emanated a sort of light, like beacon-fires, and the brightness of his glance was extraordinary. Each of his aspects, the noumenal and the visible,⁷⁵³ was beyond both my sense-perception and my thought. He approached me in a very human way and did not withdraw,⁷⁵⁴ but allowed himself to be embraced. And he embraced me in turn, and addressed me in my familiar voice and said, "Child, beloved before and now still more beloved, be of good cheer about me. For at the same time that I died I saw God" – thus he described his fate – "and on your behalf I have prayed earnestly and persistently to that ineffable Nature."⁷⁵⁵

Die explizite Differenz zwischen der irdischen Glückseligkeit und der himmlischen unterscheidet Psellos' Position von der vieler seiner kirchenväterlicher Vorgänger.

---

751 Ora 31, 169: εὐδαιμονίαν μοι ἐπίστασθε τὴν κτῆσιν τῶν ἀρετῶν. Es gibt bei ihm ausreichend Beispiele für diese Veränderung der Menschen zum Schlechten, derer wichtigstes einmal mehr das von Theodota im *Enkomion auf die Mutter* ist.
752 T1.25, 57–61: ἡμεῖς μὲν γὰρ κατὰ σῶμα γεννώμενοι οὐχ οὕτως ψυχούμεθα ὡς ὁ πρῶτος ἄνθρωπος καθαρὰν πάντῃ καὶ ἀμόλυντον τὴν τῆς ψυχῆς οὐσίαν δεξάμενος, ἀλλ' ἐπειδὴ οὐ τοῦ ἀναμαρτήτου Ἀδάμ, ἀλλὰ τοῦ ὑπὸ τὴν ἁμαρτίαν πεσόντος ἀπεβλαστήσαμεν, τὸ τοῦ σπέρματος κίβδηλον ἐν ταῖς ἡμετέραις βλάσταις δεικνύομεν· Auf diese Weise lässt sich auch erklären, wieso Psellos in der zentralen Passage keinen Superlativ, sondern selbst für die Glückseligkeit des theoretischen Lebens den Komparativ verwendet: T1.104, 21–25: μακάριος μὲν οὖν ὁ ὅπως ποτὲ ἐγγίσας τῷ πάσης ὑπερκειμένῳ τῆς φύσεως, μακαριώτερος δὲ τοῦ διὰ τὴν φύσιν ὁ διὰ τὴν ἄσκησιν, καὶ τούτων ἔτι εὐδαιμονέστερος 'ὁ λόγῳ καὶ θεωρίᾳ' τῷ θείῳ λόγῳ καὶ τῷ εἴδει πλησιάσας τοῦ ἀειδοῦς.
753 T1.64, 159–160: [...] ἐν δὲ τῷ μέλλοντι ἀρτία μὲν καὶ ἡ πρὸς θεὸν γνῶσις ἡμῶν [...]. sowie T1.46, 49–51: ἐγὼ δὲ θαρρούντως ἀποφαίνομαι ὅτι θειότερον μὲν τὸ σῶμα γέγονεν, ἀθανασίας τετυχηκός, οὐ μέντοι γε δὲ καὶ τῆς οἰκείας ἀποβέβηκε φύσεως.
754 Dies ist ein Gegensatz zum distanzierten Auftreten der Mutter in ihrer Erscheinung.
755 Enkomion Kap. 20. Man vergleiche die Philanthropie, die der Vater auch nach dem Tod ausübt mit der Kälte, die Theodota bei der Traumerscheinung gegenüber unseres Protagonisten ausstrahlt.

Obwohl wir natürlich auch bei diesen die Ansicht finden, dass die Nähe zu Gott nach dem Tod besonders groß sein wird, scheinen sie auch während des irdischen Lebens eine asymptotische Annäherung an ihn für möglich zu halten. Für Psellos gibt es hingegen während des irdischen Lebens einen höchsten, erreichbaren Status an Glückseligkeit, der nicht übertroffen werden kann.

(3) Während die Glückseligkeit an Intensität zu- oder abnehmen kann, ist die Liebe zu Gott für Psellos, wie wir zeigten, identisch mit der Liebe zum Menschen. Es entsteht genau dadurch aber eine Diskrepanz zwischen dem Streben nach Glückseligkeit und dem natürlichen Gesetz, wenn es verlangt, philanthropisch aktiv zu sein. Denn da die praktischen Tugenden hinsichtlich der Glückseligkeit, die sie hervorrufen, immer hinter den theoretischen zurückstehen, gäbe es keinen persönlichen Grund, diese niedrigeren Tugenden überhaupt dauerhaft auszuführen. Nur das göttliche Gebot, das auf den Lohn im Jenseits verweist, kann in Psellos' Ethik zur Motivationsquelle dafür werden, nicht theoretisch, sondern philanthropisch aktiv zu sein. An dieser Stelle wird auch bei Psellos in gewisser Weise der Prüfungscharakter des Lebens ersichtlich, auch wenn er das Problem nicht explizit anspricht. Das irdische Leben, so müssen wir aber folgern, ist für ihn nicht eines, das das Ziel der Glückseligkeit verfolgt, sondern vorrangig eines der Gesetzestreue.

4.9 Psellos' Auslegung antiker und spätantiker Ethikkonzepte in seinen deskriptiven Schriften

Die Ethik, die wir in den deskriptiven Schriften finden, konzentriert sich auf die Philosophie des Porphyrios. In *Peri aretôn*[756] beantwortet Psellos die Frage eines Philosophieinteressierten danach, was Synesios von Kyrene in seinem Brief an Herkoulian (Ep. 140) über die Tugend behauptet hatte. Dabei stellt Psellos die vier Kardinaltugenden und ihr wiederholtes Auftauchen in den verschiedenen Tugendstufen ausführlich dar. Auffällig ist, dass er zwar häufig aus Porphyrios' 32. Sentenz zitiert, kaum jedoch aus dem Brief des Synesios selbst und auch nicht aus anderen Schriften über die Tugend der neuplatonischen Tradition. Grund für das erste Problem kann sein, dass Synesios in diesem Brief selbst behauptet, bereits in zwei älteren, jedoch während des Transports verlorenen Briefen an denselben Herkoulian ausführlicher über die Tugend gehandelt zu haben, er hier jedoch nur

---

[756] Philosophica minora II, Op 32

kurz auf die Problematik eingeht.[757] Das zweite Problem wird am Schluss des Aufsatzes angerissen, wenn Psellos mit dem Hinweis endet, dass Iamblich einen größeren Tugendkatalog vorweist und Aristoteles nur teilweise einen ähnlichen Ansatz verfolge, teilweise jedoch anderes behaupte.

Die Passagen § 66–81 aus *De omnifaria doctrina* verfolgen eine ähnliche Strategie wie *Peri aretôn*, indem sie ausführlich Porphyrios zitieren, dabei jedoch auch viele Anleihen aus der *Nikomachischen Ethik* des Aristoteles nehmen. Hinzu kommen einzelne Passagen aus Olympiodors Phaidros Kommentar, Platons *Theaitetos* und Plotins *Enneade* I, 2 [19].

Schließlich behandelt *Peri dialektikês, eudaimonias kai tou kalou*[758] die im Zusammenhang mit der Tugend wichtige Frage nach Glückseligkeit und dem vollkommenen Leben. Die Nachfolge Plotins ist hier nicht nur durch ausgiebige Zitate zu erkennen, sondern auch durch die Reihenfolge Dialektik, Glückseligkeit, Schönheit, die den Titeln der drei Porphyrios' Anordnung folgenden plotinischen Traktate I, 3 [20], I, 4 [46] und I, 6 [1] entsprechen.

Wir sehen, dass die deskriptiven Schriften eine Ansammlung an Aussagen verschiedener Philosophen beinhalten, die Psellos nebeneinander präsentiert. Wir finden keine direkte Bemühung für eine Plausibilitätsprüfung oder eine Pro- und-Contra Argumentation, obwohl er schreibt, dass er sie an die christliche Lehre anzugleichen versucht. Die Angleichung scheint eher die Reinigung von problematischen Passagen zu meinen. Psellos scheint dort generell lediglich an der Wiedergabe der verschiedenen Aussagen interessiert zu sein. Philosophiehistorisch ist die Rezeption zwar interessant, aber inhaltlich wenig überzeugend und Psellos' Position ist daraus, wie wir anfangs begründeten, nicht zu erschließen.

4.10 Keine politische Philosophie?

Warum hat Psellos keine politische Philosophie verfasst? Ich möchte zunächst (1) einige Argumente aus seinen Schriften ableiten, die uns eine Erklärung dafür geben können. Außerdem möchte ich (2) zeigen, dass es dennoch rudimentäre Ansätze dafür gibt, die jedoch nicht dafür ausreichen, eine politische Philosophie entdecken zu können.

(1) Wir finden bei Psellos keine ausformulierte politische Philosophie. Auch Ernest Barker spricht nur von einer sozialen Philosophie. Dabei verweist er le-

---

757 Synesios Ep. 140, Z 27–30: περὶ οὗ σοι καὶ πάμπολλα διὰ δύο τῶν πρώτων ἐπιστολῶν διελέχθην, ὧν οὐδεμίαν οἱ λαβόντες ἐπιδεδώκασιν. ἐπεί τοι πέμπτην ταύτην ἐκπέμπω τὴν ἐπιστολήν.
758 Philosophica minora I, Op. 4

diglich auf einige Textstellen, die Belege dafür sind, dass praktische Tugenden nicht generalistisch verstanden werden dürfen.[759] Was könnte der Grund dafür sein, dass eine Auseinandersetzung über den Staat fehlt? Man könnte vermuten, es sei der Autorität des Kaisertums geschuldet, dass nur unter Strafe kritisiert werden durfte.[760] Dass Psellos sich aufgrund von Angst dagegen entschieden hätte, widerspricht seiner Untersuchung antiker, paganer Philosophien sowie dem Versuch der Betrachtung Gottes mit dialektischen Mitteln. Deshalb müssen wir andere Indizien dafür suchen, welches Motiv zugrunde liegen könnte. In der Rede 31 formuliert er eine interessante Einsicht, die uns weiterbringt:

> Der Logos [ist] ethisch und wahrer Philosoph, und weder ordnet er eine Stadt noch gehört er einem Volk und einem Haus [an].[761]

Diese Aussage beinhaltet zwei Argumente: Er schreibt hier einerseits, dass Güte oder Schlechtigkeit alleine anhand der Tugendhaftigkeit der Einzelperson auszumachen und nicht bei Institutionen oder Gruppen aufzufinden sei. Zweitens beinhaltet seine Aussage, dass Politik immer darauf reduzierbar ist, was die Einzelperson tut. Deshalb soll es wohl auch keinen wissenschaftlichen Nutzen bringen, den Staat als ganzen zu betrachten, sondern vielmehr gelte alle Anstrengung der Einzelperson und ihrem Charakter.

Plausibel ist diese Missachtung von Institutionen nur aus einer „Auferstehungsperspektive" heraus. Denn alles Tun während des irdischen Lebens zählt schließlich für das jenseitige Leben. Das irdische Leben konzentriert sich deshalb auf die moralische Vortrefflichkeit der Einzelperson. Die Abgabe der Pflicht zur Nächstenliebe auf ein staatliches Organ wäre kritikwürdig, da die philanthropische Aktivität eben der eigenen Charakterschulung dient. Denn die Selbstvervollkommnung gehört essenziell zur praktischen Aktivität jedes Menschen. Plausibel ist es außerdem, weil er keinen Konsequentialismus vertritt. Es zählt eben nicht nur das Resultat, sondern die Ausprägung und die Ausführung der Tugendhaftigkeit. Diese Argumente zeigen, warum eine Beschäftigung mit Institutionen philosophisch unattraktiv ist.

---

759 Barker 1957, 132–135

760 Dieses Argument wird häufig als „Totschlagargument" verwendet, ohne dass es begründet ist. Denn selbst bei grundlegenderen Dingen, wie Fragen der Christologie oder der Trinität haben Kaiser mitdiskutiert und konnten ein Gespräch selten durch ihre Autorität unterbinden. Siehe z. B. das Leben des Maximus Confessor.

761 Ora 31, 29 – 33: ὁ δὲ λόγος οὔτε σοφιστείαν τινὰ καὶ περιεργίαν λόγων ὑμῖν ἐπαγγέλλεται οὔτε τῆς περιττῆς σοφίας ἐστὶ μαθημάτων κύκλον ἀνερευνώμενος, ἀλλ' ἠθικὸς μὲν καὶ τῷ ὄντι φιλόσοφος, οὔτε δὲ πολιτείαν ἁρμόζει οὔτε δήμῳ καὶ οἴκῳ προσήκει [...].

(2) Dennoch sehen wir Ansätze politischer Philosophie an drei konkreten Stellen. Zwar haben wir einige Schriften, die sich mit Themen beschäftigen, die eher in die Kategorie Verwaltung oder Darstellung von Einzelwissenschaften passen würden, so beispielsweise die juristischen Lehrgedichte.[762] Jedoch diskutiert er nirgends normative Konzepte von Staaten, Macht oder besonderen Funktionen, wie die des Kaisers. In einer Diskussion der Prinzipien des guten Militärwesens formuliert Psellos aber den Gedanken, dass geometrische Einsichten auch auf ein gelingendes Militärmanöver anwendbar sind.[763] Wenn also die Prinzipien abstrakterer Wissenschaften auf das Militär übertragbar sind, könnten wir darauf spekulieren, dass Psellos sie auch auf eine andere Gemeinschaft übertragen könnte, wie eben den Staat. Leider tut er dies aber an keiner Stelle und auch bezüglich des Rechts finden wir bei ihm nur dessen klassische Einbettung in die Ordnung des natürlichen Rechts. So trifft er eine Einteilung, die wir ebenfalls bereits aus der Patristik kennen.[764] Denn das göttliche Gesetz stehe über jedem positiven Recht, das sich an ihm ausrichten müsse. Solange es nicht diesem gleich sei, müsse man als Mensch das positive Recht zugunsten der Philanthropie und des Mitleides übertreten. Dies ist zumindest Psellos' Aufforderung an den byzantinischen Kaiser, beispielsweise in T1.13.[765]

Es gibt also rudimentäre Ansätze dafür, Gemeinschaften oder staatliche Anliegen anhand höherer Normen zu bewerten und zu diskutieren. Für den Staat als solchen geschieht das jedoch an keiner Stelle.

---

[762] Weiss 1977b oder die Nennung einer Wissenschaft der Herrschaft in *Encomium in patriarchem Constantinum Leichudem*, 398, 13: [...] ἐγνώκει τὴν ἐπιστήμην τοῦ κράτους [...].
[763] Ora 8, 33–41: καὶ ὁ Μακεδών, ἐφ' ἑκάστης ἡμέρας τροπαίων αὐτῷ ἐγειρομένων, τῷ τῷ Ἀριστοτέλει συνεῖναι μᾶλλον ἢ ἐκείνοις ἐκαλλωπίζετο. κἀκείνοις δὲ συνήδετο ὅτι μετὰ λόγου αὐτῷ προσεγίνετο τὸ νικᾶν· αἱ γὰρ πρὸς τοὺς πολέμους τάξεις καὶ τὰ κατὰ τῶν ἀντιμαχούντων μηχανήματα ἐκ τῶν Ἀριστοτέλους ἐπινοιῶν αὐτῷ συνειλόχατο. οἵ τε οὖν λόχοι αὐτῷ ἐν μέτρῳ καὶ αἱ φάλαγγες νῦν μὲν δίστομοι, νῦν δὲ ἀντίστομοι καὶ αὖθις ἀμφίστομοι τό τε πλῆθος ἄλλοτε μὲν κατὰ τετράγωνον σχῆμα συνείλεκτο καὶ αὖθις δεῆσαν κατὰ πρόμηκες ἢ ἑτερόμηκες·
[764] T1.73, 27: δίκη γὰρ αὐτόχρημα καὶ θέμις ἐστὶ καὶ δικαιοσύνης ὑπεροχή. Sowie T1.13, 64–66: [...] ἀλλὰ σύ, ὡς κύριος καὶ δυνάμενος ὅσα βούλει ποιεῖν καὶ νόμῳ μὴ ὑποκείμενος [...].
[765] T1.13, 64–66: [...] ἀλλὰ σύ, ὡς κύριος καὶ δυνάμενος ὅσα βούλει ποιεῖν καὶ νόμῳ μὴ ὑποκείμενος, τὴν δικαιοσύνην ἐλέῳ μοι κατακέρασον καὶ ἐλέησον, 'κύριε, ἐλέησον'.

5 Systematische Einordnung von Psellos' Philosophie

Im Folgenden möchte ich die Philosophie des Michael Psellos systematisch einordnen. Dafür werde ich (1) einige Worte über die Forschung zur philosophischen Tradition in Byzanz schreiben, bevor ich (2) auf ihn selbst eingehe.

(1) Es gibt verschiedene Versuche, den Charakter der byzantinischen Philosophie zu greifen, von denen der erste in Basile Tatakis' 1949 erschienenem Buch *La philosophie byzantine* unternommen wurde. Grundsätzlich lassen sich in der bis heute anhaltenden Debatte einige Kategorien ausfindig machen, die sich aufgrund der positiven oder negativen Beantwortung folgender beider Fragen ergeben: a) Spielt die Theologie unabhängig von der Philosophie eine Rolle im byzantinischen Denken? b) Ist die byzantinische Philosophie eine direkte Fortführung der antiken Philosophie? Unabhängig von diesen beiden inhaltlichen Ansichten scheint es bei einigen Autoren außerdem den Wunsch zu geben, das byzantinische Denken vom lateinisch-westlichen Abzugrenzen, indem besonders auf die Differenzen hingewiesen wird. So verfolgt der oben genannte Basile Tatakis die Absicht, dessen Eigenart herauszustellen und den Unterschied zwischen „lateinisch-westlichem Mittelalter" und „griechischem Osten" hervorzuheben. Keine Denkkategorie, die für das Studium der „westlichen" Philosophie gebraucht würde, sei auf den „Osten" anwendbar, schreibt er.[766]

Wenn wir uns nun der ersten Frage zuwenden, sehen wir, dass einer der Exponenten der Erforschung der byzantinischen Philosophie, Georgi Kapriev, den Unterschied zwischen Philosophie und Theologie mit dem Begriffspaar von Theologie und Ökonomie begründet. In den einleitenden Bemerkungen seines Buches *Philosophie in Byzanz* bestimmt er den Bereich der Philosophie als denjenigen der göttlichen Ökonomie.[767] Er trennt die Theologie von ihr, indem er sie nicht als höchste Aktivität des menschlichen Geistes selbst begreift, sondern als denjenigen Bereich, der erst durch die Selbstoffenbarung und die Selbstäußerung Gottes für den Menschen erfahrbar wird. Von einer ganz ähnlichen Aufteilung, jedoch ohne explizit die Ökonomie zu nennen, gehen auch Katerina Ierodiakonou und Dominic O'Meara aus, wenn sie die Theologie aus der philosophischen Diskussion ausschließen, da sie in Byzanz nicht systematisch diskutiert worden sei.[768] Gerhard Podskalsky argumentiert in seinem Buch *Theologie und Philosophie in*

---

[766] Tatakis 1949, 230–231, 312–313 zitiert durch Trizio 2007, 2
[767] Kapriev 2005, 15
[768] Ierodiakonou, O'Meara 2008, 715–716

Byzanz dafür, dass gerade aufgrund des autonomen Status der Theologie die Philosophie in Byzanz habe gedeihen können. Die entgegengesetzte Ansicht vertritt beispielsweise Peter Gemeinhardt, der die philosophische Diskussion der Trinitätslehre bei Psellos selbst nachzeichnet.[769]

Wenn wir uns der zweiten Klassifizierungsfrage zuwenden, sehen wir auf der einen Seite Klaus Oehler[770], der die byzantinische Philosophie sogar als eine direkte Fortführung der Antiken versteht, in der sogar noch die verschiedenen antiken Schulen und ihre Differenzen sichtbar blieben – jedoch im christlichen Umfeld. Die Hellenisierung des Christentums, schreibt er, habe deshalb im 3. Jh. begonnen und bis in das 15. Jh. angedauert. Eine ganz ähnliche Ansicht lässt sich auch bei Anthony Lloyd[771] sowie bei Anthony Kaldellis[772] feststellen. Die entgegengesetzte Interpretationsschule bezieht sich hingegen häufig auf den christlichen Kern des byzantinischen Denkens, der einen fundamentalen Unterschied zur antiken philosophischen Tradition ausmache. Zu dieser Linie lassen sich wiederum John Meyendorff[773] sowie der genannte Georgi Kapriev zählen.

Die gesamte byzantinische Philosophietradition essentialistisch verstehen zu wollen, wie es Tatakis gefordert hatte, ist von Michele Trizio kritisiert worden, da sie zu vielseitig sei, um in ihr einen einzigen, gemeinsamen Kern ausfindig machen zu können.[774] Ich folge dieser Einschätzung und möchte das Adjektiv „byzantinisch" deshalb nur als lose zeitliche und territoriale Angabe verstehen. Die Frage der Klassifizierung, so muss geschlossen werden, sollte sich deshalb von der allgemeinen Ebene abwenden und zu den einzelnen Denkern hinwenden.

(2) Ich möchte deshalb nicht weiter auf die allgemeine Tradition eingehen, sondern die Philosophie des Michael Psellos systematisch einzuordnen versuchen. An die beiden obigen Fragen angeknüpft, möchte ich deshalb zunächst feststellen, dass er sehr wohl Theologie als Philosophie betrieben hat, und jene nicht als einen von dieser getrennten Bereich ansah. Dies habe ich am Anfang der Arbeit zu zeigen versucht. Seine Verteidigung der Trinität erfolgt durch argumentative Widersprüche zu Gottes- und Prinzipienvorstellungen der antiken und spätantiken Philosophien. Ein Unterschied zwischen Theologie und Ökonomie, wie er von Kapriev beschrieben wird, lässt sich bei Psellos ebenso wenig finden.

Die Frage nach der Verbindung zur antiken und spätantiken Philosophie ist hingegen schwieriger zu beantworten, da er außerordentlich viele ihrer Elemente

---

[769] Gemeinhardt 2001
[770] Oehler 1969
[771] Lloyd 1987
[772] Kaldellis 2012b
[773] Mayendorff 1973
[774] Trizio 2007, 15

integriert. Dazu zählen beispielsweise die aristotelisch beeinflusste Ethik oder die epikureisch anmutende Einteilung der Lüste. Es zählt außerdem die wohl auf die Kommentartradition zu den aristotelischen Schriften zurückgreifende Ontologie des *synamphoteron* dazu, sowie die Verarbeitung des *thyrathen nous*. Die Freundschaftsdiskussion scheint hingegen stoische Einflüsse aufzuweisen und erinnern an den stoischen Kosmopolitismus, während die neuplatonischen Prinzipien auf patristischer Grundlage kritisiert werden. Nicht zuletzt stammen viele Argumente aus der unmittelbar vor ihm liegenden Tradition. Dass Elemente und Bezeichnungen antiker Philosophien zu finden sind, bedeutet aber nicht sogleich, dass er auch Anhänger dieser Denkrichtungen gewesen ist. Psellos ist aufgrund dieser Elemente keineswegs – wie häufig vermutet wurde – als platonischer oder aristotelischer Philosoph zu bezeichnen. Auch der Eklektizismus, der häufig mit einer unterstellten Inkohärenz einhergeht, trifft seine Position nicht. Psellos schafft es vielmehr, eine kohärente Philosophie zu formulieren, die nicht an den gegenseitigen Widersprüchen derjenigen Schulen scheitert, deren Elemente und Begriffe er verwendet.

Seine Grundlage findet sich in der Zustimmung und Begründung christlicher Ansichten: Gott ist Trinität, die menschliche Seele ist nicht präexistent, es gibt ein Leben nach dem Tod, die Materie wurde von Gott ex nihilo erschaffen, es gibt ein natürliches Recht, dessen Befolgung ein gutes Leben auszeichnet, und das durch die Ausübung der Tugenden aktiviert wird. Die Philosophie des Psellos muss als eine christliche Philosophie bezeichnet werden, die jedoch aus der Auseinandersetzung mit Aristotelismus, Platonismus und Stoa hervorgeht.

Zur Charakterisierung seiner Position möchte ich ein Konzept von Theo Kobusch verwenden, das es zulässt, sie weder als direkte Fortführung der antiken Philosophie zu verstehen, noch als einen Gegensatz zu dieser.[775] Es scheint nämlich, als sehe Psellos gemäß den Kirchenvätern seine Philosophie als „die Vollendung der antiken Philosophie". Der Hintergrund dieser Position liegt darin, dass die Offenbarung nicht als eine „Quelle des Wissens neben dem natürlichen Wissen"[776] aufgefasst wurde.[777] Vielmehr basiert der Vollendungsgedanke der Kirchenväter darauf, das Christentum nicht als Hinzufügung zur alten Philosophie zu verstehen, sondern als neue Klarheit, Ordnung und Harmonie. Und genau dieser Gedanke lässt sich auch bei Psellos wiederfinden. Als Paradigma dient seine Darlegung der Wirkung des Kommens Christi, denn, so schreibt er, er brachte kein neues Gesetz, sondern machte lediglich deutlich, was vorher undeutlicher

---

[775] Kobusch 2002b, 239–259
[776] Kobusch 2006, 30
[777] Kobusch 2006, 31: Die Trennung von Theologie und Philosophie ist schließlich erst eine Entwicklung des 13. Jahrhunderts.

war.⁷⁷⁸ Psellos steht also in der Tradition, die besagt: „Das Christentum versteht sich [...] nie als die Revolution einer Denkart, das heiß nie als revolutionärer Bruch mit der Vergangenheit des philosophischen Denkens, sondern als ein Neues, das das Alte zu seiner wahren Bestimmung führt."⁷⁷⁹ In diesem Sinne ist die christliche Philosophie im Selbstverständnis die älteste Philosophie.⁷⁸⁰ Und nur aus dieser Perspektive lässt sich schließlich auch Psellos' Interesse und seine Interpretationstätigkeit an der nicht-christlichen Philosophie erklären, wenn dieses mehr sein soll, als die reine Akkumulation von Wissen.

---

778 T1.31, 11–14: δεῖ δὲ πρὸ πάντων μὲν εἰδέναι ὡς ὁ ἐν γράμμασι νόμος πρῶτον μὲν ἐπὶ Μωυσέως καὶ παρὰ Μωυσέως ἐδόθη, εἶθ' ὕστερον ὑπ' αὐτοῦ τοῦ Χριστοῦ [...].
779 Kobusch 2006, 53
780 Kobusch 2006, 51–57

6 Zusammenfassung der Ergebnisse

Psellos' Philosophie knüpft nicht nahtlos an Antike und Spätantike an, sondern ist der Tradition, die sich bis zum 11. Jh. entwickelt hat, verpflichtet. Die deskriptiven Schriften bieten Sammlungen verschiedener Konzepte, die einige Interpreten dazu veranlasst haben, Psellos' Theorie als inkonsistent zu verstehen.[781] Diese Aussage würde gut zum häufig unterstellten Verfallscharakter der byzantinischen Philosophie passen. Sie ist aber im Hinblick auf Psellos' Philosophie nicht haltbar. Wie also können wir einen plausiblen Zugang zu ihm finden?

(1) Der Schlüssel, Psellos' Schriften auf die richtige Weise verstehen zu können, liegt in der Unterscheidung derjenigen Schriften, die seine begründete Meinung enthalten, von denjenigen, die deskriptiv sind und in erster Linie Teile von Meinungen anderer Philosophen wiedergeben. Notwendig dafür sind feste Kriterien, die eine plausible Einteilung erlauben. Wir hatten es deshalb zur notwendigen Bedingung gemacht, dass eine Argumentation vonnöten sei, die zeigt, dass er über seine Aussagen räsoniert. Es wurde festgestellt, dass er in manchen Schriften sogar konkret behauptet, etwas sei seine Meinung. Für seine eigene Theorie abgelehnt hatten wir hingegen die Schriften, die auf Grund einer oder manchmal sogar zweier Distanzierungen evidenterweise nicht seine Meinung widerspiegeln. So sehen wir in denjenigen, die wir deskriptiv nannten, keine Abwägung und keine Argumentation. Außerdem finden wir dort Aussagen, in denen Psellos sich distanziert, indem er schreibt, dass sich etwas „nach den hellenischen Meinungen" auf diese oder jene Weise verhalte, oder aber die Darstellung wird durch den Hinweis beendet, dass ein anderer Autor etwas Anderes behauptet hat. Das hilft uns nicht weiter, wenn wir seine Position entdecken wollen. Besonders irreführend ist es deshalb auch, seine Philosophie alleine in *De omnifaria doctrina* finden zu wollen.[782] Denn dort ist es evident, dass verschiedene Konzepte auf engstem Raum gemeinsam auftauchen, ohne dass eines davon priorisiert würde, und auch ohne den Versuch einer Vereinigung der Aussagen zu einer gemeinsamen Position. Die bezeugte Annäherung an das Christentum betrifft lediglich Passagen, die entfernt wurden, weil sie im Widerspruch zu diesem stehen und meint keinen umfassenden Vereinigungsversuch.

Mit dieser Grundunterteilung seiner Schriften können wir also auf seine eigenen Überzeugungen zugreifen, die sich hauptsächlich in den *Theologischen Schriften I* und *II* finden. Diese haben wir argumentative Schriften genannt, weil sie die Diskussion verschiedener Probleme beinhalten. Dort ist der Startpunkt für alle

---

[781] Marinus 2001, LXXI mit unterschiedlichen, nebeneinander gestellten Tugendstufen.
[782] Panagopoulos 2014

weiteren Untersuchungen zu suchen, die dann durch Blicke in die Reden oder die Briefe etc. ergänzt werden können, wie wir es in der Einleitung in sein Werk bereits darstellten. Nur von dort aus lässt sich plausibel erklären, welche philosophischen Überzeugungen Psellos entwickelt und für welche Positionen er steht.

Greift man also auf diese Weise auf sein Werk zu, wird man sehen, dass unser Byzantiner ein Autor ist, der stark in seiner Tradition verhaftet ist. Er verarbeitet nämlich Aussagen seiner byzantinischen Vorgänger und ergänzt diese an einigen Stellen mit Gedanken aus der antiken und spätantiken Philosophie. Die argumentative Basis ist für ihn aber das Christentum, das sich ihm durch die Bearbeitung der Kirchenväter in einer besonderen Note präsentiert. Dies ist natürlich nicht verwunderlich für einen Autor des 11. Jhs. Wohin führt uns nun dieser grundlegende Zugang zu seinen Schriften?

(2) Psellos diskutiert in seiner Theologie Probleme, die durch das neuplatonische Eine oder den neuplatonischen Geist im Kontrast zur christlichen Trinität entstehen, wobei er jedoch immer zugunsten der Trinität argumentiert; als eines Wesens in drei Hypostasen. Er findet dabei Argumente gegen das überseiende Eine als Prinzip und erklärt, warum Gott nicht als absolute Einheit, sondern als Trinität verstanden werde muss, die auf ihre Weise absolute Einheit sei. Es gibt auch keine Hinweise dafür, dass er Anhänger einer Philosophenreligion gewesen sein könnte, oder den Origenismus verteidigt habe. Tatsächlich könnte man ihm aufgrund seiner Position bezüglich der Gotteslehre lediglich unterstellen, er sei autoritätshörig gewesen und habe sich „nicht getraut", andere Meinungen zu vertreten. Dies würde übrigens gut zu der ihm unterstellten Heuchelei passen. Diese basiert aber, wie wir zeigten, darauf, dass er sowohl eine Anklageschrift gegen den Patriarchen Kerullarios verfasste, als auch später eine Eulogie auf ihn schrieb. Die Aufgabe, eine Anklageschrift zu verfassen, lässt sich jedoch aus seiner Position und seinen Pflichten am Hof erklären, sodass diese Charakterisierung seiner Person nicht haltbar ist. Wenn er aber tatsächlich im theologischen Bereich lediglich servil gewesen wäre, hätte er nicht so viel Energie auf die positive Argumentation zugunsten der christlichen Lehre verwendet, wie er es getan hat. Alleine deshalb ist Kaldellis' Versuch, ihm eine christentumskritische Haltung zu unterstellen, nicht überzeugend.[783]

(3) Kommen wir nun zur Ontologie. Eine getrennte Ideenwelt als Gedanken Gottes gebe es nicht auf diese Weise, dass wir darauf Zugriff hätten. Für Psellos ist die Welt *synamphoteron*. Es findet sich außerdem kein ontologisches Übel in seiner Ontologie. Boshaftigkeit beruht auf der Entscheidung gegen die göttlichen

---

[783] Kaldellis 1999

Güter, die natürliche Ordnung, das natürliche Gesetz und die damit einhergehende epistemologische und praktische Entfernung von Gott.

Die zusammengesetzte Natur wirkt sich auch auf sein Verständnis des Menschen aus. Psellos sieht ihn nämlich als gottgewollte Einheit aus Seele und Körper, als Hypostase. Die Seele ist während des irdischen Lebens auseinandergesetztes *pneuma*, wobei es keinen Teil gibt, der unkörperlich ist und in einer höheren Sphäre verweilt. Nur in der Zwischenzeit zwischen Tod und bis zur Auferstehung ist sie körperlos. Allgemein sehen wir außerdem, dass Psellos dem körperlichen Wohlbefinden eine Rolle zuspricht. Gute Lüste sind erlaubt und wünschenswert, wie es die damaskenische Tradition bereits formuliert hatte.

Seine Beschäftigung mit der Natur erlaubt es ihm außerdem, jede Art von Okkultismus abzulehnen. Er halte nichts von magischen Steinen, Gräsern oder Beschwörungen, sondern, so schreibt er, belächele diese.

(4) Wenn wir uns nun der Ethik zuwenden, werden wir sehen, dass er sowohl der antiken als auch seiner eigenen byzantinischen Tradition verpflichtet ist. Dabei nimmt er jedoch besondere Positionen ein, die ihn von seinen Vorgängern unterscheiden.

(i) Ganz klar ist zunächst die Unterscheidung zwischen praktischen und theoretischen Tugenden. Er lehnt verschiedene Tugendstufen ab, die anhand eines mehrstufigen ontologischen Systems einen Aufstieg zeichnen könnten. Seine beiden Tugendarten unterscheiden sich anhand der Ziele, die sie verfolgen, das Wahre für die theoretischen Tugenden und das Gute für die praktischen Tugenden.

(ii) Das Durchhaltevermögen behandelt nicht die körperlichen Widerstände während der tugendhaften Lebensführung. Vielmehr ist es so, dass seine praktische Aktivität das Wohl eines anderen Menschen zum Ziel hat und deshalb einen Projektcharakter hat. Denn die Wohltat liegt in der Verbesserung eines anderen Menschen. Dies ist eine Aufgabe, die Zeit in Anspruch nimmt, und die Koordination verschiedener Tugenden auf diesen Menschen hin verlangt. Die Anstrengung rührt für ihn daher, dass auch der, dem geholfen werden soll, etwas dazu beitragen muss. Wer sich gegen die Wohltaten verschließt, macht es aber auch der fürsorglichen Person nicht möglich, ihre Tugenden auszuüben. Daher kommt die Ermüdung in der philanthropischen Person zustande, die eine Kompetenz des Durchhaltevermögens entwickeln muss. Denn nur auf diese Weise kann sie das Gebot der Nächstenliebe einhalten. Der Projektcharakter der guten Taten ist eine Entfernung von der Konzentration der Bemühungen auf die eigene Glückseligkeit hin zur Einhaltung des natürlichen Gesetzes.

(iii) Das nächste Merkmal seiner Ethik ist die eigentümliche Weise der Beziehung zwischen Glaube und Vernunft. Die Vernunft alleine könne nämlich offensichtlich getrübt werden und zu falschen Präferenzen führen, wenn sie Begründungen für angebliche Güter findet, die nicht den wahren Gütern entsprechen. Die Vernunft muss deshalb immer rückgekoppelt sein zu dem Glauben, der die Kompetenz ist, den wahren Gütern zuzustimmen, die die Richtung für alles Weitere vorgeben. Ohne Glaube, so müssten wir Psellos weiter interpretieren, müsste man zum Skeptiker werden.

(iv) Der Glaube ist eine basale menschliche Kompetenz. Sie garantiert es, dass wir die Chance haben, in jedem Fall das Richtige zu sehen, während die Vernunft Fehler machen kann. Glaube alleine reicht allerdings für ein gutes Leben nicht aus. Die „Erhörung" der göttlichen Güter muss in aktive Gottes- und Nächstenliebe umgesetzt werden. Ansonsten handelt es sich um ein Leben gegen das Gesetz, weil der Glaube Ursache ist und nicht Ziel des guten Lebens. Er ist außerdem nicht mit der Gottesliebe zu verwechseln, die ebenfalls nicht Ursache, sondern eines der Ziele des Lebens ist. Psellos übernimmt damit ein Glaubensverständnis, wie es von Clemens von Alexandrien dargelegt wurde: Glaube als eine Annahme und Zustimmung.

(v) Die göttlichen Güter sind dem natürlichen Gesetz zu entnehmen. Es sind die Gebote der Gottes- und der Nächstenliebe. Beide können nur dann ausgeführt werden, wenn der Mensch zu einer tugendhaften Haltung gefunden hat. Sowohl die Gottesliebe als auch die Nächstenliebe gehen nur mit der Selbstliebe einher, die bei ihm deshalb eine positive Wendung als Tugendhaftigkeit hat und nicht als Narzissmus verstanden wird und ablehnungswürdig ist wie beispielsweise bei Maximus Confessor. Hier zeigt sich die Einheit der Liebe in ihren drei Ausprägungen, die auch bei der Aussage eine Rolle spielt, weshalb die Theorie keine Priorität vor der Philanthropie einnehmen kann. Die Liebesformen (über die Psellos allerdings nur an wenigen Stellen räsoniert) sind im Kern eine einzige Liebe. Besonders in Bezug auf Christus in seinen zwei Naturen ist zu sehen, dass die Gottes- und die Menschenliebe dieselbe ist, ohne dass es eine Vorrangigkeit gibt.

(vi) Es gibt einen vollendeten Status der irdischen Perfektion, der sich dann einstellt, wenn es eine Identität zwischen Mensch und *logos* gibt, und zwar dann wenn der Tugendhafte in seiner Perfektion zum *nomos empsychos* geworden ist. In dieser Position unterscheidet sich Psellos von seinen Vorgängern, die einen ewigen Aufstieg zu Gott annehmen. Ihm schwebt offenbar vor, dass die irdische Perfektion in keiner Weise mit der des Lebens im Jenseits vergleichbar ist. Deshalb nimmt er an, dass es einen vollendeten Status gibt, der während des irdischen Lebens nicht übertroffen werden kann. Die Vollendung des Menschen während des irdischen Lebens widerspricht der Ansicht, es könne einen ewigen Aufstieg bereits während dieses Lebens geben. Gleichzeitig sind die Hürden dafür, es zu erreichen, für ihn aber so hoch, wie sie es dafür sind, ein stoischer Weiser zu werden.

(vii) Psellos baut auch die intellektuelle Tätigkeit der Wissensakkumulation in seine Ethik ein. Er schreibt, dass zwar die Gottesliebe das Ziel der intellektuellen Beschäftigung ist, wählt dafür aber einen Umweg. Denn Gott ist nicht auf direktem Wege erreichbar und begreifbar. Eine Fülle an Wissen der Schöpfung lässt es zu, sich ihm anzunähern, weil sie seine Perfektion erahnen lässt. Zweitens hilft sie, das natürliche Gesetz beständiger einzuhalten, da es ohne Wissen schneller verloren gehen kann. Profanes Wissen festigt es hingegen. Damit schafft Psellos es, die Bildung in seine Ethik einzubauen, ohne sich auf sie zu fixieren.

(viii) Die Erleuchtung ist der Schluss des Strebens zur Perfektion. Diese kann sowohl durch herausragende praktische Tätigkeit erreicht werden als auch durch intellektuelle Exzellenz. Die erste Form ist näher an der Position des Symeon des Neuen Theologen, des Stethatos und der mönchischen Tradition. Die zweite hat eher für die gebildete byzantinische Schicht Geltung. Die Erleuchtung liegt jedoch nicht in der Hand des Menschen, sondern ist eine göttliche Gnadengabe. Deshalb ist es das Ziel der menschlichen Handlung nicht, erleuchtet zu werden. Darauf hat der Mensch in letzter Konsequenz keinen Einfluss, sondern er muss die eigene Vollkommenheit versuchen zu erreichen.

(ix) Die Glückseligkeit ist teil des menschlichen Lebens, sie ist jedoch ein sekundäres Gut, das während des irdischen Lebens hinter dem natürlichen Gesetz zurücksteht. Dies ändert sich im Leben nach dem Tod, in dem die vollkommene Glückseligkeit erreichbar ist.

(x) Es gibt außerdem einen zwar utopischen, aber vollendeten gesellschaftlichen Status, der durch die brüderliche Freundschaft ausgedrückt wird. In ihr sind mehrere oder alle Menschen Erleuchtet und *nomoi empsychoi*. Es ist eine Gesellschaft der brüderlichen Freunde. Auf eine solche (utopische) Gesellschaft bewegt sich die Menschheit zu, wenn die Verbesserung aller Charaktere das Ziel der philanthropischen Handlungen ist.

(xi) Solange die perfekte Gesellschaft der „Weisen" nicht erreicht ist, gibt es einen Status des Streites zwischen den Menschen. Streit ist immer dann vorhanden, wenn es verschiedene Willensausrichtungen gibt. Die einzige gute Willensausrichtung ist aber diejenige, die auf die göttlichen Güter ausgerichtet ist, also der Nächstenliebe und der Gottesliebe zustrebt. Psellos argumentiert deshalb, dass es notwendigerweise Streit unter denjenigen gibt, die Unwichtiges erstreben, es aber auch Streit zwischen denjenigen gibt, die die göttlichen Gebote erfüllen wollen und denjenigen, die generell unwichtige Güter erstreben. Dieser Gedanke ist natürlich nur aus der Perspektive der Vorrangigkeit der göttlichen Güter zu verstehen.

(xii) Psellos vereinigt durch seine Ansichten über Praxis und Theorie die beiden Wege, die es in der byzantinischen Geistesgeschichte gibt – den mönchisch-praktischen und den städtisch-intellektuellen – zu einem gemeinsamen, umfassenden System. Er nimmt in dieser Hinsicht die Aufgabe eines „Integrators" für die byzantinische Ethik ein.

(5) Was für eine Philosophie formuliert Psellos also? Unser Ziel, sie aus seinen argumentativen Schriften herauszulesen, hat also, nun aus einem höheren Blickwinkel gesehen, Folgendes gezeigt: Psellos ist ein Meilenstein der byzantinischen Kulturgeschichte. Bisher war besonders sein Geschichtswerk bekannt. Er ist ein herausragender Vertreter der christlichen Philosophie und ein Exponent der oströmischen Geistesgeschichte. Dabei ist er seiner Zeit und seiner Tradition verpflichtet. Er verwendet die Konzepte seiner Vorgänger, die Antike dient ihm aber ebenfalls als Argumentationspool.

Es wäre interessant zu erfahren, ob andere Geistesgrößen, die nach Psellos gelebt haben, seine philosophischen Positionen aufgenommen oder vielleicht in eine gewisse Richtung interpretiert haben. Die byzantinische Philosophie, so haben wir nun sehen können, ist nicht nur Deskription der Antike oder Theologie, sondern behandelt selbstsändig verschiedenste Bereiche der Philosophie mit komplizierten aber auch überzeugenden Argumenten.

7 Literaturverzeichnis

1. Quellen

Aristoteles, Metaphysik. Ed. 1989 H. Seidl, übers. H. Bonitz. Hamburg.
Aristoteles, Physik: Vorlesung über die Natur. Ed. 1987 und übers. H. G. Zekl. Hamburg.
Aristoteles, Über die Seele. Ed. 1995 H. Seidl, übers. W. Theiler. Hamburg.
Aristoteles, Über die Zeugung der Geschöpfe. Ed. 1959 und übers. P. Gohlke. Paderborn.
Augustinus, De sermone domini in monte. Ed. 1967 A. Mutzenbecher. Turnhout.
Augustinus, De trinitate. Ed. 1968 W. J. Mountain, F. Glorie. Turnhout.
Augustinus, Quaestiones in heptateuchum Libri VII. Ed. 1958 J. Fraipont, D. De Bruyne. Turnhout.
Augustinus, Vom Gottesstaat. Ed. 2007 C. Andresen, übers. W. Thimme. München.
Gregor von Nyssa, De vita Moysis. Ed. 1964 H. Musurillo. Leiden.
Gregor von Nyssa, In Canticum canticorum Homiliae – Homilien zum Hohenlied. Ed. 1994 und übers. F. Dünzl. Freiburg i. Br.
Hesiod, Theogony; Works and Days. Ed. 1978 und übers. M. L. West. Oxford.
Marinus, Proclus ou sur le bonheur. Ed. 2001. und übers. H.-D. Saffrey. Paris.
Platon, Werke in acht Bänden, Griechisch und Deutsch. Ed., 1990 G. Eigler.
Plotinus, Schriften in zwölf Bänden. Die Schriften 1–54 der chronologischen Reihenfolge (Text- und Anmerkungsband). Ed. 204 R. Harder. Hamburg.
Proclus, Ten Problems Concerning Providence. Ed. 2012 und übers. J. Opsomer, C. G. Steel. London.
Psellos, M. De omnifaria doctrina. Ed. 1948 L. G. Westerink. Utrecht.
Psellos, M. Fourteen Byzantine Rulers. The 'Chronographia' of Michael Psellus. Ed. 1966 und übers. E. R. A. Sewter. New York.
Psellos, M. Das Leben der byzantinischen Kaiser (976–1075). Chronographia Ed. 2015 und übers. D. R. Reinsch. Berlin.
Psellos, M. Encomium in patriarchem Constantinum Leichudem. Ed. 1874 K. N. Sathas, Ἐπιτάφιοι Λόγοι 4, 388–421.
Psellos, M. Epitaphius in patriarchem Joannem Xiphilinum. Ed. 1874 K. N. Sathas, Ἐπιτάφιοι Λόγοι 4, 421–462.
Psellos, M. Epitaphius encomiasticus in patriarchem Michaelem Cerullarium. Ed. 1874 K. N. Sathas, Ἐπιτάφιοι Λόγοι 4, 303–387.
Psellos, M. Epistola a Giovanni Xifilino. Ed. 1990 U. Criusculo. Napoli.
Psellos, M. Epistola a Michele Cerulario. Ed. 1990 U. Criscuolo. Napoli.
Psellos, M. Epistulae inedite di Michele Psello I–III. Ed. 1987–1987 E. V. Maltese. Studi Italiani di filologia classica III 5, 82–98, 214–223; 6, 110–134.
Psellos, M. Epistulae, Δύο ἀνέκδοτες ἐπιστολὲς τοῦ Μιχαὴλ Ψελλοῦ. Ed. 1980 A. Karpozilos, Δωδώνη 9, 299–310.
Psellos, M. Historia syntomos. Ed. 1990 W. J. Aerts. Berlin.
Psellos, M. Eloge inedit du lecteur Jean Kroustoulas par Michel Psellos. Ed. P. Gautier 1980–1982, Rivista di studi bizantini e neoellenici 17–19, 128–145.
Psellos, M. Orationes forenses et acta. Ed. 1994 G. T. Dennis. Stuttgart, Leipzig.
Psellos, M. Orationes hagiographicae. Ed. 1994 E. A. Fisher. Stuttgart, Leipzig.
Psellos, M. Orationes panegyricae. Ed. 1994 G. T. Dennis. Stuttgart, Leipzig.

Psellos, M. Oratoria minora. Ed. 1985 A. R. Littlewood. Leipzig.
Psellos, M. On Symeon the Metaphrast and on the Miracle at Blachernae. Ed. 2014 und übers. E. A. Fisher. Washington, DC.
Psellos, M. Philosophica minora I. Opuscula logica, physica, allegorica, alia. Ed. 1992 J. Duffy. Leipzig.
Psellos, M. Philosophica minora II. Opuscula psychologica, theologica, daemonologica. Ed. 1989 D. J. O'Meara. Leipzig
Psellos, M. Poemata. Ed. 1992 L. G. Westerink. Stuttgart.
Psellos, M. Scripta minora magnam partem adhuc inedita I: Orationes et dissertationes. Ed. 1936 E. Kurtz, F. Drexl. Mailand.
Psellos, M. Scripta Minora magnam partem adhuc inedita II: Epistulae. Ed. 1941 E. Kurtz, F. Drexl. Mailand.
Psellos, M. The Encomium of His Mother. Ed. 2005 und übers. J. Walker, *Advances in the History of Rhetoric* 8 (1), 239–313.
Psellos, M. Theologica I. Ed. 1989 P. Gautier. Leipzig.
Psellos, M. Theologica II Ed. 2002 J. Duffy, L. G. Westerink. München, Leipzig.

2. Sekundärliteratur

Alexopoulos, T. 2007. „Das unendliche Sichausstrecken (Epektasis) zum Guten bei Gregor von Nyssa und Plotin. Eine vergleichende Untersuchung", *Zeitschrift für Antikes Christentum* 10, 302–312.
Allen, P.; Neil, B. (Hg.). 2015. The Oxford Handbook of Maximus the Confessor, Oxford.
Arabatzis, G. 1998. Ethique du bonheur et orthodoxie à Byzance (Ive–XIIe siècles). Paris.
Ariantzi, D. 2012. Kindheit in Byzanz. Emotionale, geistige und materielle Entwicklung im familiären Umfeld vom 6. bis zum 11. Jahrhundert. Berlin, Boston.
Auburger, O. 1978. Michael Psellos. Die Entstehung von Intelligenz und Schwachsinn (um 1050). München.
Barber, C.; Jenkins, D. (Hg.). 2006. Reading Michael Psellos. Leiden, Boston.
Barker, E. 1957. Social and Political Thought in Byzantium. From Justinian I to the Last Palaeologus. Oxford.
Beierwaltes, W. 2001. Das wahre Selbst. Studien zu Plotins Begriff des Geistes und des Einen. Frankfurt am Main.
Beierwaltes, W. 2001. Platonismus im Christentum. Frankfurt am Main.
Beierwaltes, W. 2002. „Das Eine als Norm des Lebens: Zum metaphysischen Grund neuplatonischer Lebensform". In *Metaphysik und Religion. Zur Signatur des spätantiken Denkens: Akten des internationalen Kongresses vom 13.–17. März 2001 in Würzburg*. Hg. T. Kobusch und M. Erler, München, Leipzig, 121–152.
Benakis, L. 2009. „Aristotelian Ethics in Byzantium". In *Medieval Greek Commentaries on the Nicomachean Ethics*. Hg. C. Barber und D. Jenkins, Leiden, 63–71.
Benjamins, H. S. 1999. „Methodius von Olympus, Über die Auferstehung. Gegen Origenes oder gegen Porphyrios?". In *Origeniana septima. Origenes in den Auseinandersetzungen des 4. Jahrhunderts*. Hg. W. A. Bienert und U. Kühneweg, Leuven, Paris, 91–98.
Blowers, P. 1992. „Maximus the Confessor, Gregory of Nyssa, and the Concept of 'Perpetual Progress'", *Vigiliae Christianae* 46 (2), 151–171.

Böhm, T. 1996. Theoria – Unendlichkeit – Aufstieg: Philosophische Implikationen Zu 'De Vita Moysis' Von Gregor von Nyssa. Leiden, New York, Köln.

Böhm, T. 2004. „Die platonischen Voraussetzungen der ‚sethianischen' Gnosis". In *Pensées de l'„Un" dans l'histoire de la philosophie: Études en hommage au professeur Werner Beierwaltes*. Hg. W. Beierwaltes, J. M. Narbonne und A. Reckermann, Paris, Québec 123–139.

Brieskorn, N. 2013. „‚De lege nova divina' – Die rechtliche Exzellenz des Evangeliums (DL X)". In *„Auctoritas omnium legum". Francisco Suárez' De legibus zwischen Theologie, Philosophie und Jurisprudenz*. Hg. O. Bach, N. Brieskorn und G. Stiening, Stuttgart, 385–408.

Broadie, S. 2014. Nature and Divinity in Plato's Timaeus. Cambridge.

Browning, R. 1977. „The Patriarchal School at Constantinople in the Twelfth Century". In *Studies on Byzantine History, Literature and Education*. Hg. R. Browning, London, 11–40.

Brüllmann, P. 2011. Die Theorie des Guten in Aristoteles' 'Nikomachischer Ethik'. Berlin, New York.

Buckley, P. 2014. The Alexiad of Anna Komnene. Artistic Strategy in the Making of a Myth. Cambridge.

Bunge, G. 1989. Akedia. Die geistliche Lehre des Evagrios Pontikos vom Überdruss. Köln.

Burgsmüller, A. 2005. Die Askeseschrift des Pseudo-Basilius. Untersuchungen zum Brief 'Über die wahre Reinheit in der Jungfräulichkeit'. Tübingen.

Bydén, B.; Ierodiakonou, K. (Hg.) 2012. The Many Faces of Byzantine Philosophy, Athens.

Caracostea, D. 2000. Expresivitatea Limbii Romane. Bukarest.

Constas, N. 2001. „'To Sleep, Perchance to Dream'. The Middle State of Souls in Patristic and Byzantine Literature", *Dumbarton Oaks Papers* 55, 91–124.

Cooper, A. G. 2005. The Body in St. Maximus the Confessor. Holy Flesh, Wholly Deified. Oxford.

Criscuolo, U. 1975. „Chiesa ed Insegnamento a Bisanzio nel XII Secolo: Sul Problema della Cosiddetta ‚Academia Patriarcale'", *Siculorum Gymnasium* 28, 373–390.

Dakouras, D. G. 1978. „Die Rehabilitation der griechsichen Studien im XI. Jahrhundert und Michael Psellos", *Theologia* 49, 392–411.

Dakouras, D. G. 1977. „Michael Psellos' Kritik an den alten Griechen und dem griechischen Kult", *Theologia* 48, 40–75.

Darrouzès, J. 1970. Recherches sur les Offikia de l'Eglise Byzantine. Paris.

Delli, E. 2011. La Phantasia selon Michel Psellos et ses origines néoplatoniciennes: une anthropologie de la médiété. Paris.

Dennis, G. T. 2003. „Elias the Monk. Friend of Psellos". In *Byzantine Authors. Literary Activities and Preoccupations: Text and Translations Dedicated to the Memory of Nicolas Oikonomides*. Hg. J. W. Nesbitt, Leiden, Boston, 43–64.

Duffy, J. 1995. „Reactions of Two Byzantine Intellectuals to the Theory and Practice of Magic: Michael Psellos and Michael Italikos". In *Byzantine Magic*. Hg. H. Maguire, Washington D.C., 83–97.

Emilsson, E. K. 2007. Plotinus on Intellect. Oxford, New York.

Fisher, E. A. 2006. „Michael Psellos in a Hagiographical Landscape: The Life of St. Auxentios and the Encomion of Symeon the Metaphrast". In *Reading Michael Psellos*. Hg. C. Barber und D. Jenkins, Leiden, Boston, 57–72.

Fisher, E. A. 2009. „The Anonymous Commentary on Nicomachean Ethics VII: Language Style and Implications". In *Medieval Greek Commentaries on the Nicomachean Ethics*. Hg. C. Barber und D. Jenkins, Leiden, 145–162.
Frank, S. 1964. Angelikos bios: Begriffsanalytische und begriffsgeschichtliche Untersuchung zum „engelgleichen Leben" im frühen Mönchtum. Münster.
Fuhrer, T. 2004. Augustinus. Darmstadt.
Fuchs, F. 1926. Die höheren Schulen von Konstantinopel im Mittelalter. Leipzig.
Gahbauer, F. R. 1999. „Origenes in den Schriften des Johannes von Damaskus". In *Origeniana Septima. Origenes in den Auseinandersetzungen des 4. Jahrhunderts*. Hg. W. A. Bienert und U. Kühneweg, Leuven, Paris, 711–715.
Gautier, P. 1977. „Lettre au Sultan Malik-shah rédigée par Michel Psellos", *Revue des Études Byzantines* 35 (1), 73–97.
Gaul, N. 2014. Rising Elites and Institutionalisation – Ēthos/Mores-, Debts' and Drafts. In *Networks of Learning Perspectives on Scholars in Byzantine East and Latin West*. Hg. S. Steckel, N. Gaul and M. Grünbart, Berlin, Münster, 235–280.
Geerlings, W. (Hg.). 2002. Theologen der christlichen Antike. Eine Einführung; Tertullian, Cyprian, Origenes, Basilius, Gregor von Nazianz, Gregor von Nyssa, Cyrill von Alexandrien, Ambrosius, Augustinus, Hieronymus, Ephräm der Syrer, Dionysius Areopagita. Darmstadt.
Gersh, S. (Hg.). 2014. Interpreting Proclus. From Antiquity to the Renaissance. Cambridge.
Gleason, M. W. 2009. „Shock and Awe: The Performance Dimension of Galen's Anatomy Demonstrations". In *Galen and the World of Knowledge*. Hg. C. Gill, T. Whitmarsh und J. Wilkins, Cambridge, New York, 85–114.
Gleede, B. 2009. Platon und Aristoteles in der Kosmologie des Proklos. Ein Kommentar zu den 18 Argumenten für die Ewigkeit der Welt bei Johannes Philoponos. Tübingen.
Golitzin, A. 1997. On the Mystical Life. The Ethical Discourses. St Symeon the New Theologian. 2. Bde. New York.
Golitzin, A. 2001. „'Earthly Angels and Heavenly Men': The Old Testament Pseudepigrapha, Niketas Stethatos, and the Tradition of 'Interiorized Apocalyptic' in Eastern Christian Ascetical and Mystical Literature", *Dumbarton Oaks Papers* 55, 125–153.
Golitsis, P. 2007. „Un commentaire perpétuel de Georges Pachymère à la Physique d'Aristote, faussement attribué à Michel Psellos", *Byzantinische Zeitschrift* 100, 637–676.
Gould, C. S. 1994. „A Puzzle about the Possibility of Aristotelian Enkrateia", *Phronesis* 39 (2), 174–186.
Griggs, D. 2001. „Symeon the New Theologian's Doctrines on Dispassion", *Mystics Quarterly* 27 (1), 9–27.
Griggs, D. 2002. „Symeon the Younger on Empirical Knowledge of the Trinity", *Mystics Quarterly* 28 (3), 115–121.
Grondijs, L. H. 1958. „Der Heilige Geist in den Schriften des Niketas Stethatos", *Byzantinische Zeitschrift* 51 (2), 329–354.
Hahn, J.; Vielberg, M. (Hg.). 2007. Formen und Funktionen von Leitbildern. Stuttgart.
Halfwassen, J. 1996. „Das Eine als Einheit und Dreiheit. Zur Prinzipientheorie Iamblichs", *Rheinisches Museum für Philologie* 139, 52–83.
Haussig, H. W. 1966. Kulturgeschichte von Byzanz. Stuttgart.
Heine, R. E. 1975. Perfection in the Virtuous Life. A Study in the Relationship between Edification and Polemical Theology in Gregory of Nyssa's *De vita Moysis*. Cambridge.

Hellmann, O. 2012. „Aristotelische Biologie in Byzanz: Zur Rezeption der zoologischen Sylloge des Konstantinos Porphyrogennetos in der Schrift Περὶ τῆς ἀνθρωπείας γονῆς des Codex Baroccianus Graecus 131", *Rursus*, 2–12.

Hoffmann, M. 2010. Der Standard des Guten bei Aristoteles: Regularität im Unbestimmten. Aristoteles' Nikomachische Ethik als Gegenstand der Partikularismus-Generalismus-Debatte. Freiburg i. Br.

Hohlweg, A. 1988. „Medizinischer ,Enzyklopädismus' und das poêma iatrikon des Michael Psellos: Zur Frage seiner Quelle", *Byzantinische Zeitschrift* 81 (1), 39–49.

Honecker, M. 1990. Einführung in die theologische Ethik. Grundlagen und Grundbegriffe. Berlin.

Horn, C. 2013. „Platons Konzept des Willens im Menon und im Gorgias". In *Ethik des antiken Platonismus. Der platonische Weg zum Glück in Systematik, Entstehung und historischem Kontext: Akten der 12. Tagung der Karl und Gertrud Abel-Stiftung vom 15. bis 18. Oktober 2009 in Münster.* Hg. C. Pietsch, Stuttgart, 173–190.

Horn, C. 1995a. Augustinus. München.

Horn, C. 1995b. Plotin über Sein, Zahl und Einheit. Eine Studie zu den systematischen Grundlagen der *Enneaden*. Stuttgart.

Horn, C. 1996. „Augustinus und die Entstehung des philosophischen Willensbegriffs", *Zeitschrift für philosophische Forschung* 50 (1–2), 113–132.

Horn, C. 2006. „Proklos. Zur philosophiegeschichtlichen Stellung und zum Forschungsstand". In *Proklos. Methode, Seelenlehre, Metaphysik: Akten der Konferenz in Jena am 18.– 20. September 2003.* Hg. M. Perkams und R. M. Piccione, Leiden, 7–34.

Horn, C. 2007. „The Concept of Will in Plotinus". In *Reading Ancient Texts. Essays in Honour of Denis O'Brien.* Bd. 2. Hg. S. Stern-Gillet, K. Corrigan und D. O'Brien, Leiden, 153–178.

Horn, C. 2010. Antike Lebenskunst. Glück und Moral von Sokrates bis zu den Neuplatonikern. München.

Hübner, R. M. 1974. Die Einheit des Leibes Christi bei Gregor von Nyssa. Untersuchungen zum Ursprung der 'Physischen' Erlösungslehre. Leiden.

Hunger, H. 1978. Die hochschprachliche profane Literatur der Byzantiner. Bd. 1. Philosophie – Rhetorik – Epistographie – Geschichtsschreibung – Geographie. München.

Ierodiakonou, K. 2002. „Psellos' Paraphrasis on Aristotle's De Interpretatione". In *Byzantine Philosophy and its Ancient Sources.* Hg. K. Ierodiakonou, Oxford, New York, 157–182.

Ierodiakonou, K. 2006. „The Greek Concept of Sympatheia and its Byzantine Appropriation in Michael Psellos". In *The Occult Sciences in Byzantium.* Hg. P. Magdalino und M. V. Mavroudi, Geneva, 97–117.

Ierodiakonou, K. 2009. „Some Observations on Michael of Ephesus' Comments on Nikomachean Eathics X". In *Medieval Greek Commentaries on the Nicomachean Ethics.* Hg. C. Barber und D. Jenkins, Leiden, 185–202.

Ierodiakonou, K; O'Meara D. 2008. „Philosophies". In *The Oxford Handbook of Byzantine Studies.* Hg. E. Jeffreys, J. Haldon und R. Cormack, Oxford, 711–720.

Iorga, N. 1935. Byzance après Byzance: Continuation de l' „Histoire de la vie Byzantine". Bucharest.

Jansen, L. 2006. „Aristoteles' Kategorie des Relativen zwischen Dialektik und Ontologie", *Philosophiegeschichte und logische Analyse* 9, 79–104.

Joannou, P.-P. 1956. Die Illuminationslehre des Michael Psellos und Joannes Italos. Ettal.

Kaldellis, A. 1999. The Argument of Psellos' Chronographia. Leiden, Boston.

Kaldellis, A. 2012. „The Date of Psellos' Death, Once Again: Psellos Was Not the Michael of Nikomedia Mentioned by Attaleiates", *Byzantinische Zeitschrift* 104 (2), 652–664.
Kaldellis, A. 2012b. „Byzantine Philosophy Inside and Out: Orthodoxy and Dissidence in Counterpoint". In *The Many Faces of Byzantine Philosophy*. Hg. B. Bydén und K. Ierodiakonou, Athens, 129–153.
Kallis, A. 1964. Der menschliche Wille in seinem Grund und Ausdruck. Nach der Lehre des Johannes Damaskenos. Münster.
Kalogeras, N. 2009. „Education Envisioned or: The Miracle of Learning in Byzantium", *Zeitschrift für Antikes Christentum* 13, 513–525.
Kapriev, G. 2005. Philosophie in Byzanz. Würzburg.
Kapriev, G. 2014. „Die göttliche Gesetzgebung und die Norm der Erkenntnis gemäß Gregorios Palamas". In *Das Gesetz. The Law – La Loi*. Hg. A. Speer und G. Guldentops, Berlin, 428–436.
Karamanolis, G. E. 2006. Plato and Aristotle in Agreement? Platonists on Aristotle from Antiochus to Porphyry. Oxford, New York.
Karamanolis, G. E. 2013. The Philosophy of Early Christianity. Bristol.
Karfík, F. 2004. Die Beseelung des Kosmos. Untersuchungen zur Kosmologie, Seelenlehre und Theologie in Platons Phaidon und Timaios. München.
Katsiampoura, G. 2008. „Transmutation of Matter in Byzantium: The Case of Michael Psellos, the Alchemist", *Science & Education* 17, 663–668.
Kobusch, T. 1997. Sein und Sprache. Historische Grundlegung einer Ontologie der Sprache. Leiden, New York, Kopenhagen, Köln.
Kobusch, T. 2000. „Gregory of Nyssa, Homilies on the Beatitudes". In *Gregory of Nyssa, Homilies on the Beatitudes. An English Version with Commentary and Supporting Studies: Proceedings of the Eighth International Colloquium on Gregory of Nyssa, Paderborn, 14–18 September 1998*. Hg. H. R. Drobner und A. Viciano, Leiden, Boston, 467–486.
Kobusch T. 2002. „Bedingte Selbstverursachung. Zu einem Grundmotiv der neuplatonischen Tradition". In *Selbst – Singularität – Subjektivität. Vom Neuplatonismus zum Deutschen Idealismus*. Hg. T. Kobusch, B. Mojsisch, O. F. Summerell. Amsterdam, Philadelphia, 155–173.
Kobusch, T.; Mojsisch, B.; Summerell, O. F. (Hg.). 2002. Selbst – Singularität – Subjektivität. Vom Neuplatonismus zum Deutschen Idealismus. Amsterdam, Philadelphia.
Kobusch, T. 2002b. „Christliche Philosophie: Das Christentum als Vollendung der antiken Philosophie". In *Metaphysik und Religion. Zur Signatur des spätantiken Denkens. Akten des Internationalen Kongresses vom 13.–17. März 2001 in Würzburg*. Hg. T. Kobusch und I. Männlein-Robert. München, Leipzig, 239–259.
Kobusch, T.; I. Männlein-Robert (Hg.). 2002. Metaphysik und Religion. Zur Signatur des spätantiken Denkens. Akten des Internationalen Kongresses vom 13.–17. März 2001 in Würzburg. München, Leipzig.
Kobusch, T. 2006. Christliche Philosophie. Die Entdeckung der Subjektivität. Darmstadt.
Kobusch, T. 2011. Die Philosophie des Hoch- und Spätmittelalters. München.
Köckert, C. 2009. Christliche Kosmologie und kaiserzeitliche Philosophie. Die Auslegung des Schöpfungsberichtes bei Origenes, Basilius und Gregor von Nyssa vor dem Hintergrund kaiserzeitlicher Timaeus-Interpretationen. Tübingen.
Kremer, K. 1987 „Bonum est diffusivum sui. Ein Beitrag zum Verhältnis von Neuplatonismus und Christentum". In Aufstieg und Niedergang der römischen Welt 36, 2. Hg. W. Haase Berlin, New York, 994–1032.

Kullmann, W. 1998. Aristoteles und die moderne Wissenschaft. Stuttgart.
Laird, R. J. 2015. „Mindset (γνώμη) in Dio Chrysostom". In *The Oxford Handbook of Maximus the Confessor.* Hg. P. Allen und B. Neil, Oxford, 194–211.
Lange, C. 2012. Einführung in die allgemeinen Konzilien. Darmstadt.
Lauritzen, F. 2007. „The Debate on Faith and Reason", *Jahrbuch der Österreichischen Byzantinistik* 57, 75–82.
Lauritzen, F. 2009 „Psellos' Early Career at Court: A Secretis and Proasecretis (1034–1042)", *Vizantijskij Vremennik* 68, 135–143
Lauritzen, F. 2012. „Psellos the Hesychast. A Neoplatonic Reading of the Transfiguration on Mt. Tabor (Theologica I.11 Gautier)", *Byzantinoslavica – Revue international des Études Byzantines,* 167–179.
Lauritzen, F. 2013. „The Mixed Life of Plato's Philebus in Psellos' Chronographie (6a.8)", *Zbornik radova Vizantoloskog instituta,* 399–409.
Lauritzen, F. 2013. The Depiction of Character in the Chronographia of Michael Psellos. Turnhout.
Lauritzen, F. 2014. „Psellos and Plotinos", *Byzantinische Zeitschrift* 107, 711–724.
Lemerle, P. 1971. Le premiere humanisme byzantine. Notes et remarques sur enseignement et culture à Byzance des origines au Xe siècle. Paris.
Leppin, V. 2007. Die christliche Mystik. München.
Leuenberger-Wenger, S. 2008. Ethik und christliche Identität bei Gregor von Nyssa. Tübingen.
Lilla, S. 2003. „Die Lehre von den Ideen als Gedanken Gottes im byzantinischen Denken", *Römische Historische Mitteilungen* 45, 181–190.
Lloyd, A. C. „The Aristotelianism of Eustratius of Nicaea". In *Aristoteles, Werk und Wirkung.* Bd. 2. Hg. J. Wiesner, Berlin, New York, 341–351.
Louria, B. 2008. „Michel Psellos contre Maxime le Confesseur: l'origine de l'hérésie des physéthésites'", *Scrinium* 4, 201–227.
Louth, A.; Maximus. 1996. Maximus the Confessor. London, New York.
MacFarland, I. A. 2015. „The Theology of the Will". In *The Oxford Handbook of Maximus the Confessor.* Hg. P. Allen und B. Neil, Oxford, 516–532.
Männlein-Robert, I. 2001. Longin: Philologe und Philosoph. Eine Interpretation der erhaltenen Zeugnisse. München, Leipzig.
Marcinkowska-Rosol, M. 2014. „Ein vorsokratischer Vorläufer der materia prima: Das mittlere Element in den antiken Kommentaren zu Aristoteles", *Göttinger Forum für Altertumswissenschaft* 17, 63–92.
Markov, S. 2014. „Gültigkeit und Anerkennung der natürlichen Grenzen. Gennadios Scholarios' Konzept des natürlichen Gesetzes". In *Das Gesetz. The Law – La Loi.* Hg. A. Speer und G. Guldentops, 438–454.
Marschler, T. 2014. „Der Vergleich von Altem und Neuem Gesetz im Spiegel ausgewählter scholastischer Kommentierungen von 3 Sent., d. 40". In *Das Gesetz. The Law – La Loi.* Hg. A. Speer und G. Guldentops, Berlin, 335–349.
Matschke, K.-P. 2002. „Kaufleute und Bildung im späten Byzanz", *Античная древность и средние века* 33, 232–241.
Mayendorff, J. 1973. Byzantine Theology. Historical Trends and Doctrinal Themes. New York.
Mesch, W. 2008. „Psychê (Seele; lat: anima)". In *Wörterbuch der antiken Philosophie.* Hg. C. Horn und C. Rapp, München, 379.

Metzler, K. 2007. „Pagane Bildung im christlichen Byzanz: Basileios von Kaisareia, Michael Psellos und Theodoros Metochites". In *Theatron. Rhetorische Kultur in Spätantike und Mittelalter*. Hg. M. Grünbart, Berlin, New York, 287–303.
Meyendorff, J. 1987. Byzantine Theology. New York.
Mitralexis, S. 2014. „Aspekte der Philosophischen Anthropologie Maximus' des Bekenners: Seele und Hypostase als ontologische Voraussetzungen". In *Ommasin allois. Festschrift für Professor Ioannis E. Theodoropoulos zum 65. Geburtstag*. Hg. A.-S. Antoniou und B. E. Pantazēs, Essen, 283–294.
Moore, P. 2005. Iter Psellianum. A Detailed Listing of Manuscript Sources for all Works Attributed to Michael Psellos, Including a Comprehensive Bibliography. Toronto.
Müller, A. 2006. Das Konzept des geistlichen Gehorsams bei Johannes Sinaites. Zur Entwicklungsgeschichte eines Elements orthodoxer Konfessionskultur. Tübingen.
Müller, J. 2009. Willensschwäche in Antike und Mittelalter. Eine Problemgeschichte von Sokrates bis Johannes Duns Scotus. Leuven.
Neil, B. 2015. „Divine Providence and the Gnomic Will before Maximus". In *The Oxford Handbook of Maximus the Confessor*. Hg. P. Allen und B. Neil, Oxford, 235–249.
Oeler, K. 1969. Antike Philosophie und byzantinisches Mittelalter: Aufsätze zur Geschichte des griechischen Denkens. München.
O'Meara, D. J. 1989. Pythagoras Revived. Mathematics and Philosophy in Late Antiquity. Oxford, New York.
O'Meara, D. J. 1998. „Aspects du travail philosophique de Michel Psellus (Philosophica minora, vol. II)". In *Dissertatiunculae criticae. Festschrift für Günther Christian Hansen*. Hg. G. C. Hansen und C.-F. Collatz, Würzburg, 431–440.
O'Meara, D. J. 2012. „Political Philosophy in Michael Psellos: The Chronographie Read in Relation to his Philosophical Work". In *The Many Faces of Byzantine Philosophy*. Hg. K. Ieradiakonou und B. Byden, Athen, 153–170.
O'Meara, D. J. 2014. „Michael Psellos". In *Interpreting Proclus*. Hg. S. Gersh. Cambridge, 165–182
O'Meara, D.; Delli, E. 2014 „L'ascension mystique néoplatonicienne chez Michel Psellos. *In La mystique théorétique et théurgique dans l'Antiquité greco romaine*. Hg. S. Mimouni und M. Scopello. Turnhout.
Opsomer, J. 2001. „Proclus vs Plotinus on Matter ('De mal. subs.' 30–7)", *Phronesis* 46, 154–188.
Ostrogorsky, G. 1996. Byzantinische Geschichte, 324–1453. München.
Panagopoulos, S. 2014. „The Philosophical Contribution of a Homo Byzantinus: The De Omnifaria Doctrina of Michael Psellus (1017/1018–1078 A. D.)", *De Medio Aevo* 5, 169–178.
Papaioannou, S. 2013 Michael Psellos. Rhetoric and Authorship in Byzantium. Cambridge.
Papathanassiou, M. 2006. „Stephanos of Alexandria: A Famous Byzantine Scholar, Alchemist and Astrologer". In *The Occult Sciences in Byzantium*. Hg. P. Magdalino und M. V. Mavroudi, Geneva, 163–203.
Perkams, M. 2006. „The Substantial Diversity of the Human Soul". In *Proklos. Methode, Seelenlehre, Metaphysik: Akten der Konferenz in Jena am 18.–20. September 2003*. Hg. M. Perkams und R. M. Piccione, Leiden, 167–185.
Podskalsky, G. 1977. Theologie und Philosophie in Byzanz. Der Streit um die theologische Methodik in der spätbyzantinischen Geistesgeschichte (14.–15. Jh.), seine systematischen Grundlagen und seine historische Entwicklung. München.

Podskalsky, G. 1988. Griechische Theologie in der Zeit der Türkenherrschaft (1453–1821). Die Orthodoxie im Spannungsfeld der nachreformatorischen Konfessionen des Westens. München.
Ramelli, I. 2014. „The Stoic Doctrine of Oikeiosis and its Transformation in Christian Platonism", *Apeiron* 47 (zuletzt online abgerufen am 11.08.16).
Rapp, C. 2007. Vorsokratiker. München
Rapp, C. 1996. „Aristoteles über die Rationalität rhetorischer Argumente", *Zeitschrift für philosophische Forschung* 50, 197–222.
Rapp, Cl. 2016. Brother-Making in Late Antiquity and Byzantium: Monks, Laymen and Christian Ritual. Oxford.
Reale, G. 2000. Zu einer neuen Interpretation Platons, Paderborn.
Ricken, F. 1980. „Seele" I. Antike. In *Historisches Wörterbuch der Philosophie*. Hg. J. Ritter und K. Gründer, Basel, 34740–34773
Schäfer, C. 2009. „Johannes Damascenus und die Ökonomie der Leidenschaften in der Tradition hellenistischer Philosophenschulen". In *Passiones animae. Die „Leidenschaften der Seele" in der mittelalterlichen Theologie und Philosophie*. Hg. C. Schäfer und M. Thurner, Berlin, 29–48.
Schofield, M. 1991. The Stoic Ideal of the City. Cambridge.
Schönberger, R. 1998. Thomas von Aquin zur Einführung. Hamburg.
Scholten, C. 1996. Antike Naturphilosophie und christliche Kosmologie in der Schrift „De opificio mundi" des Johannes Philoponos. Berlin, New York.
Scholten, C. 2005. „Welche Seele hat der Embryo? Johannes Philoponos und die Antike Embryologie", *Vigiliae Christianae* 49 (4), 377–411.
Schramm, M. 2012. Freundschaft im Neuplatonismus. Politisches Denken und Sozialphilosophie von Plotin bis Kaiser Julian. Berlin.
Schramm, U.; Dörrie, H.; Altenburger, M. 1976. Gregor von Nyssa und die Philosophie. Leiden.
Schreiner, P. 2011. Byzanz 565–1453. München.
Schwaderer, I. Selbstapologie und Legitimation: Das Leitbild Gregor von Nazianz in den theologischen Schriften des Michael Psellos. In *Formen und Funktionen von Leitbildern* Hg. J. Hahn und M. Vielberg, Stuttgart, 285–298
Sedley, D. 2009. Creationism and Its Critics in Antiquity. Berkeley.
Sinkewicz, R. E. 2006. Evagrius of Pontus. The Greek Ascetic Corpus. Oxford, New York.
Speck, P. 1974. Die Kaiserliche Universität von Konstantinopel. Präzisierungen zur Frage des höheren Schulwesens in Byzanz im 9. u. 10. Jahrhundert. München.
Speer, A.; Guldentops, G. (Hg.). 2014. Das Gesetz. The Law – La Loi. Berlin.
Speer, A. 2014. „Naturgesetz und Dekalog bei Thomas von Aquin". In *Das Gesetz. The Law – La Loi*. Hg. A. Speer und G. Guldentops, Berlin, 350–370.
Spira, A. 2007. „Freundschaft bei den Kirchenvätern". In *Kleine Schriften zu Antike und Christentum. Menschenbild – Rhetorik – Gregor von Nyssa*. Hg. A. Spira und H. R. Drobner, Frankfurt am Main, 143–160.
Stock, W.-M. 2008. Theurgisches Denken. Zur Kirchlichen Hierarchie des Dionysius Areopagita. Berlin.
Suchla, B. R. 2002. „Subjektivität und Ethik beim christlichen Neuplatoniker Dionysius Areopagita". In *Selbst, Singularität, Subjektivität. Vom Neoplatonismus zum deutschen Idealismus*. Hg. T. Kobusch, B. Mojsisch und O. F. Summerell, Amsterdam, Philadelphia, 89–110.

Suchla, B. R. 2004. „Dionysius Areopagita – Ein Vater der Kirche". In *Väter der Kirche. Ekklesiales Denken von den Anfängen bis in die Neuzeit: Festgabe für Hermann Josef Sieben, SJ, zum 70. Geburtstag.* Hg. J. Arnold, R. Berndt, Stammberger, Ralf M. W und H. J. Sieben, Paderborn, 313–332.

Suchla, B. R. 2008. Dionysius Areopagita. Leben, Werk, Wirkung. Freiburg.

Szaif, J. 2008. „Eudaimonia". In *Wörterbuch der antiken Philosophie*. Hg. C. Horn und C. Rapp, München, 158–161.

Tatakis, B. 1949. La philosophie byzantine. Paris.

Tiftixoglu, V. 1995. „Psellos, Michael". In *Lexikon des Mittelalters,* Bd. 7, Bd. 7, München.

Tollefsen, T. 2008. The Christocentric Cosmology of St. Maximus the Confessor. Oxford, New York.

Toussaint, S. 2011. „Zoroaster and the Flying Egg: Psellos, Gerson and Ficino". In *Laus Platonici philosophi. Marsilio Ficino and his influence.* Hg. S. Clucas, P. J. Forshaw und V. Rees, Leiden, Boston, 105–116.

Trizio, M. 2007. „Byzantine Philosophy as a Contemporary Historiographical Project", *Recherches de Théologie et Philosophie Médiévales* 74 (1), 247–294.

Trizio, M. 2012. „On the Byzantine Fortune of Eustratios of Nicaea's Commentary on Books I and VI of the Nicomachean Ethics". In *The Many Faces of Byzantine Philosophy.* Hg. K. Ieradiakonou und B. Byden, Athen, 1–28.

Walker, J. 2004. „These Things I Have Not Betrayed: Michael Psellos' Encomium of His Mother as a Defense of Rhetoric", *Rhetorica: A Journal of the History of Rhetoric* 22 (1), 49–101.

Wiesner, J. 1987 (Hg.). Aristoteles, Werk und Wirkung. Berlin, New York.

Weiss, G. 1977a. „Antike und Byzanz. Die Kontinuität der Gesellschaftsstruktur", *Historische Zeitschrift* 224, 529–560.

Weiss, G. 1977b. „Die juristische Bibliothek des Michael Psellos", *Jahrbuch der österreichischen Byzantinistik* 26, 79–102.

Westerink, L. G. 1942. „Proclos, Procopius, Psellus", *Mnemosyne* 10, 275–280.

Wieland, W. 1992. Die aristotelische Physik. Untersuchungen über die Grundlegung der Naturwissenschaft und der sprachlichen Bedingungen der Prinzipienforschung bei Aristoteles. Göttingen.

Zachhuber, J. 2012. „Die Seele als Dynamis in Gregor von Nyssa: Überlegungen zur Schrift De anima et resurrectione". In *Patristik und Resilienz: Frühchristliche Einsichten in die Seelenkraft.* Hg. C. Sedmak und M. Bogaczyk-Vormayr, Berlin, 211–232.

Zecher, J. L. 2013. „The Angelic Life in Desert and Ladder: John Climacus's Re-Formulation of Ascetic Spirituality", *Journal of Early Christian Studies* 21 (1), 111–136.

Zervos, C. 1920. Un philosophe néoplatonicien du XIe siècle: Michel Psellos. Sa vie. Son œuvre. Ses luttes philosophiques. Son influence. Paris.

Autorenregister

Adam 156, 175
Alexander der Große 117, 126 f.
Alkinoos 27, 37 f., 45, 65
Ammonios Hermeiou 59
Andreas von Kreta 105
Anna Komnene 18
Anselm von Havelberg 8, 10
Antiochos von Askalon 174
Aristoteles 11, 13, 19 f., 22, 45 f., 51–53, 58, 64 f., 67, 71 f., 89, 105 f., 120, 122, 126, 135, 139, 144 f., 149, 158, 172, 177
Athanasios 92
Augustinus 26, 41, 82 f., 86, 111, 167

Basileios II. 1
Basilios der Große 52 f., 55, 61, 91

Chrysipp 33
Clemens von Alexandrien 11, 70, 168, 187

Damaskios 72
Demosthenes 153–155
Diadochos von Photikê 95
Dion Chrysostomos 129 f., 151, 161

Elias (Mönch) 17, 120 f., 123 f.
Euagrios Pontikos 92, 94, 98 f., 119
Eudokia 129 f.
Euphemia 4
Eustratios von Nikaia 39

Francisco Suarez 161

Georgios Gemistos Plethon 14
Gregor der Sophist 170
Gregor von Korinth 17, 162
Gregor von Nazianz 20, 25, 28–31, 42, 75, 81, 91 f., 129
Gregor von Nyssa 14, 20, 33, 53, 63, 67, 72, 77, 91, 140, 150, 154, 169

Homer 19, 71

Iamblich 13, 27, 36 f., 71, 79, 177
Isaak I. Komnenos 4

Johannes Chrysostomos 81, 83
Johannes Italos 4, 8, 11, 20, 170
Johannes Klimakos 95 f., 100, 108, 118
– Johannes Sinaites 95 f.
Johannes Mauropous 3
Johannes Philoponos 54, 65
Johannes von Damaskus 72
– Damaskenos 26 f., 33, 47, 49, 72, 78 f., 81–83, 88, 97–100, 105
Johannes Xiphilinos 3 f.
Justinian I. 11

Konstantin IX. Monomachos 4
Konstantin VII. Porphyrogennetos 7
Konstantin X. Doukas 5
Konstantinos Leichoudes 3

Leo Paraspondylos 104–106, 160

Marsilio Ficino 18
Maximus Confessor 14, 20, 26, 33, 43, 55, 59, 72, 75, 81, 84, 94, 105, 178, 187
Michael I. Kerullarios 11, 69, 104, 129, 185
Michael III. (Bardas) 7
Michael III. (Patriarch) 11
Michael V. Kalaphates 3
Michael IV. Paphlagon 3
Michael VI. Stratiotikos 160
Michael VII. Doukas 5, 13, 19
Michael von Ephesos 11
Moses 11, 109

Niketas Stethatos 26, 101, 124, 141, 150, 170
Numenios 28, 51 f., 64

Origenes 43 f., 46, 52 f., 74, 87

Paulus 10
Petrus 22

Photios I.   39
Platon   11, 13, 20, 34, 51–53, 55, 57f., 71f., 79f., 90, 105, 126f., 149, 151, 177
Plotin   13, 28f., 39, 41f., 44, 49f., 57, 60, 64, 71, 79, 90, 151, 177
Porphyrios   13, 16, 28, 37, 52, 62, 71, 73, 164, 176f.
Proklos   13, 16, 34f., 50, 55, 59f., 62, 64, 72, 90, 105f., 159
Pseudo-Dionysios Areopagites   39, 93, 105
Pythagoras   21, 153–155

Sokrates   79f., 153–155
Stephan von Nikomedia   101
Styliane   4
Symeon der Neue Theologe   99
Synesios von Kyrene   14, 176

Themistios   107, 129f., 151f., 161
Theodora III.   4
Theodosios II.   7
Theodota   2, 162–165, 167, 175
Thomas von Aquin   47, 110, 150, 167

Sachregister

adelphopoiêsis   129
aisthêsis   72, 96
– Wahrnehmung   70 f., 75 f., 79, 96, 98 f.
akêdeia   93
Alchemismus   21, 67–69, 144
anarchos   26
angelikos bios   6, 91, 96, 140,
Anhomoier   28
Antiintellektualismus   6, 140, 155, 170
Antike   6, 9–15, 18, 20 f., 24 f., 34, 41, 48, 50–52, 54 f., 62, 67, 78, 89, 91, 103, 114, 129, 141, 144, 147, 155, 172 f., 176, 178, 181, 184–186, 189
apatheia   94 f., 97, 99–101, 106, 124, 151, 159 f.
Arianer   25, 28
Atomismus   20, 54
Aufstieg   4, 13, 45, 91, 95 f., 140, 146, 148, 150–152, 155, 163, 186 f.
authypostaton   56, 58–60

basileus   7
Besonnenheit   98, 114
Stadtbevölkerung   6
Bildungseinrichtung   4, 6 f.
Universität   7
Brüderlichkeit   132, 136

Chaldäische Orakel   21, 48, 69
Kritik am Christentum   13, 24, 185
Christliche Philosophie   10 f., 14, 18, 86, 92, 182 f., 189
– Christentum   11 f., 28, 33, 36, 39, 42, 44, 48, 51 f., 64, 67, 91, 93, 147, 167, 173, 181–185
– Christliche Lehren   13
Christus   22, 46, 49, 53, 68, 86, 94, 100, 106 f., 109, 112, 154, 187
– Jesus   46, 49, 86, 106, 109, 112, 166
– Logos-Sohn   25
– Sohn   26–31, 33–35, 41, 45, 49, 52, 55, 59, 101, 109, 130, 138

– zweite Hypostase   43
Chronographie   4, 12–14, 18, 21, 69, 80, 103, 106, 116–118, 129, 133, 160

Dämon   62, 69, 79, 85, 102, 111
Dekalog   109, 110, 111,
Demiurg   33 f., 48, 51 f.
Demut   96
Derivation   28–32, 34, 41, 49, 62 f., 65, 88
dianoia   72, 142, 144, 167
didaskalos tôn epistolôn   8
didaskalos tou euangeliou   8, 10
didaskalos tou psaltêriou   8
doxa   16, 72
Durchhaltevermögen   93, 119–123, 125–127, 129, 152 f., 186
– Anstrengung   93 f., 97, 99, 119–122, 124, 126, 130, 136, 178, 186
– karteria   119 f., 125, 152 f.
– Mühe   40, 93 f., 101, 119 f., 122, 126, 129, 147, 152, 166
Dyade   36
dynamis   54, 63, 72

Eintracht   132, 134 f., 137 f., 140
Elemente   16, 35, 39, 53–55, 57, 60 f., 65–69, 83, 181 f.
Endgericht   135, 139 f., 157, 169
energeia   63, 99
Engel   62, 93, 95 f., 132
enhyloi logoi   61 f.
enkratês   120, 122–125, 135
enkyklios paideia   9, 130
entelecheia   71
epektasis   91, 131, 140
Epikureismus   83, 88, 182,
epinoia   68, 101
epistrophê   44 f.
– Rückwendung   32, 44, 71, 75
epithymêtikon   71, 98
Erleuchtung   47–49, 80, 89, 141 f., 147–151, 157, 172, 174, 188

eudaimonia 110, 173 f., 177
– Glückseligkeit 110, 115, 123, 139, 155, 172–177, 186, 188

Freigiebigkeit 114, 122, 125, 128, 159
Freundschaft 3, 5, 110, 114, 125, 129–131, 133, 136
– *adelphikê philia* 110
– Brüderliche Freundschaft 116, 125, 129–131, 134 f., 137, 156, 174, 188
Frieden 1, 132, 134 f.
Fürsorge 3, 93, 116 f., 119, 125–129, 132, 135, 137 f., 151, 154

Gabe 13, 47, 49, 70, 79 f., 99–101, 121, 124, 149, 174
Gebet 6, 96, 101, 124, 170 f., 174
Gebot 110 f., 131, 146, 149, 154, 156, 158 f., 169, 176, 186–188
Gehorsam 96, 118
Geist 12, 15 f., 26–35, 38, 40–42, 45–50, 54 f., 57, 60, 63, 70 f., 75, 78–80, 88 f., 97, 99, 101 f., 124, 141 f., 148 f., 154, 163, 172, 174, 180, 185
– *nous* 45, 48, 72, 80
Geistige Väter 96
– geistige Vaterschaft 96, 118, 161
Generalismus 158 f., 161
Gesetz 82, 96 f., 102, 109–112, 127, 130, 135–141, 146, 149 f., 153–158, 160–162, 166, 169, 171 f., 176, 179, 182, 186–188
– Recht 4, 35, 127, 136, 167, 179, 182
Glaube 10, 19, 61, 69, 76, 91, 100, 131, 133, 139, 160, 162 f., 165–172, 186 f.
Gnade 89, 99, 147–149
Gott-Vater 25–27, 29, 31, 33, 34 f., 38, 41, 45 f., 48, 49, 52, 55, 58 f., 101, 129,
Grenze 26, 34, 36 f., 40, 160
Gute Tat 112 f., 115, 117–119, 121, 124–129, 136, 139, 152 f., 161, 165, 186

Hagia Sophia 8–10
Heiliger Geist 29, 35, 45, 79
– *hagion pneuma* 32, 45–47, 73
Hellenen 12, 42, 48, 79

hen 12, 24, 32, 36, 92, 110, 119, 123, 127, 129, 157, 173
Henade 36, 57
Hochmut 96, 98, 101
homoiôsis theô 152, 173,
– Angleichung an Gott 22, 88, 92 f., 149
– Annäherung an Gott 94, 96, 101, 108 f., 124, 131, 145 f., 150, 154 f., 173
– Vergöttlichung 13, 87, 89, 93, 145, 147
homonoia 134
Homoiousianer 25
Homoousianer 25
hylê 57, 59
– Materie 33 f., 38, 52, 54, 57–59, 61–66, 68, 71, 86, 88, 147, 182
hypathos tôn philosophôn 4, 9
– Konsul der Philosophen 4, 9
Hypostase 24–29, 31, 33, 35, 41, 44, 46, 48, 63, 71, 78, 88, 97, 172, 185 f.

Iamblich 13, 21, 27, 36–37, 48, 49, 71, 79, 177,
Idee (platonische) 24, 33 f., 36, 42–44, 48 f., 52–54, 57, 63, 71, 88
Ilias 2, 19
Instinkt 111, 171

Judikative 104 f.

kaisar 7
Kappadokier 14, 91, 97, 131
Kirchenväter 10, 12, 14, 17, 20, 22, 24 f., 48, 52, 54, 64, 74, 77, 89, 131, 182, 185
Klugheit 98, 104
Konzil 24–26
Körper 52, 57, 62–68, 70–78, 80, 84–89, 103, 108, 118, 123, 142 f., 153 f., 160, 163 f., 172, 186
Kosmogonie 51, 55
– *kosmos noêtos* 104, 106
– Ideenkosmos 38, 56, 63, 75
– Ideenwelt 22, 38, 63, 185

Legislative 104 f.
Leidenschaft 76, 81, 83, 85, 88 f., 94, 96–99, 104, 108 f., 113, 123–125, 132, 168, 172

Sachregister

Liebe 3, 41, 93f., 98, 109–111, 136, 153–155, 164, 169, 171, 176, 187
logistikon 71, 98

Magnaura 7
Mathematische Körper 68
Medizin 7, 118, 138, 143
Menschwerdung 15, 38, 49, 86, 100
metriopatheia 106, 112–113, 115, 152,
Mitleid 99f., 161, 179
Mittelplatonismus 27
Monade 31f.
Mönchtum 6, 95, 121, 140, 155, 170
monogennês 26
Mut 98, 114, 123, 125f., 128

Natur 8, 10, 15, 18, 26, 28–30, 33, 40, 47, 56f., 59, 68, 73, 77, 81, 83, 86, 93f., 96, 99, 106, 111, 119, 121, 123, 128, 130, 133, 138f., 154, 163, 172, 175, 186f.
– Nächstenliebe 93, 153f., 169, 178, 186–188
Negative Theologie 40
Neuplatonismus 25, 27f., 32, 36f., 42, 48–51, 63, 74f., 87f., 107f., 147
noêsis 167
nomos empsychos 130, 135, 138–139, 141–142, 148–150, 164, 187,
nomophylax 4

oikonomikos didaskalos 8
– *didaskalos* 8
Okkultismus 67, 69, 186
Ökonomie 180f.
Ontologie 13f., 22, 24, 33, 51, 54, 62, 88f., 91, 93, 106, 108, 182, 185
Origenismus 12, 95, 185
ousia 25, 58f.
– Wesen 25f., 28f., 35, 40–42, 44, 46, 48, 53, 56, 58–60, 62, 65, 68, 72f., 77, 82, 84, 86, 96f., 104, 185

Patriarchale Schule 7–10
Perichorese 33, 154
Person 15, 18, 26–27, 29–30, 35, 38, 41, 44, 102,
Pflanzen 69, 77f., 89

Pflicht 135, 138f., 164, 178, 185
phantasia 72, 76, 107, 142
Philanthropie 107, 110f., 114, 129, 131, 138, 146, 161, 169, 171, 175, 179, 187
Philosophen-Religion 36
pneuma 46–48, 70–75, 77, 89, 99, 186
Politik 104, 107, 115, 178
Praxis 17, 91–94, 107f., 115f., 119, 127, 140, 142, 149–153, 155, 174, 188
Prinzip 24, 27–29, 32, 35, 37–39, 41f., 48, 63f., 70–72, 75, 88, 97, 104, 145, 149, 185
Privation 33f., 63
Profanes Wissen 141, 145, 150, 188
prokopê 91, 96, 132, 140
– Fortschritt 91f., 96, 135, 137, 140, 173
propaideia 11, 22
protoproedros 5
psychê 70f., 73f., 110
– Seele 12, 16, 19f., 22, 28, 40f., 46, 55–57, 60, 62–64, 66f., 70–80, 83, 85–89, 98, 103, 106, 110, 113, 116, 118–120, 124, 131, 142f., 149, 152f., 160, 163f., 167–169, 182, 186

Quadrivium 3, 9

Reinigung 100, 108, 177
Relation 10, 28–30, 42, 44, 49, 99, 105, 116, 170
Rhetorik 3f., 6, 104, 118, 143, 153, 165

Sabellianer 101
Scham 99f., 160
Schöpfung 23, 28, 38f., 42–44, 47–49, 51–58, 60–67, 77, 93, 99, 102, 114, 131, 140–147, 150, 152, 155, 188
Seelengröße 114
Seinsstufe 28, 32, 36, 66, 88, 104, 108
– Selbstliebe 94, 154, 158, 187
Selbstreduktion 95, 105, 108, 114f., 143, 145, 150f.
Selbstwahrnehmung 96
Sinnenwelt 33f., 61, 63f., 71, 106, 151
Spätantike 10, 12, 14, 21, 24, 52, 114, 176, 181, 184f.
spoudaios 135, 138

Staat 7, 9, 178 f.
sterêsis 64
Stoiker 51 f., 100, 135, 159
Streit 24, 94 f., 99, 132–134, 137, 158 f., 170, 188
Subordination 32, 44, 49
Sünde 82 f., 96, 99, 111, 156 f., 175
synamphoteron 54, 57 f., 60–64, 182, 185
synholon 57, 63

Teufel 62, 96, 98, 139
Theologie 6 f., 10, 13–18, 22, 24–27, 40, 48–50, 79, 91, 180–182, 185, 189
theôria 17, 141, 145–147, 149–154, 172, 184, 187 f.
– Theorie 17, 141, 145–147, 149–154, 172, 184, 187 f.
Theurgie 69
thymoeidês 71
thyrathen nous 17, 46 f., 71, 89, 111, 149, 168, 182
Tiere 78, 111, 168
Triade 34–36, 48
Trinität 10, 15, 20, 22, 25, 27–37, 39 f., 42, 45 f., 48 f., 51, 56, 70, 72 f., 78 f., 102, 178, 181 f., 185
– Dreieinigkeit 26, 49
Trivium 9
Tugendstufe 69, 103, 105–108, 151 f., 176, 184, 186

Übel 22, 64–66, 185
Unbegrenztes 36 f.
Unbewegter Beweger 38, 45,

Vegetative Kräfte 77 f.
Vielheit 30, 32, 38, 61, 77

Wahrhaftigkeit 114
Weiser 187
Weisheit 10, 18, 26, 41–44, 49, 53, 60, 97, 130 f., 144, 155
Wiederauferstehung 15, 67, 86
– Auferstehung 75, 86 f., 136, 143, 168, 173, 186
Wille 41–43, 45, 49, 53, 81–85, 88, 94, 96, 98, 107, 129, 131–134, 136–138, 173 f.
– *boulêsis* 82 f.
– *gnomê* 81
– *prohairesis* 83, 161
– *thelêsis* 72, 82–84
Wissenschaft 4, 6, 12, 29, 69, 79 f., 104 f., 130, 144 f., 167, 179

Zahlenlehre 21, 37
Zorn 98

www.ingramcontent.com/pod-product-compliance
Lightning Source LLC
Chambersburg PA
CBHW031833230426
43669CB00009B/1336